BERND ZANGERL

BOULDERN

Mit Beiträgen von
Patrick Matros, Richard Signer, Florian Scheimpflug,
Frederic Nicole, Klaus Haselböck und Josef Wiesauer

BERG WELTEN

INHALT

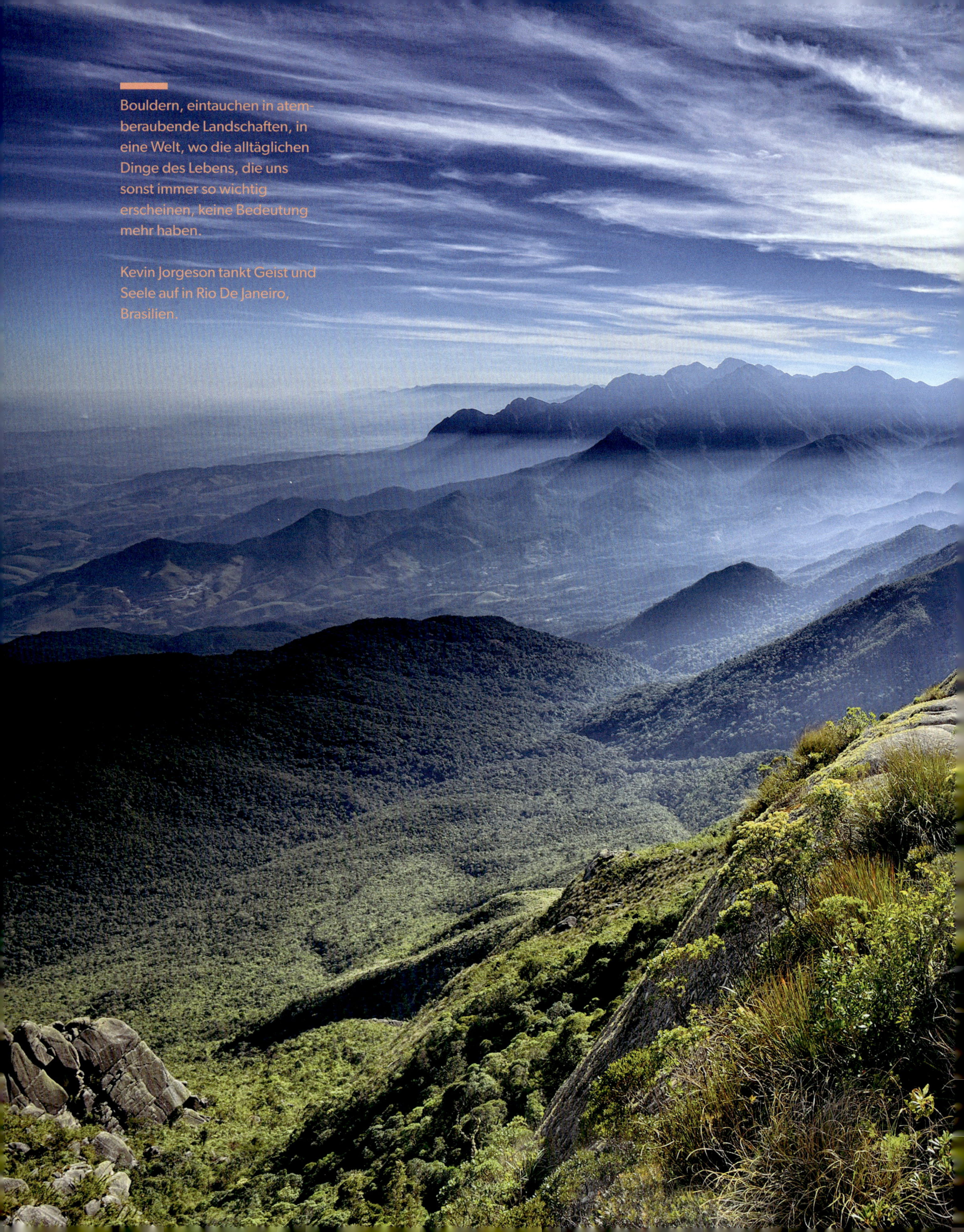

Bouldern, eintauchen in atemberaubende Landschaften, in eine Welt, wo die alltäglichen Dinge des Lebens, die uns sonst immer so wichtig erscheinen, keine Bedeutung mehr haben.

Kevin Jorgeson tankt Geist und Seele auf in Rio De Janeiro, Brasilien.

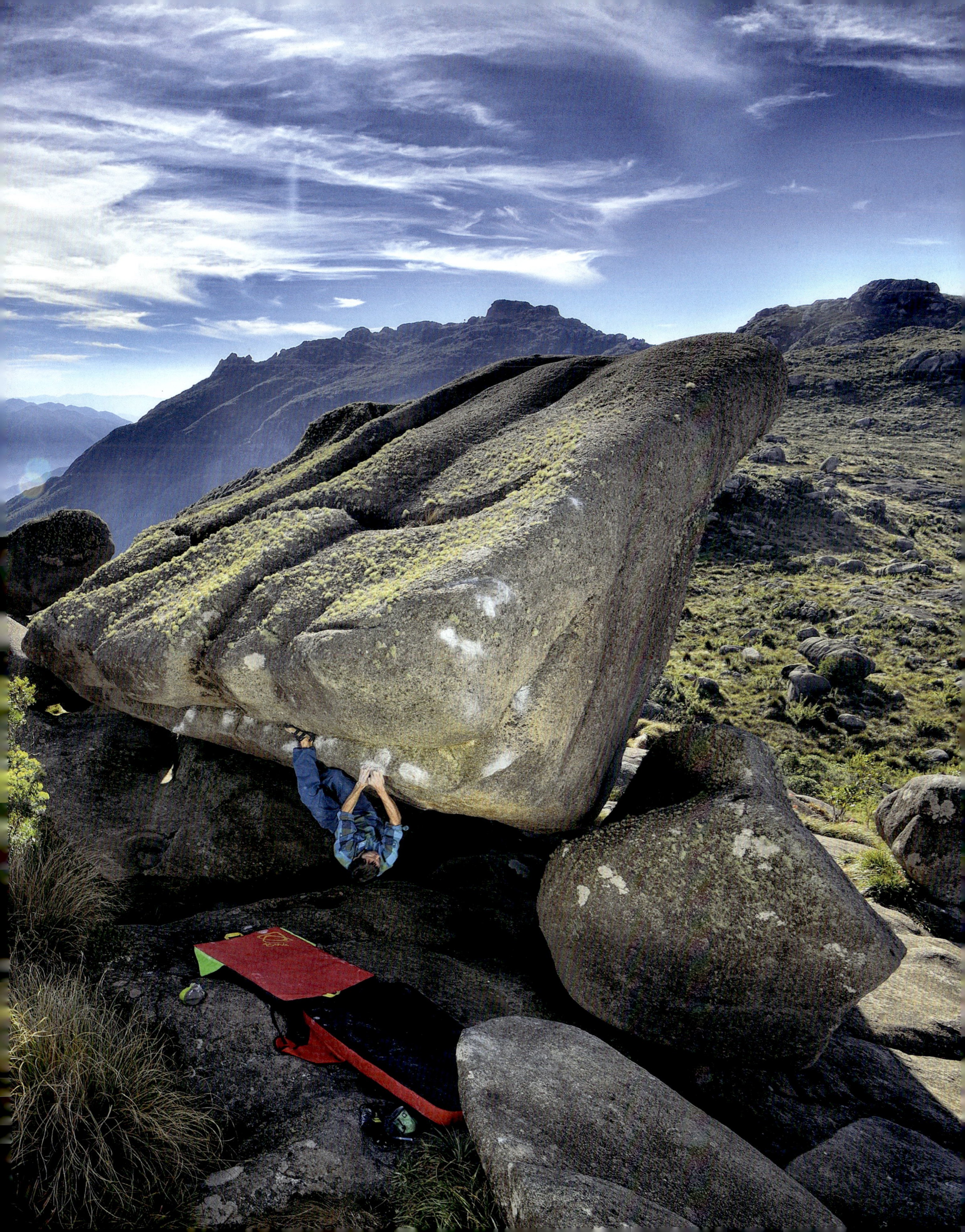

VORWORT

John Gill

Oscar Eckenstein hatte eine Vision. Der britische Eisenbahningenieur und Kletterpionier ortete in der unscheinbaren Freizeitaktivität, die seine Kollegen »Bouldern« nannten, mehr als nur einen Zeitvertreib viktorianischer Gentlemen. An einem nach ihm benannten Felsblock in Wales versammelte er eine Gruppe Wissbegieriger, um ihnen das sogenannte »balance climbing« an der steilen Felsplatte zu demonstrieren. Eckenstein tarierte sein Gleichgewicht auf winzigen Fußtritten aus, ohne dass seine Hände den Fels berührten. Ein verblüffter Geoffrey Winthrop-Young konnte die seinen sogar zwischen Eckensteins Fingerspitzen und der Felsoberfläche hindurchführen.

Und damit niemand denkt, dass Boulderwettkämpfe eine Erfindung der Gegenwart seien: Im Jahr 1892 im pakistanischen Karakorum trennte sich Eckenstein von Sir W.M. Conroy und seinen Expeditionskollegen und zog alleine los, um sich die »exzellenten« Blöcke in der Nähe der Dörfer Askole und Biano anzusehen. In weiterer Folge organisierte er an diesen einen Kletterwettkampf unter den Dorfbewohnern und versprach dem Sieger ein Preisgeld in der Höhe einer Rupie. Eckenstein stellte fest, dass die besten der Einheimischen den damaligen Schweizer Führern im Klettern leicht überlegen waren.

Französische Alpinisten kletterten bereits 100 Jahre früher auf den Blöcken Fontainebleaus, bevor Eckenstein auf den Britischen Inseln in Erscheinung trat. Doch es bedurfte der großen gemeinsamen Anstrengung von Pierre Allain und seinen Kollegen, den sogenannten Bleausards, um den inhärenten Wert dessen zu demonstrieren, was bloß als Training für Unternehmungen in den Alpen gedacht war. Nach dem Zweiten Weltkrieg kehrten Allain und seine Freunde zurück und hoben die Schwierigkeiten bis in die 1950er-Jahre kontinuierlich an.

Noch während Allain in Bleau seine Sohlen mit dem reibungsverbessernden Pulver namens »Pof«, dem aus Baumharz gewonnenen Kolophonium, einstaubte, betrat ich 1953 – damals ein dürrer und unathletischer Highschool-Junior in Atlanta, Georgia – in völliger Naivität die Welt des Felskletterns. Eine Kollegin von mir, die selbst Anfängerin war und nichts von der Geschichte des Kletterns wusste, zeigte mir diesen Sport. Ein Jahr später begann ich an der »Georgia Tech« zu studieren, wo ich in der damals verpflichtenden Turnklasse mein Talent fürs Seilklettern entdeckte. Am Ende des Semesters erlebte ich eine Offenbarung: Ich stellte mir Felsklettern als eine Art Gymnastik vor und die Boulder, auf denen es stattfand, als Übungsgeräte, an denen der Felsturner seine »Bewegungsküren« perfektionieren konnte. Von Anfang an war für mich klar, dass dynamische Bewegungen sowie die Verwendung von Chalk in diesem hypothetischen Sport einen fixen Platz haben sollten.

In den 1950er-Jahren war ich oft in den Tetons in Wyoming zugegen, wo ich längere Touren mit Seil und andere solo kletterte und an den Blöcken von Jenny Lake arbeitete. Yvon Chouinard, einer meiner Begleiter, erklärte mir, dass ich »boulderte«, eine Form des Kletterns, die er, Royal Robbins und einige andere schon seit einiger Zeit in Stoney Point in Kalifornien betrieben.

Aufgrund meines damaligen Unwissens dachte ich, dass dieser Begriff von kalifornischen anstatt von britischen Kletterern in den 1880er-Jahren geprägt wurde.

Als ich in den folgenden Jahren immer mehr Kraft aufbaute, stellte ich mir vor, dass Kletterer irgendwann zu fernen Plätzen reisen würden, nur um unberührte Bouldergebiete zu entdecken. Der Aspekt des Entdeckens machte für mich einen großen Teil des Boulderns aus, und allein in Amerika gab es Tausende Gebiete, die noch niemand je betreten hatte. Ich hatte kein Interesse daran, das zu wiederholen, was andere vor mir gemacht hatten. Für mich zählte in erster Linie das Entdecken neuer Boulder sowie Lösungen für unbekannte Boulderprobleme zu finden. Vor allem bevorzugte ich Boulder, bei denen das Abspringen kein allzu großes Risiko darstellte.

Ich hatte keine Ambitionen, mich in dem zu versuchen, was man heute »Highballing« nennt, und legte meinen Fokus beim Bouldern auf Schwierigkeit und Stil ohne Gefahr. Dennoch wurde meine Begehung des über zehn Meter hohen *Thimble Spire* in den Black Hills in South Dakota im Jahr 1961 fälschlicherweise als Versuch interpretiert, das Bouldern in höhere Gefahrenbereiche zu treiben. Meine Intention war jedoch eine andere: Ich wollte sehen, wie weit ich bei meiner Free-Solo-Erkundung bereit war zu gehen. Für mich ging es beim *Thimble* nur um den technischen Aspekt, den das Klettern in meinen Augen erfordert, Gefahr hatte in meiner Vision des Boulderns keinen Platz.

Dennoch hat sich das »Highballing« zu einem anerkannten und sehr spektakulären Bestandteil des Boulderns entwickelt. Bis zu welchem Grad diese Entwicklung auf steigendes Wettbewerbsdenken zurückzuführen ist, ist fraglich.

Für mich und die wenigen »ernsthaften« Boulderer der damaligen Zeit entwickelte ich ein simples Bewertungssystem, bestehend aus drei Schwierigkeitsstufen. Das System sollte komplex genug sein, um neue Kletterer für den Sport zu begeistern, ohne eine »Jagd nach Zahlen« zu verursachen. Zumindest war das meine Hoffnung. Als das Bouldern mit der Zeit populärer wurde, entstanden nuanciertere und stärker auf Konkurrenz ausgelegte Systeme. Parallel dazu stiegen auch Hingabe, investierte Zeit und aufgewendete Energie. Anstatt von Stunden verbrachten Boulderer nun Tage, ja Wochen damit, die Schwierigkeiten auf den Skalen nach oben zu schrauben, während sie gleichzeitig über die minimalen Differenzen auf denselben sinnierten.

1987, im Alter von 50 Jahren, hatte ich meine letzte ernsthafte Boulderphase. Zu dieser Zeit gab es bereits eine Menge Boulderer, die viel besser waren, als ich es je war. Seit damals ist auch die Zahl derer, die sich am Bouldern erfreuen, dramatisch gestiegen. Die Community in Amerika in den 1950er-Jahren war winzig, und es schien mir damals nicht vorstellbar, dass sich der Sport in einem solchen Ausmaß entwickeln würde. Trotzdem erfüllt mich die Popularität des Boulderns mit Freude.

Das erst relativ kürzliche Auftauchen von künstlichen Kletterwänden erinnert mich an meine ursprüngliche Sichtweise, das Bouldern als eine Form des Turnens zu sehen, bei der die Felsblöcke als Trainingsgeräte fungieren. Darüber hinaus hauchen Boulder, die für die Kletterhallen designt werden, dem Konzept des »Spielplatzes«, das seine Ursprünge im Europa des 19. Jahrhunderts hat, neuen Atem ein. Damals maßen sich junge Erwachsene sonntags im Hasenheide-Park in Berlin in Disziplinen wie Leiter-, Seil- und Stangenklettern. Meiner Meinung nach sind Spielplätze sowohl für Kinder als auch für Erwachsene da.

Und jetzt, 100 Jahre, nachdem die Begriffe »Boulder« und »Problem« erstmals in der Kletterliteratur erwähnt wurden, hat Bernd Zangerl, einer der herausragendsten Vertreter dieses Sports, nun dieses Buch herausgegeben. Mögen die Leser inspiriert sein, sich die Hände einzuchalken, und sich an den Bouldern erfreuen!

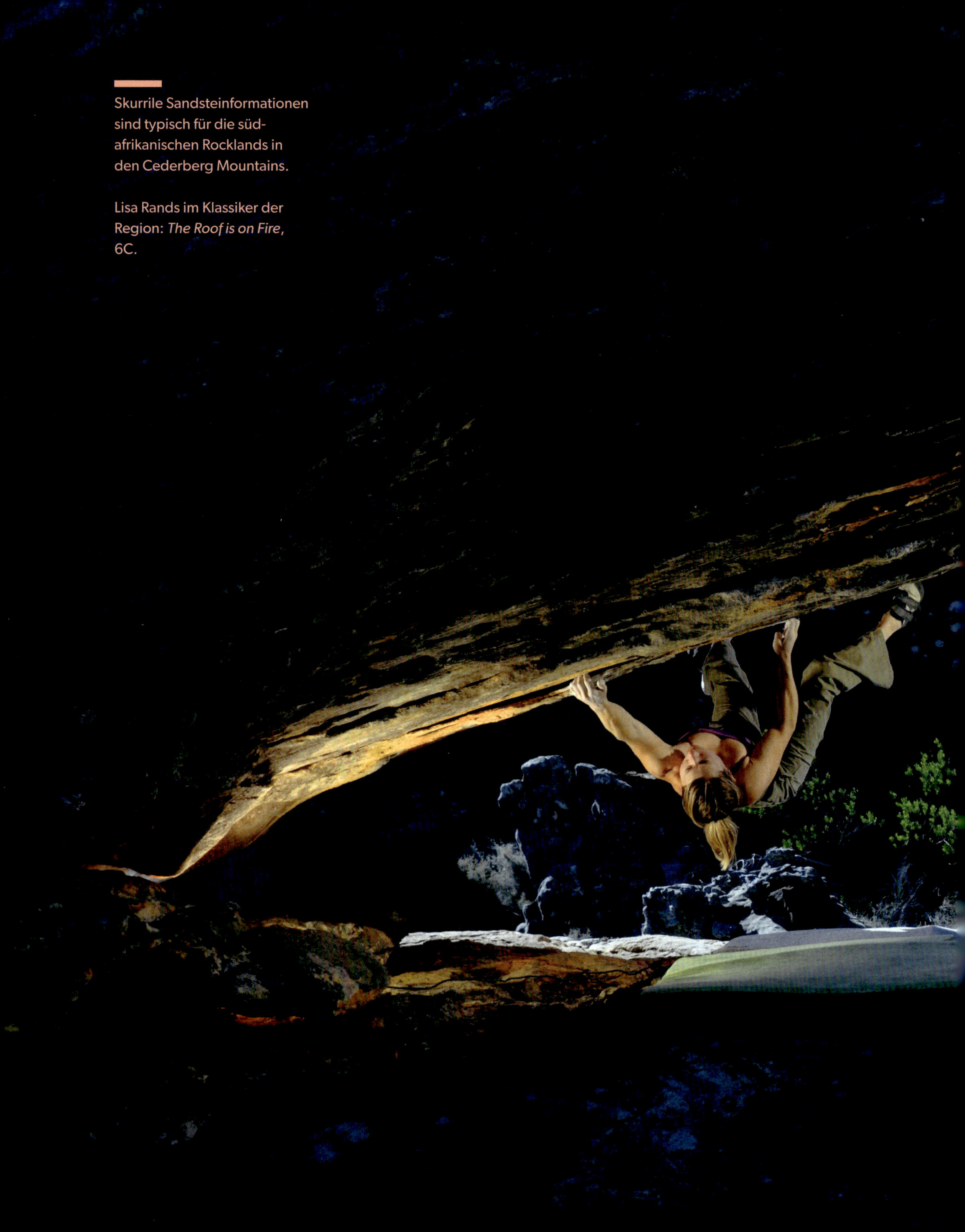

Skurrile Sandsteinformationen sind typisch für die südafrikanischen Rocklands in den Cederberg Mountains.

Lisa Rands im Klassiker der Region: *The Roof is on Fire*, 6C.

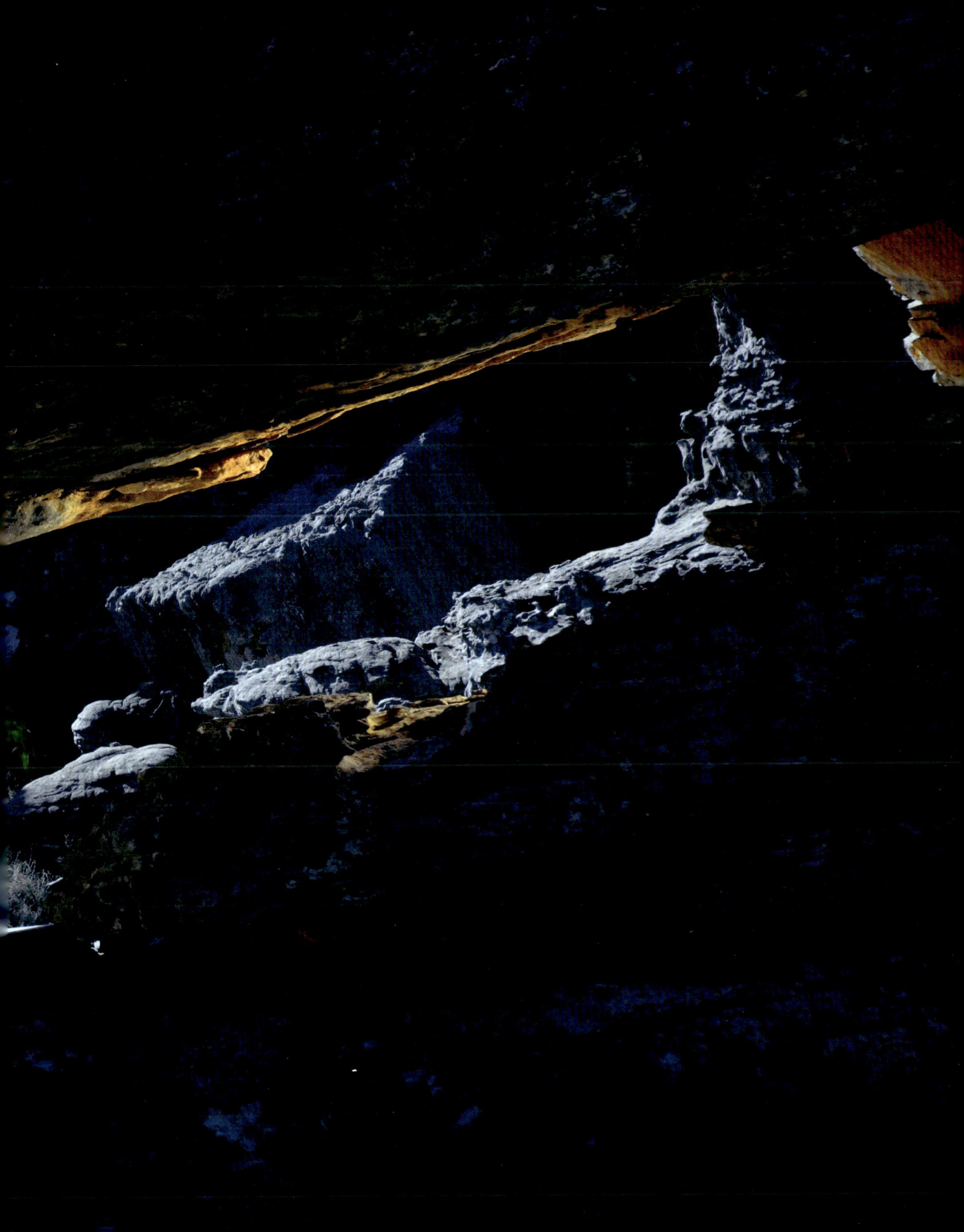

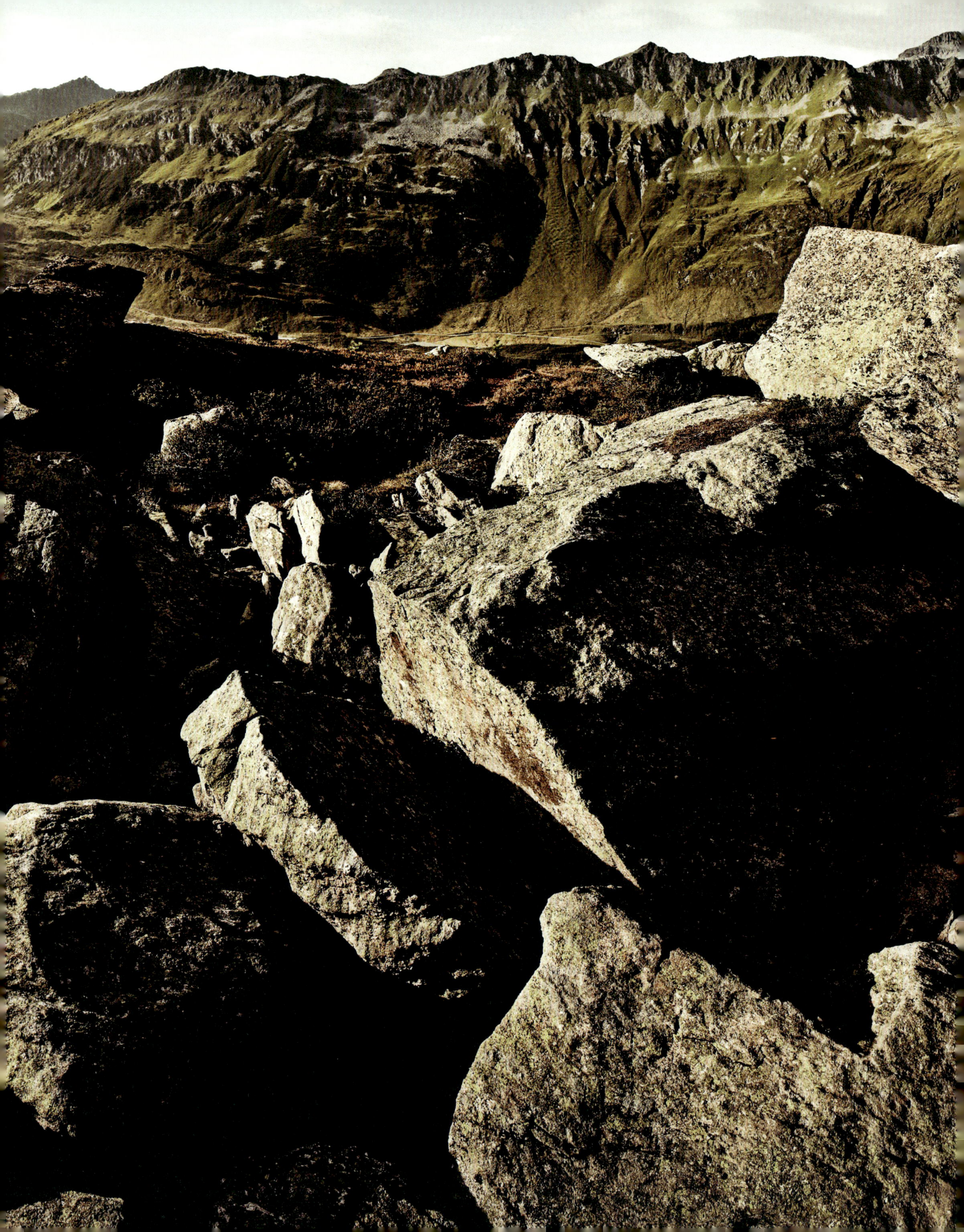

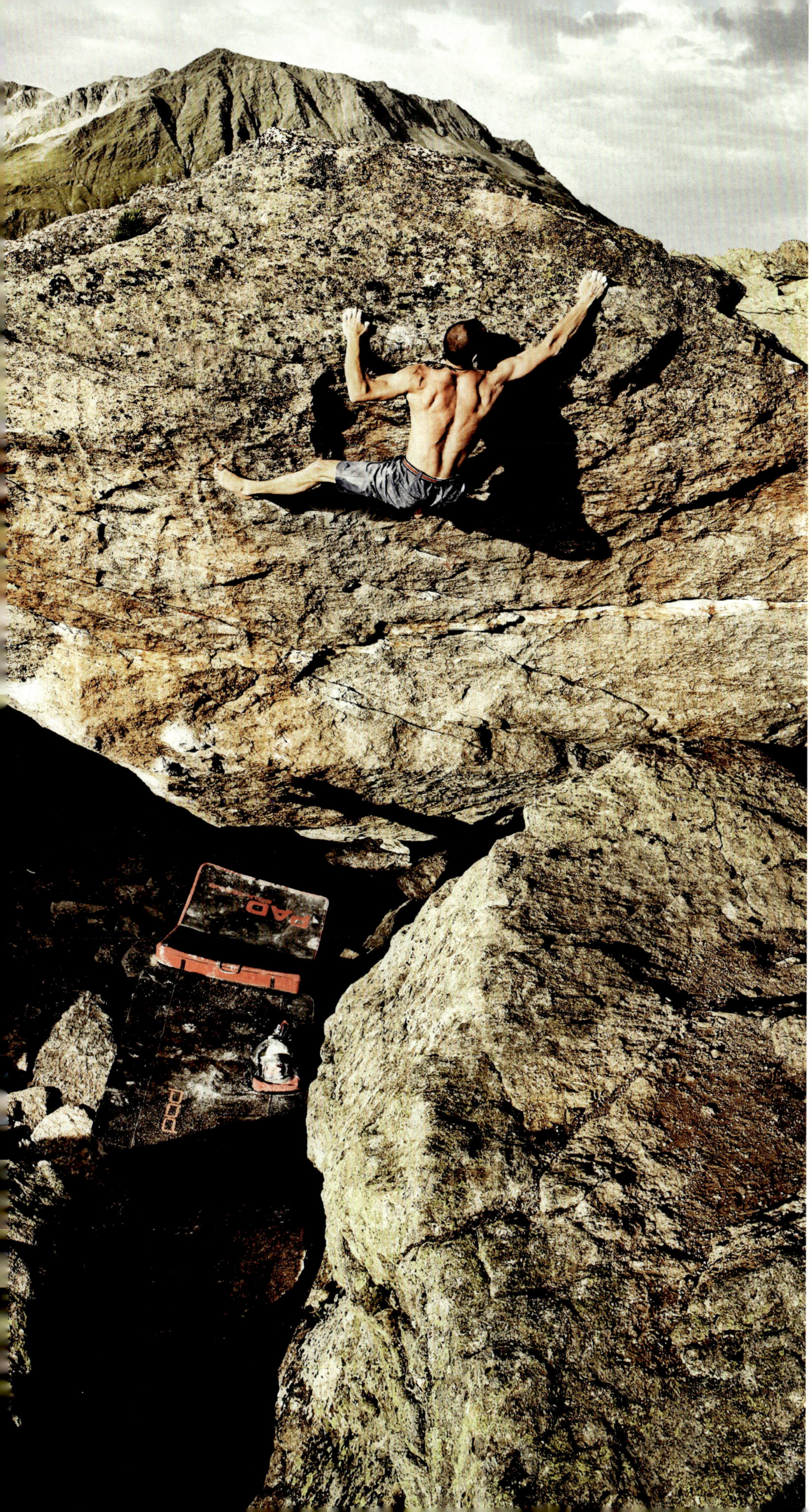

1

Ich liebe die Berge, das Gefühl von Aussicht und das Oben-Sein. Stürmende Gedanken kommen zur Ruhe, und der Blick ist auf das Wesentliche gerichtet.

Silvapark Galtür, Österreich: Bernd Zangerl wärmt sich auf 2200 Metern Seehöhe in der Silvretta auf.

INSPIRATION

Bernd Zangerl

Wie leitet man das Thema »Bouldern« am besten ein? Für manche ist es Leistungssport, für andere Lifestyle, für die einen heißt es hartes Training, für die anderen Natur genießen, die einen machen lieber einen Flashversuch, wollen also den Boulder im ersten Versuch lösen, die anderen setzen sich Tage, Monate oder Jahre mit einem Projekt auseinander. Die einen machen lieber gemütlich ein paar Züge in der Sonne, die anderen verharren in eisiger Kälte und warten auf optimale Bedingungen.

Fest steht aber, dass Bouldern immer etwas sehr Persönliches ist. Die Auseinandersetzung mit dem eigenen Körper und nicht minder mit dem eigenen Geist ist oftmals eine Herausforderung, stets aber eine Bereicherung. Um diesen Sport zu veranschaulichen, sei an dieser Stelle somit auch eine sehr persönliche Einleitung gewählt, nämlich anhand meiner eigenen Geschichte, meiner eigenen Einleitung in diese Königsdisziplin des Kletterns.

Aufgewachsen in Flirsch am Arlberg, einer kleinen Gemeinde im tirolerischen Stanzertal, versperrten die Berge immer schon meinen Blick in die Ferne. Im Norden stand wild zerklüftet und eindrucksvoll die 2800 Meter hohe Eisenspitze. Wenn der Gipfel einmal abbrechen sollte, so dachte ich mir, landet dieser direkt auf unserem Haus. Wenn ich in den Süden blickte, stand der Riffler vor mir. Mit seinen 3168 Metern war er die höchste Erhebung der Verwallgruppe. Im Osten waren die Gipfel etwas niedriger, dennoch war das Blickfeld begrenzt, und im Westen versperrte der Arlberg die Sicht. Mir blieb gar nichts anderes übrig, als hinaufzuklettern, um zu sehen, was dahinter liegt.

Seit meiner frühesten Kindheit waren die heimatlichen Berge mein Ziel, und schon in jungen Jahren stand ich mit meinem Vater auf so manchem Gipfel der Lechtaler Alpen. Ich war gerade einmal acht geworden, da erkletterte ich die Eisenspitze, eine Tour, die mir bis heute in Erinnerung blieb. Ich liebe die Berge, das Gefühl von Aussicht und das Oben-Sein. Stürmende Gedanken kommen zur Ruhe, und der Blick ist auf das Wesentliche gerichtet. Das Klettern war für mich auch eine Möglichkeit, dem Alltag zu entfliehen. Wer geht als Jugendlicher schon gern zur Schule? Ich wollte die Welt entdecken. Meine Vorliebe galt damals den Büchern des deutschen Kletterers Reinhard Karl. Seine spannenden Erzählungen vom Yosemite Valley faszinierten mich und regten zum Träumen an. Ich wollte auch fremde Länder bereisen und unbekanntes Terrain entdecken. Mein wöchentlicher Lichtblick waren damals jeweils das Wochenende und mein Freund und Bergführer Peter Grissemann, der mir das Klettern zeigte. Immer gab es eine alpine Wand, die er durchsteigen wollte, und wenn das Wetter schön war, zogen wir gemeinsam los. Jede Kletterreise war ein Erlebnis für sich, und wir durchlebten wilde Abenteuer in der Marmolada-Südwand, am Grand Capucin und im heimatlichen »Koasar«, dem Gebiet des Wilden Kaisers. Damals war es mir im Grunde genommen egal, wohin die Reise ging, ich wollte einfach nur weg von zu Hause, weg aus meiner gewohnten Umgebung. Ich wollte klettern gehen und Neues entdecken. Heute zieht es mich immer noch in die Ferne. Immer noch will ich die Welt entdecken. Nur die Dimensionen meiner Berge haben

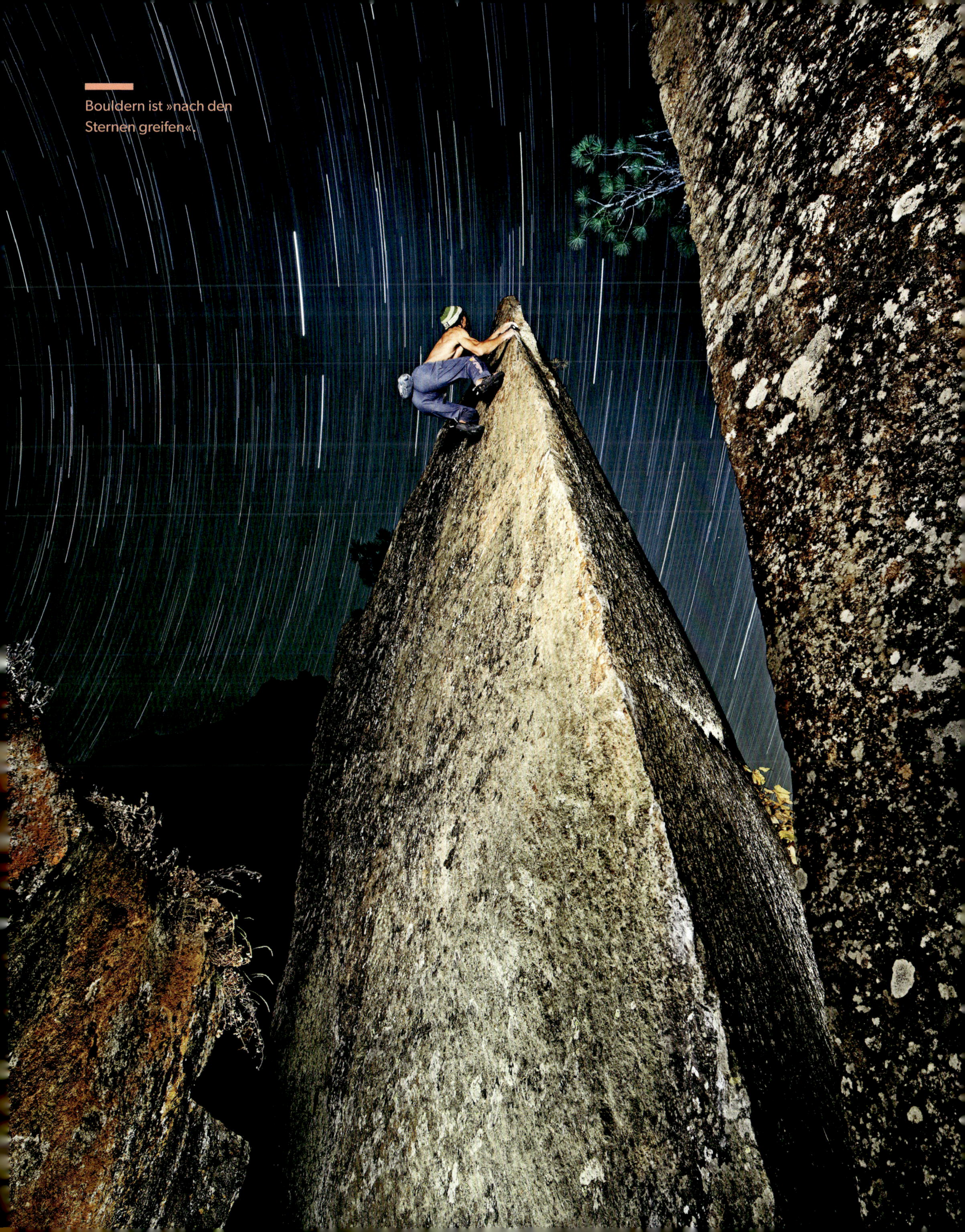

Bouldern ist »nach den Sternen greifen«.

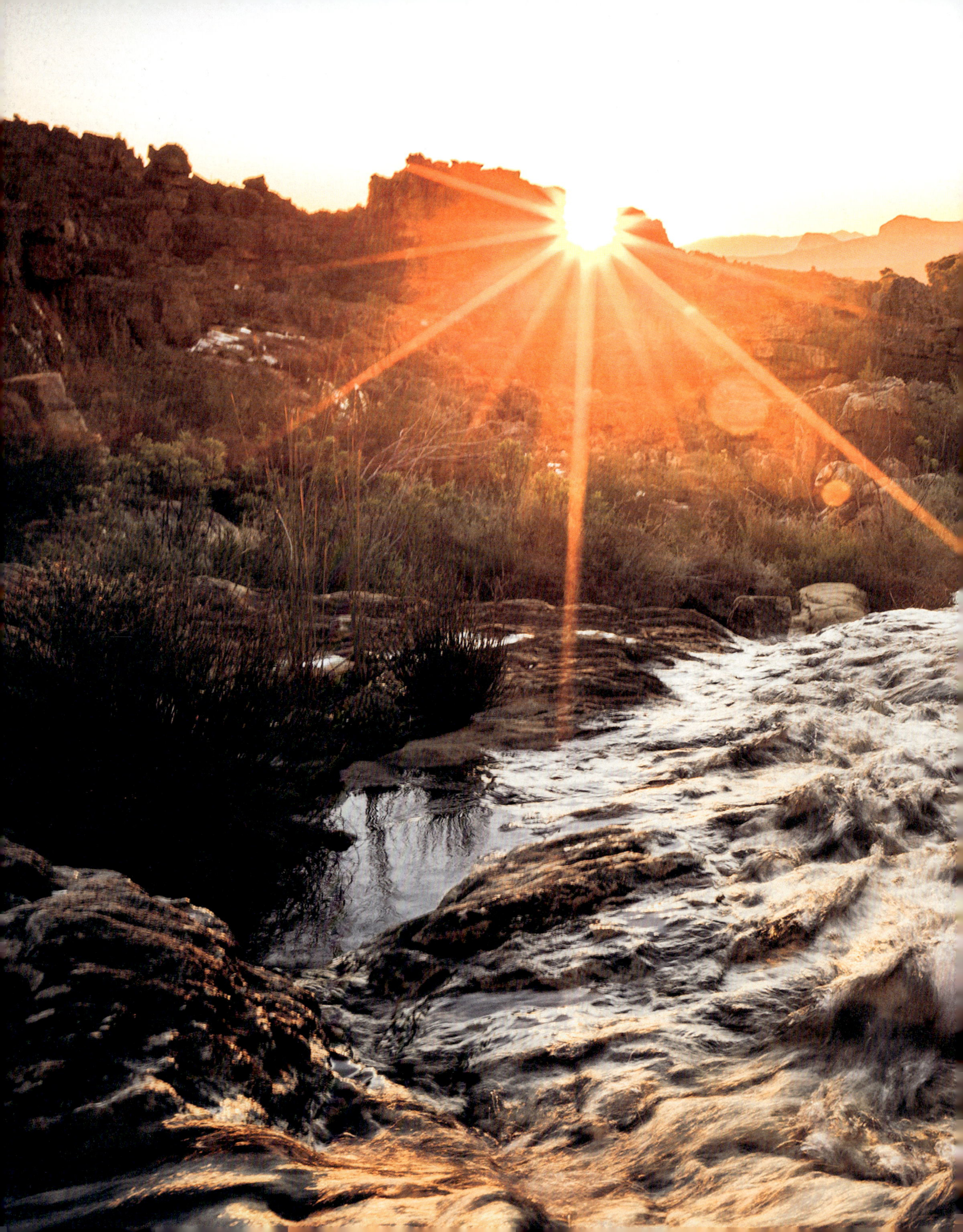

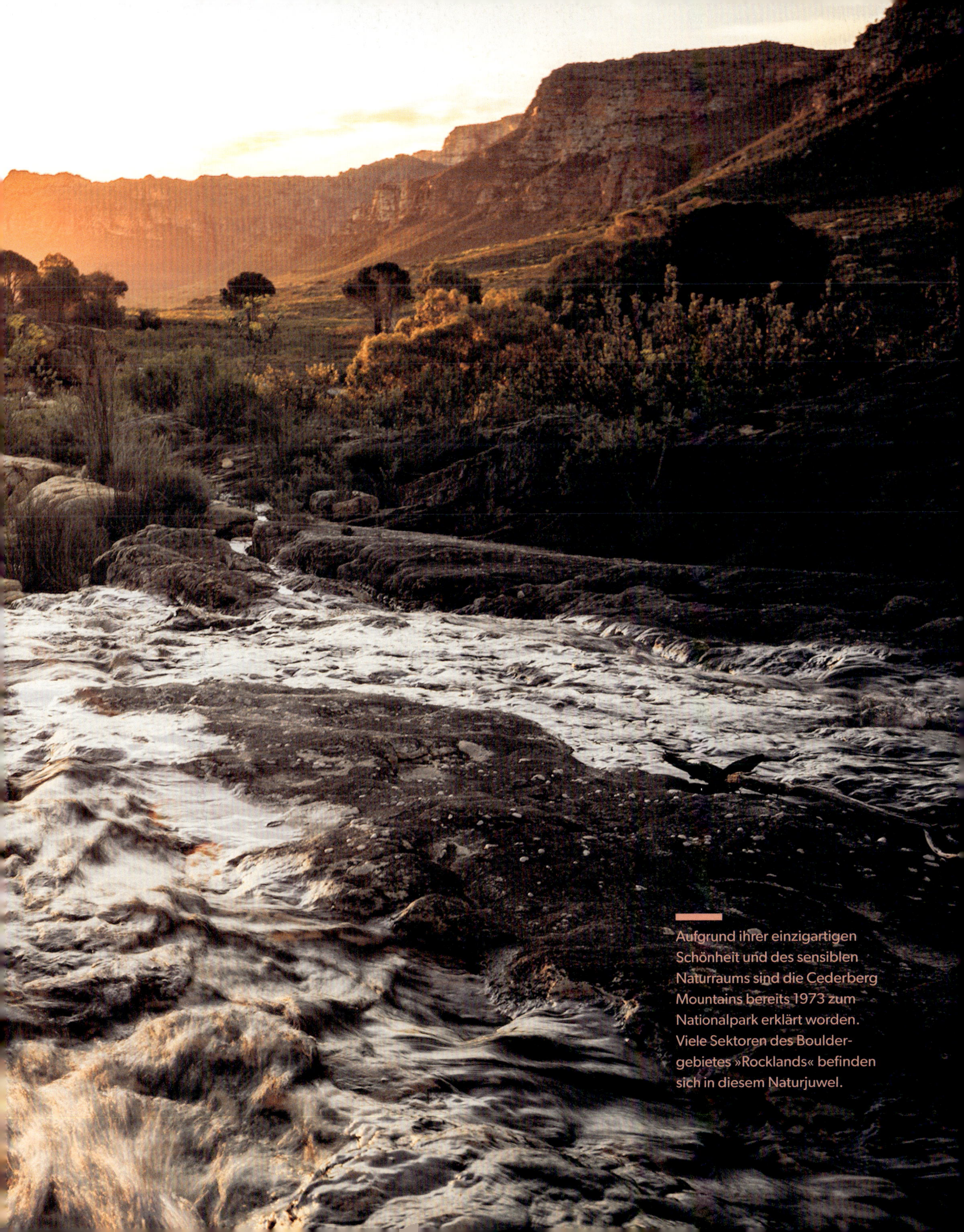

Aufgrund ihrer einzigartigen Schönheit und des sensiblen Naturraums sind die Cederberg Mountains bereits 1973 zum Nationalpark erklärt worden. Viele Sektoren des Bouldergebietes »Rocklands« befinden sich in diesem Naturjuwel.

sich mittlerweile geändert. Früher wollte auch ich die großen Gipfel und Wände durchsteigen, heute gilt meine Liebe den Boulderblöcken.

Meinen ersten Boulder bin ich eigentlich unfreiwillig geklettert, nämlich im Jahr 1995, als ich am Beginn des Kletterns stand und mir das Wort »Bouldern« noch nie untergekommen war. Dietmar Siegl, ein guter Freund von mir, hatte am Stimpenstein im Klettergarten Schnann die fünf Meter hohe und stark überhängende Route *Flatline* erstbegangen, und sie galt damals als der ultimative Klettertest im Tiroler Oberland. Ich wollte diese Route unbedingt klettern, konnte aber den Haken nicht einhängen, da mir die Kraft dazu fehlte. Nach ein paar Versuchen legte ich das Seil beiseite und probierte es ohne Seilsicherung: Ich kletterte höher. Plötzlich hing ich an der Dachkante, vier Meter über dem Boden, und musste einen sogenannten Heel Hook, bei dem die Ferse an einer Kante eingehängt wird, hoch über meinem Kopf machen. Ich schaute hinunter auf den Boden. Jetzt darf ich nicht mehr stürzen, dachte ich, und setzte zur Flucht nach oben an. Zittern. Herzklopfen. Plötzlich war ich oben, ein Freudenschrei: Ich war meinen ersten Boulder geklettert. Nachdem ich nach 1995 fast alle Spielarten des Bergsports durchprobiert hatte, legte ich 1999 Seil, Sitzgurt und Karabiner auf die Seite. Der Fokus hatte sich geändert. Vielleicht war es auch der Blickwinkel. Dabei verbrachte ich nur ein paar Stunden in diesem Wald oberhalb des kleinen Dorfes Cresciano im schweizerischen Tessin. Am Südfuß des Pizzo di Claro, zehn Autominuten von der Stadt Bellinzona entfernt, entdeckten Kletterfreunde und ich in diesem Jahr Tausende Felsblöcke, die wie von Gottes Hand unter die Kastanienbäume gelegt schienen. Boulderblöcke in den verschiedensten Formen, Farben und Dimensionen: ein Spielplatz für Groß und Klein. Für uns gemacht, um uns daran zu versuchen. Die Natur hinterließ auf jedem Stein meistens einen Fußabdruck. Diesen galt es zu finden und zu »decoden«, es ging darum, eine Route zu finden, die wir klettern konnten. Wir haben uns mit Leitern und Bürsten auf die Suche gemacht und haben die Felsen fein säuberlich von Laub, Ästen und Moos befreit. Es war so spannend, als ob man ein Weihnachtsgeschenk öffnen durfte. Was war wohl dahinter? Welche Gelegenheiten für eine Kletterei würden sich auftun? Ein Aufleger, eine Leiste oder Delle? Ein »Fingernagelzwicker«, ein »Hautentsorger« oder doch ein guter Zangengriff? Wir putzten mit Stahlbürsten und Messingbürsten, mit großen und kleinen, dicken und dünnen Bürsten und mit herkömmlichen Zahnbürsten natürlich. Zuerst putzten wir nur einzelne Felsen. Aus kleineren Sektoren wurden größere, und irgendwann putzten wir ganze Gebiete wie das Averstal zum Beispiel, den Bachsektor in Brione, Chironico und das Maggiatal. Sogar im Himalaja habe ich geputzt. Eins weiß ich: Es waren Boulder, die ich geputzt habe, sehr viele. Eine große Menge Staub landete in dieser Zeit in meinen Lungen, es war harte, schweißtreibende Arbeit. Alle, die mitgearbeitet haben, können ein Lied davon singen. Aber es gab auch Orte, da war das Putzen nicht nötig: in den Rocklands zum Beispiel. Dieses endlose Blockfeld in Südafrika war und ist der felsgewordene Traum eines jeden Boulderers. Einfach herumlaufen, Blöcke finden, Linien scouten, Griffe anschauen, klettern. Nicht anders war es in Hueco Tanks in Texas und den Buttermilks in Kalifornien.

Bei alledem ging es immer um die Lösung des sogenannten Boulderproblems, und es wird auch in der Zukunft um die Lösung gehen. Das Ziel war immer, einen Weg auf die Spitze, zum Top eines Felsblockes, zu finden. Und irgendwann findet jeder seine Lösung. Der eine auf Youtube, der andere durch eigene Geistesanstrengung und unzählige schweißtreibende Versuche. Die Lösung zu finden war eben das Problem, und im Detail lag oft der Fehler. Der ganze Wald schien damals im Tessin voll von Boulderproblemen zu sein. Hinter jeder Ecke wartete ein Stück Granit auf uns. Nur die schönsten und interessantesten galt es zu finden.

Beim Bouldern entwickelt jeder seine Vorlieben. Der Balance-Akrobat bevorzugt runde Kanten, weniger schmerzempfindliche Boulderer halten bewusst Ausschau nach sogenannten Minikratzen, nach sehr kleinen und oft schmerzhaften Haltepunkten. Bei anderen wiederum fällt der suchende Blick auf Überhänge. Kraftvolle, mit Leisten am besten. Manche lieben technische Platten und Reibungsspielereien, wo feines Gespür und viel Gefühl gefragt sind. Da geht meist nichts mit roher Gewalt. Campusing, also das Klettern nur mit Armen und Händen, und weite Sprünge sind immer mehr in Mode gekommen, und heute, so scheint es jedenfalls, braucht man keine Blockierkraft mehr, sondern schwingt einfach zum nächsten Griff. Das Bouldern hat sich unglaublich rasant weiterentwickelt. Was vor Jahren noch als unmöglich galt – zumindest für einige von uns – ist heute State of the Art.

Auch die Boulderer selbst haben sich verändert. Waren es früher nur vereinzelte, mitunter bekiffte Individuen, sind es heute vielfach proper gestylte Breitensportler, die durch die Wälder streifen und bouldern gehen. Und gebouldert wird überall, zu jeder Jahreszeit. Im Winter fährt man in den Süden, im Sommer verlagert sich das gemeinschaftliche Bouldererlebnis ins Hochgebirge. Tessin, Silvapark, Hueco, Afrika, Bleau oder Bishop, im Sekundentakt schwirren Neuigkeiten und beeindruckende Fotos über die neuesten Begehungen und Meisterleistungen durchs Netz. Innerhalb weniger Jahre hat sich das Bouldern somit als Outdoorsport etablieren können. Hippe Kletterkleidung löste die kommerzielle Mode in der Boulderszene ab. Sogar das Bodenpersonal am Flughafen München weiß, was Crashpads sind, und checken diese problemlos für die Reise zu den Boulder-Hotspots ein. Boulderhallen schießen wie Pilze aus dem Boden: Vor allem bei den Jugendlichen boomt das seilfreie Klettern. Ein Event jagt den anderen, und seit 2021 ist der Bouldersport Teil der Olympischen Spiele. Der spielerische Zugang, die akrobatischen Bewegungen und die Dynamik begeistern Massen.

Und damals? Ich schreibe jetzt nicht: Damals war alles besser. Das darf jeder selber entscheiden. Es war einfach anders. Ruhiger auf alle Fälle. Es gab kein Guidebook, keinen Führer, keine Anhaltspunkte lenkten unsere Wege. Mit spärlichen Informationen machten wir

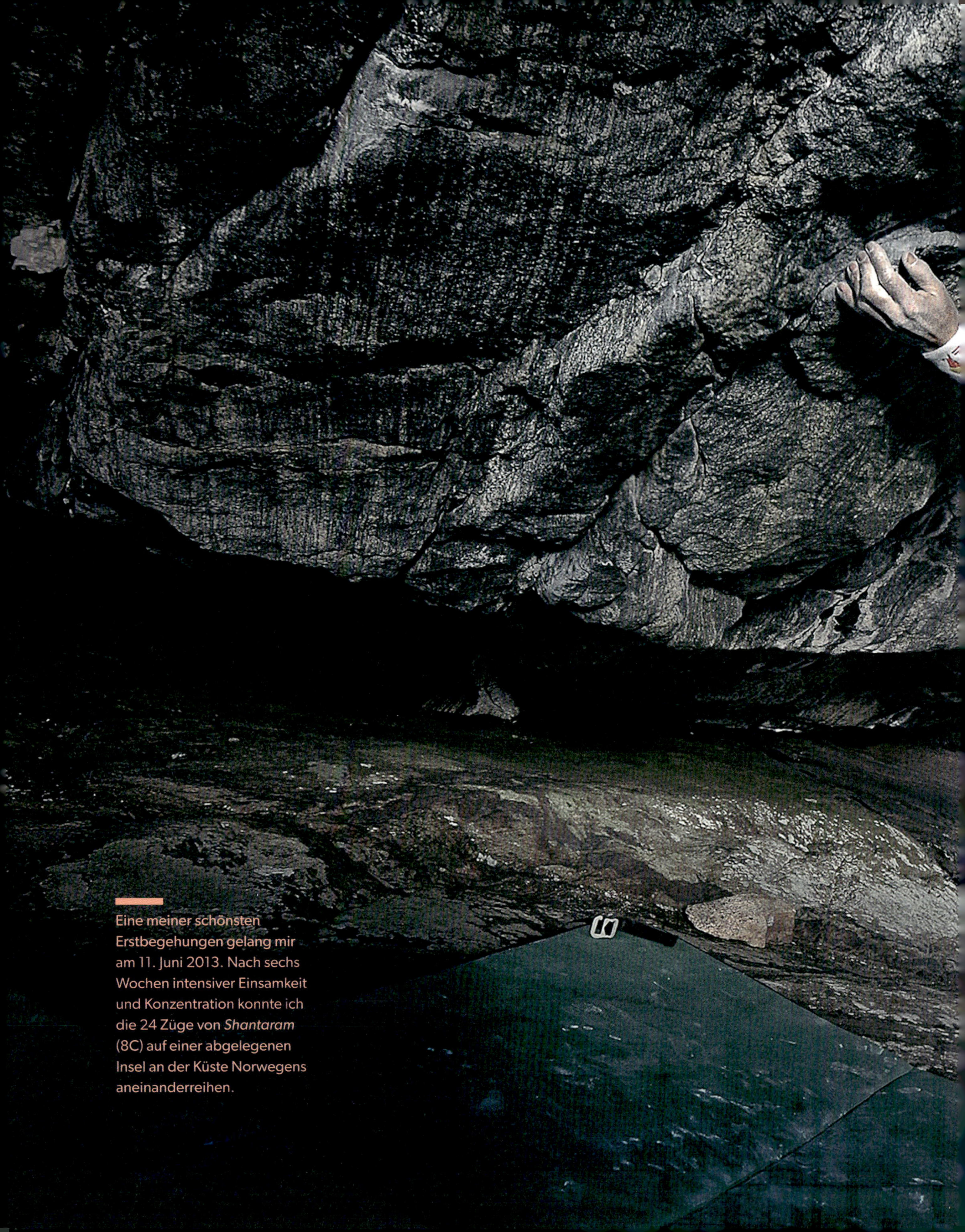

Eine meiner schönsten Erstbegehungen gelang mir am 11. Juni 2013. Nach sechs Wochen intensiver Einsamkeit und Konzentration konnte ich die 24 Züge von *Shantaram* (8C) auf einer abgelegenen Insel an der Küste Norwegens aneinanderreihen.

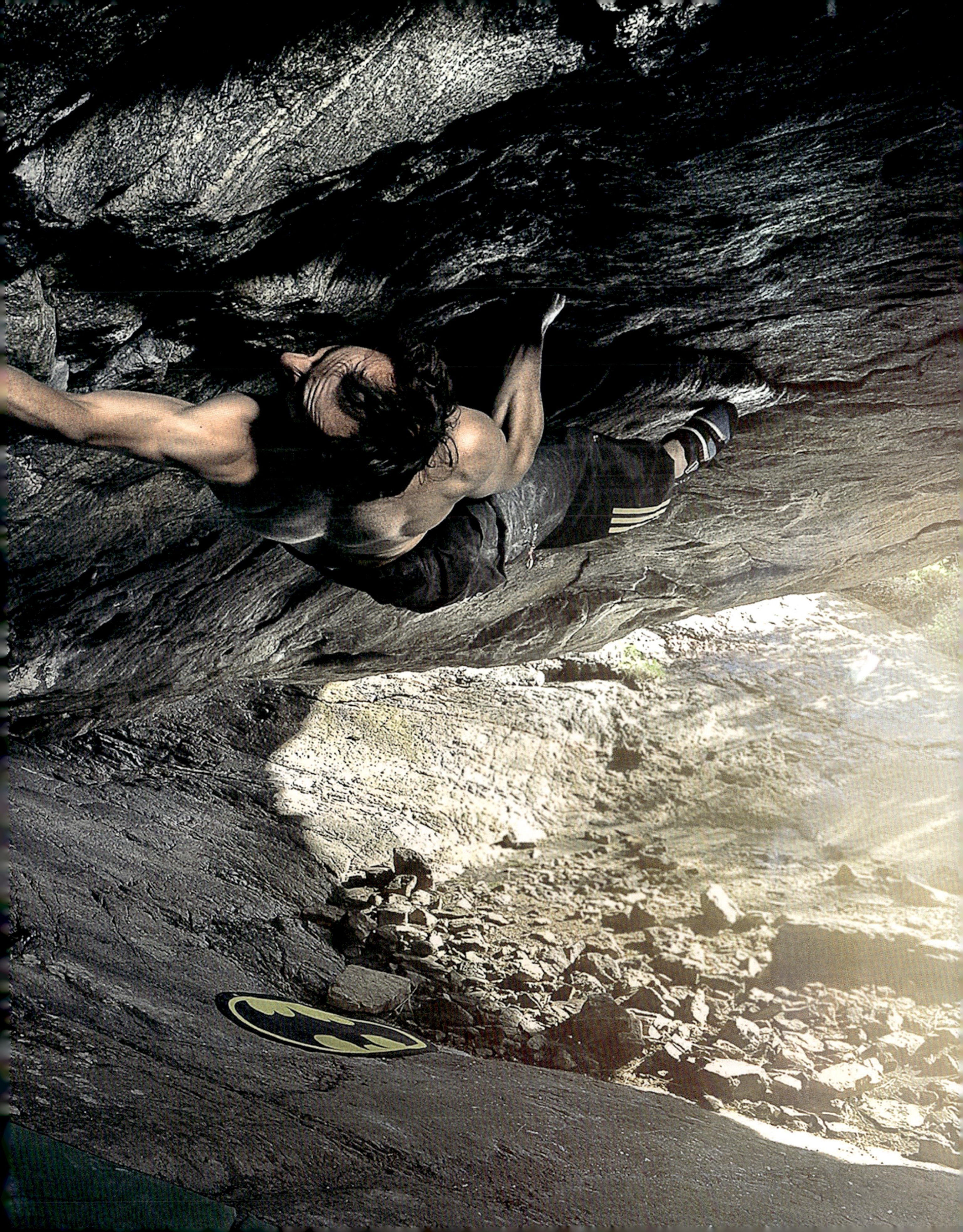

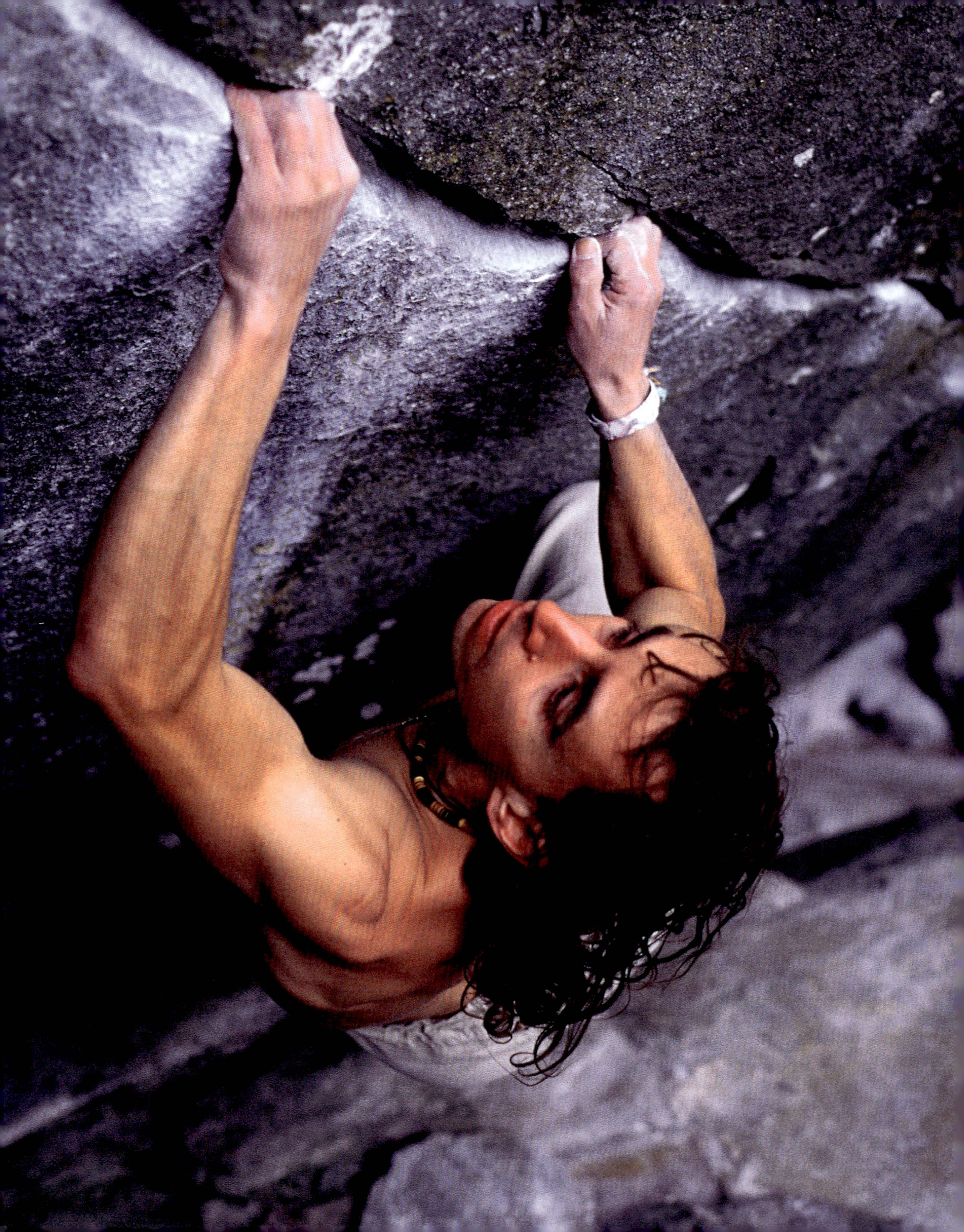

Magic Wood, Schweiz:
Der Boulder *New Base Line* war 2002 einer der ersten 8C-Boulder der Welt. Nach einer ominösen Griffverbesserung wird »NBL« heute mit 8B+ bewertet.

uns auf den Weg und suchten nach Gerüchten. Intuitiv ließen wir uns treiben, liefen durch die Wälder. Ab und zu deuteten weiße Magnesiaspuren darauf hin, dass sich noch andere Menschen mit der gleichen Gesinnung in der Gegend aufhielten. Die Szene war damals klein und überschaubar. Man kannte sich, und wenn wir jemanden mit einer Matte getroffen haben, gab es ein Shakehands, und Informationen über die neuesten Begehungen und Projekte wurden gern getauscht. Damals, im Jahr 1999 im Tessin, liefen Dietmar und ich 30 Minuten an den schönsten Felsen vorbei, bevor wir endlich mit dem Klettern anfingen. Einmal begonnen, waren wir nicht mehr zu bremsen. Doch obwohl wir zu diesem Zeitpunkt bereits Routen im 10. Schwierigkeitsgrad (heute bekannt als 8a) geklettert waren, mussten wir schnell erkennen, dass beim Bouldern ein anderer Wind weht. Die Schwerkraft schien größer zu sein. An den meisten Felsen hatten wir keine Chance, obwohl sie in unseren Augen gar nicht schwierig aussahen. Oft schafften wir es nicht, die Füße an die Wand zu bringen. Ich war begeistert. Dieser eine Bouldertag öffnete mir die Augen, machte mir deutlich, was im Klettersport noch alles möglich sein wird. Heute weiß jeder, dass ohne den spielerischen Zugang, der dem Bouldern entspringt, der heutige Leistungsstandard im Klettern nicht möglich wäre.

Während Dietmar und ich nach diesen ersten Versuchen offene Finger und Blutergüsse an den Händen hatten, lagen unsere Kollegen noch gemütlich in der Sonne. Erst am Abend legten die beiden los. An diesem Tag lernte ich meine erste wichtige Boulderlektion: Man muss warten können und Ruhe bewahren, überlegt an die Sache herangehen. Das Timing muss passen. Und der Wind und der Mond. Die Haut und die Bedingungen sowieso. Und man muss seinem inneren Gefühl vertrauen. Ich lernte an diesem Tag, wie ich bestimmte Linien trotz aufgerissener Fingerkuppen lösen konnte. Die Reibung wurde gegen Abend immer besser und entfachte nochmals unsere Motivation. Zu guter Letzt versuchten wir, eine Route ohne Verwendung unserer Hände hochzu kommen. Das Versuchen und Scheitern, Kämpfen und Schaffen – es machte großen Spaß. Damals im Tessin, da habe ich mich verliebt. In die Landschaft, die Berge und die wunderschönen Kastanienwälder mit den Tausenden Felsblöcken, die nur darauf warteten, von uns entschlüsselt zu werden. Das Tessin ist seither meine zweite Heimat. Auch heute bin ich noch regelmäßig in seinen Wäldern und Tälern unterwegs und suche nach der perfekten Linie. Vom Tessin aus eroberte ich dann die ganze Boulderwelt. Zusammen mit meinen Freunden besuchte ich die verschiedensten Kontinente. Das Crashpad war fortan mein ständiger Begleiter, an die 1000 Erstbegehungen habe ich seitdem gemacht. So wie ich selbst hat jeder Boulderer und auch jeder Boulder seine eigene Geschichte. Die eine ist länger, die andere kürzer. Manche sind spektakulär, andere strahlen Ruhe aus. Dieses Buch erzählt die Geschichten und die Geschichte des Boulderns, begleitet zu den beliebtesten Klettergebieten und stellt die vielen verschiedenen Facetten des Sports dar – immer nahe dran am Pulsschlag des Boulderns.

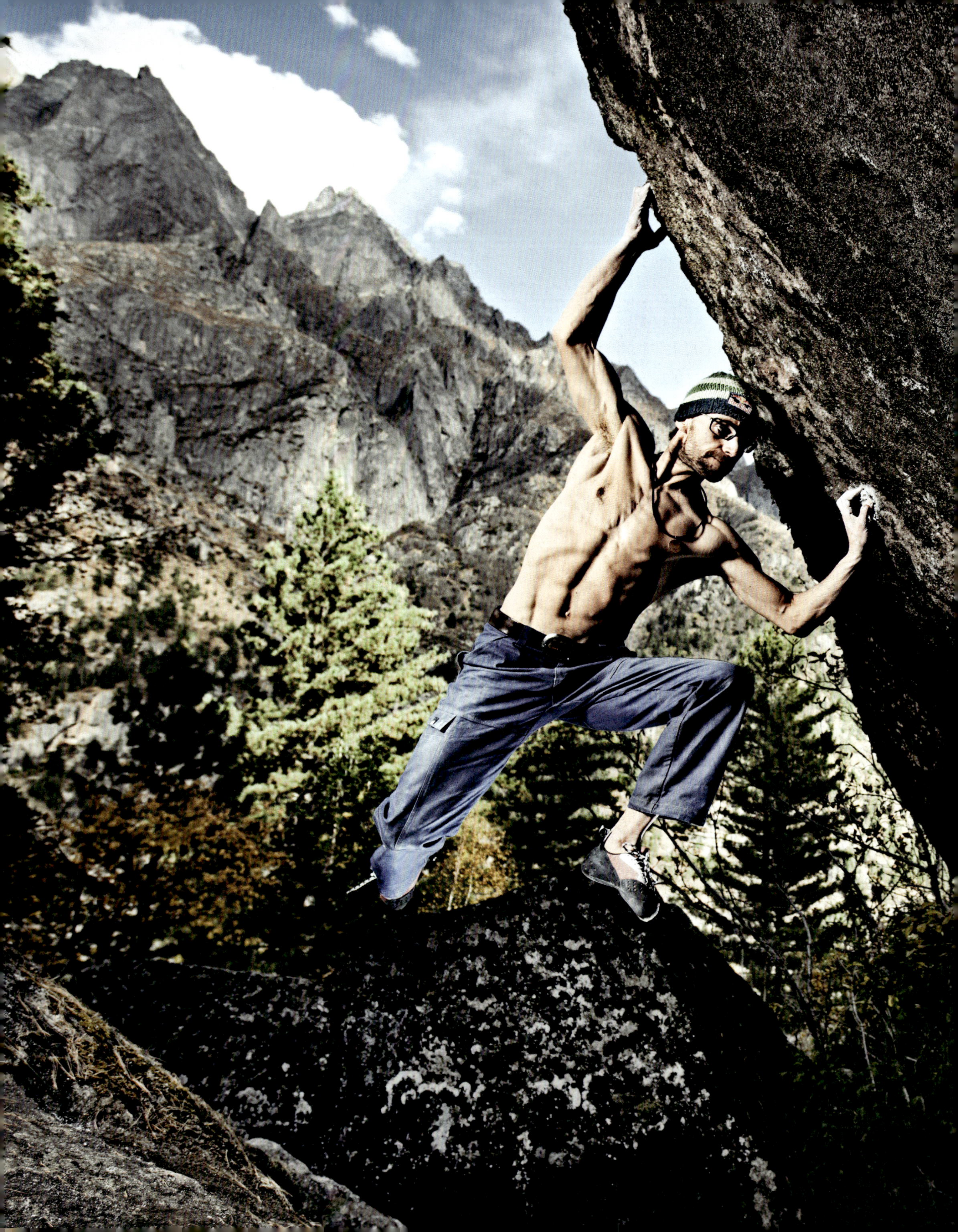

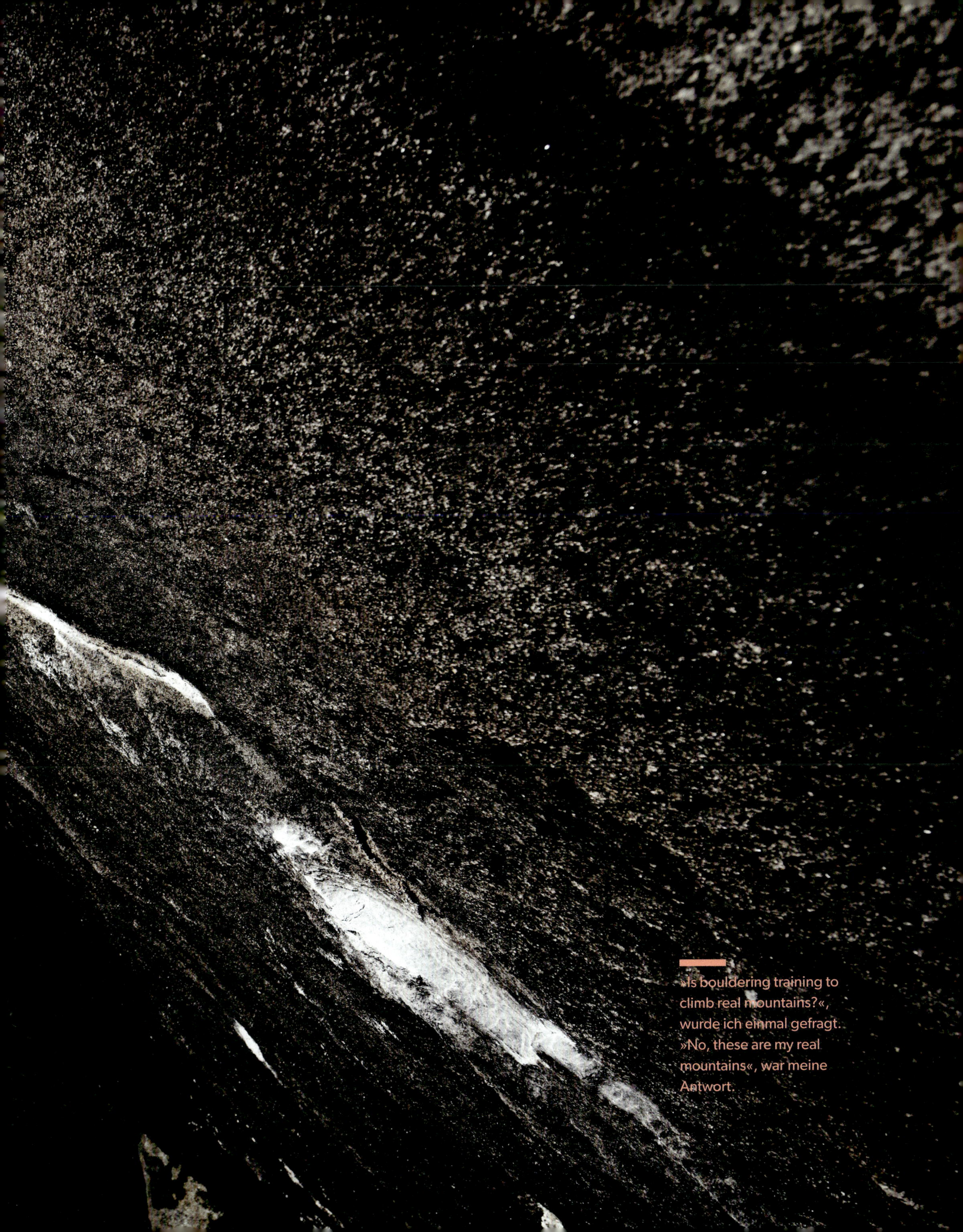

»Is bouldering training to climb real mountains?«, wurde ich einmal gefragt. »No, these are my real mountains«, war meine Antwort.

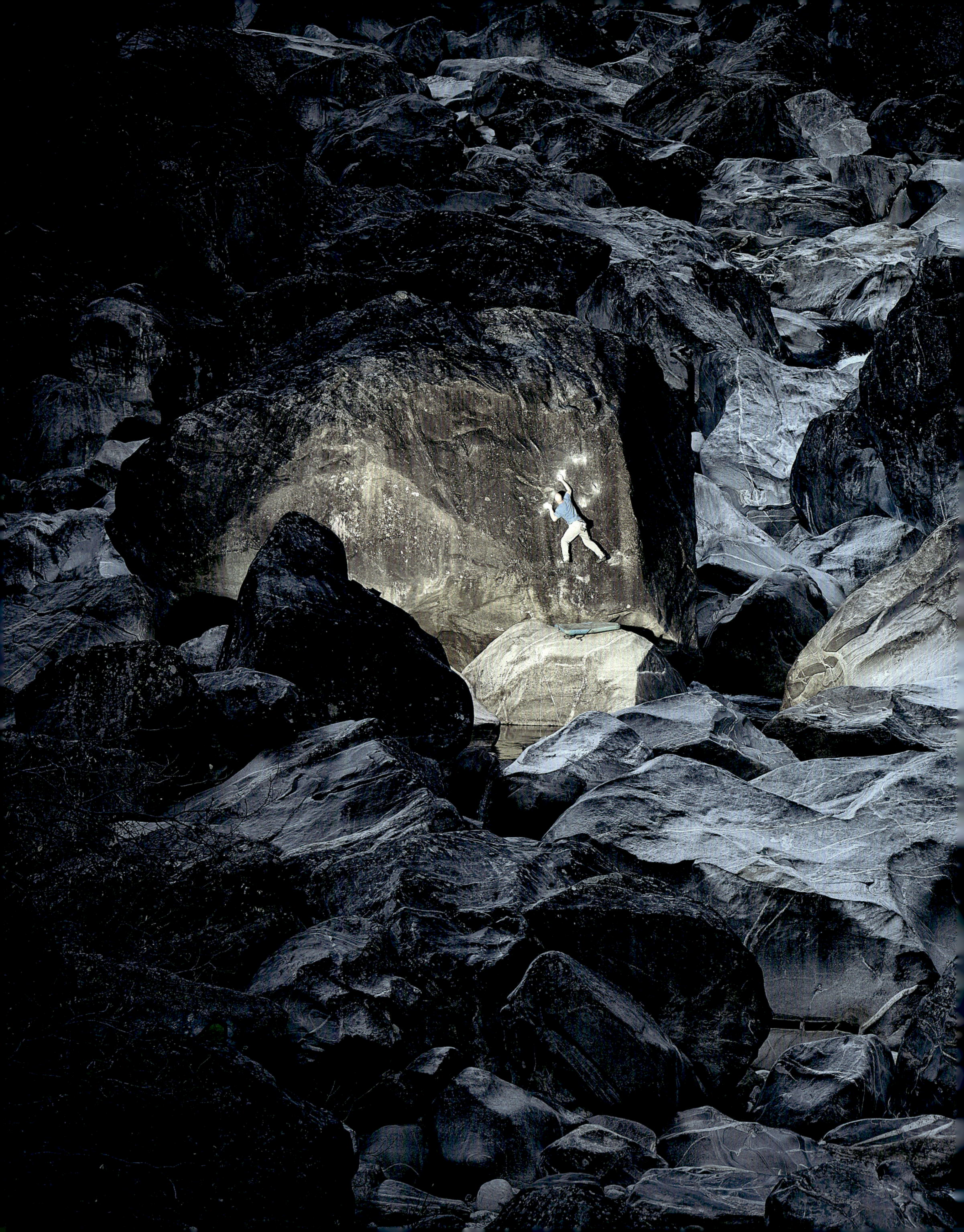

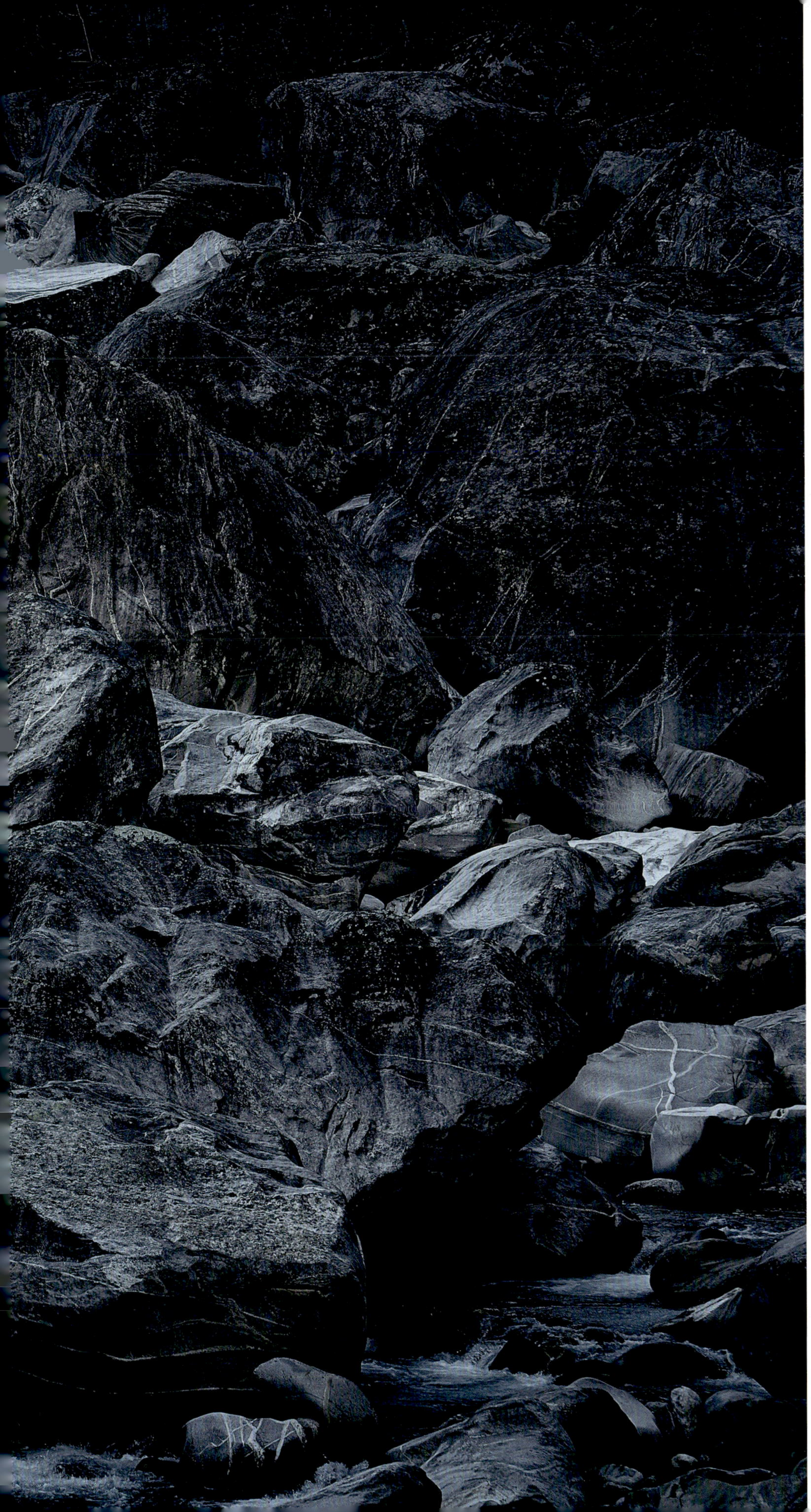

2

Diese innere treibende Kraft bewirkt, dass ich mich plötzlich an Griffen festhalte, die ich vorher gar nicht wahrgenommen habe.

Tessin, Schweiz: Chris Schulte bouldert im wilden Flussbett der Verzasca.

MOTIVATION

Bernd Zangerl

Wer fünf Stunden Reisezeit auf sich nimmt, um dann an irgendeinem unbekannten Felsblock zwei Züge zu probieren, die noch von niemandem gelöst worden sind, wird allgemein wohl als verrückt erklärt. Für mich war es normal. Wenn die Motivation überhandnimmt, verliert der Mensch jeglichen Sinn zur Realität.

Es gibt viele Gründe, um auf die Berge zu steigen. Noch mehr Gründe gibt es, um einen Boulder zu erklimmen. Seit Langem diskutieren die Philosophen über die Quellen des menschlichen Tuns, aber was auch immer die Beweggründe sein mögen: Lass den Alltag hinter dir und habe Freude daran.

Motivation ist unsere innere Energiequelle jeglichen Tuns. Besonders beim Bouldern bedarf es dieser Quelle, wenn man seine Grenzen immer und immer wieder verschieben möchte. Wer nach dem hundertsten Fehlversuch nochmals aufsteht und alles gibt, versteht, was ich meine. Immer motiviert zu sein, ist der Wunschtraum eines jeden Sportlers, aber es liegt in der Natur der Sache, dass dieser Dauerzustand nie erreicht werden kann. Es braucht auch Tage, um sich zu besinnen, zu erholen und die nächsten Ziele zu fixieren – und die Motivation wieder aufleben zu lassen.

Motivation war in den ersten Jahren keines meiner Probleme. Nach meinem ersten Bouldertag unternahm ich alles, um so schnell wie möglich wieder ins Tessin fahren zu können. Ich war vom Bouldervirus infiziert. Um so oft wie möglich bouldern zu können, brauchte ich einerseits Zeit und andererseits Geld für die Fahrten. So bündelte ich meine Vorlesungen an der Uni auf ein paar Wochentage, an den übrigen kletterte ich. Außerdem nahm ich Gelegenheitsjobs an, um meine Leidenschaft finanzieren zu können.

Ich ließ mich auch dazu hinreißen, meine Ernährung auf Haferflocken mit Milch zu beschränken und exzessiv Plasma zu spenden, um mehr Geld fürs Bouldern zur Verfügung zu haben. In der Rückschau empfehle ich diesen Weg aber keinem.

Nachdem meine Leidenschaft entfacht war, nutzte ich jede Gelegenheit, um ins Tessin zu fahren. Anstatt Crashpads verwendete ich zu Beginn eine ausrangierte Bettmatratze. Oftmals lag sie nur pro forma am Einstieg. Wir konnten nur bouldern, wo das Absprunggelände nicht zu gefährlich war und man bei einem Sturz mit keinem Fußbruch rechnen musste. Der Dämpfungsfaktor meiner Matratze war einfach zu bescheiden. Dies bremste unsere Freude aber nicht, und ein Jahr später bekam ich mein erstes Crashpad, gesponsert von einem Landecker Schlosserei-Unternehmen. Noch heute bin ich dankbar für diese Möglichkeit.

Meine Freunde und ich gingen fortan bei jedem Wetter bouldern. So tuckerte zum Beispiel mein VW Jetta im wilden Schneetreiben und mit Ketten, überladen mit fünf Passagieren, ebenso vielen Rucksäcken, Crashpad und Matratze, mit 30 Stundenkilometern dem Tessin entgegen. Winter. Wilde Abenteuer. Schöne Erinnerungen.

Den Boulder-Tagesrhythmus haben wir damals für uns optimiert. Wir starteten bereits um fünf Uhr in der Früh, frühstückten um 8.30 Uhr in Bellinzona und nutzten bereits die kühlen Vormittagsstunden zum Bouldern.

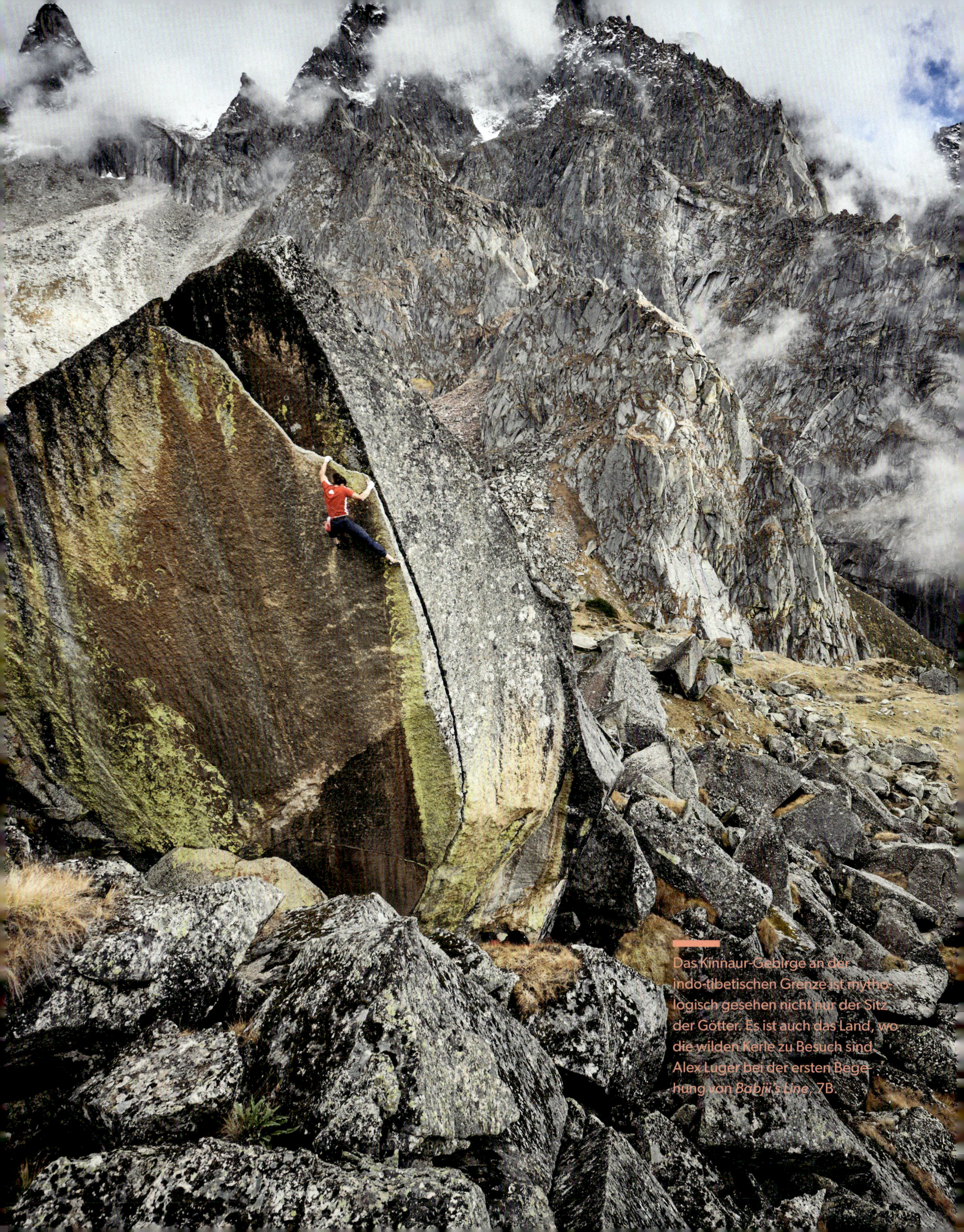

Das Kinnaur-Gebirge an der indo-tibetischen Grenze ist mythologisch gesehen nicht nur der Sitz der Götter. Es ist auch das Land, wo die wilden Kerle zu Besuch sind. Alex Luger bei der ersten Begehung von *Babjii's Line*, 7B.

Wir verlassen die Hochebene so, wie wir sie aufgefunden haben. Die Einheimischen helfen uns dabei.

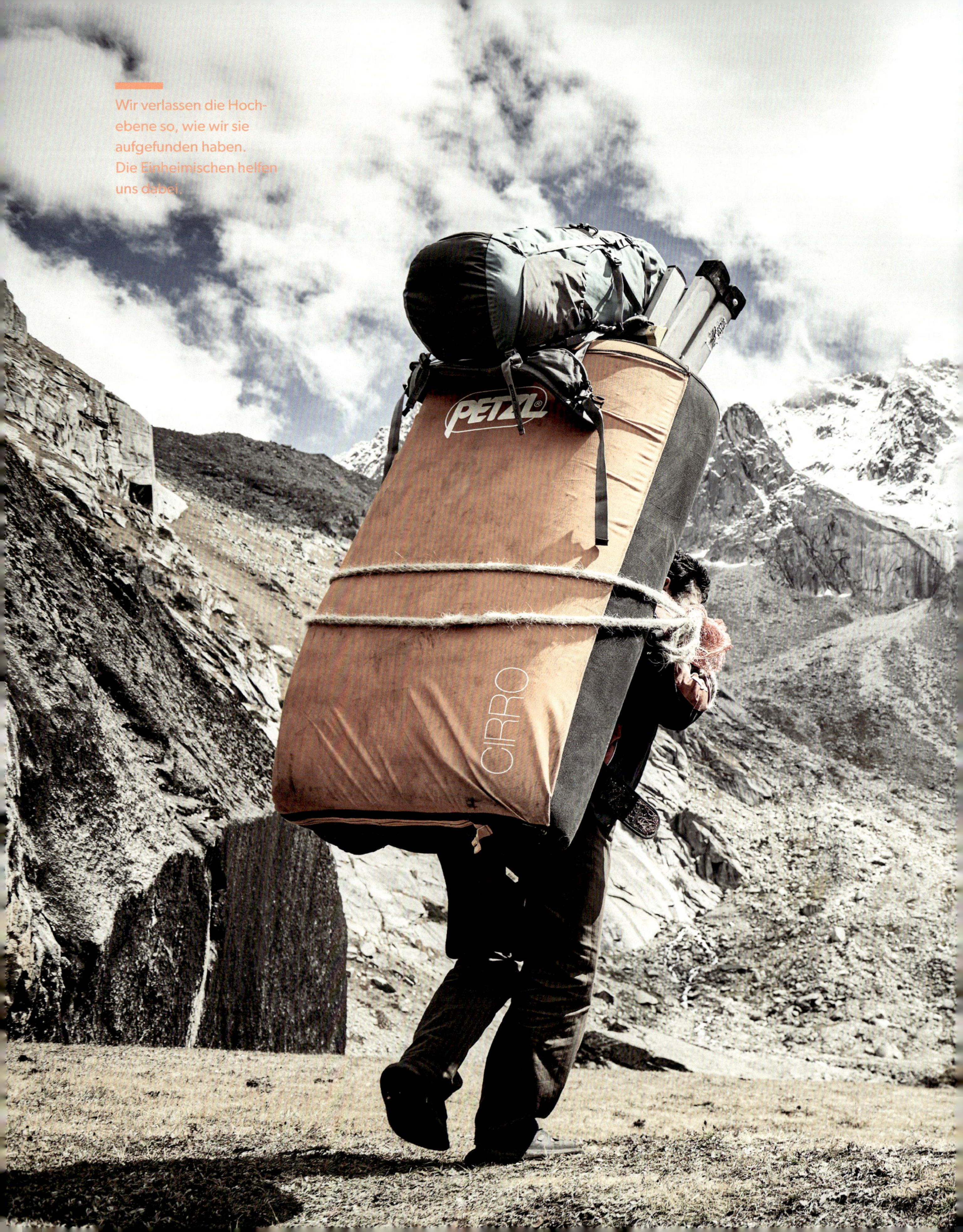

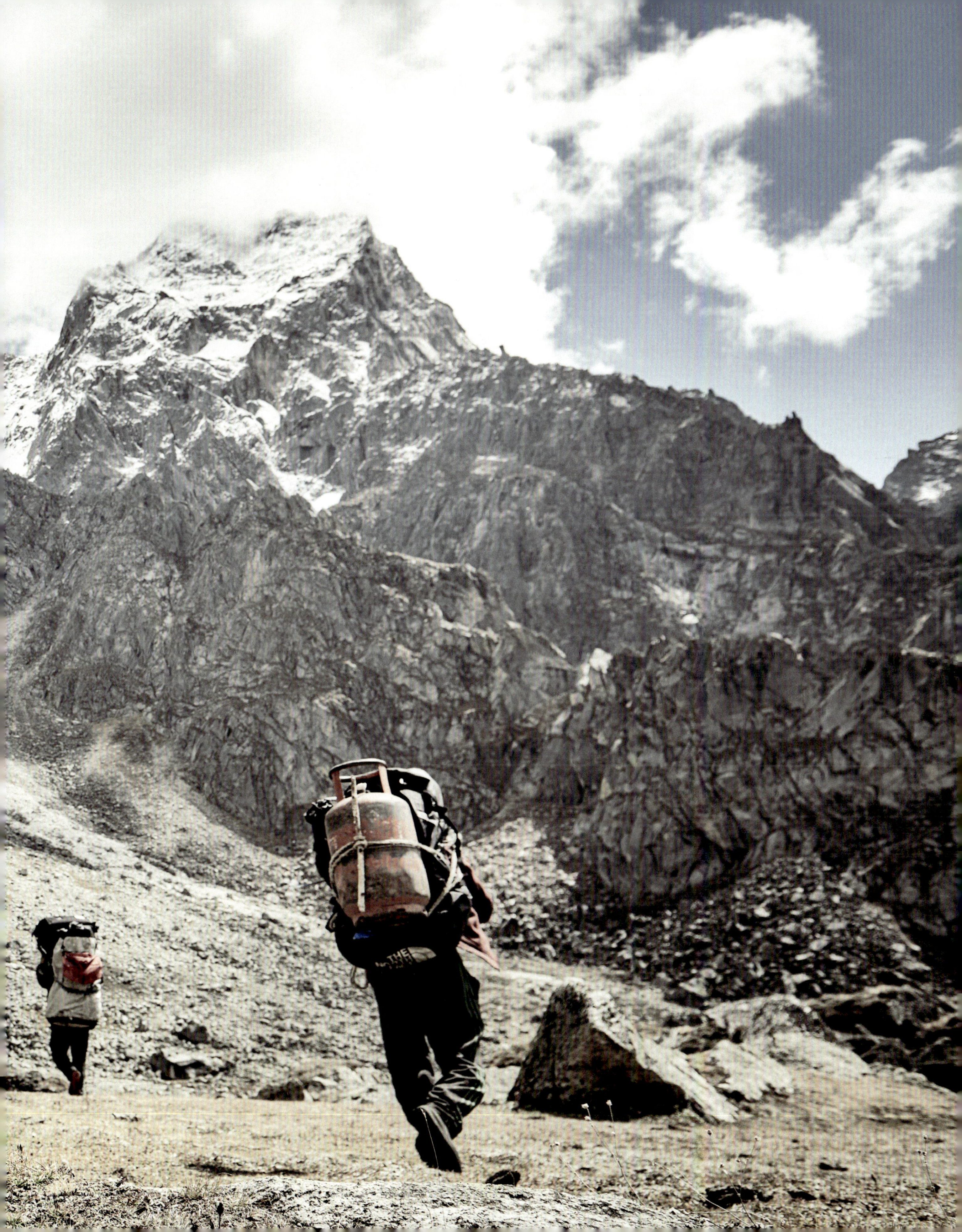

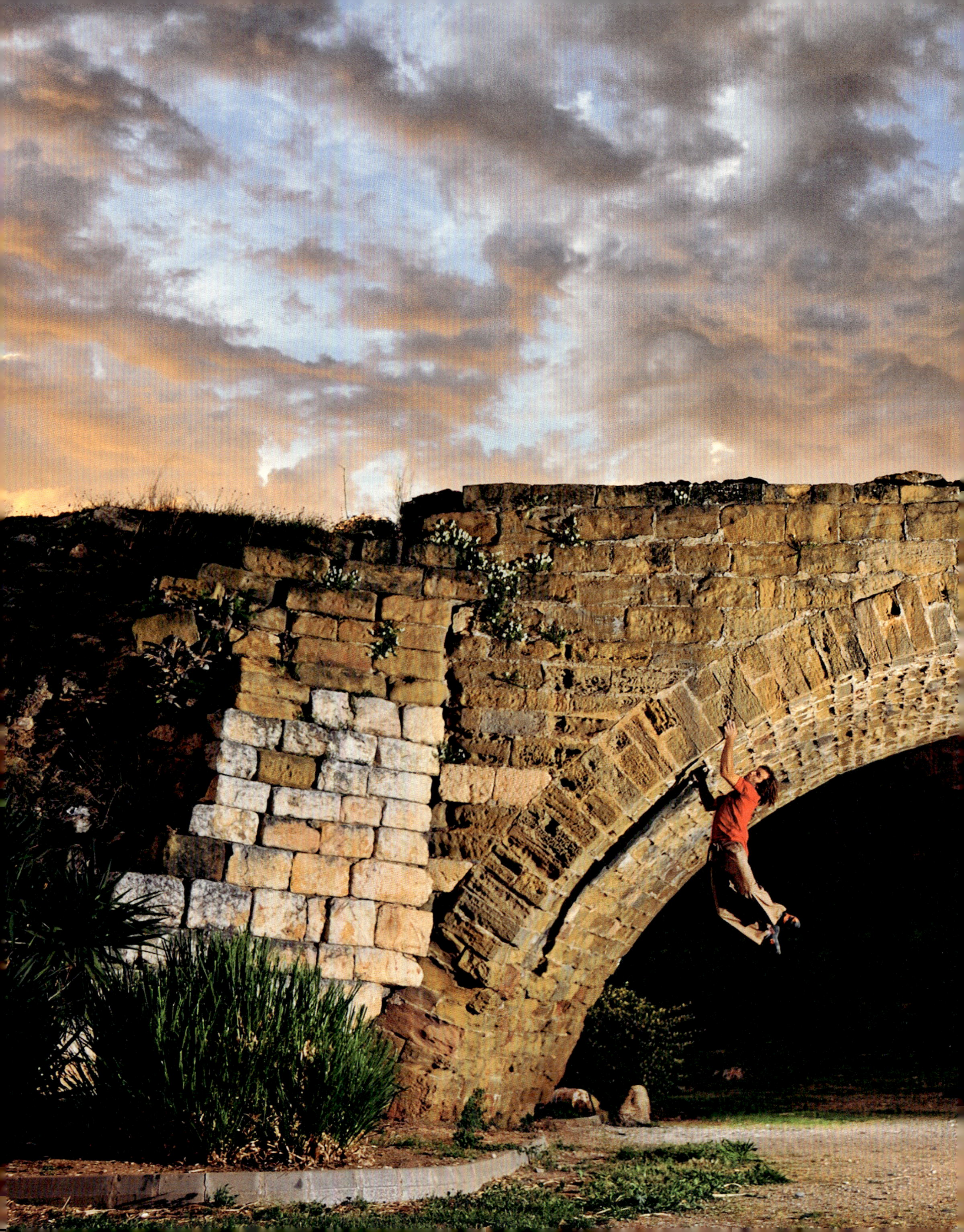

Chris Sharma bouldert an einem alten Aquädukt in Sant Llorenç, Spanien.

Über Mittag ließen wir uns die Tessiner Sonne auf den Bauch scheinen, um dann am Nachmittag nochmals angreifen zu können. Oft boulderten wir mit Lampen bis spät in die Nacht und kamen erst gegen Mitternacht wieder nach Hause. Dieses Spiel trieben wir bis Anfang Juni. Dann mussten auch wir uns eingestehen, dass das Bouldern mit steigenden Temperaturen immer mühseliger wurde. Griffe, an denen wir uns im Winter noch halten konnten, fühlten sich dann an wie Schmierseife, und wir rutschten von den Tritten.

Es war Zeit, neue Felsen zu suchen. Nachforschungen wurden angestellt. Nochmals durchkämmten wir die heimatlichen Gebirge. Fast jeden Alpenpass haben wir gesichtet, die Zentral- und Ostschweiz systematisch durchquert. Die Suche führte uns in die schönsten Täler und weit ins Hochgebirge. Wenn wir fern am Horizont Felsen vermuteten, sind wir dorthin gelaufen. Gab es Gerüchte über Felsen, so sind wir denen nachgegangen. Überall, wo es Hinweise auf Blöcke gab, wo auch nur eine geringe Chance bestand, irgendetwas zum Bouldern zu finden, da waren wir. Gefunden haben wir natürlich viele Felsen. Aber die wenigsten haben uns begeistert. Wir waren in dieser Hinsicht sehr anspruchsvoll. Das ist auch heute noch so.

Man könnte unsere Suche nach den richtigen Felsen unter ein biblisches Motto stellen: Wer suchet, der findet. Wir fanden unsere Gebiete, in denen wir uns jahrelang ausgetobt haben und wo eine Erstbegehung der anderen folgte. Das Averstal, der heutige Magic Wood, der Silvapark und das Gampernun, sie alle wurden zu meinem Wohnzimmer, das ich mit meinen Freunden teilte. Jeder suchte seine »Linie« und eine nach der anderen wurde entschlüsselt. Aber innerhalb weniger Jahre haben sich die Hausgebiete von früher zu Hotspots entwickelt und sind heute oftmals Tummelplatz für viele Menschen aus aller Welt.

Kletterer sollten Vagabunden sein, hat schon Oscar Eckenstein, Kletter- und Boulderpionier aus dem Jahre 1895, gemeint. Unbewusst nahm ich mir diese Einstellung zu Herzen und suchte überall nach der perfekten Linie, egal ob im peruanischen Hochland, im Himalaja oder entlang der unendlichen Küstenbereiche Norwegens. Jedes Mal, wenn ich ein neues Gebiet finde, erinnert es mich an meinen ersten Bouldertag in Cresciano. Immer noch überkommt mich diese nervöse Neugierde, wenn ich mich auf die Suche mache. Laufen und suchen. Suchen und laufen. Der Versuch, eine Ordnung in die neue Welt zu bringen, die bis vor Kurzem noch unendlich weit entfernt war. Angelangt am Ziel, herrscht ein Gefühl von Freude, die Luft scheint elektrisierend, und die Spannung steigt, bei jeder Biegung, bei jedem Block. So muss sich Kolumbus gefühlt haben.

Bouldern kann man ja im Grunde überall, aber die Felsqualität muss einfach passen.

An irgendeinem Stück Fels ein paar harte Moves machen, das ist für mich nach wie vor uninteressant. Als ich mit dem Bouldern begann, hatten wir unser eigenes Bewertungssystem: Es geht, es geht vielleicht, es geht nicht. Aussagen über die Qualität des Climbs oder der Bewegungen wurden mit dem Stern-System gemacht.

Zehn Sterne waren unser Traum, das Ziel, das es zu finden galt. Der Schwierigkeitsgrad mit Nummer, so wie wir es heute kennen, kam erst später ins Spiel. Zuvor ging es um die Linie. Um die Erstbegehung. Es galt, die schönsten zu finden. Die perfekte Linie, ohne genau zu wissen, was die perfekte Linie tatsächlich ist. Aber auf einmal steht das »Ding« vor dir, und du weißt es. Ob es sich dann um den weltschwersten Boulder oder um eine Aufwärmübung handelt, wird in diesem Moment zur Nebensache. In diesem Moment spielt es auch keine Rolle, ob der Boulder machbar ist oder nicht. Ohnehin war es viel interessanter, etwas zu versuchen, was auf den ersten Blick unmöglich aussah. Denn was ist schon unmöglich? *There are only limits when you accept them.*

Zu diesem Moment, in dem plötzlich alles möglich ist, dahin bringt einen Boulderer seine Motivation. Diese innere treibende Kraft bewirkt, dass ich mich plötzlich an Griffen festhalte, die ich vorher gar nicht wahrgenommen habe. Es bedarf oft einer ungeheuren Vorstellungskraft, so fern scheint der erfolgreiche Durchstieg. Wenn die Wahrscheinlichkeit auf Erfolg auch noch so gering ist, reicht das mit der entsprechenden Motivation aus, um den Boulder dennoch zu versuchen.

Im Kopf ist plötzlich alles nur eine Frage der Kraft, alles nur eine Frage der Zeit. Und wenn es nicht an der Kraft liegt, dann einfach an der fehlenden Beweglichkeit, um einer Bewegung das nötige Momentum zu verleihen. Aber das Entscheidende ist: Woran es auch liegt, dass eine Linie momentan noch nicht klappt, sie ist nicht unmöglich. Die Motivation wird begleitet von einer unvorstellbaren Lust und Freude, die mich treibt. Ich liebe den spielerischen Zugang zu den schwierigsten Problemen, ich liebe die Einfachheit, die das Bouldern bietet, das spielerische Sich-Herantasten an den Fels.

Ich liebe die Vielseitigkeit, die akrobatischen Bewegungsmuster und die unterschiedlichen Felsformationen und Gesteine mit ihrer unterschiedlichen Reibung. Nur ein kleiner Temperaturunterschied reicht aus, um eine unmöglich erscheinende Passage in den Bereich des Möglichen zu holen. Für den Durchstieg so mancher Linie habe ich Jahre investiert, ohne je zu wissen, ob es gelingen wird. Aus einer einfachen Idee wurde ein Traum, der mich oft auch in den Nächten verfolgte. Am nächsten Morgen fuhr ich dann zum Projekt, um zu sehen, ob mir meine »Traumideen« zum erhofften Durchstieg verhelfen können. Im Geiste habe ich das alles schon zigmal erfolgreich visualisiert, aber in der Realität bleibt es ein Wunschtraum. Der Wiederholer eines Boulders, der hat ein leichtes Spiel. Er weiß, dass es geht. Als Erstbegeher kann man sich nie sicher sein, ob es jemals zu schaffen ist. Der Erstbegeher schwankt immer zwischen »möglich« und »nicht möglich«. Dieser mentale Zwiespalt sorgt für erhebliche Probleme auf dieser Welt. Eine Erstbegehung wird dadurch zu einer anderen Erfahrung. Es hilft, sich zu vergegenwärtigen, dass es schlussendlich nur ein Stück Fels ist. Ein ganz normaler Felsblock, an dem die meisten anderen Menschen einfach vorbeilaufen, wird zum eigenen Raum, in dem es eine Linie zu finden gilt. Eine Idee. Die erdachte Linie ist eine Kreation des Geistes. Andere sehen diese gar nicht oder sehen etwas ganz anderes.

Bei aller Motivation, die uns Linien entdecken, Boulder klettern und hart trainieren lässt, stellt sich eine entscheidende Frage: Woher kommt sie? Woraus entsteht diese Motivation?

Wenn es nicht um die Linien selbst geht, nicht um die Ästhetik oder die Gipfelerfahrung, was ist dann dieser Zustand, der uns die Wände hochgehen lässt, unsere Motivation entfacht und uns über unsere Grenzen hinauswachsen lässt? Es gibt viele Beweggründe, aber schlussendlich ist es womöglich nur eine Frage der Konzentration. Vielleicht geht es einfach nur um den Moment der Gegenwärtigkeit, in der es keine anderen Gedanken, Wünsche und Absichten mehr gibt, sondern alle Sinne auf das eine Ziel gerichtet sind. Wenn das Denken wegfällt, ist der Idealzustand erreicht. Vielleicht gehen wir alle nur bouldern und klettern, um für einen kurzen Moment in diesen Zustand eintauchen zu können. Manche bewusst, manche unbewusst.

Es ist ein Fakt, dass gefährliche Aktivitäten wie das Solo-Klettern oder Highballen den Menschen in diesen beschriebenen Geisteszustand zwingen. Es ist ein Zustand voller Lebendigkeit, frei vom Denken. Aus dem gegenwärtigen Moment auch nur für eine Sekunde herauszufallen, könnte den Tod bedeuten.

Beim Bouldern steht der Kletterer nach einem Sturz normalerweise wieder auf der Matte. Zum Glück. Doch dieses Eintauchen in den gegenwärtigen Moment ist auch beim Bouldern essenziell, wenn man Erfolg haben will. Da keine Störfaktoren wie Seilführung oder Hakenabstände auf den Bewegungsfluss einwirken, kann man sich völlig auf den gegenwärtigen Moment konzentrieren. Es gilt, den nächsten Griff zu erreichen, und dies ist alles, was zählt. Genau das ist meine persönliche Faszination. Wenn ich alles um mich herum vergesse, ist das sowohl mein Ziel als auch zugleich meine Motivationsquelle.

In diesem kurzen Moment der Perfektion werden Bewegungen, die einem vorher alles abverlangt haben und für die man vielleicht jahrelang trainiert hat, auf einmal ganz leicht. In diesem Zustand verschieben sich die Grenzen des Menschenmöglichen, und es eröffnen sich neue Wege und Zugänge für das kreative Spiel mit den Felsen. Es führt zu einer Erhöhung des Bewusstseins, zu einer intensiveren Wahrnehmung, und es ist meine Überzeugung, dass uns unsere Motivation immer wieder dorthin bringen will.

Bouldern ist eine Inspiration für alle Sinne. Beim Eintauchen in den Mikrokosmos Bouldern verlieren die alltäglichen Dinge des Lebens an Wichtigkeit, und es entsteht ein wohltuendes Gefühl von Ruhe und Gelassenheit. Genuss am einfachen Dasein.

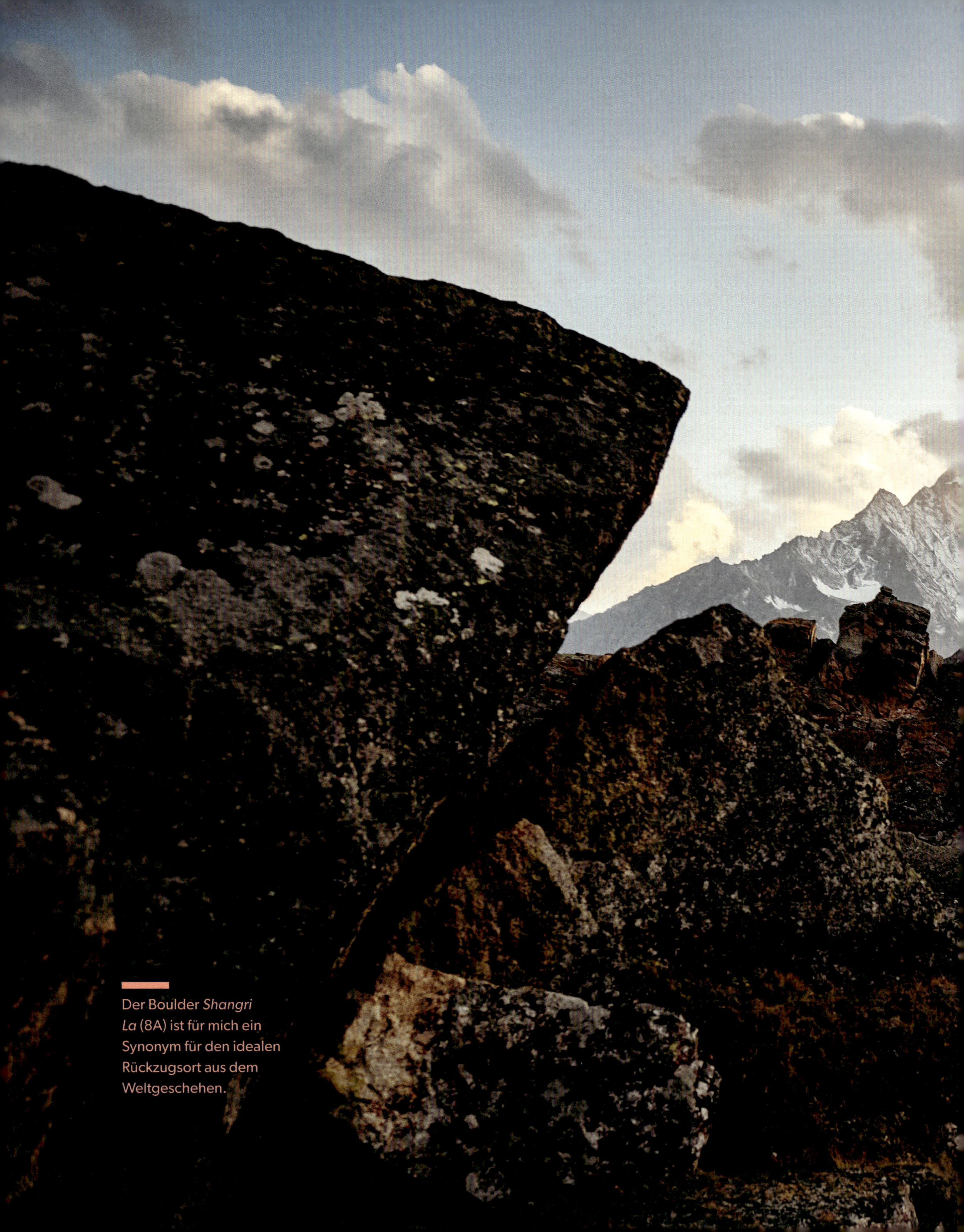

Der Boulder *Shangri La* (8A) ist für mich ein Synonym für den idealen Rückzugsort aus dem Weltgeschehen.

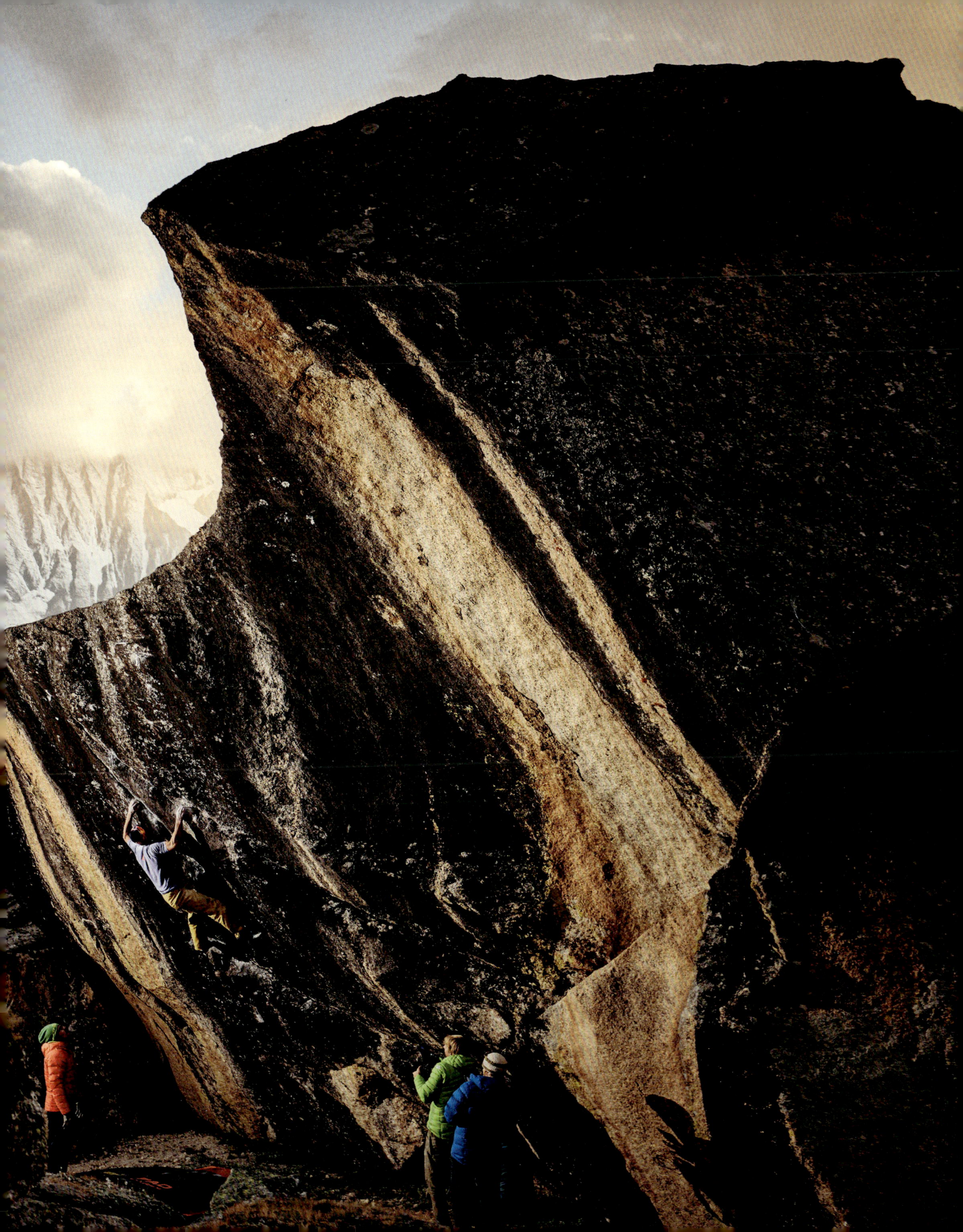

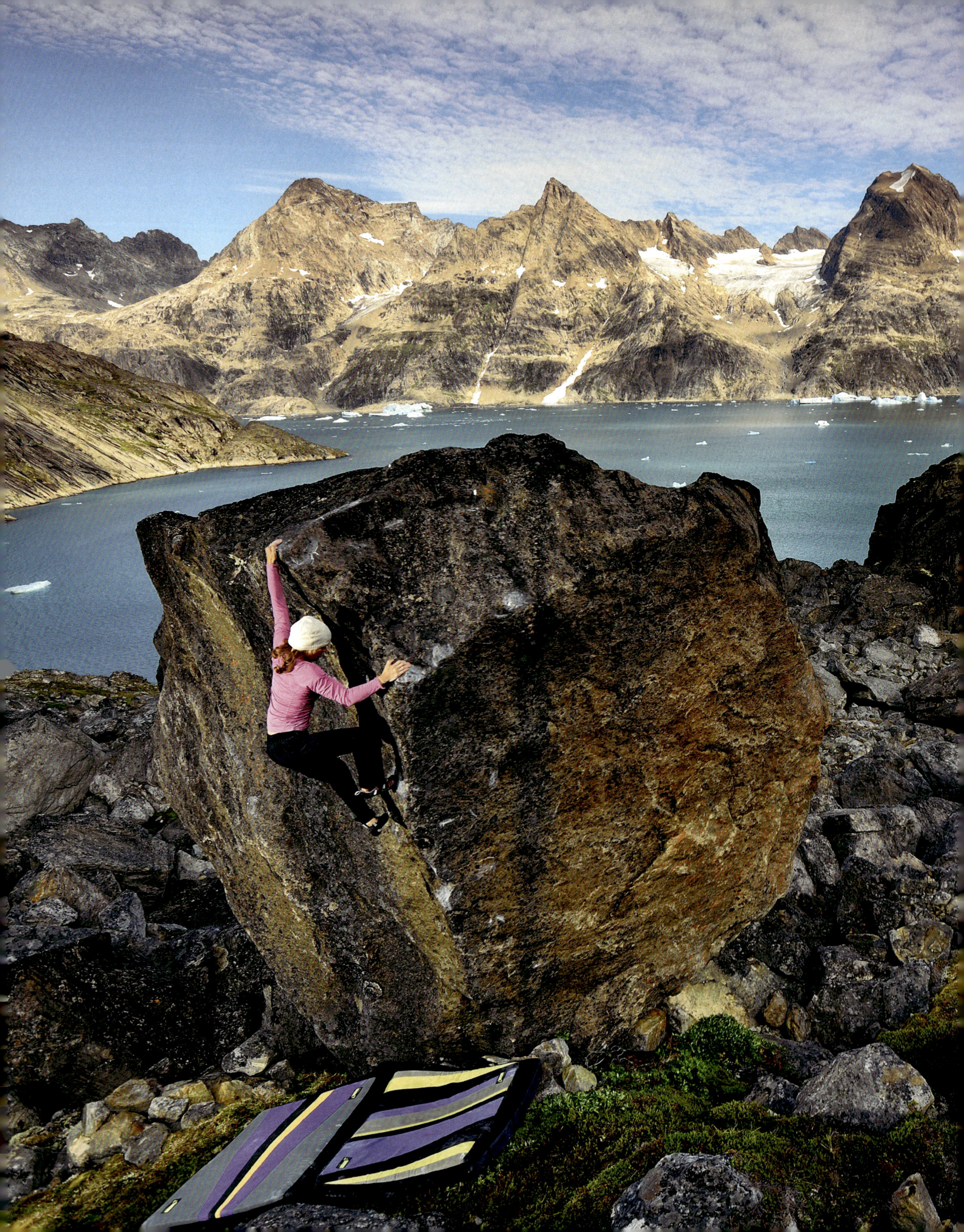

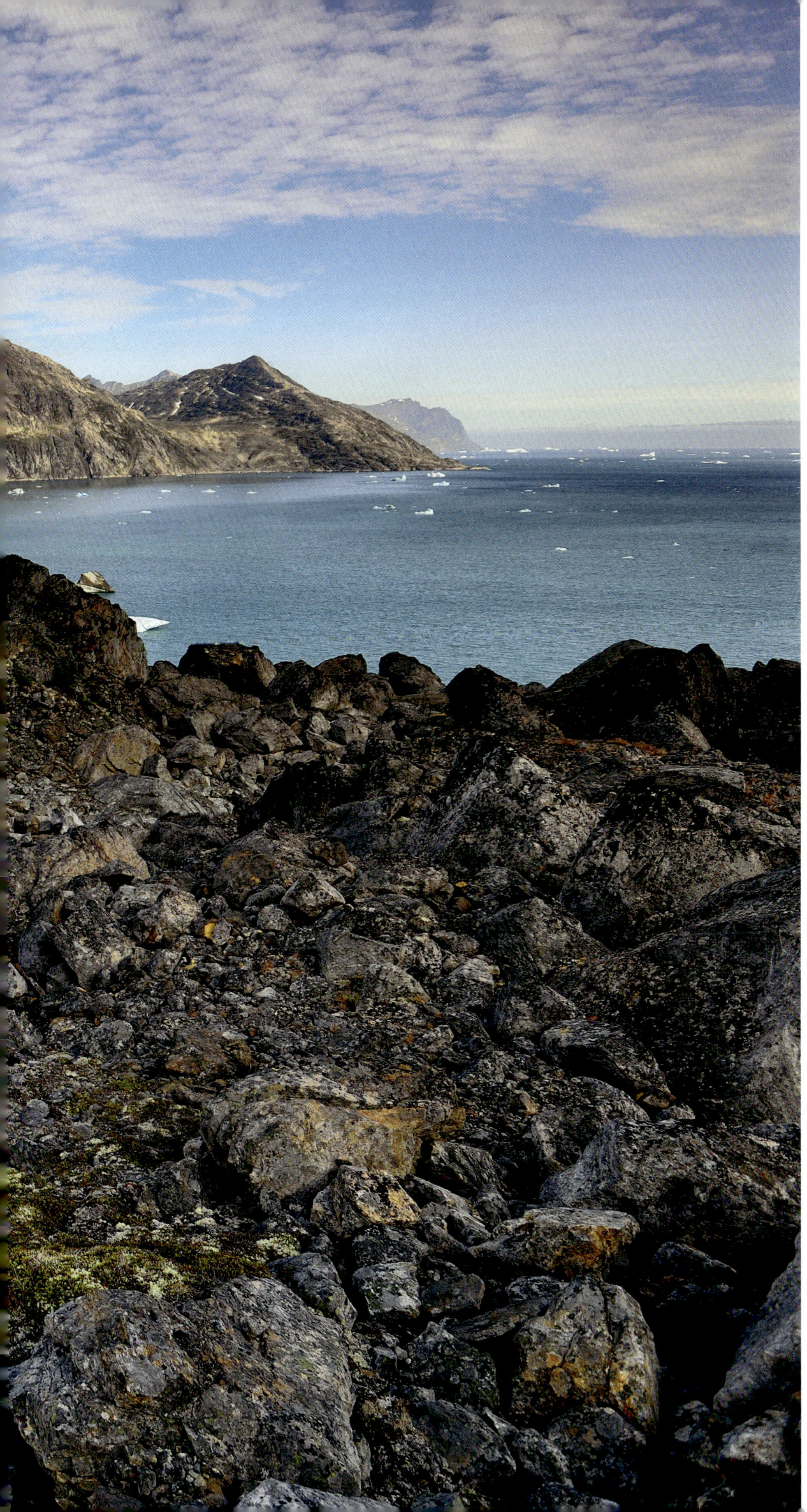

3

Klettern als sehr ursprüngliche Form des Bewegens liegt dem Menschen in seinen Genen und wurde wohl zu jeder Zeit der Menschheitsgeschichte praktiziert.

Angie Payne vor traumhafter Kulisse in Grönland.

MIT DEM BOULDERN ANFANGEN

Patrick Matros

»BOULDERN«, WAS IST DAS ÜBERHAUPT?

Bouldern als Beschreibung einer kletternden Tätigkeit lässt sich vom englischen Wort »boulder« ableiten, was mit »Felsblock« übersetzt werden kann. Es bezeichnet im Wesentlichen das Klettern ohne Seilsicherung und ohne zusätzliches, am Körper angebrachtes Sicherungsgerät. Die erforderliche Sicherheit bei Stürzen und Absprüngen wird durch Matten und die Hilfestellung anderer Personen gewährleistet.

Bereits seit vielen Jahren wird der Bouldersport indoor und outdoor praktiziert. Was sich noch vor 20 Jahren eher als Trainingsform für das Klettern mit Seil darstellte, beeindruckt schon seit mehreren Jahren mit einer stetig wachsenden Zahl von Anhängern und ist mittlerweile zu einer allgemein anerkannten Sportart und Kletterdisziplin geworden. Es gibt Bouldergebiete rund um den Erdball, und in vielen größeren Städten kann man in Boulderhallen klettern. Immer mehr Boulderhallen bieten auch Outdoorbereiche an, und sogar an Gebäuden wird gebouldert (*Buildering*). Zusammenfassend lässt sich sagen, dass Bouldern als »Spiel mit der Schwerkraft« im Trend einer Sportbewegung liegt, die nach kreativen und selbstbestimmten Formen sportlicher Betätigung sucht, die bis ins hohe Alter ausgeführt werden können.

WIE WIRD GEBOULDERT?

Es gibt mehrere Varianten, wie die zu kletternde Strecke eines Boulders gemeistert werden muss. Man kann einen Boulder bis zum höchsten Punkt des Boulderblockes klettern, dies wird oft auch als »Top Out« bezeichnet, oder man hört an einem bestimmten Griff auf, der das Ziel (»Top«) darstellt. Manchmal führt der Boulder auch von einer Wandseite zur anderen, dies bezeichnet man als Quergang (»Traverse«). Der Start eines Boulders folgt ebenfalls gewissen Regeln. Meist sind die Startgriffe eines Boulders definiert, im Wettkampf auch die Tritte. Ein Start kann demzufolge von einer liegenden, sitzenden oder stehenden Position erforderlich sein, bis hin zu einem Anspringen der Startgriffe. Einige Boulder, vor allem solche, die vom Start weg ein Hineinstemmen erforderlich machen, haben oft keine direkten Startgriffe: Man stellt sich einfach vor den Boulder und versucht, sich in eine Position zu drücken, in der man vom Boden abhebt, zum Beispiel beim berühmten *Stem Gem*-Boulder im US-Boulderparadies Joshua Tree.

Eine weitere Besonderheit sind die sogenannten Run-and-Jump-Probleme: Man rennt in Richtung Boulder und versucht, sich mit ein- oder zweimaligem Antreten in der Wand in Richtung Haltegriff zu katapultieren. Run-and-Jump-Probleme sind vor allem bei Wettkämpfen und beim Indoorbouldern populär, aber es gibt auch einige berühmte Outdoor-Ausnahmen wie zum Beispiel die Run-and-Jump-Variante des Ultraklassikers *A Streetcar Named Desire*. Boulder können auch entlang eines Felsdurchschlupfes oder zwischen zwei Felsen führen. Dort gilt meist die Regel, dass bestimmte Wandbereiche nicht durch Ausspreizen oder Anlehnen mitbenutzt werden dürfen, da sonst die Schwierigkeit des ursprünglichen Problems nicht gegeben ist.

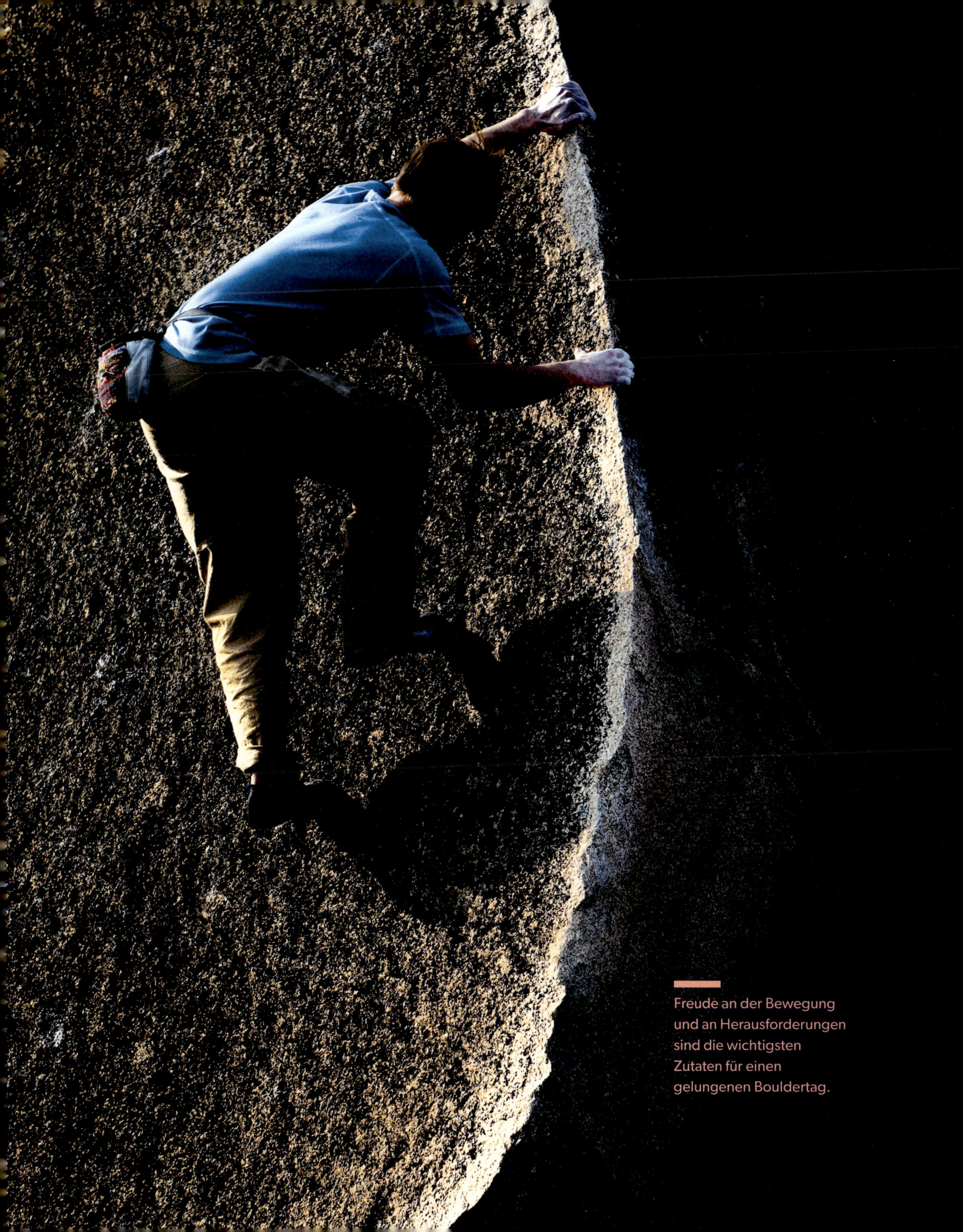

Freude an der Bewegung und an Herausforderungen sind die wichtigsten Zutaten für einen gelungenen Bouldertag.

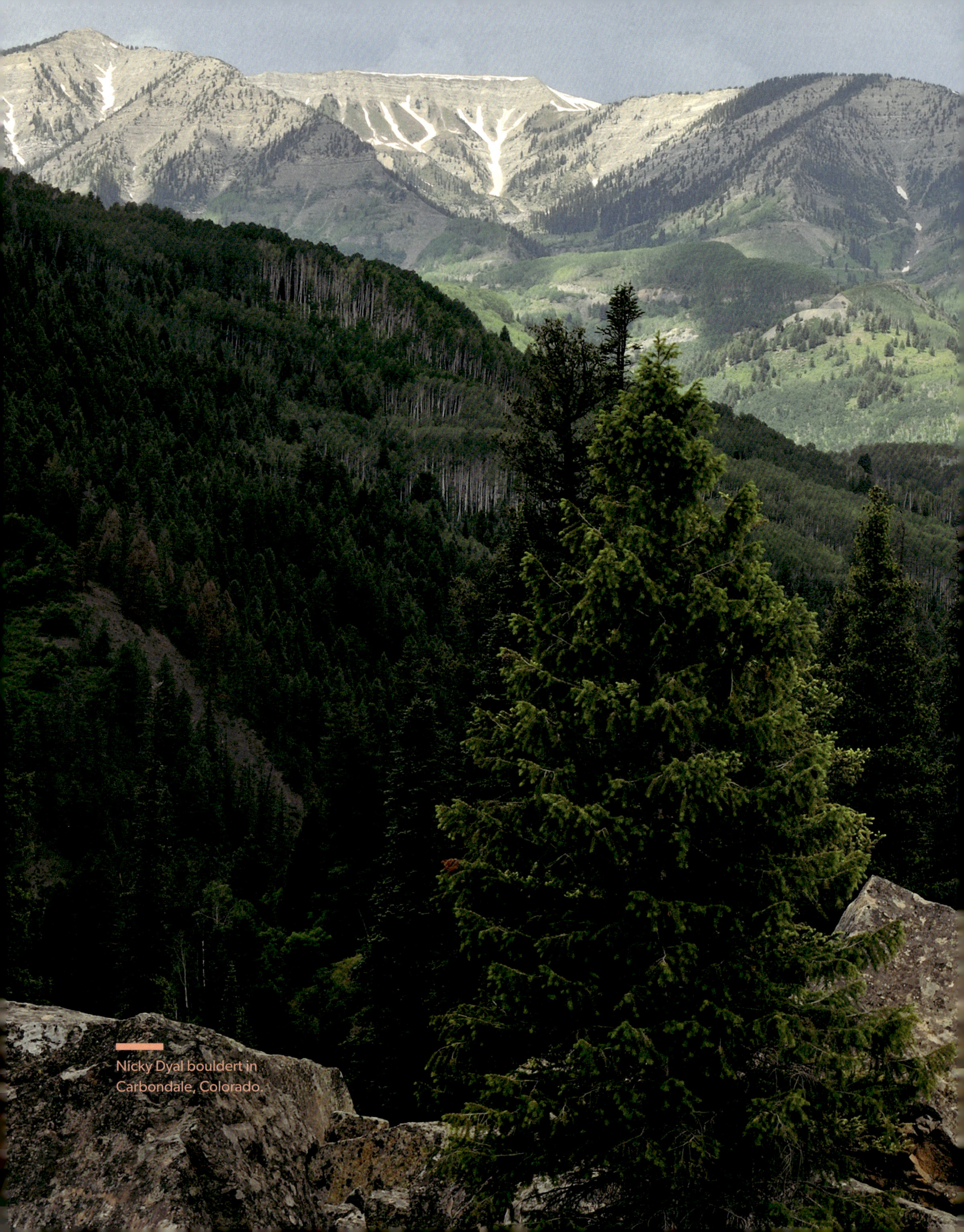

Nicky Dyal bouldert in Carbondale, Colorado.

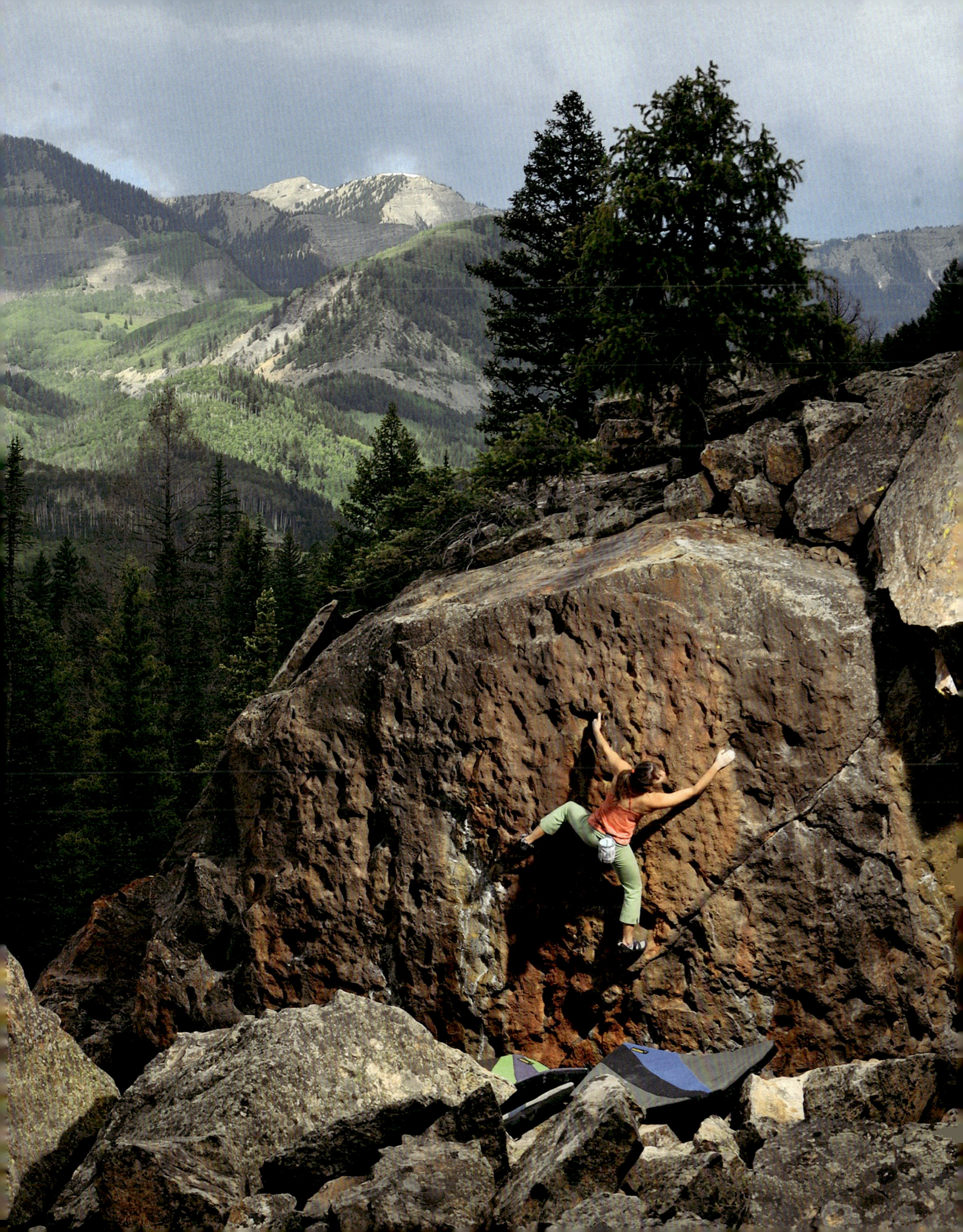

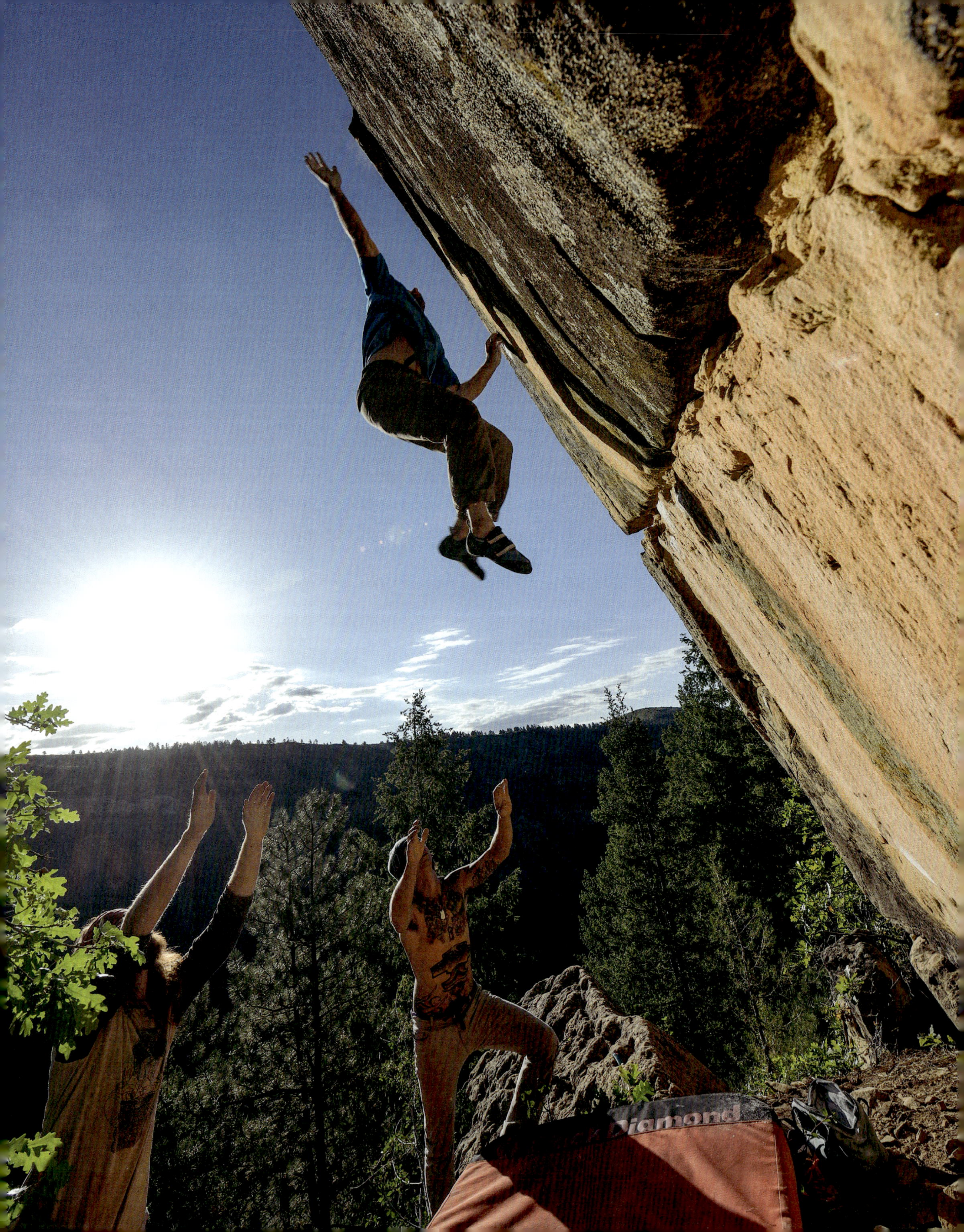
Diamond

Catch me if you can! Nicht nur beim Bouldern, auch beim Spotten ist höchste Konzentration gefragt.

Last but not least stellt das Highball-Bouldern die wohl spektakulärste Variante dar. Der Boulder ist in diesem Fall so hoch, dass ein gefahrloses Abspringen ab der sogenannten »no fall zone« nicht mehr möglich ist. Die Grenze zum Free-Solo-Klettern ist hier fließend, und es gibt »Boulder« bis zu 20 Meter Gesamthöhe. Diese zu meistern, bleibt jedoch Profis vorbehalten.

WAS MACHT DAS BOULDERN BESONDERS?

Bouldern ist die verspieltere Form des Kletterns. Während beim Klettern mit Seil die taktische und die psychische Komponente eine große Rolle spielt, liegt beim Bouldern der zentrale Fokus auf der Lösung eines Bewegungsproblems, bei der auf störende Sicherheitsausrüstung am Körper und die damit verbundenen Handlungen verzichtet werden kann. Diese Konzentration auf die Bewegung an sich, ohne »störende« Aspekte wie zum Beispiel der Abstand der Sicherungshaken, die »unnötige« Aufmerksamkeit fordern, veranlasste die britische Kletterlegende Ben Moon, von der »Essenz des Kletterns« zu sprechen.

Bouldern ist enorm vielfältig: Unterschiedlich steile Wandneigungen, Oberflächenreliefs, die in den unterschiedlichsten Winkeln zueinander stehen, sowie zahllose Griff- und Trittformen sorgen für eine schier endlose Zahl an Bewegungsproblemen, die gelöst werden wollen. Das Ziel besteht zum einen darin, immer schwerere Probleme zu lösen, bei denen immer kleinere und glattere Griff- und Trittformen festgehalten werden müssen. Zum anderen kann es aber auch um eine ästhetische Qualität gehen, die der Außenstehende an einem möglichst reibungslosen Bewegungsfluss und der Leichtigkeit im permanenten Ringen mit der Schwerkraft wahrnehmen kann.

SEIT WANN WIRD GEBOULDERT?

Klettern als sehr ursprüngliche Form des Bewegens liegt dem Menschen in seinen Genen und wurde wohl zu jeder Zeit der Menschheitsgeschichte praktiziert. Historische Zeugnisse des Kletterns finden sich bereits im alten Ägypten, Klettern war eine Trainingsform der römischen Legionäre, es gehörte zum Übungsgut der Philanthropen in der zweiten Hälfte des 18. Jahrhunderts und war zentraler Bestandteil der im 19. Jahrhundert initiierten Turnbewegung unter Friedrich Ludwig Jahn.

Der Beginn des Boulderns als bergsteigerische Aktivität kann in etwa mit dem Beginn des Alpinismus (Gründung des London Alpine Club 1857 und des Le Club Alpin Français 1874) gleichgesetzt werden.

Etwa zeitgleich erfolgten im britischen Lake District und an den Sandsteinblöcken um die Stadt Fontainebleau nahe Paris Bestrebungen, mit oder ohne Seil auch Felsblöcke abseits der alpinen Wände zu beklettern. Einige Protagonisten wie zum Beispiel Oscar Eckenstein (1859–1921) aus England entwickelten dabei bereits einen gewissen Selbstzweck.

In den 1930er-Jahren wurde das Bouldern im Wald von Fontainebleau immer populärer und endgültig eine eigenständige Tätigkeit ohne das Ziel der Besteigung alpiner Wände. In Fontainebleau erfolgten ab diesem Zeitpunkt bis in die 1960er-Jahre hinein die entscheidenden Schritte hin zum Bouldersport: Der Begriff des »Bleausard« etablierte sich, die ersten Boulderparcours wurden eröffnet, und Kletterschwierigkeiten bis 7A wurden etabliert (*L'Abbatoir*, 1960 von Michel Libert). Ebenfalls in den 1960er-Jahren betrat mit John Gill in Colorado, USA ein ehemaliger Turner die Bühne, der sich zum ersten Mal tiefer mit der spezifischen Bewegungs- und Trainingslehre des Boulderns auseinandersetzte. Formen des dynamischen Kletterns und das spezifische Training der Oberkörper- bzw. Fingerkraft gehen ganz entscheidend auf seinen Einfluss zurück. In den folgenden Jahrzehnten trat das Bouldern von einigen Topspots (z.B. Joshua Tree und Yosemite Valley in den USA, Gritstone in Großbritannien und Fontainebleau in Frankreich) seinen Siegeszug um die Welt an, der bis heute anhält. Mittlerweile gibt es bereits einen Boulder im Schwierigkeitsgrad 9A (*Burden of Dreams* von Nalle Hukkataival), und die Weltmeister des Jahres 2018kommen aus Japan (Kai Harada) und Slowenien (Janja Garnbret).

WOHIN HAT SICH DAS BOULDERN ENTWICKELT?

Bouldern hat sich zu einer extrem athletischen und dynamischen Variante des Kletterns entwickelt, und ab der Jahrtausendwende gab es noch einmal eine nicht für möglich gehaltene Steigerung der Schwierigkeiten. So kann man im 1996er Kultvideo *The Real Thing* Ben Moon bei der Begehung des Boulders *Karma* (8A vor der Griffmanipulation) beobachten, das zu diesem Zeitpunkt als »letztes großes Problem« im Wald von Fontainebleau galt. Ben Moon bezweifelte das zum damaligen Zeitpunkt bereits, und er sollte recht behalten ...

Heutzutage werden Boulder geklettert, die man sich vor wenigen Jahrzehnten nicht einmal vorstellen konnte. Zum einen haben sich die Trainingsmethoden verfeinert, zum anderen eröffnete das Indoorbouldern einen völlig neuen Zugang zu Bewegungsdynamik und -explosivität und dem Training spezifischer Kraft.

Die Diskussion um das bessere Klettermaterial von heute (vor allem im Schuhbereich) straft der französische Boulderer und Bleausard Charles Albert Lügen, der barfuß (!) Boulderschwierigkeiten bis zum Grad 9A meistert. Darunter auch das Problem *Bélial* 8B+ im berühmt-berüchtigten Bas Cuvier in Fontainebleau, welches potenziellen Wiederholern geckoähnliche Fähigkeiten abverlangt.

WAS BENÖTIGE ICH FÜR DAS BOULDERN?

Im Gegensatz zu den Materialschlachten in manch anderen Trendsportarten kommt man beim Bouldern mit vergleichsweise wenig Ausrüstung aus. Einzig der Verschleiß der nicht gerade billigen Kletterschuhe macht sich, je nach Boulderhäufigkeit, im Geldbeutel bemerkbar.

Damit wären wir auch schon beim wichtigsten Ausrüstungsgegenstand. Beim Kauf seiner Kletterschuhe sollte man sehr überlegt vorgehen. Kletterschuhe unterscheiden sich in Sohlenhärte, Sohlenasymmetrie, der Sohlenvorspannung, der Fersenform, dem Verschluss, der Gummierung und einigen weiteren Punkten. Es gibt eine überschaubare Zahl von Herstellern auf dem Markt, und es ist unbedingt anzuraten, seinen ersten oder einen neuen Kletterschuhtyp in einem Fachgeschäft auszuwählen. Der Anfänger sollte hier zudem auf eine sachkundige Beratung zurückgreifen.

Zwei ganz entscheidende Kriterien sind Schuhgröße und Sohlenbeschaffenheit. Dazu möchte ich im Folgenden ein paar Tipps geben:

- Kletterschuhe sind grundsätzlich eng am Fuß. Das heißt, sie sollten den Fuß vor allem im vorderen Bereich und um die Ferse herum eng umschließen. Je weniger Luft und »Schlupf«, desto besser.
- Kletterschuhe mit Vorspannung in der Sohle »biegen« den Fuß zusätzlich im mittleren Bereich nach innen. Das kann vor allem im überhängenden Gelände nützlich sein, da man sich so besser auf die Tritte ziehen kann. Beim Antreten auf großen Flächen kann das aber auch ein Nachteil gegenüber einem Schuh mit wenig oder keiner Vorspannung sein, da die Sohle genau in die andere Richtung gespannt werden muss, um entsprechend viel Reibung auf den Tritt zu bekommen.
- Harte Sohlen geben guten Halt auf kleinsten Tritten, man hat aber auch weniger »Gefühl« im Zehenbereich. Weiche Schuhsohlen erfordern umgekehrt ein gewisses Maß an Zehenkraft, um auf kleinen Tritten gut stehen zu können.
- Ich empfehle für Anfänger einen Schuh, der enger sitzt als zum Beispiel ein Turnschuh (die Zehen sollten vorne anstoßen und sollten sich auch ein wenig aufstellen), aber wenig Sohlenvorspannung besitzt. Wenn Tretenlernen nur mit Schmerz verbunden ist, wird man sich sehr schwertun. Der Schuh sollte eine mittlere Härte haben, damit ein Kompromiss aus den beiden oben genannten Vorteilen möglich wird.
- Profis haben für jedes Gelände einen passenden Schuh: für Überhänge einen engen Schuh mit hoher Vorspannung, für Plattenklettereien meist einen harten Schuh mit wenig Vorspannung und für moderne Wettkampfboulder mit viel flächigen Tritten, die zudem dynamisch angetreten werden müssen, einen tendenziell weichen Schuh mit mittlerer Vorspannung. Die individuellen Präferenzen sind hier jedoch sehr unterschiedlich.
- Für Kinder empfehle ich moderne Kinderkletterschuhe, die tendenziell weich sind und bei denen die Zehen nicht aufgestellt sind, sondern nur vorne anstoßen. Sie lernen so ein besseres Trittgefühl, und ihre im Wachstum befindlichen Füße werden nicht dauerhaft deformiert.
- Zuletzt sollte man auch berücksichtigen, dass man zum Beispiel in einer Boulderhalle den Schuh eine längere Zeit trägt (draußen zieht man ihn meistens nach dem Versuch sofort wieder aus). Hat man dann sehr enge Schuhe an, wird es rasch unangenehm. Wer dann permanent mit blutunterlaufenen Fußnägeln unterwegs ist, sollte sich fragen, ob das seine Füße wirklich verdient haben. Grundsätzlich hat man sich heutzutage vom einst klassischen Spruch »Der Schuh muss mindestens drei Nummern kleiner sein als deine normale Schuhgröße« verabschiedet und trägt etwas komfortablere Schuhe.

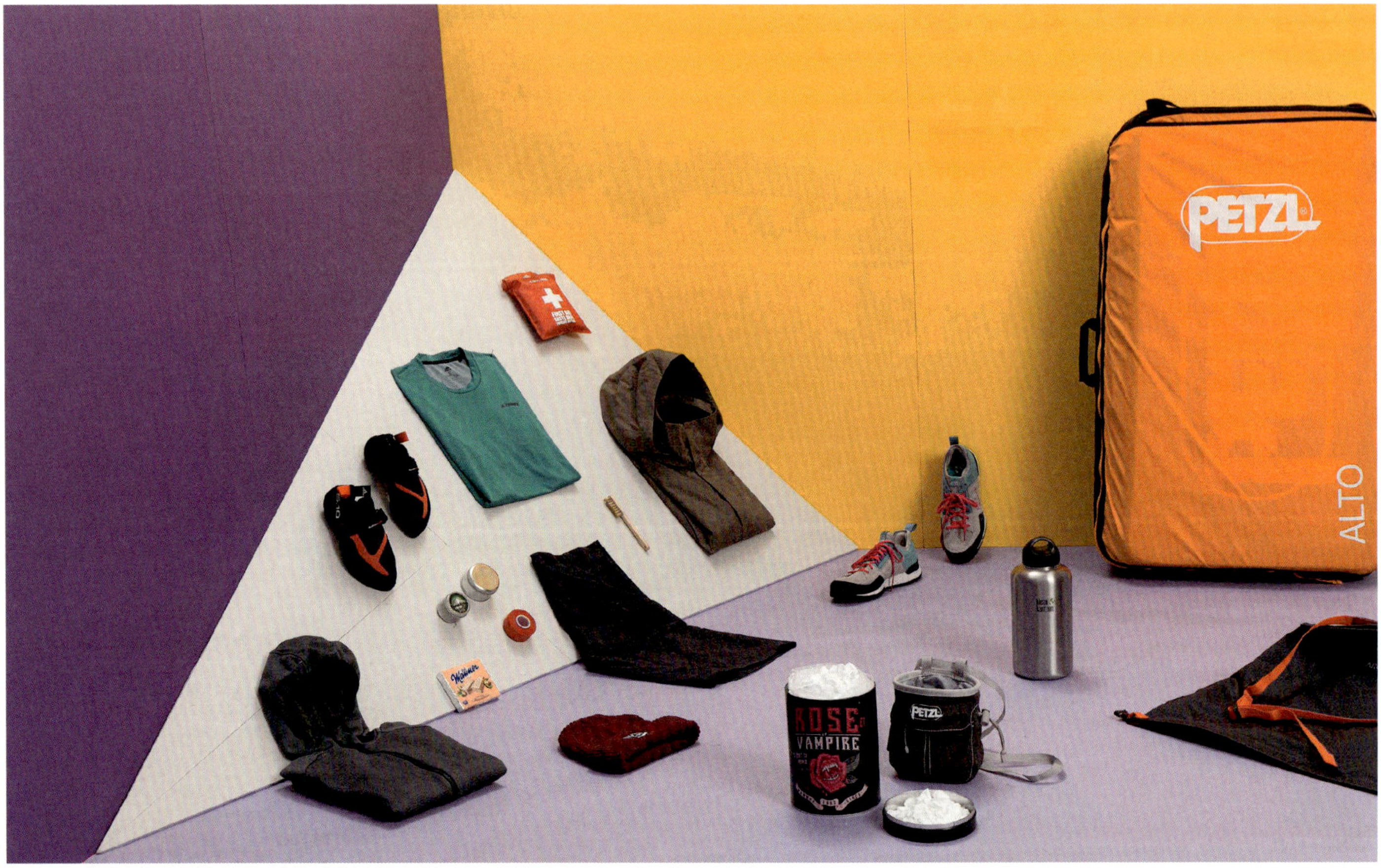
PETZL
ALTO
VAMPIRE
PETZL

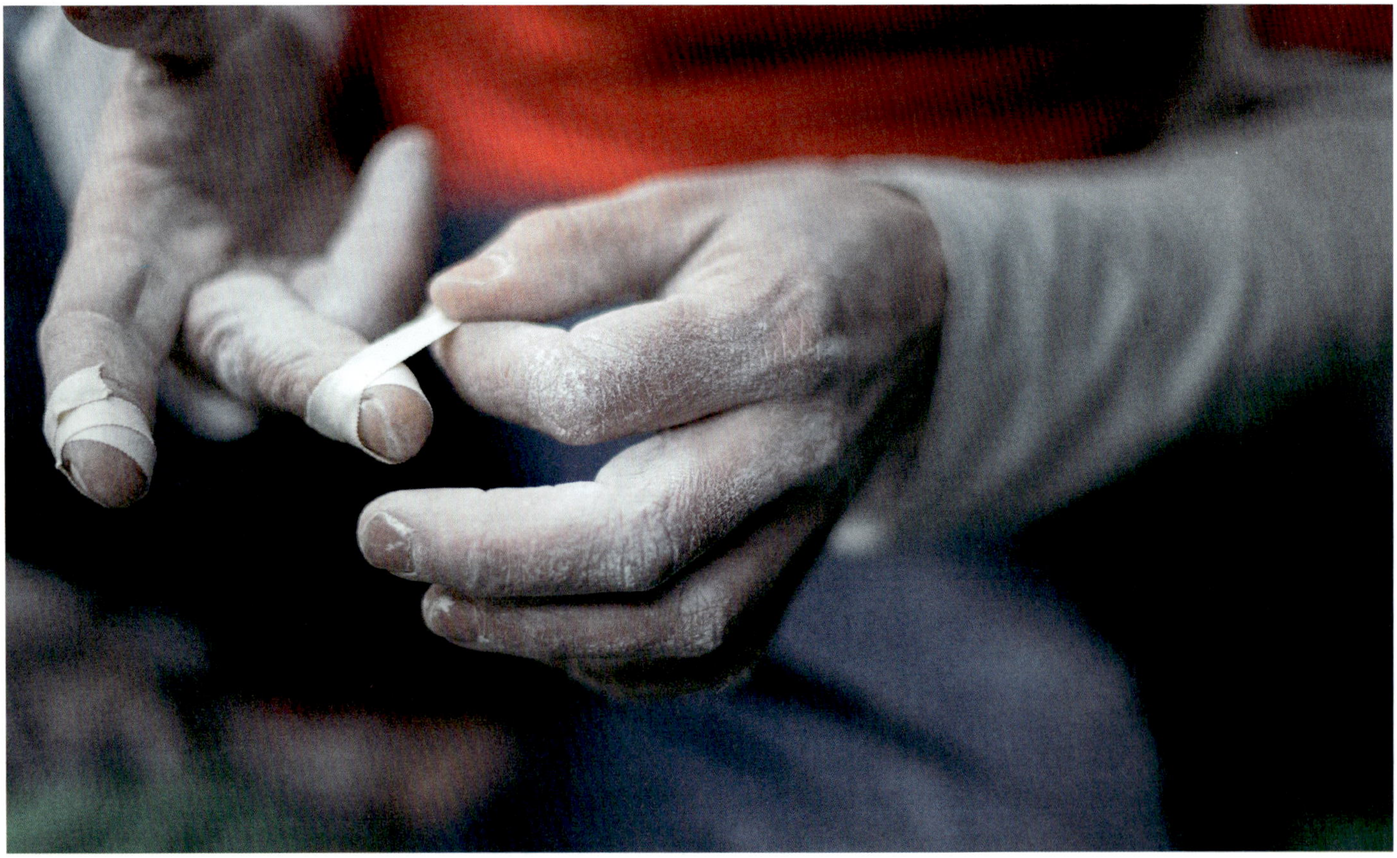

Beim Material gibt es große Qualitätsunterschiede. Es macht Sinn, sich gut beraten zu lassen – zum Beispiel von einem erfahrenen Boulderer oder im guten Fachhandel.

Neben den Schuhen gibt es noch einige weitere Ausrüstungsgegenstände, die für das Bouldern nötig sind:

Chalk: zum Trocknen der Hände, erhältlich als Gemisch aus Magnesiumkarbonat und Magnesiumhydroxid mit je nach Hersteller unterschiedlicher Mixtur. Chalk gibt es in fester und flüssiger Konsistenz. Flüssigchalk wird vor allem dann verwendet, wenn wenig Zeit zum Nachchalken während des Kletterns bleibt, sowie bei hohen Temperaturen oder wenn die Hände eine lange Zeit extrem trocken gehalten werden müssen. Das trockene Chalk wird in einem Chalkbag gebunkert. Ich empfehle große Boulderchalkbags, die man bequem auf den Boden stellen kann, und ein klassisches Kletterchalkbag zum Umbinden, um während des Boulderns nachchalken zu können.

Bürsten: Sorgte die umfunktionierte Zahnbürste vor ein paar Jahren noch für Gelächter bei Außenstehenden, hat sich mittlerweile ein eigener Markt für Bürsten zum Putzen von Klettergriffen etabliert. Sie sind meist härter und größer als die klassische Zahnbürste und in vielen verschiedenen Designs, je nach Größe des Geldbeutels, zu erwerben. Ich möchte an dieser Stelle eine Lanze für das sorgfältige Putzen von Griffen brechen: Der Kletterer nach dir freut sich, wenn er auf Boulder mit sauberen Griffen ohne persönliche Markierungen trifft, und du freust dich ebenso. Das gilt indoor genauso wie outdoor. Eine weitere gute Sache sind sogenannte Brush Sticks, die es ermöglichen, auch hoch liegende Griffe bequem von unten zu reinigen.

Matten: Zum Glück sind die Zeiten vorbei, als man zwischen 1978 und der Jahrtausendwende bei einem Begehungsversuch von *Midnight Lightning* (7B/C, Yosemite Valley), dem wohl berühmtesten Boulderproblem der Welt, einen wirklich fiesen Ausstieg in etwa vier Meter Höhe bewältigen musste und dabei am Boden lediglich von einem Kletterschuhabstreifer angelächelt wurde! Matten als Absprunghilfe beim Bouldern haben sich inzwischen fest etabliert. Sie sichern ein halbwegs komfortables Absprunggelände und vermindern das Risiko einer Verletzung, wenn der Boulderer abspringt und auf den Boden prallt. Was in der Halle schon präpariert ist, muss man draußen selbst erledigen. Je nach Absprunghöhe und Größe der »Dropzone« gibt es verschieden große und dicke Mattentypen. Es kann gut sein, dass man bei einem Boulder mehr als zwei Matten benötigt, um gefahrlos probieren zu können. Dann ist man am besten in einer kleinen Gruppe unterwegs oder schließt sich anderen Kletterern während des Boulderns an. Oft klappt das relativ problemlos und macht einen Bouldertag umso schöner!

Weitere »Kleinigkeiten«: Was muss sonst noch in den Boulderrucksack oder die Bouldermatte? Es werden ein Tape zum Schutz vor scharfen Griffen oder als »Stütze« nach ausheilenden Verletzungen, ein Erste-Hilfe-Set, ein Set zur Nagelpflege, eventuell ein paar Taschentücher zum Trocknen der Griffe benötigt. Ebenfalls sehr nützlich sind ein Handtuch zum Reinigen der Füße und ein Abstreifer zum Reinigen der Kletterschuhe.

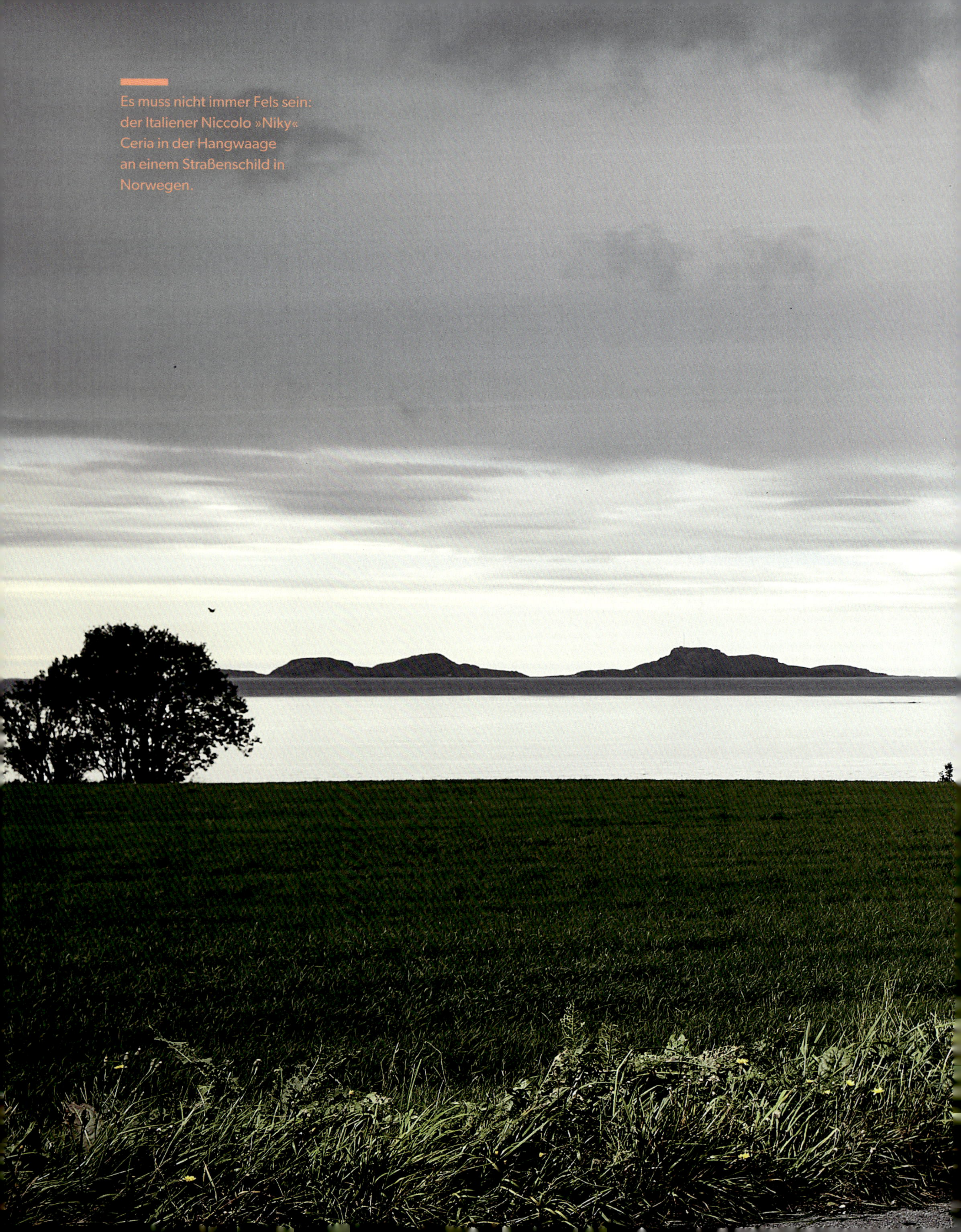

Es muss nicht immer Fels sein: der Italiener Niccolo »Niky« Ceria in der Hangwaage an einem Straßenschild in Norwegen.

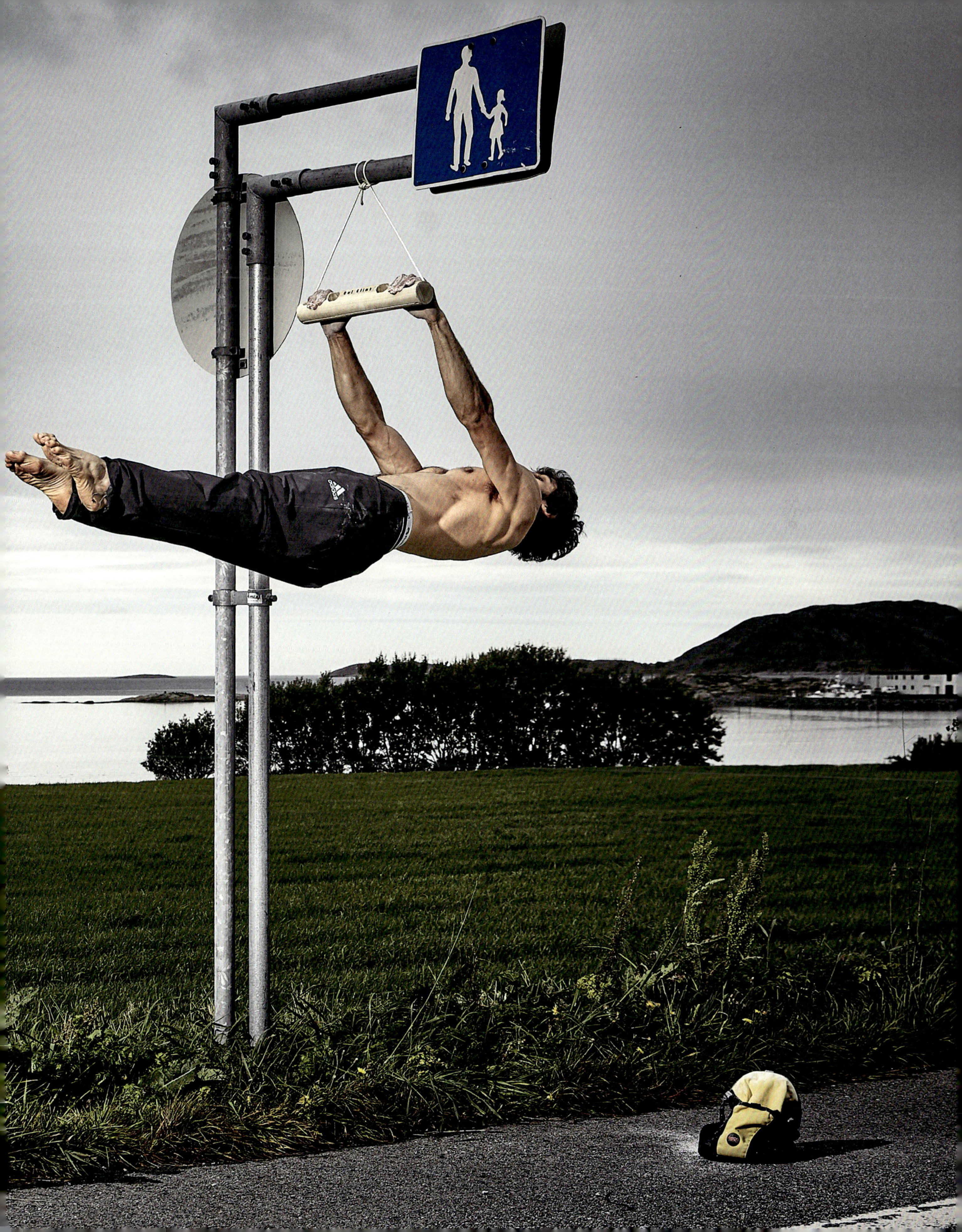

WIE TRAINIERE ICH FÜR DAS BOULDERN?

Wer an ein Training für das Bouldern denkt, malt sich meist durchtrainierte Typen aus, die mit einarmigen Klimmzügen und schier unbändiger Oberkörperkraft jedes Boulderproblem förmlich niederreißen. Spätestens dann, wenn ein zehnjähriges Mädchen einem muskelbepackten Testosteronjunkie einen Boulder vorturnt, bei dem er nicht einmal die Füße vom Boden wegbekommt, ist klar: Bouldertraining ist mehr als reines Kraftbolzen!

Bouldern ist die kreative und verspielte Form des Kletterns und für mich eine der kreativsten Sportarten überhaupt. Man bouldert an geneigten bis mehr als waagrechten Kletterflächen, es gibt verschiedene Gesteinsarten und in der Halle unterschiedlichste Oberflächentexturen von glatt bis sehr rau. Das Relief der Kletteroberfläche kann kantig oder rundgebogen sein. Jeder Griff und Tritt im Fels hat eine einzigartige Form und muss spezifisch »eingepasst« werden. An der Kunstwand sind den »Griffshapern« nur wenige (materialabhängige) Grenzen gesetzt, wie sie neue Griffe gestalten können. Dazu kommt das bereits erwähnte »freie« Bewegen, ohne Klettergurt und Seil, was den Bewegungsfluss einschränken kann.

Diese schier unüberschaubare Zahl von Freiheitsgraden im Bewegen bestimmen die bei Weitem wichtigste Fähigkeit eines Boulderers: Anpassungsfähigkeit.

Bouldern definiert sich demzufolge in erster Linie aus dem Lösen von Bewegungsproblemen und dem Anpassen an neue Anforderungen. Allein daraus ergeben sich die meisten wichtigen Prinzipien für ein Bouldertraining sowie die Einstellung, mit der du an ein Training herangehen solltest.

TECHNIKTRAINING

Das Training der Technik stellt in den ersten Jahren den mit Abstand wichtigsten Inhalt deines Trainings dar. Egal wie viel Kraft du von Natur aus mitbekommen oder dir woanders antrainiert hast: Die notwendigen Fähigkeiten holst du dir erst einmal beim Bouldern selbst!

Im Gegensatz zu Kindern sind wir im fortgeschrittenen Alter meist schon durch motorische »Autobahnen« so weit in unserer Bewegungskreativität eingeschränkt, dass wir mit Klettern in erster Linie ein klimmzugartiges Bewegen nach oben verbinden. Das kostet nicht nur Kraft, es wird uns auch am Vorwärtskommen hindern, getreu der wohl bekanntesten Ausrede: »Ich bin zu schwach, mir fehlt es an Kraft.« Was also tun, um diesen Teufelskreis zu durchbrechen?

Die wichtigsten Grundsätze sind aus meiner Sicht folgende:

- Lege zu Beginn Wert auf Quergänge im senkrechten bis leicht überhängenden Gelände. Sie sind sehr gut geeignet, um deine Tritt- und Greiftechnik zu erweitern und zu verbessern.
- Arbeite dich zu immer kleineren Tritten und stumpferen Griffen im senkrechten bis leicht überhängenden Gelände vor, bevor du dir die stärker überhängenden Bereiche vornimmst, wo du mehr Körperspannung und Blockierkraft benötigst. Der Grundsatz lautet immer: Technik vor Kraft!

- Du wirst schnell merken, dass es Boulder gibt, die du bevorzugt kletterst, und Boulder, die du lieber meidest. Auch wenn es deinem Ego schwerfällt: Genau diese ungeliebten Boulder solltest du immer wieder versuchen! Sie zeigen dir deine Schwächen auf.
- Bouldere, so oft es geht, mit jemandem zusammen. Am besten ist es natürlich, wenn dein Partner schon ein wenig Erfahrung hat. Tauscht euch über Bewegungslösungen aus, und vermeidet eine zu stark konkurrenzorientierte Atmosphäre.
- Wenn du bouldern gehst, entscheide dich vorher, ob du schwerpunktmäßig trainieren willst oder dich eher mit Freunden zum gemütlichen Beisammensein triffst. Beides ist wichtig, doch der Fokus ist unterschiedlich.
- Variiere im Training zwischen für dich moderaten Boulderschwierigkeiten mit vielen gekletterten Bouldern und hohen Boulderschwierigkeiten, bei denen du mehr an den Bouldern »herumbastelst«.
- Falls du sehr kraftorientiert boulderst: Starte einen gewissen Teil deiner Versuche bei moderat schweren Bouldern in einem nicht komplett erholten Zustand. So wird dein Körper quasi gezwungen, sich ökonomisch zu bewegen.

Natürlich kann dich auch ein Boulderkurs oder ein Personal Training weiterbringen. Doch es gibt enorme Qualitätsunterschiede und Herangehensweisen. Je mehr Teilnehmer, desto weniger individuelles Feedback wirst du bekommen, und gerade das ist es, was beim Techniktraining wirklich zählt!

Zudem gibt es Konzepte, bei denen versucht wird, dir anhand detaillierter Bewegungsbeschreibungen und des Prinzips des Vormachen-Nachmachens quasi »standardisierte« Einzeltechniken in einer Art definierter »Idealform« beizubringen. Ich halte diese Herangehensweise für ein Auslaufmodell, das dem zeitgemäßen Bouldern nicht gerecht wird. Denn Klettern ist in erster Linie ein kreativer und individueller Prozess, bei dem du wieder lernen musst, auf die Signale deines Körpers zu hören. Wo entsteht Spannung? Warum entsteht sie? Wie kann ich sie auflösen? Solche entscheidenden Dinge kommen von innen heraus, und es sollte nicht versucht werden, diese Signale durch abstrakte Bewegungsanweisungen von außen zu kontrollieren.

Natürlich gibt es bestimmte Klettertechniken, an denen du nicht vorbeikommst, aber das Wichtige dabei ist, dass du sie zu *deiner* Technik machst, damit du ein individuelles Werkzeug in deinem Problemlösungskasten hast und keinen genormten Schraubenschlüssel. Wir Menschen sind keine Maschinen! Wir sind kreativ denkende Wesen mit einer hohen Bewegungsintelligenz und einem großen Spieltrieb. Wir brauchen uns nur anzusehen, wie Kinder klettern, um zu sehen, dass es uns in den Genen liegt! Wir haben es nur im Laufe unseres »standardisierten« Lebens mehr und mehr verlernt.

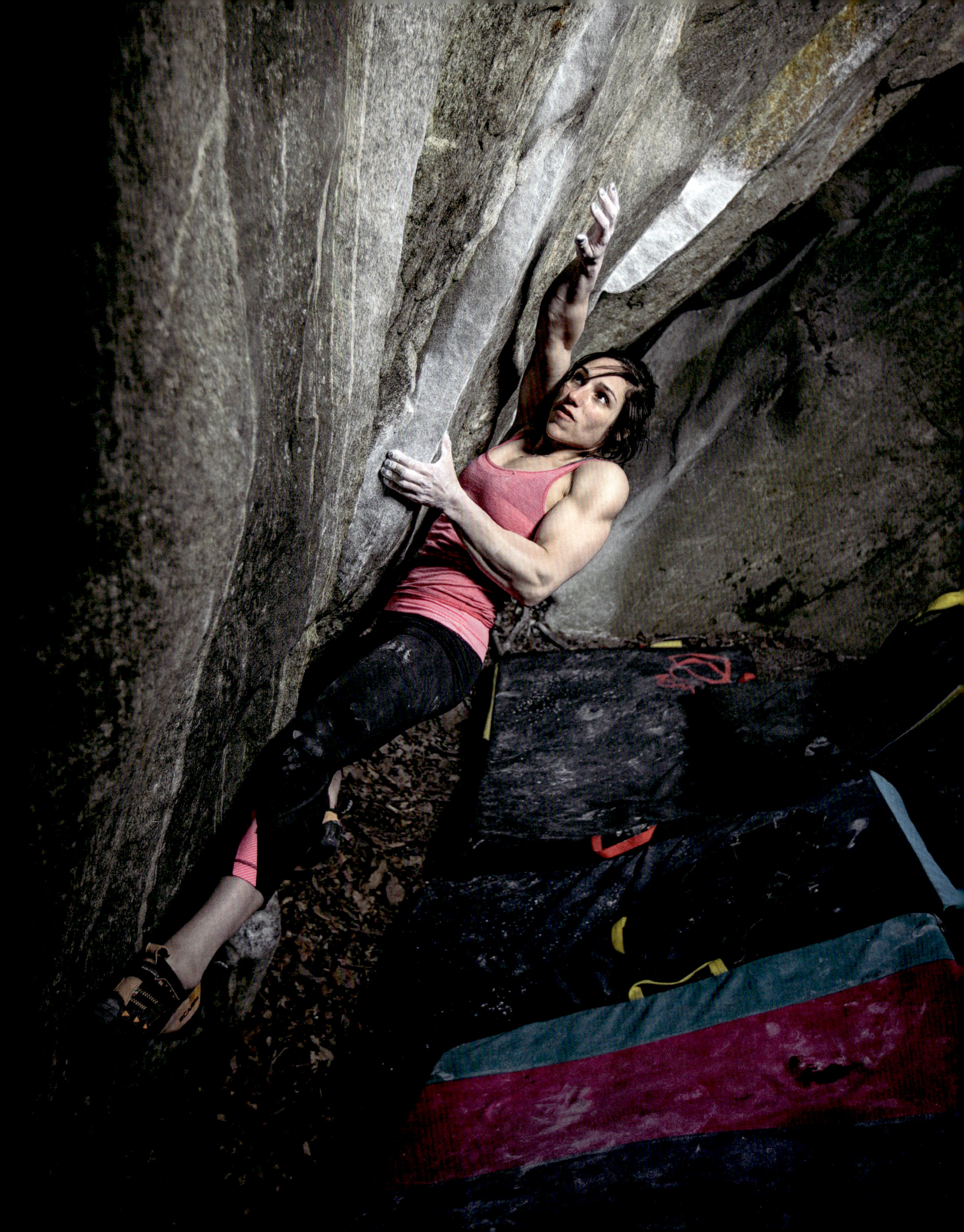

Brione, Schweiz: Boulder-ikone Alex Puccio in der Schlüsselstelle von *Marilyn Monroe*, 8A.

KONDITIONSTRAINING

Natürlich ist es nicht von der Hand zu weisen, dass Bouldern auch Kraft kostet. Doch für ein spezifisches Krafttraining hat es in den allermeisten Fällen Zeit, bis du dir einen Grundstock an technischen Fertigkeiten angeeignet hast. Ich erachte es für wichtiger, dass du mit einer ausgewogenen Mischung von allgemeinen Kräftigungs- und Mobilitätsübungen gezielt individuellen Dysbalancen vorbeugst, die durch das Klettern eventuell noch verstärkt werden und mit der Zeit zu Überlastungserscheinungen führen können. Dazu bedarf es einiger Kenntnis, die du dir mit entsprechender Fachliteratur, Übungstutorials oder am besten in einem Trainingskurs aneignest. Ein Personal Training mit einem erfahrenen Coach ist natürlich auch hier die beste und nachhaltigste Methode.

Im etwas fortgeschrittenen Stadium deiner Boulderkarriere kannst du dann über ein gezieltes Training deiner Fingerkraft mit einem Griffbrett nachdenken. Viele wissenschaftliche Studien deuten darauf hin, dass deine Fingerkraft der entscheidende Kraftfaktor beim Steigern deiner Leistung ist. Bedenke dabei jedoch: Sie wird ebenso durch Klettern an kleinen und stumpfen Griffen gesteigert.

ZU GUTER LETZT: DEINE EINSTELLUNG

Gehe kreativ und spielerisch an die Sache heran! Lass dich auf neue Dinge ein, und versuche nicht, deine Schwächen zu verdrängen. Das erfordert Spaß an der Sache und weniger Konkurrenzorientierung mit permanentem Vergleich.

Konzentriere dich darauf, was du gewinnen und nicht, was du verlieren kannst, wenn du dich auf neue Dinge einlässt, und denke immer daran: Boulderprobleme werden überlistet und nicht bezwungen!

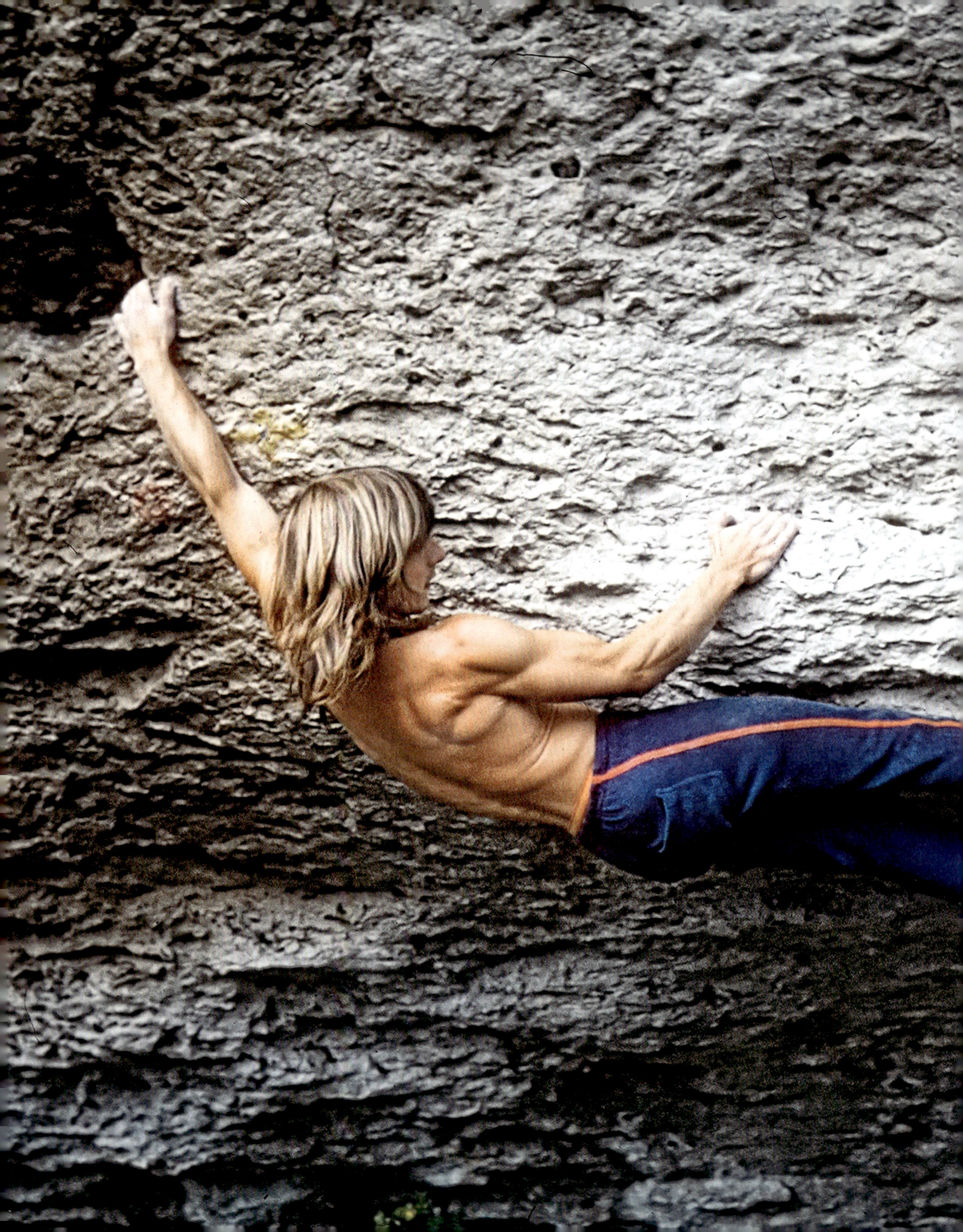

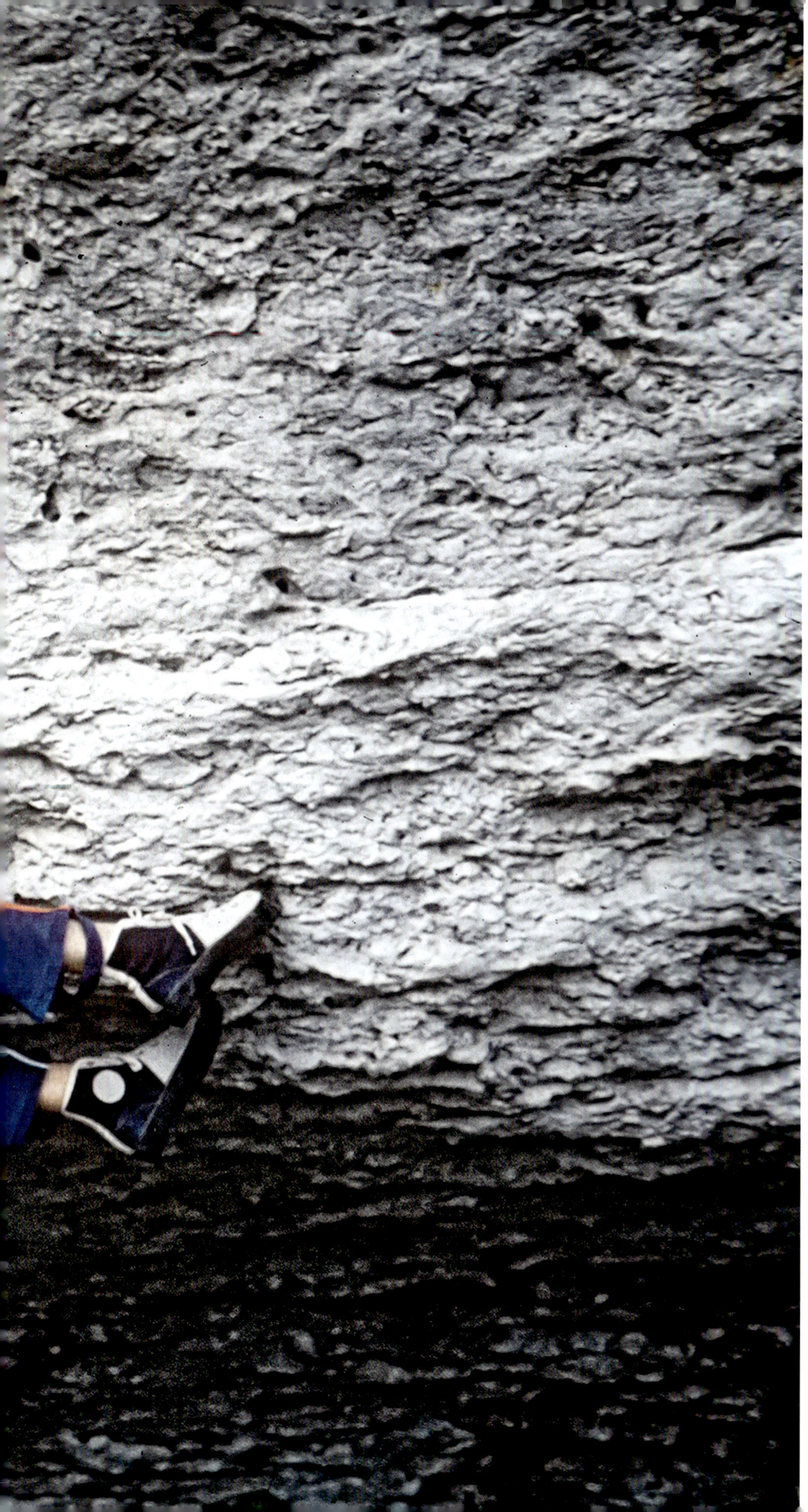

4

Vergessen wir doch nie, Bouldern sollte, trotz aller Leistung und Professionalität, immer auch Spiel sein.

Der deutsche Boulderpionier Flipper Fitz in *Technics* (7A) an der berühmten Klagemauer in der fränkischen Schweiz.

DIE GESCHICHTE DES BOULDERNS

oder historische Fragmente des Kletterns in Absprunghöhe

Richi Signer

Es ist dies der Versuch, fragmentarisch die Entwicklung dieser »klettertechnischen Kleinkunst, in der direkt über dem Boden, unbeschwert von Material oder der Angst vor weiten Stürzen, an fingerkuppenaufrollenden, fingernagelfressenden Rauigkeiten, unter akrobatischen Verrenkungen mit den wohlkalkulierten Zuckungen heißer Dynamos Millimetersiege über die Schwerkraft ertüftelt werden«, nachzuzeichnen. Einiges ist bekannt, vieles entzieht sich unserem Wissen. Was das Bouldern leider oder auch zum Glück auszeichnet, ist, dass es auch fern jeder Öffentlichkeit ausgeübt werden kann. Was braucht es schon außer Kletterschuhen, Chalk und einem Crashpad – in letzter Konsequenz nur einen Felsblock, ein Stück Fels und eine Idee ...

Irgendwo in den Tiefen der Wälder des Schweizer Jura: Ein 15-jähriger Junge verbringt Tage damit, die einzelnen Züge eines Quergangs am Fuß einer 25 Meter hohen Felswand aneinanderzureihen. Rutscht er ab, schaut er die Stelle nochmals an, putzt die Griffe, probiert wieder und wieder. Er hat keine innere Ruhe, bis es ihm gelingt, vom Anfang bis zum Ende zu klettern, ohne den Boden zu berühren. Mitte der 1980er-Jahre tut der jugendliche Fred Nicole das, was schon Kletterer, Bergsteiger und Alpinisten Generationen zuvor getan haben, zumindest die der schärferen Richtung. Trainieren. Trainieren. Und wieder trainieren.

Aber wie soll die Geschichte des Boulderns überhaupt geschrieben, nachgezeichnet werden? Entlang von Leistungen, Schwierigkeitsgraden? Mithilfe von Jahreszahlen?

Doch die »objektive« vergleichende Bewertung anhand von Zahlen und Graden ist eher eine neuzeitliche Erfindung. Auch Jahreszahlen geben nur bedingt Aufschluss über die Geschichte des Boulderns, denn gebouldert wurde, streng genommen, schon immer. Bouldern ist in seiner Art im Grunde genau das, was einem ganz natürlichen Bedürfnis eines jeden Kindes entspricht, und nichts anderes als das spielerische, gefahrlose Überwinden eines felsigen Hindernisses, um sich einen besseren Überblick zu verschaffen. Wir wollen hier vom ernsthaften Bouldern reden, aber vergessen wir doch nie, Bouldern sollte, trotz aller Leistung und Professionalität, immer auch Spiel sein.

Auf unserer Reise in die Vergangenheit können wir uns nur auf wenig schriftliche Erzeugnisse und frühe Fotos verlassen. Also nehmen wir heute vermutlich nur einen beschränkten Teil des wirklichen Geschehens wahr. Das Klettern in Absprunghöhe diente in erster Linie dem Training für größere Felsfahrten. Es überrascht also wenig, dass wir, Ende des 19. Jahrhunderts, die ersten Zeugnisse über diese »Trainingsmethode« im Mutterland des Alpinismus finden. Der Engländer Oscar Eckenstein (1859–1921) kann wahrscheinlich zu Recht als einer der Ersten bezeichnet werden, der sich speziell mit der Besteigung irgendwelcher Felsblöcke als Selbstzweck auseinandersetzte. Doch auch als Alpinist war er ein Pionier: Er war einer der Ersten, der sich mit der Besteigungsmöglichkeit des Achttausenders K2 beschäftigte. An den Bouldern im Lake District in Großbritannien setzte er sich mit bewährten Bewegungsmustern auseinander und

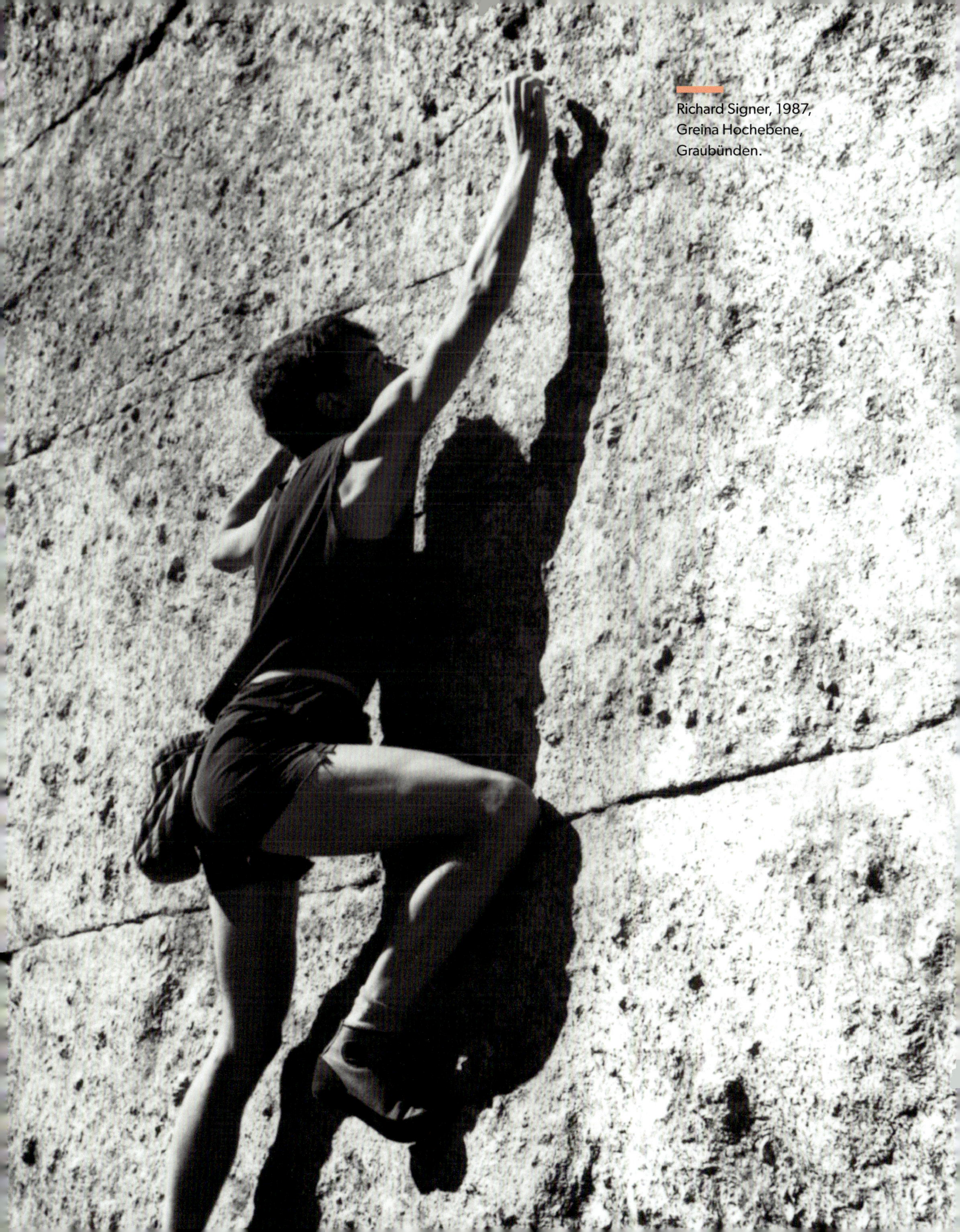

Richard Signer, 1987,
Greina Hochebene,
Graubünden.

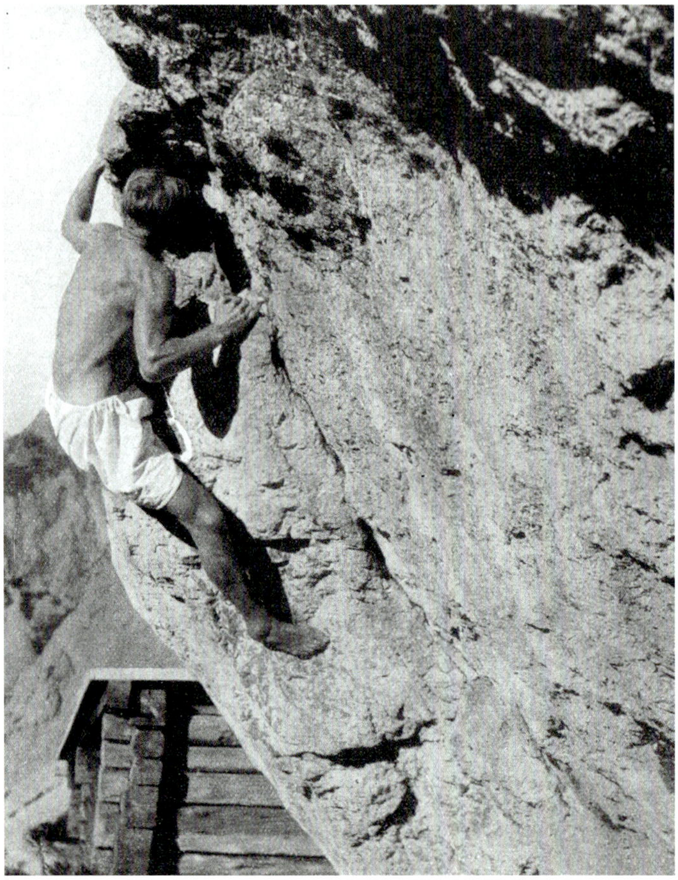

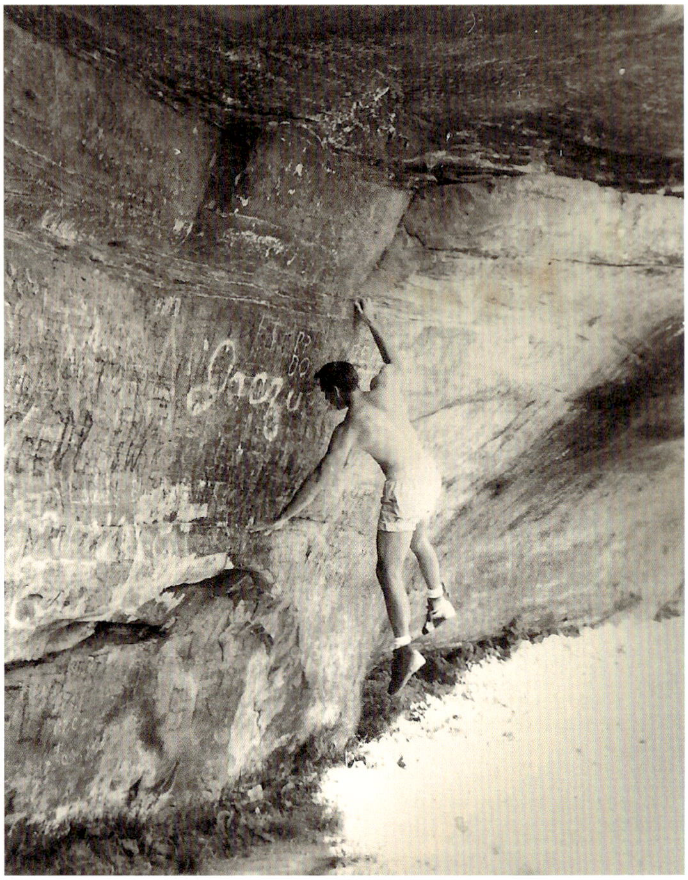

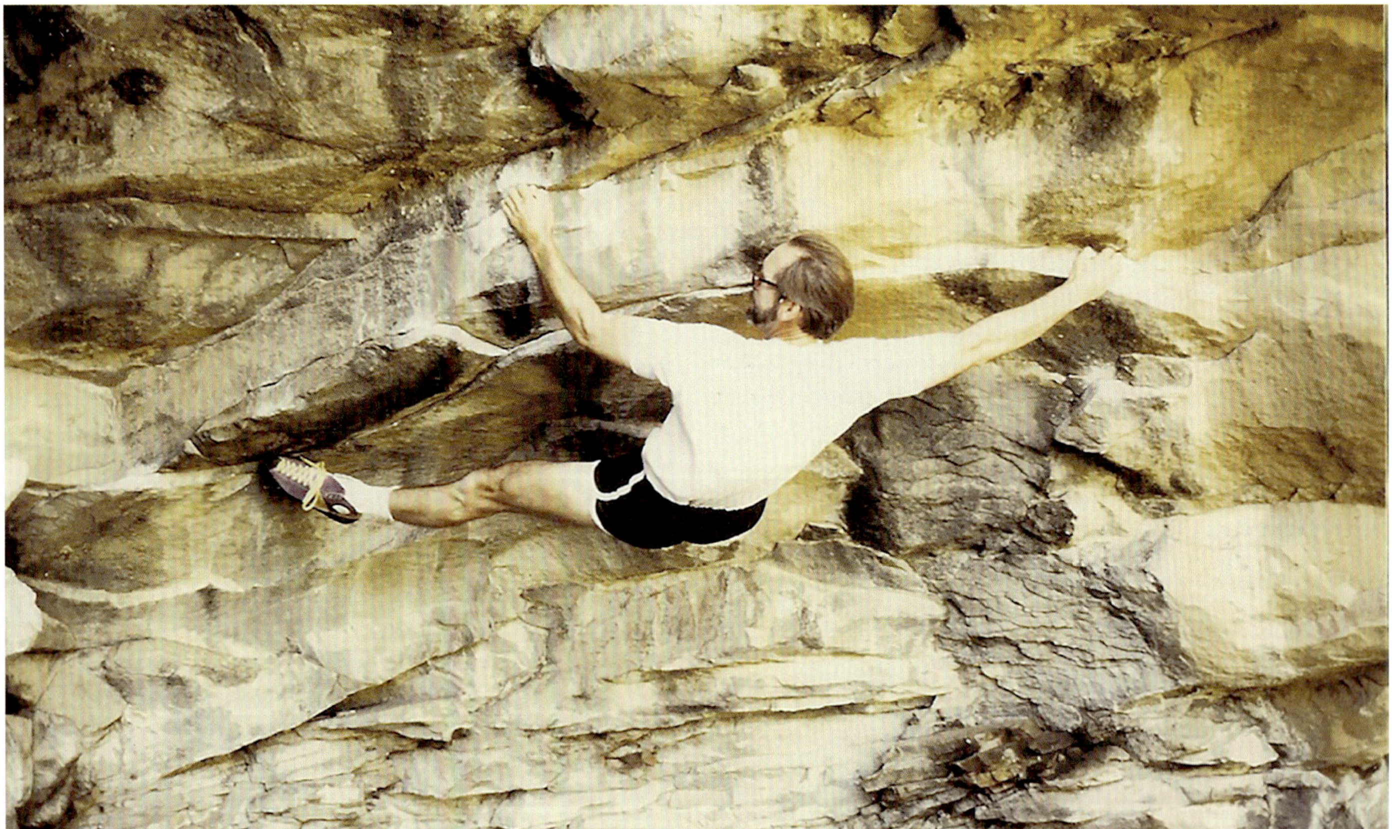

Links oben: Fritz Kasparek um 1935 an einem Block bei der Haindlkarhütte (Gesäuse).

Rechts oben: John Gill klettert im Pennyrile Forest in Kentucky, USA.

Unten: John Gill macht den Eagle Move in der Ripper Traverse.

brach mit traditionellen Klettermethoden. Er erkannte die Möglichkeiten zur Steigerung der eigenen Fähigkeiten, welche das Üben an den kleinen Felsen hervorbrachte. So sehen wir auf den Fotos auch Kletterer, welche kopfüber an den Blöcken klettern. War das tatsächlich alles nur Training oder vielleicht auch großer Spaß?

Turnerisches Können und das Beherrschen einarmiger Klimmzüge gehörten zum klettertechnischen Repertoire von Oscar Eckenstein, was ihn zu einem der besseren Felskletterer seiner Zeit machte.

Auch Owen Glynne Jones (1867–1899) ist in der Geschichte des Kletterns zu erwähnen. Seine Mischung aus Seil- und seilfreiem Klettern ermöglichte ihm den Vorstoß in »neue« Schwierigkeitsbereiche. So soll er auch Routen zuerst mit Seilsicherung von oben begangen haben, um sie dann seilfrei, also solo, zu klettern. Routen im aus heutiger Sicht sechsten Grad (5c) waren das Resultat.

In einem 1916 erschienenen Vorläufer moderner Boulderführer wird erwähnt, dass sich die Protagonisten der damaligen Zeit im »Boulder Valley« getroffen haben, um sich in dieser »Freiluft-Turnhalle« mit und ohne Seil fit zu machen für größere Unternehmungen.

Neben den turnerischen Fähigkeiten spielen auch die Gedanken beim Klettern eine große Rolle. So beschreibt Alan Hankinson etwa Oscar Eckensteins Klettererleben: »Für ihn war Klettern eine ganz persönliche, private, fast mystische Erfahrung; […] die möglicherweise irreparabel zerstört wird in der gemeinen Öffentlichkeit.« Ebenso setzte er sich mit technischen Details wie dem idealen Beschlag seiner Bergschuhe (allgemein übliche Nagelschuhe) auseinander. Warum die britischen Kletterer von damals nicht auf das Barfußklettern zurückgriffen, entzieht sich unserer Kenntnis. Vielleicht setzten sie auch schon vermehrt auf die technischen »Errungenschaften«, doch das bleibt Spekulation.

Zur selben Zeit entdecken wir auf Fotografien aus dem Jahr 1890 Kletterer in den Dolomiten beim Üben an Felsblöcken, barfuß. Hier kann man die Frage aufwerfen, was damals wohl schon gebouldert wurde, was die Schwierigkeiten betrifft. Vor allem, wenn man bedenkt, wie schnell so ein spielerisches Tun in Absprunghöhe, also absolut gefahrlos, kompetitiv aus dem Ruder laufen kann, wo doch selbst ein einarmiger Klimmzug nichts Unbekanntes mehr war. Das Ganze wird dann auch als Kletterschule bezeichnet und wird nicht weiter ausgeführt. Schließlich hat es ja – aus damaliger Sicht – auch nichts mit dem Erobern steilster Wände und Gipfel zu tun.

Also nochmals zur Erinnerung: Klettern und Bouldern gingen Hand in Hand. Es war absolut normal, dass in jedem größeren Klettergarten Quergänge knapp über dem Boden existierten, also praktisch jede Alpenvereinshütte ihren »Hüttenblock« hatte. So gibt es zum Beispiel ein Foto des ebenso barfüßigen Fritz Kasparek (1910–1954), einem der Erstbegeher der Eigernordwand, am Block bei der Haindlkarhütte, aufgenommen wahrscheinlich in den 1930er-Jahren. In den 1970er-Jahren wird Reinhold Messner, wahrlich auch er nicht wirklich ein Boulderer, sie in seinem Buch *Der 7. Grad* als »Probiersteine« bezeichnen:

»Ich schlenderte zu den ›Grotte‹ und kletterte dort. Die ›Grotte‹ sind Trainingsfelsen – bis zu vier Meter

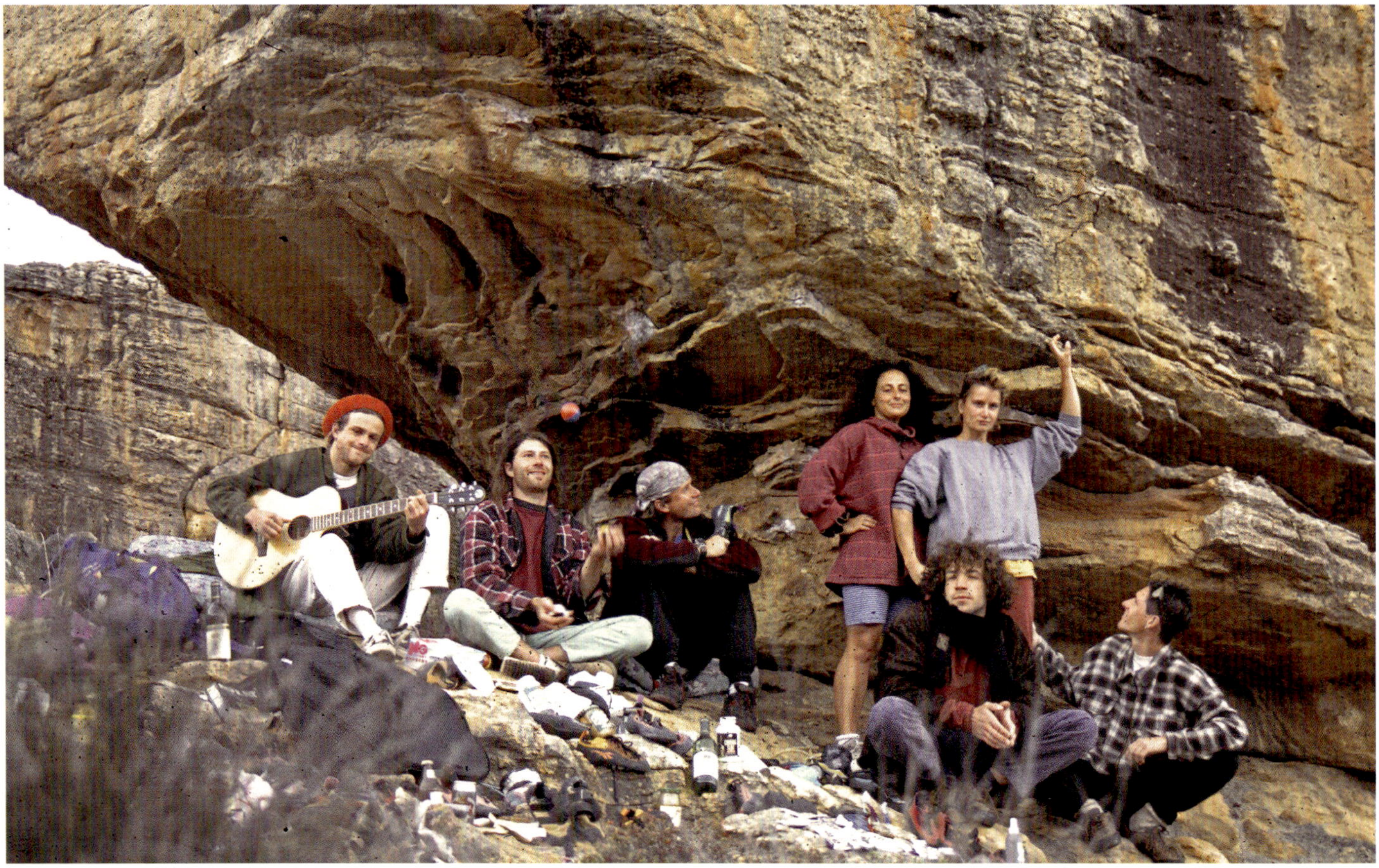

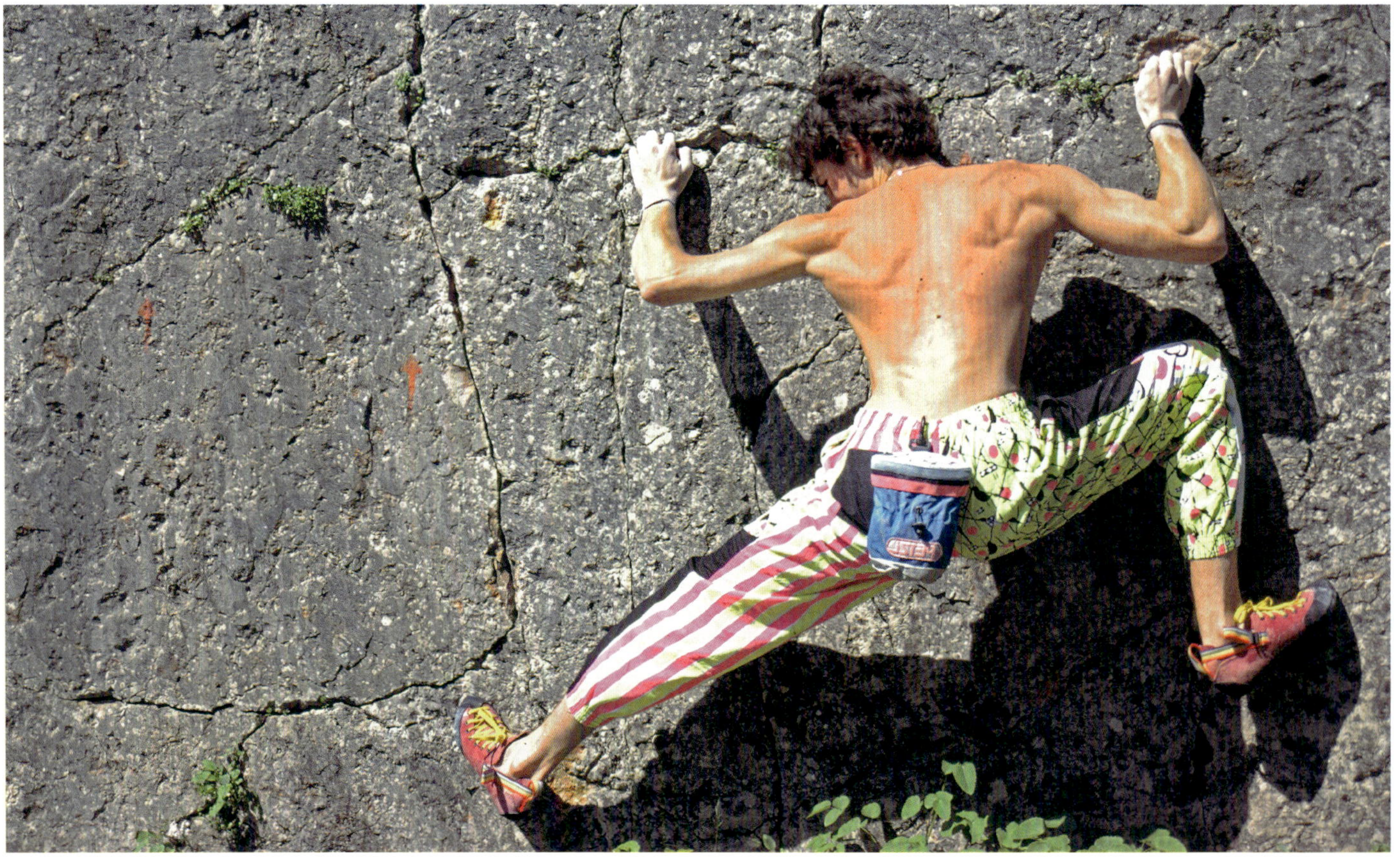

Oben: Beginn der Rocklands-Ära 1996: Elie Chevieux, Benoit Dorsaz, Todd Skinner, Mary Gabrieli, Sandra Studer, Fred Nicole und Scott Milton.

Unten: François Nicole, um 1985, St. Croix, Frankreich.

hoch und voller Löcher. Sie eignen sich wie kaum ein anderes Gelände zum Üben, weil sie überhängend sind und weil man auf Grund der geringen Höhe bis an die Sturzgrenze klettern darf.«

Oder an anderer Stelle:

»Günther, mein Bruder, und ich versuchten uns abwechselnd an einer etwa acht Meter hohen Felswand mitten in der Steinernen Stadt, das gehörte zu unserem unerlässlichen Fingertraining. Die Griffe waren mit Schweiß und Erde beschmiert und je öfter wir abrutschten, umso schwieriger wurden diese ersten Klettermeter. Für diesen Steinklotz hatten wir schon eine Stunde geopfert und nun wollten wir erst recht nicht aufgeben [...], so dass wir am späten Nachmittag schon wieder in der Steinernen Stadt ungelöste Wandprobleme suchen konnten – auch wenn sie nur einige Meter hoch waren.«

Ja, die »Steinerne Stadt« in den Dolomiten lädt geradezu zum Bouldern ein. So muss es auch den ersten kletternden Menschen im Wald von Fontainebleau vor den Toren von Paris ergangen sein. Anfang des 20. Jahrhunderts entdeckten sie die Möglichkeit, an den höheren Blöcken ihre Fähigkeiten zu testen, Abseilübungen durchzuführen oder einfach ein gutes Wochenende fern der wirklichen Berge zu verbringen. Dass sie sich dabei auch an den überall verstreuten kleineren Blöcken versuchten, ist selbsterklärend, da diese wahrlich einladend herumliegen. Obwohl es auch in Fontainebleau vordergründig immer noch um die Ertüchtigung für die wirklich großen Berge ging, lohnt sich hier ein genauerer Blick, was das historische Spiel mit Zahlen und Fakten angeht.

1908 wurde von Jacques Wehrlin erstmals *Fissure Wehrlin* links von *Duroxmanie* (Cuvier Rempart) geklettert, und zwar in Nagelschuhen. Er noch als klassischer Vertreter des CAF (Club Alpin Français).

1913 kletterte Jacques de Lepiney *l'Arête Larchant* (expo) an der »Dame Jouanne« solo in Espadrilles. Vielfach wurden diese Kletterschuhe mit einer Schnursohle auch in den Alpen für reine Felsfahrten benutzt, später wurden sie auch mit einer Art Filzsohle (Machnon) versehen. Jeweils am Einstieg wurden die Nagelschuhe gegen eben diese Kletterschuhe getauscht.

1914 wurde *La Prestat* in Bas Cuvier ebenso von de Lepiney begangen, 1934 *La Fissure des Alpinistes* (5c) durch Pierre Allain. Allain (1904–2000) kann als einer der Vorreiter in Bleau, wie Fontainebleau gerne abgekürzt wird, bezeichnet werden. Der »Bleausard« der ersten Stunde und späterer Schuhentwickler (die ersten mit Gummisohle) ist einer derjenigen, die sich einen ganzen Sonntag lang an einem Block versuchen konnten. Häufig werden solche Boulderer noch belächelt, lassen sich aber nicht beirren. Allain beschreibt seinen Zugang in seinem Buch *Alpinisme et Competition* so:

»Bei uns werden Routen nicht in dutzenden oder hunderten von Metern gemessen. Unsere Steine, die nur dazu gut wären, Pfannen zu schruppen, wie ein spezieller Führer aus Chamonix meinte, sind nur ein paar Meter hoch. Das genau ist es, was uns gefällt und die Güte der Kletterschule ausmacht. Keine Notwendigkeit, Seile auszupacken, keine langen Wartezeiten, um unsere Kräfte oder diese oder jene Schwierigkeit auszutesten [...].

Cedar Wright im Klettergebiet Indian Creek in den USA.

Hier geht es allein ums Klettern, in den Bergen ist alles viel komplexer.«

Wir befinden uns in Bleau im Stadium des Übergangs vom Training für Größeres zum »Faire du bloc«. Weiter schreibt er: »Um die Wahrheit zu sagen, es ist nicht allein in der Erwartung der Alpenrouten, die uns nach Bleau treibt, um dort zu klettern. Es ist vielmehr, dass wir daraus ein Spiel machen, das uns durch und durch fasziniert. Es ist Training? Na gut, aber auch wenn es das nicht wäre – für die meisten von uns würde sich nichts ändern.«

Übrigens, von wegen Kletterschule, der »spezielle Führer aus Chamonix« dürfte nicht schlecht gestaunt haben, als der »Bleausard« Pierre Allain mit Raymond Leininger 1935 die Nordwand der »Aiguille du Dru« erstmals durchstiegen hat. Der *Fissure Allain* galt für damalige Verhältnisse als ausgesprochen schwierig. Im selben Jahr beging er auch in Bleau erstmals die *Angle Allain* (5C).

Die Zeitleiste weist in den folgenden Jahren wichtige Eckpunkte auf. 1938 werden bei *La Paillon direct* (4C) in Bas Cuvier, dem letzten Boulder im (heute) blauen Parcours, die letzten Griffe geschlagen, leider nicht ganz ungewöhnlich für die Zeit.

1945 wird der erste Boulderführer durch Maurice Martin publiziert.

1946 hinterlässt Rene Ferlet eine der beliebtesten 6A in Bleau, nämlich *La Marie Rose* in Bas Cuvier. Glücklich ist, wer sich an einem schönen Wochenende in die Warteschlange einreihen darf.

1947 entsteht der erste Parcours im Wald von Fontainebleau. Er ist von dem Hintergedanken geprägt, zu kleine Felsen »größer« zu machen, indem möglichst viele aneinandergereiht werden. Zwischen 30 und 70 Boulder kann so ein Parcours zählen. So schreibt René Desmaison in seinem Buch *Berge – meine Leidenschaft* (seines Zeichens in Paris aufgewachsener Alpinist, bekannt durch seine extremen Winterbegehungen im Montblanc-Gebiet):

»Selbstverständlich wurde auch das Klettern auf Zeit eingeführt. Dabei kann man unter Umständen in fünfzig Minuten eine größere physische Leistung erbringen und mehr Energie verpumpen als auf einer klassischen Tausendmeterbesteigung in den Alpen.« Dies erinnert schwer an ein heutiges Intervalltraining.

Das Klettern auf Zeit wird beim Parcours *Saumon* in Apremont im Jahr 1964 ersichtlich: Der Parcours zählt 74 Probleme zwischen 4C und 6A. Er wurde von Jacques Reppelin und Pierre Porta in 45 Minuten geklettert – oder besser gesagt: gerannt.

In den 1960er-Jahren montiert sich inzwischen auf der anderen Seite des Atlantiks ein junger Mann mehrere Schraubenmuttern an eine Wand in der Halle eines Luftwaffenstützpunktes. Diese Muttern sind in ihrer Form vergleichbar mit den speziellen Griffformen, den sogenannten »nobs«, die für den jungen John Gill in einem seiner Projekte den Schlüssel zur Lösung darstellten. Das Projekt war *Thimble* in den Needles, 500 Kilometer von seinem Arbeitsort entfernt. Der junge Mann wird diese Fahrt nicht nur einmal auf sich nehmen. 1961 löst John Gill dieses zehn Meter hohe Problem, um später zu sagen, dass es für ihn nicht wirklich ein Boulderproblem darstellte: »It's a little too high, a little too dangerous.«

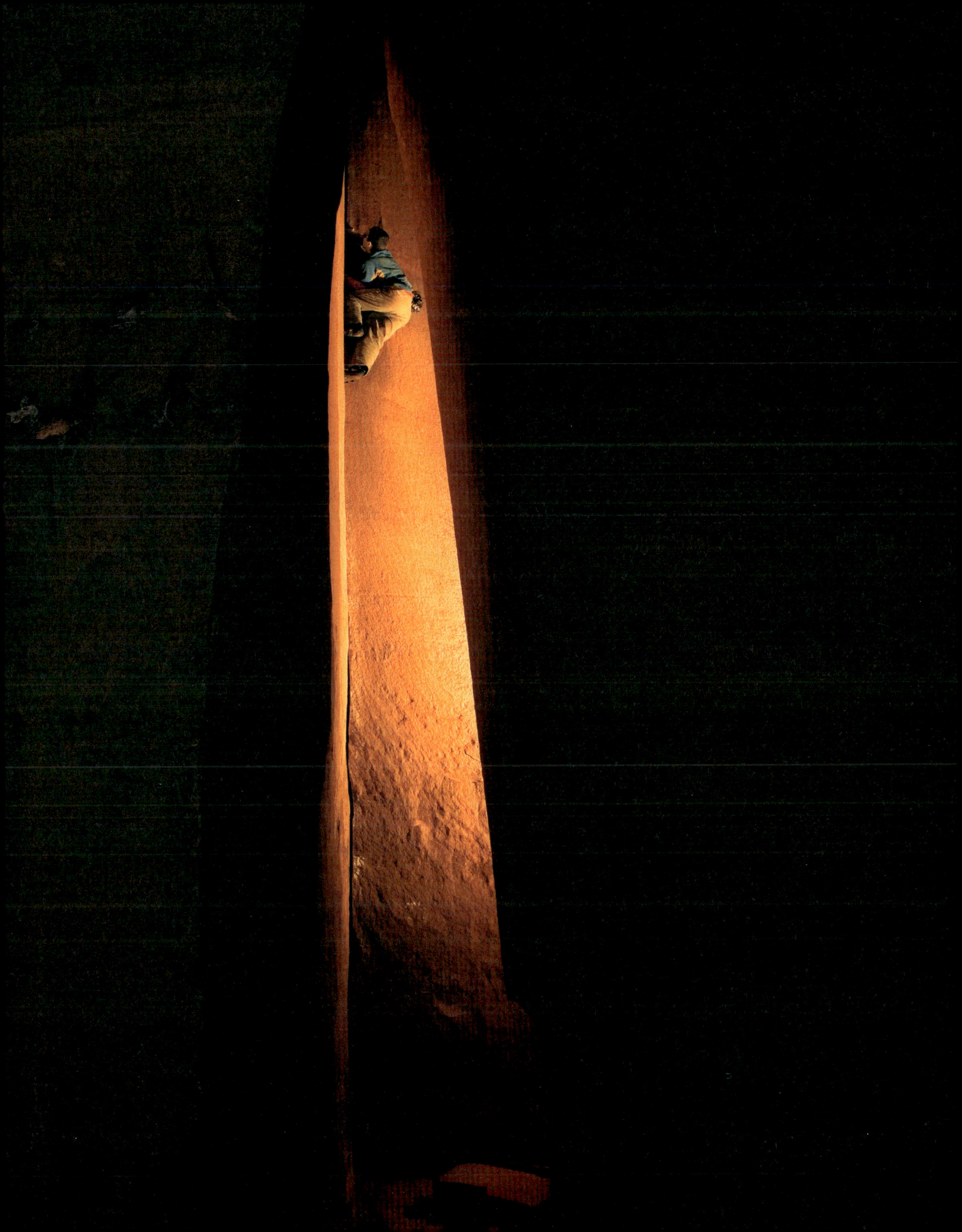

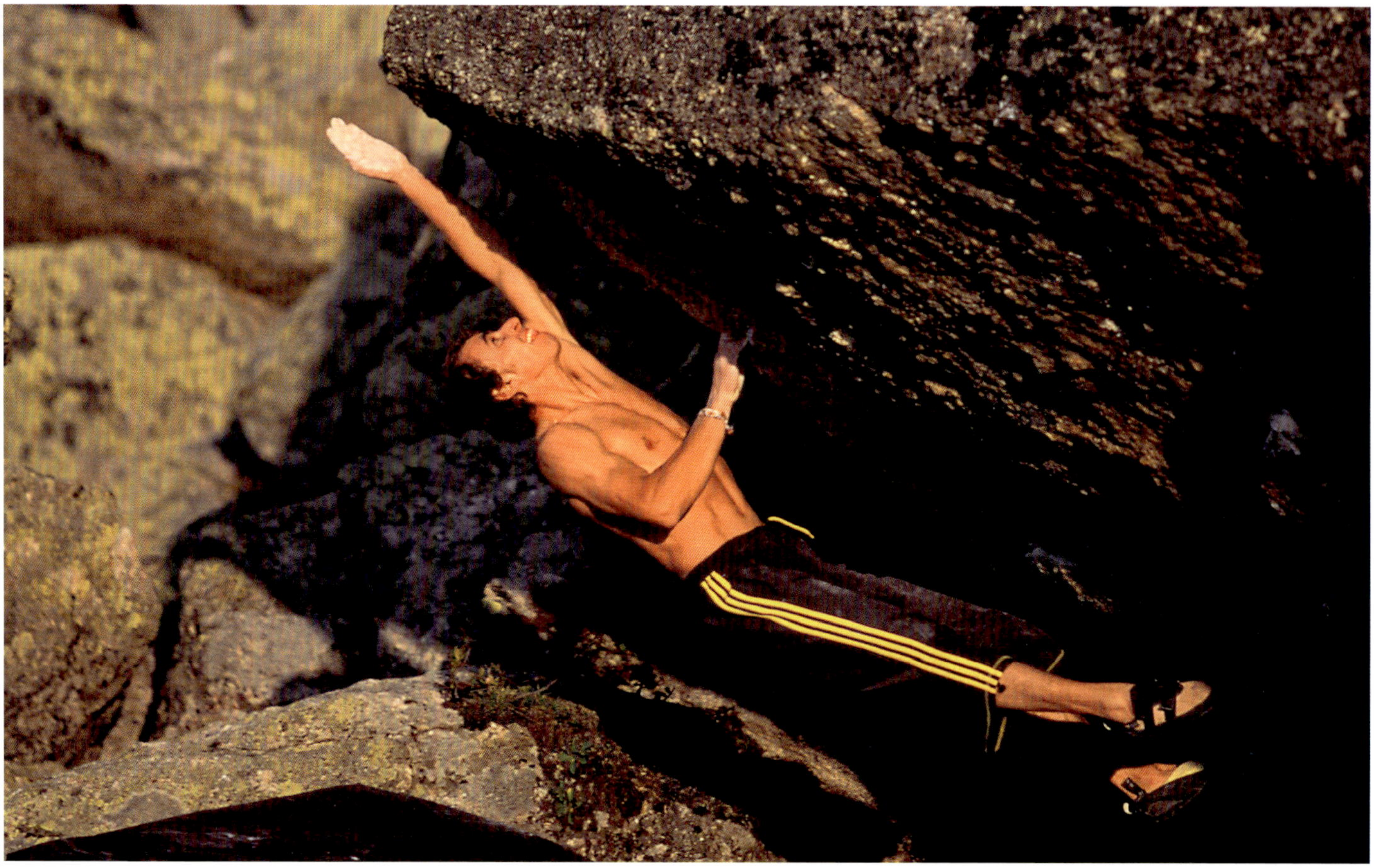

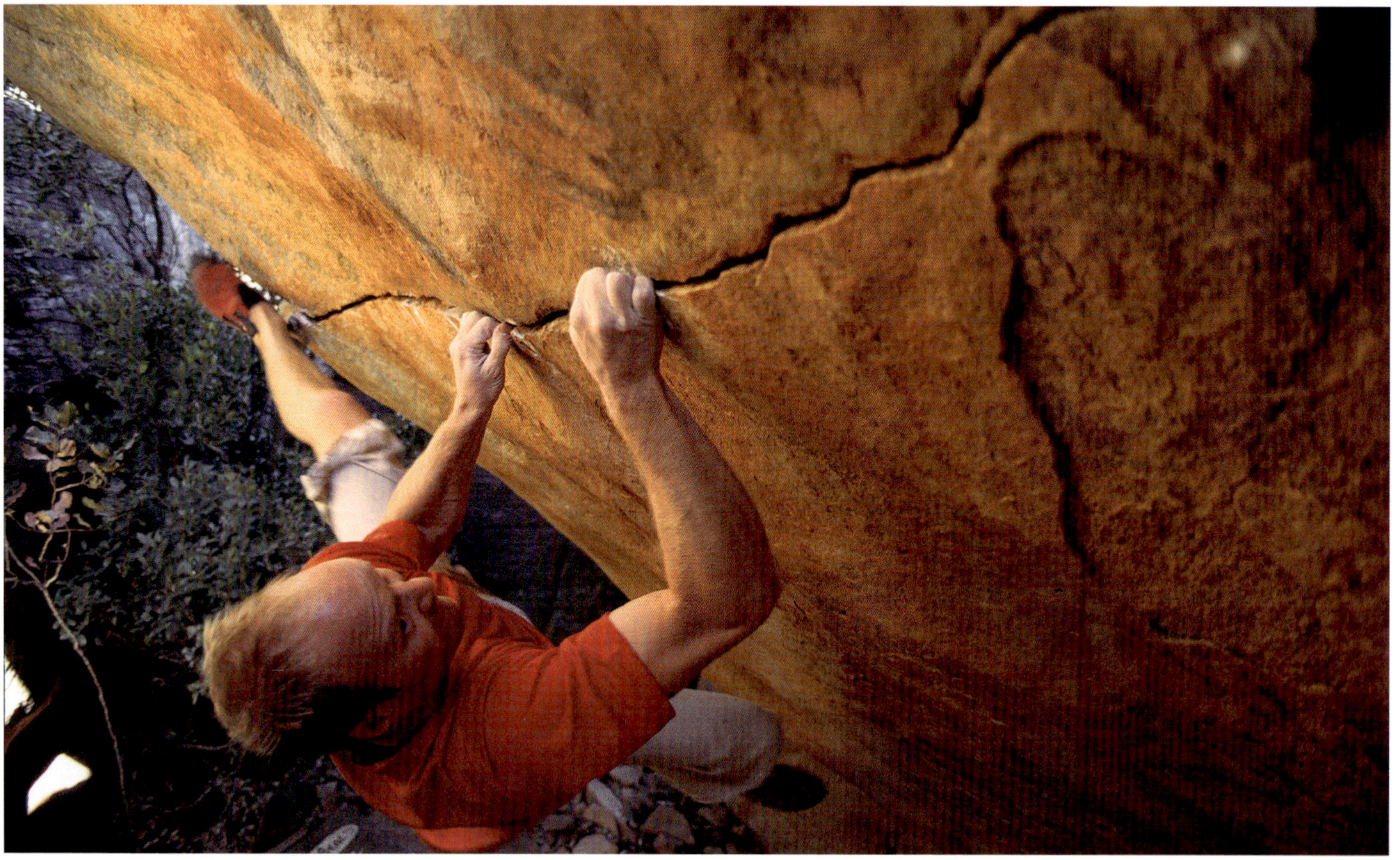

Oben: Bernd Zangerl
2005 im Silvapark Galtür.

Unten: Klem Loskot 2005
in den Rocklands.

Die Schlüsselstelle befand sich in halber Höhe, es gab einen Holzzaun am Einstieg, aber kein Crashpad.

John Gill, Jahrgang 1937, begann Anfang der 1950er-Jahre mit dem Klettern.

»Obwohl John immer wieder in die Berge zurückkehrte, [...] widmete er nun den Großteil seiner Zeit dem Bouldern [...]. Es ging ihm weniger um die Schwierigkeit als um die wahre Beherrschung einer Bewegung am Fels. ›Ein Boulderproblem ist nicht wirklich gelöst, wenn es nicht mit Grazie und Eleganz gemeistert wird. [...] Daher erfordert die Suche nach dem kinästhetischen Bewusstsein (Bewusstsein für das Bewegungsgefühl) auch eine Loslösung von der allgemeinen Kletterwelt. Der Verinnerlichungsprozess läuft in der Isolation am ungestörtesten ab. Bouldern sollte eine einsame Angelegenheit sein, losgelöst von allen hemmenden Einflüssen wie Ehrgeiz und Leistungsdruck.‹ [...] Johns Vorliebe galt überhängenden Felsblöcken, an denen er verrückte dynamische Züge versuchen konnte. [...] Seinen Hintergrund als Turner sieht er als wichtige Voraussetzung für seine Leistungen am Fels. Auch im Training kombinierte er turnerische Elemente und rein kletterspezifische Übungen [...]. Es ist fast eine Ironie, dass John Gill heute als der erste reine Sportkletterer gesehen wird. Ein Mann, der auf der Suche nach Selbsterfahrung das Klettern als Transportmittel benützte und absichtlich nicht in vergleichenden Wettstreit treten wollte [...], wird zum Vater einer modernen Kletterwelt gemacht, in der es primär um Schwierigkeitsgrade geht. [...] Schon in den Fünfzigerjahren brachte Gill, ein exzellenter Turner, Magnesia und dynamische Züge ins Klettern. Sein Ausdruck *swinging lieback* drückt genau das aus, was Wolfgang Güllich fast dreißig Jahre später mit dem Begriff *deadpoint* als erster zu beschreiben glaubte! [...] Dem äußeren Weg sind viele gefolgt, seine Einfingerklimmzüge, seine einarmige Hangwaage und seine zahllosen Boulderprobleme haben viele Kletterer motiviert. Wie viele seinem beispielhaften Weg nach Innen gefolgt sind, ist schwer zu sagen, da diejenigen, die ihn wirklich gegangen sind, vielleicht ein Verständnis vom Klettern haben, das mit der allgemeinen Auffassung nichts zu tun hat. Hüte dich vor dem Sog des gegenwärtigen Klettertrends. Geh hinaus und probiere etwas Neues, sei ein Individuum und suche dir deinen eigenen Weg im Klettern.«

Soweit Heinz Zak in seinem Buch von *Rock Stars* im Jahr 1995.

1977 erscheint das legendäre Buch *Master of Rock* von Pat Ament. Der Hauptprotagonist dieser Biografie ist John Gill. Es sei die These erlaubt, dass Gill vielleicht nie diesen Legendenstatus erreicht hätte, wäre nicht dieses Buch geschrieben worden. Gill selbst ist der Überzeugung, dass »nur wenn solch eine Kunst in Einsamkeit ausgeübt wird, kann es gelingen, die Eindrücke dieser intensiven Phase zu schützen und zu verlängern«.

Es bleibt festzuhalten, dass John Gill seiner Zeit voraus war und später nicht nur in den USA für viele Kletterer sportliche und philosophische Inspiration war.

Sportlich wird *Thimble* heute bei 7B eingestuft. Viele von Gills Boulderproblemen wurden erst in den 1980er-Jahren wiederholt, und das oben erwähnte Buch

Egal ob in seinem »Schuhlabor« in Zürich (oben) oder beim Bouldern in Arkansas (unten): Fred Nicole hat nicht nur beim Bouldern neue Maßstäbe gesetzt, sondern auch im Designen von Kletterschuhen.

mutierte für einige zur »Boulderbibel«. Gill selbst unterschied zwischen zwei Arten von Boulderproblemen. Die klassisch logischen Linien einerseits und die »Eliminates«, bei denen gewisse Griffe einfach nicht benutzt werden, andererseits. Der Boulder wird dadurch schwerer, oder die Bewegungsabläufe können verflüssigt werden, womit wir wieder beim spielerisch-sportlichen Charakter des Boulderns wären. Beliebte Spielformen waren und sind nicht nur bei Gill bis heute No-Hand- und One-Hand-Begehungen. Nach ernsthaften Ellbogenproblemen und einer Bizepsverletzung zog sich Gill aber vom schweren Bouldern zurück.

Nun ist es nicht so, dass Gill immer alleine boulderte, auch er war mit Freunden unterwegs. Rich Goldstone, Rich Borgman und Pat Ament in den späten 1960er-Jahren zum Beispiel. In den 1970er-Jahren Bob Williams und Jim Holloway. Vor allem Jim Holloway sollte in Colorado noch seine Spuren hinterlassen. Nur einmal verließ er Colorado, um in anderen Gebieten des mittleren Westens zu bouldern. Diese Reise unternahm er mit dem Buch *Master of Rock* unter dem Arm, als eine Art Führer zu den vielen von John Gill eröffneten Bouldern. Holloway hinterließ Boulder in Colorado, welche lange Zeit nicht wiederholt wurden. 1975 hinterließ er mit *Trice* (aka: *AHR – Another Holloway Route*) einen Boulder, welcher erst 2007 durch Carlo Traversi wiederholt werden sollte. Die Bewertung dafür ist V12/8A+ (!). Auch Holloway trainierte schon sehr systematisch. So baute er zum Beispiel, um den Schlüsselzug von *Meathook* zu üben, eine spezielle Vorrichtung zu Hause. 1980 sattelte er aber aufgrund von Überlastungserscheinungen auf das Rennrad um.

1978 wurde das wohl berühmteste Boulderproblem der Welt im Yosemite Valley (Kalifornien) begangen. Mitten im legendären Camp 4 liegt der Columbia-Boulder, an dessen Nordostseite sich das nach einem Song von Jimi Hendrix benannte *Midnight Lightning* (7B) befindet. 1978, im für die Zeit nicht ganz ungewöhnlichen LSD-Rausch, soll John »Yabo« Yablonski seinen Kumpels John Bachar und Ron Kauk von einem neuen Problem berichtet haben, das er entdeckt zu haben glaubte. Gemeinsam gingen sie zum Columbia-Boulder, wo Yablonski enthusiastisch nach oben auf den vermeintlichen Blitz zeigte. Kauk und Bachar meinten nur: »Du bist doch völlig durchgeknallt!« Nichtsdestotrotz versuchten sie sich an den ersten Zügen. Zu ihrer Überraschung machten sie Fortschritte, bald kamen sie bis zur Dachlippe. Man darf nicht vergessen, die Höhe ist schon beachtlich, ist man doch beim Mantle mit den Füßen bereits vier Meter über dem sicheren Boden, und damals gab es noch kein Crashpad. Mehr als zwei Monate nach den ersten Versuchen erreichte Kauk an einem Tag im Mai 1978 wieder einmal die Dachlippe. Alle Anwesenden rechneten damit, dass er erneut abspringen würde. Doch diesmal stützte er sich weiter als je zuvor nach oben und konnte den rettenden Griff halten. Kurze Zeit später schaffte auch John Bachar den Boulder. Es sollte fünf Jahre und manche Showeinlage durch die beiden Hauptprotagonisten dauern, bis Skip Guerin die dritte Begehung dieses Kultproblems gelang. 1998 gelang dann Lynn Hill der Durchstieg, nachdem sie die Züge im

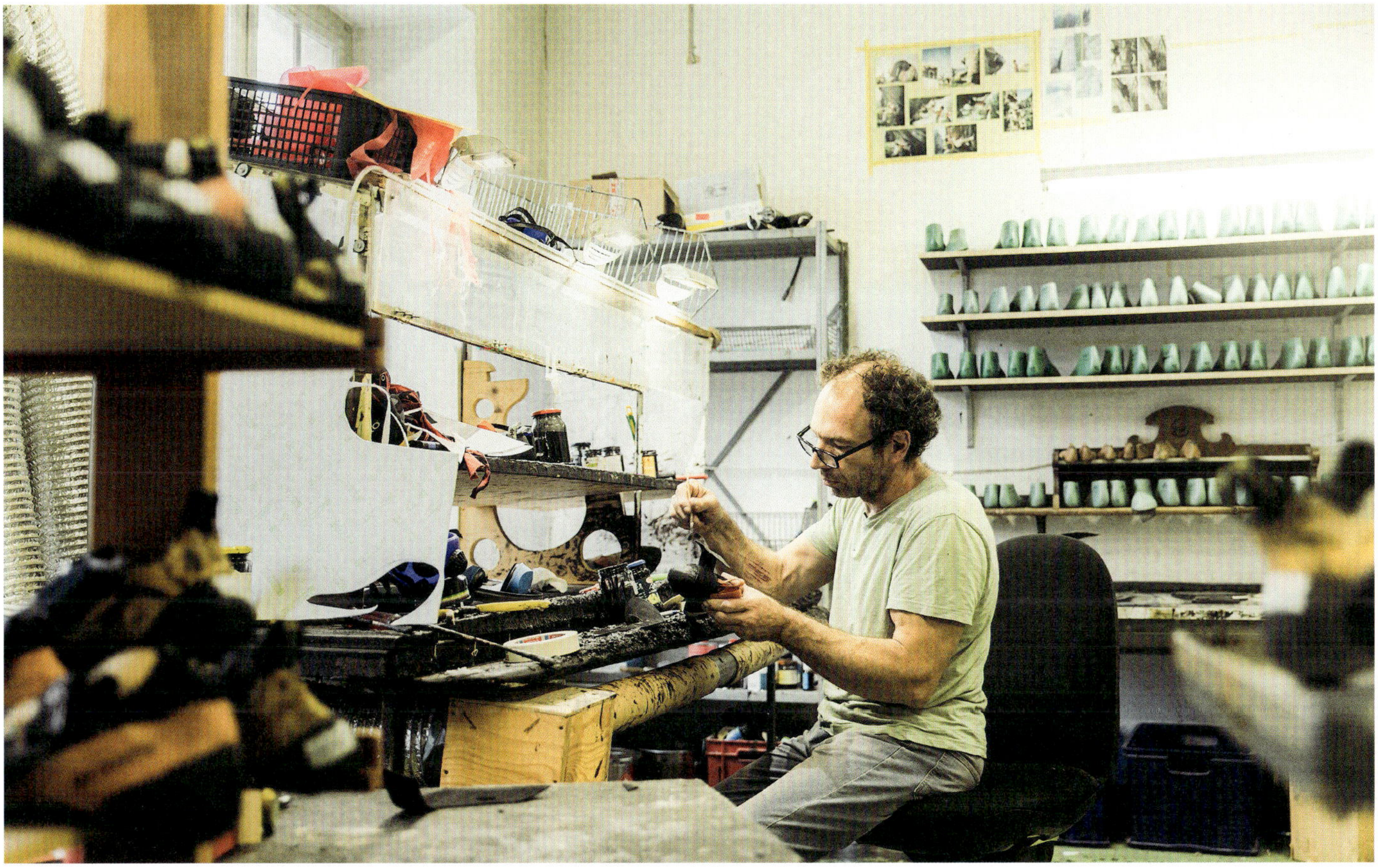

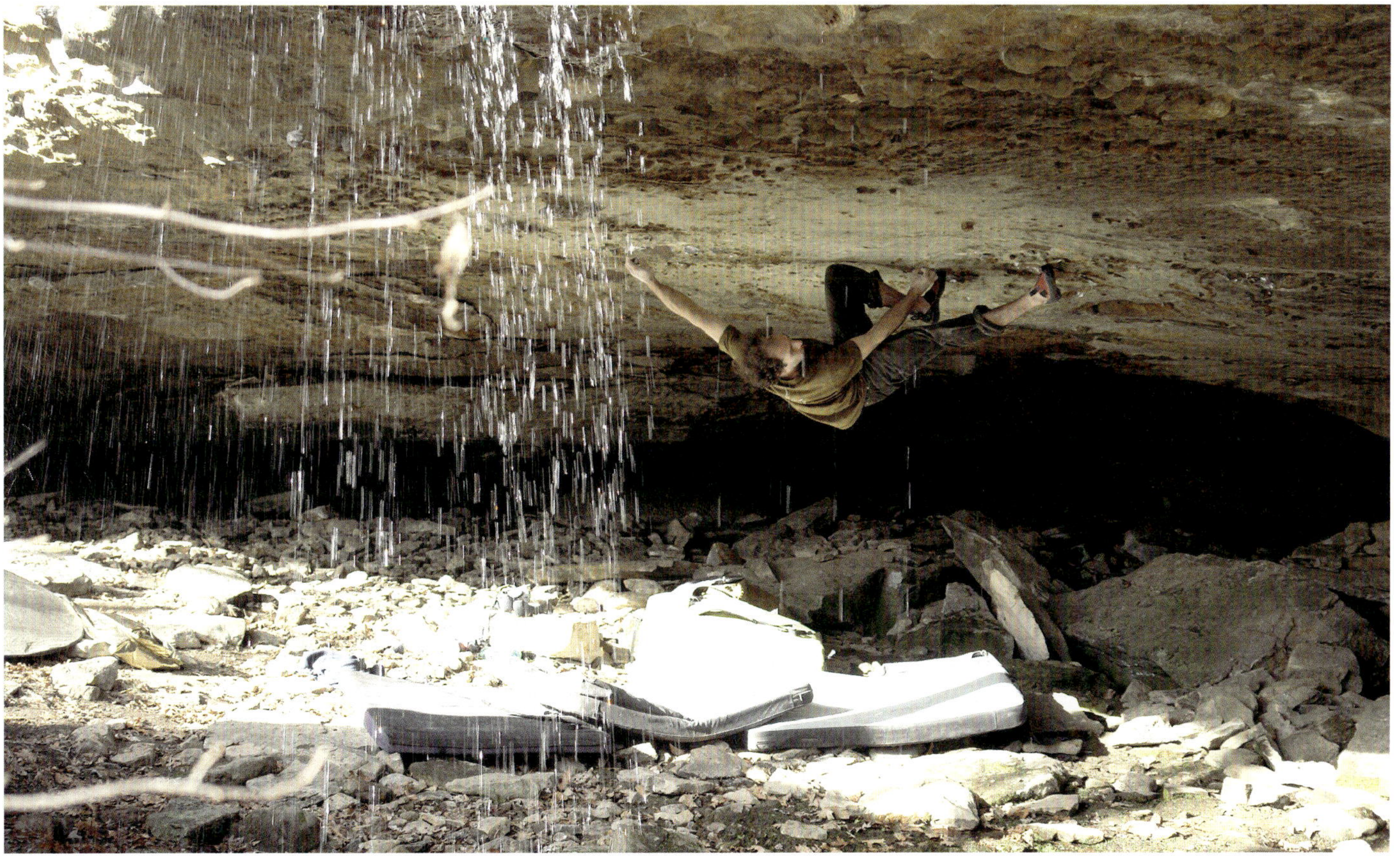

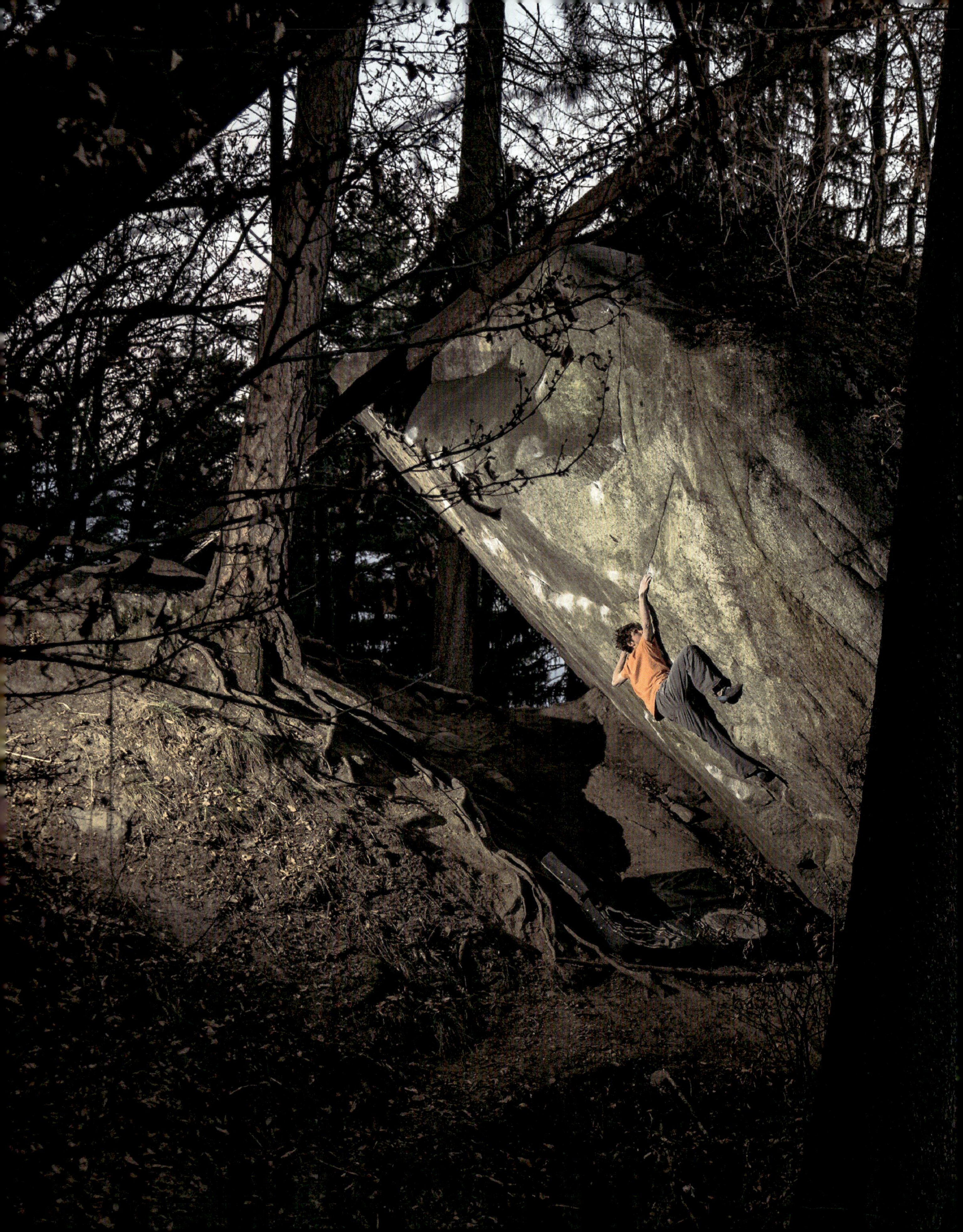

Ein Felsblock mit Geschichte im Tessin: 2001 eröffnet Fred Nicole mit *Dreamtime* den ersten 8C-Boulder der Welt, 2005 hinterlässt David Graham mit *The Story of Two Worlds*, 8C, ein weiteres Highlight an der Rückseite dieses Felsens. 2019 gelingt Giuliano Cameroni der Direktausstieg von *Dreamtime*.

Im Bild: Giuliano in *REM*, 8C+.

Toprope einstudiert hatte. Das Einstudieren, ja sogar das Klettern von hohen Boulderproblemen mit Seilsicherung von oben, genannt Toprope, war immer Teil des Spiels. Man darf nicht vergessen, dass Bouldern in seiner Grundidee ungefährlich ist und es eine Zeit vor dem Crashpad gab. In Anbetracht der großen Anzahl der heute zum Teil verwendeten Crashpads sei die Frage erlaubt, ob ein Toprope nicht oft einfacher wäre. Ob in Fontainebleau oder bei John Gill, ein Seil von oben war immer eine Option, und auch so mancher Highball von heute wird im Seil einstudiert, um dann so cool seillos im Film daherzukommen. An alle aktiven Boulderer also an dieser Stelle die Aufforderung: Versucht die Klassiker, zum Beispiel in Fontainebleau, ohne Crashpad(s), es fühlt sich wirklich anders an.

Kurzer Zwischenhalt: Fränkische Schweiz in Deutschland. Genau da, wo Kurt Albert Mitte der 1970er-Jahre den roten Punkt erfunden hat. Der rote Punkt wurde ab Mitte der 1970er-Jahre am Einstieg von Routen angebracht, welche erstmalig ohne Hakenhilfe überwunden wurden. Die Haken werden nur zur Sicherung verwendet, geklettert wird nur mit den vom Fels vorgegebenen Griffen und Tritten. Noch hat die Fränkische Schweiz keinen Namen als Boulderdestination, aber eine Boulderlegende ist dennoch schon aus ihr hervorgegangen: Wolfgang »Flipper« Fietz. Auch er war zu der Zeit, Ende der 1970er-Jahre, eine Ausnahmeerscheinung in der Kletterszene. Sich kaum um Konventionen kümmernd, beging er schwerste Boulder und kletterte im Toprope durch Wände, immer auf der Suche nach ausgefallenen, schwierigsten Kletterzügen. Er unterteilte sich die Routen in Abschnitte, tüftelte stundenlang an einzelnen Passagen, um sie auf ihre Begehbarkeit zu prüfen. Man erzählt sich, Sicherungsleute hätten aus Langeweile das Seil mitunter an einem Baum fixiert und seien Kaffee trinken gegangen, um dann bei ihrer Rückkehr festzustellen, dass Flipper Fietz immer noch seelenruhig oben am Herumprobieren war. Die eigentliche Erstbegehung von unten interessierte ihn in diesem Stadium kaum noch. Jahre später sollte Wolfgang Güllich dann diese Routen von unten »erstbegehen«. Sein berühmtester Boulder in der Fränkischen Schweiz ist wohl der *Elektrische Sturm in der Hölle* (7B).

1978 wurde in Fontainebleau zur selben Zeit wie *Midnight Lightning* ein nicht minder bekanntes Problem von Jo Montchaussé und Eddy Bouchet, *Le Toit de Cul de Chien*, bewertet mit 6C, begangen. Bereits ein Jahr zuvor, 1977, kletterte Jérôme Jean-Charles mit *Carnage* in Bas Cuvier die erste 7B. Leider kamen auch hier künstliche Griffe zum Einsatz, aber die waren, wie gesagt, nicht ganz unüblich für die Zeit.

In den Jahren darauf wurden die Schwierigkeiten der Boulder in Bleau stetig höhergeschraubt. 1983 kletterte Pierre Richard mit *Berezina* in Bas Cuvier die erste 7C, 1984 Jacky Godoffe mit *C'etait Demain* die erste 8A. Alain Ghersen, Jean-Michel Gosselin, Philippe Le Denmat, die Gebrüder Le Menestrel und einige mehr trieben in den folgenden Jahren die Erschließung weiter voran. 1994 kletterte Dany Rich mit *Abbé Résina* ihre erste 7c. 1997 wird Marc Le Menestrel mit *L'Alchimiste* in Apremont die dritte 8b im Wald von Fontainebleau begehen. Nach einer mutwilligen Zerstörung eines Griffes gab es aber bis 2017 (Nalle Hukkataival) keine Wiederholung. 2006 wurde dann der erste 8C-Boulder *Anagma* von Dai Koyamada beziehungsweise *Le Dernier Fléau* von Seb Frigault begangen. Und das weltweit zweite 9A-Problem, *No Kpote Only* von Charles Albert, wurde 2019 begangen.

Im Jahr 1983 lässt ein junger Engländer bei einem Besuch in Bas Cuvier einige der Anwesenden mit offenem Mund zurück. Jerry Moffatt ist auf der Insel, zusammen mit Ben Moon und Ron Fawcett, einer derjenigen, welche das Bouldern auf ein neues Level gehoben haben. Bouldern, klettern, bouldern, klettern und eine ungeheure Motivation unter mehr oder weniger »prekären« Lebensbedingungen lässt sie die Schwierigkeiten nach oben treiben. Besonders eindrücklich zu bestaunen ist dies im Kultvideo *The Real Thing* (1996). In diesem Film geht es um die Geschichte des Kultproblems *Karma* (8A) in Fontainebleau.

Ein weiterer Protagonist, der sich unter anderem mit eben diesem *Karma* einen Namen machte, war der 1970 geborene Fred Nicole. Damals mit 15 Jahren übte er sich noch an der Traverse von *Eclepans*, seither ist er von dieser Art des Kletterns fasziniert.

Auch Fred Nicole wird sich ab und zu ins Seil einbinden und später einige der ersten 9a-Routen begehen. Seine große Leidenschaft galt aber dem Bouldern. Im Unterwallis, wo schon eine kleine Bouldergemeinschaft bestand, setzte er die ersten boulderhistorischen Marksteine. Außerdem beging er 1990 *La Traction Celeste directe* (8A) in Branson bei Martigny. Mit *La Danse des Balrogs* beging er 1992 den ersten 8B-Boulder weltweit und mit *Radja* ebenso den ersten 8B+. Fred Nicole hinterließ auch schon früh erste Spuren in diversen außereuropäischen Gebieten. Vor allem in Hueco, Texas (u.a. *Esperanza*, 8C) und den Rocklands, Südafrika (u.a. *Monkey Wedding*, 8C) erschloss er schwierigste Boulder und erlangte dadurch einen internationalen Status. Immer wieder begeht er auch schwierigste Boulder in heimischen Gefilden, sein bekanntester ist *Dreamtime* in Cresciano, der erste 8C-Boulder der Welt. Obwohl er schon jetzt als Legende bezeichnet werden kann, hinterlässt Fred Nicole auch heute noch Boulder im 8C-Bereich. Aber auch er beging und begeht immer wieder »einfachere« Boulder. Es ist ein Zeichen der Zeit und der Entwicklung des Boulderns, dass es in der öffentlichen Wahrnehmung immer häufiger auf den Schwierigkeitsgrad »reduziert« wird. Auch eine historische Aufarbeitung kommt nicht darum herum.

In den Fußstapfen von Fred Nicole tummelten sich immer neue Protagonisten. Erwähnt sei hier in den späten 1990er-Jahren und zu Anfang des neuen Jahrtausends zum Beispiel Bernd Zangerl, seines Zeichens Zweitbegeher von *Dreamtime* und Erstbegeher der nicht minder berühmten *New Base Line* (vor Griffmanipulation 8C, heute 8B+) im Magic Wood. Oder Dave Graham in Cresciano, Tessin mit *The Story of Two Worlds* (8C). Nicht zu vergessen ist auch Chris Sharma, welcher sich später wieder vermehrt dem Seilklettern zuwandte und dort neue Standards setzte.

Ende der 1990er-Jahre tat sich noch etwas Entscheidendes: Während sich Fred Nicole und seine Freunde in Südafrika ihre Crashpads noch aus Billigschaumstoffmatten zusammenschusterten und im Yosemite so manches Mal eine alte versiffte Matratze zum Einsatz kam, so waren alsbald industrielle Crashpads erhältlich. Gleichzeitig gelangte das Bouldern vermehrt über Fachmagazine in den öffentlichen Blickpunkt. Die Hersteller von Kletterausrüstung entdeckten das Marktpotenzial. Es gibt plötzlich spezielle Boulderschuhe, Boulderhosen und sonstiges Boulderzubehör zu kaufen. Nicht zu vergessen sind auch die coolen Mützen, welche selbst bei größter Hitze ihren angestammten Platz nicht verlassen. Bouldern ist auf dem Weg zum Trendsport. Skater und Snowboardfahrer dienen als Konsum- und Lifestyle-Vorbilder. Hatte schon immer jede größere Kletterhalle ihre Boulderecke, war es ab 2000 nur noch ein kleiner Schritt bis zur reinen Boulderhalle. Bouldern ist heute in der Gesellschaft angekommen, man kann durchaus schon von »Breitensport« reden, vor allem was das Indoorbouldern betrifft. Boulderwettkämpfe am »Plastik« erfreuen sich größter Beliebtheit, egal ob regionales Open oder Weltmeisterschaft.

So gibt es heute die Hotspots wie den Silvapark Galtür in Österreich, das Tessin und den Magic Wood in der Schweiz, Albaracin in Spanien, das Val di Mello in Italien, der Castle Hill in Neuseeland und die Grampians in Australien. Auch Bishop, Hueco und das Yosemite erfreuen sich immer noch größter Beliebtheit. Fontainebleau in Frankreich und der Peak District in England wurden bereits ausführlich erwähnt. Daneben gibt es aber auch viele kleinere Gebiete oder Gebiete, welche nur von lokaler Bedeutung sind. Auf jeden Fall ist die Bouldergemeinde rasant gewachsen und mit ihr leider zum Teil auch die Probleme in den Gebieten. Vergessen wir nie, wir sind nur zu Gast. Verlassen wir die Gebiete so, wie wir sie angetroffen haben. Vielleicht sogar noch etwas sauberer.

Wurde im Jahr 2000 mit *Dreamtime* der erste 8C gebouldert, so sind es gegenwärtig an die 150 bekannte Boulderprobleme im Bereich von 8C und 8C+.

Die jüngere Bouldergeschichte hangelt sich mithilfe der sozialen Medien von Schwierigkeitsgrad zu Schwierigkeitsgrad. Immer schneller werden Boulder wiederholt, bestätigt oder abgewertet. Schlagworte wie »die erste Frau«, »die erste Schweizerin, Deutsche, Französin« oder »der oder die erste Achtjährige« sind heutzutage interessant. Zwischen Schwierigkeitsgrad und Nationalismen, zwischen Alter und Geschlecht werden die Protagonisten und Protagonistinnen in den Medien herumgereicht. Kategorien müssen sein. Die sozialen Medien müssen gefüttert werden, es gehört zum Geschäft. Einzelne machen fröhlich mit, andere halbherzig, und einige ziehen sich zurück, machen irgendwo ihre Boulder und lächeln in die Sonne. All das als das Spiegelbild einer Gesellschaft, in der wir leben, aber auch bouldern. Doch was das Bouldern auszeichnet und so beliebt macht, das ist die Geselligkeit, und die hat Bestand. Demgegenüber steht die Freiheit, auch ganz allein für sich bouldern zu gehen. Auch mal einen Griff auslassen oder auch mal einfach nicht hochkommen müssen.

Graubünden, Schweiz:
Bernd Zangerl klettert
Unknown – Ungraded,
2007

Der ganze Sport hat sich professionalisiert und perfektioniert sich immer weiter. Immer weniger wird dem Zufall überlassen. Genauso normal sind Transatlantikflüge auf der Jagd nach den besten Bedingungen, denn diese werden gemäß Nalle Hukkataival in Zukunft über die Begehbarkeit eines Boulders am Limit entscheiden. Über die sozialen Medien lassen sich die Geschichten um »Heldentum«, die neuesten Schwierigkeiten, die besten Hotspots und die neueste Ausrüstung im Sekundentakt verfolgen. Wir werden sehen, welche Ereignisse der medialen Halbwertszeit zu widerstehen vermögen.

Also, denkt daran, alles ist möglich, geht raus an die frische Luft oder rein in die Halle, *take a hold and pull* – und schreibt eure Geschichte(n).

Verwendete Literatur:

Allain, Pierre: *Alpinisme et Competition*, Paris 1949.
Ament, Pat: *John Gill. Master of Rock*, Boulder 1977.
Desmaison, René: *Berge. Meine Leidenschaft*, Rüschlikon-Zürich 1971.
Gill, John: *The Origins of Bouldering*, www.johngill.net 2008.
Goedecke, Richard: *Deutscher Kletteratlas*, München 1992.
Hofmann, Andi: *Besser Bouldern: Grundlagen & Expertentipps*, Lindau 2007.
Messner, Reinhold: *Der 7. Grad*, München 1973.
Tucker, Simon: *The Real Thing* (Film), 1996.
Zak, Heinz: *Rock Stars*, München 1995.

Weiterführende Literatur:

Modica, Gilles und Godoffe, Jacky: *Fontainebleau, 100 ans d'escalade*, les Edition Mont-Blanc 2017.
Sherman, John: *Stone Crusade: A Historical Guide to Bouldering in America*, New York 1997.

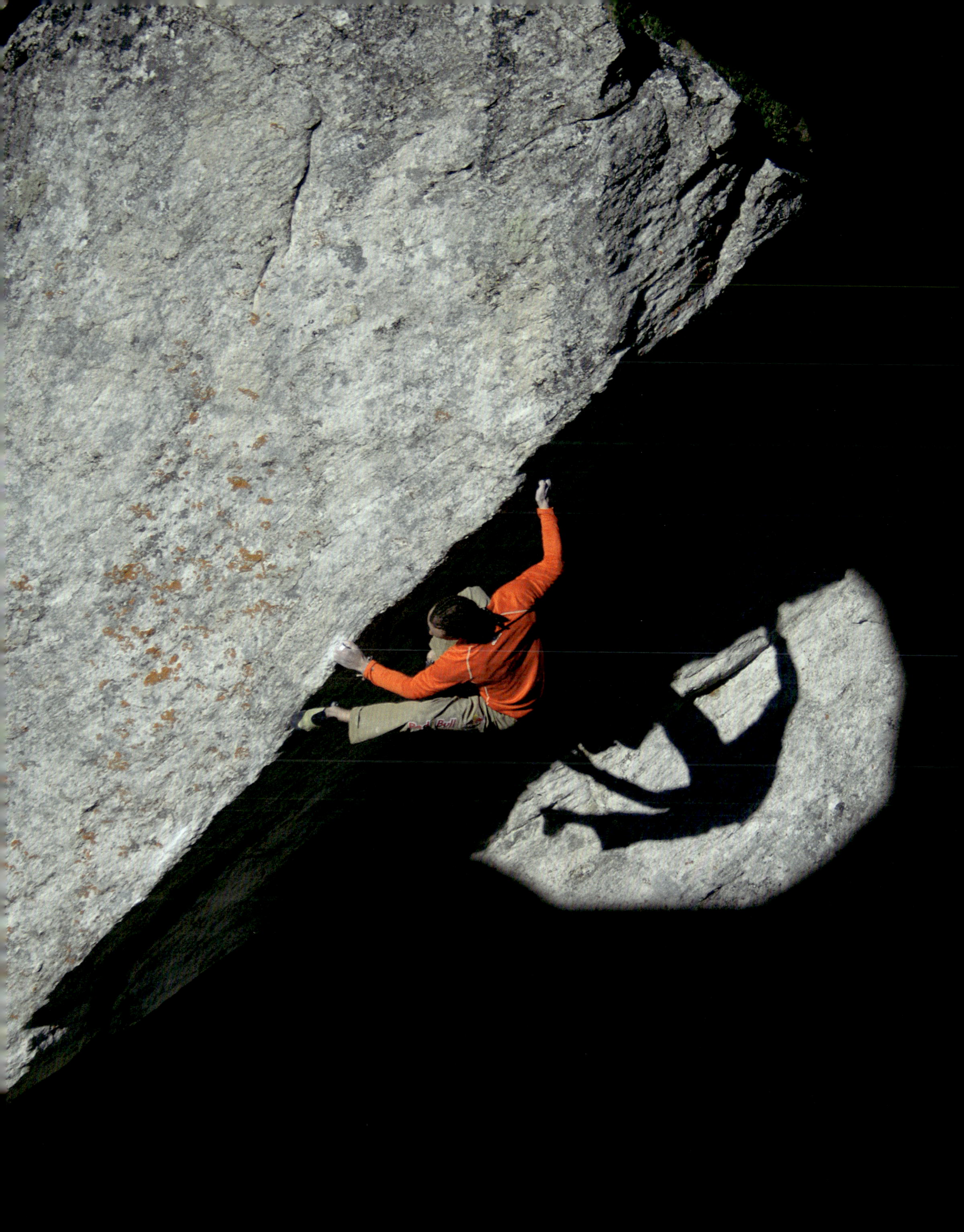

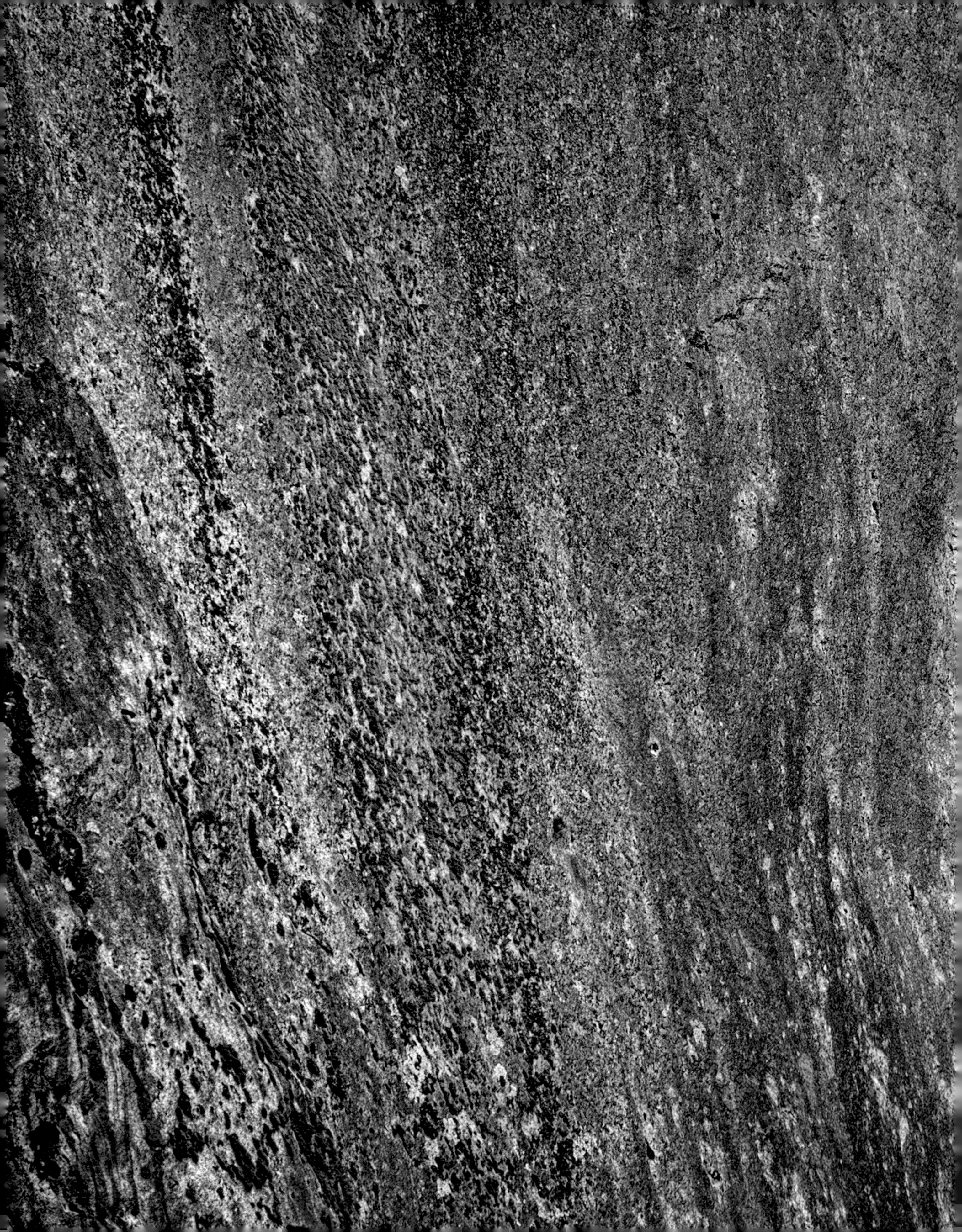

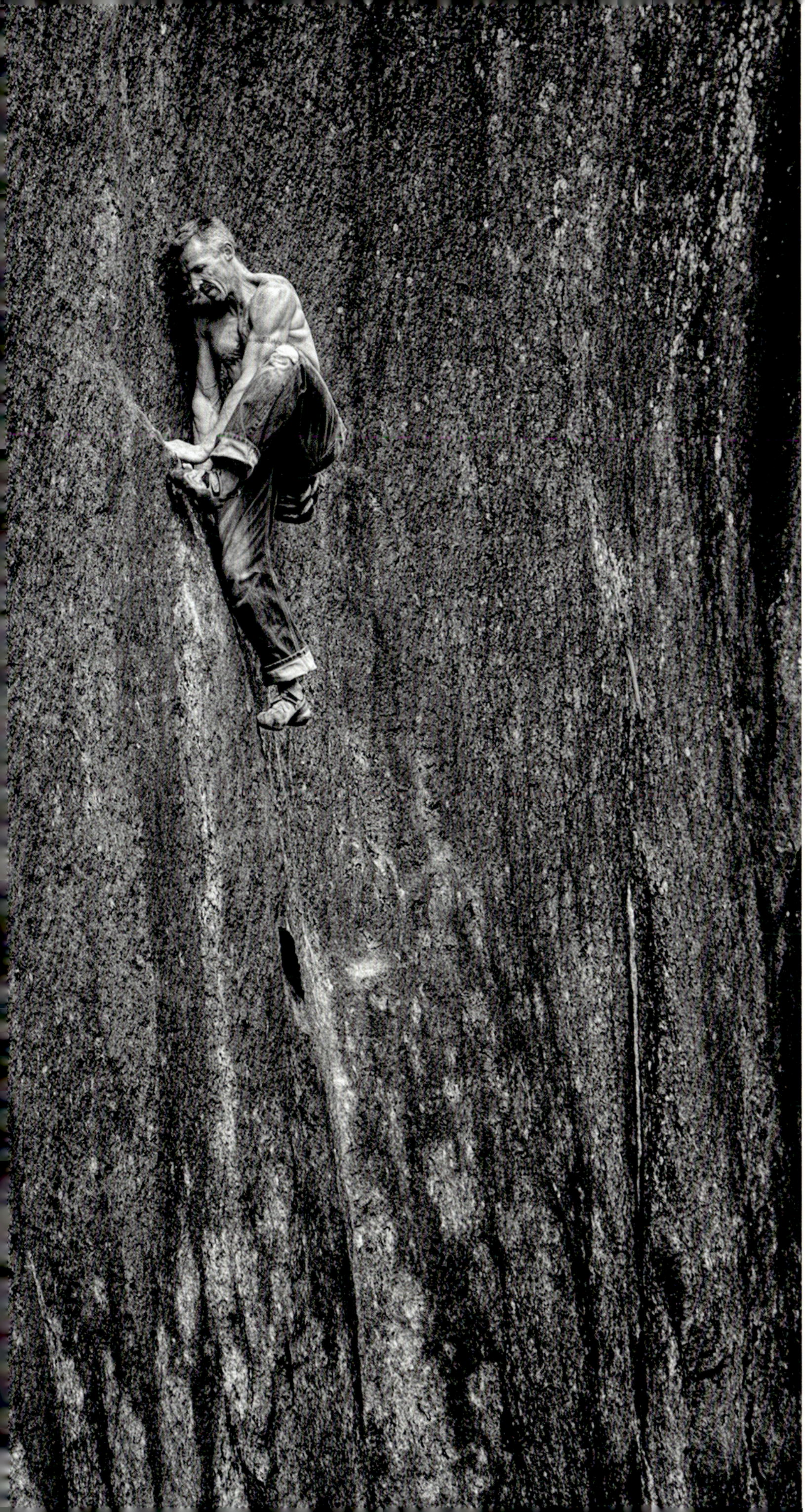

5

Jeder ist ein Mosaikstein, auf den das Licht des Boulderns in einem anderen Winkel fällt. Diese Geschichten erzählen wir.

Thomas »Steini« Steinbrugger ist einer der aktivsten Erschließer in der Schweiz. Hier in Val Bavona in der Schweiz.

BOULDERER IM PORTRAIT

Florian Scheimpflug

Bouldern ist anders. Der aktuelle Weltmeister ist genauso wenig der »beste« Boulderer wie derjenige, der den schwersten Boulder geklettert ist. Herkömmliche Kriterien, die auf Vergleichbarkeit basieren, greifen nicht. Zu bunt, zu vielfältig ist das menschliche Kaleidoskop, das die Grundlage für die Faszination des Boulderns bildet.

Die Motive, diesen Sport auszuüben, sind vielfältig. Den einen faszinieren Oberflächenstruktur und Ästhetik eines Felsblockes am Ende der Welt. Den anderen ein einzelner Zug, der zwei Polyurethan-Griffe in einer hochmodernen Boulderhalle verbindet. Für manche ist der schwerste Boulder eine Frage von Kraft, die mit allen Mitteln trainiert werden muss, für andere stellt er eine spirituelle Suche nach dem Unmöglichen dar, das im Bereich des Mentalen beheimatet ist. Doch egal, wie wir es tun, egal, warum wir es tun: Boulderer sind wir alle gleichermaßen.

Von der Motivation, diese Vielfalt widerzuspiegeln, sind auch die folgenden Porträts getragen. Wie jede Auswahl ist auch diese begrenzt und erhebt keinen Anspruch auf Vollständigkeit. Ihr Hauptaugenmerk lag aber ohnehin woanders. Jede und jeder der porträtierten Boulderinnen und Boulderer hat eine Geschichte, eine Herangehensweise, eine Fähigkeit, die ihn oder sie speziell macht. Jeder ist ein Mosaikstein, auf den das Licht des Boulderns in einem anderen Winkel fällt.

Diese Geschichten erzählen wir.

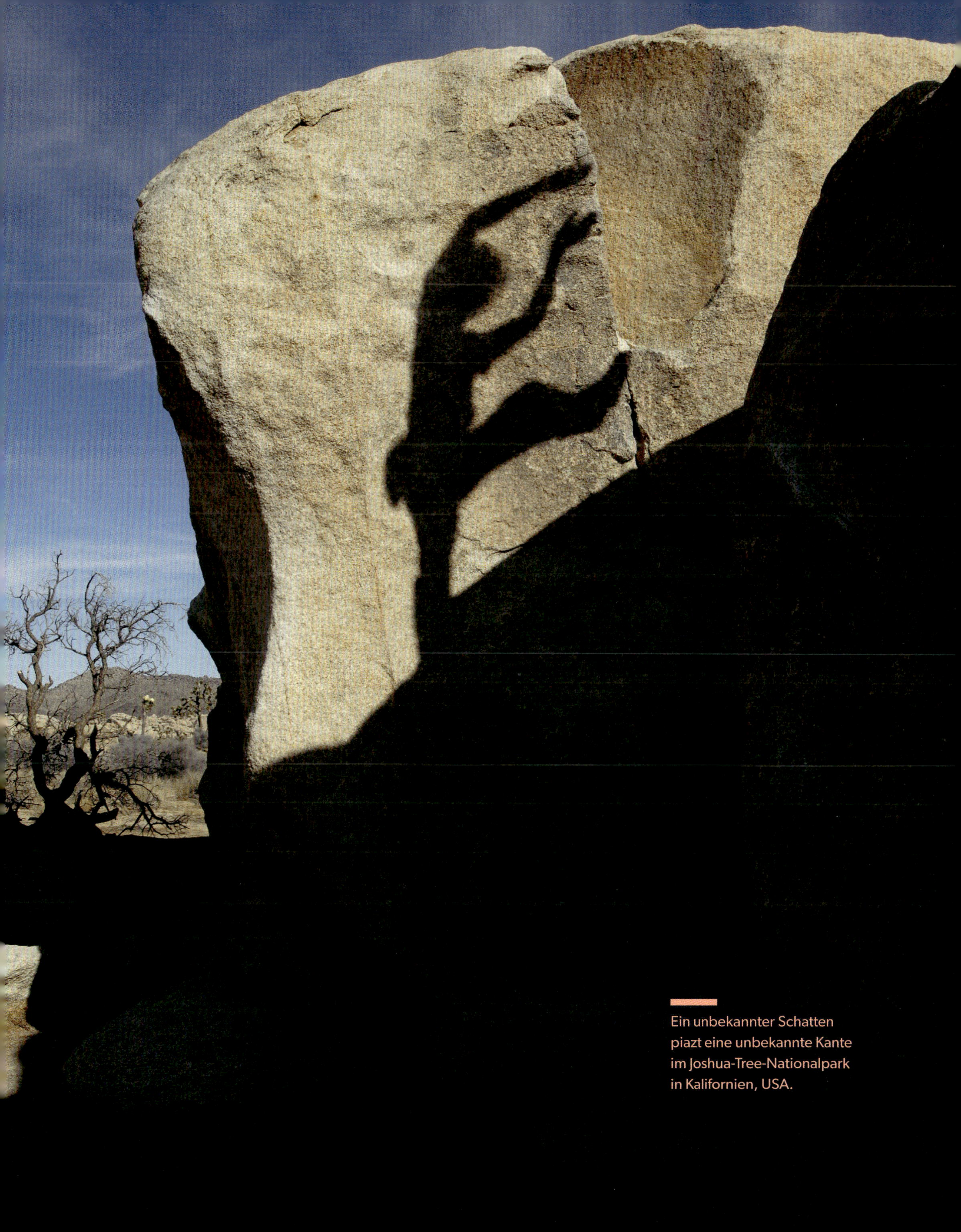

Ein unbekannter Schatten piazt eine unbekannte Kante im Joshua-Tree-Nationalpark in Kalifornien, USA.

JOHN GILL

DER MANN MIT DER FORMEL

Seit seiner Jugend war der Amerikaner John Gill (*1937) von zwei Dingen fasziniert: Mathematik und Turnen. Mit dem Klettern kam bald eine dritte Leidenschaft dazu. Aus diesen drei Variablen sollte der Mathematikprofessor aus Georgia die Formel für eine grundlegende neue Kletterdisziplin entwickeln: das Bouldern.

Bereits 1880 kletterte man ohne Seil auf Felsblöcken herum. Ernest Cezanne vom »Club Alpin Français« in Fontainebleau und Oscar Eckenstein im Lake District im Nordwesten Englands waren die ersten, die systematisch auf Felsblöcken zu klettern begannen. Auf den ersten Blick taten sie genau das, was man heute unter dem Begriff »Bouldern« versteht: »seilfreies Klettern in Absprunghöhe«. Doch um als die ersten Boulderer zu gelten, fehlte ihnen etwas Entscheidendes. Das »boulder climbing«, wie sie es nannten, war für Cezanne & Co. bloß eine *training activity* für ihre bergsteigerischen Ziele. Bouldern war für sie Mittel zum Zweck, aber noch nicht Selbstzweck.

Bis sich Bouldern als selbstständige Disziplin etablieren konnte, sollte es noch einige Jahrzehnte dauern. Der entscheidende Impuls dafür kam aus einer ganz anderen Weltgegend: vom Amerikaner John Gill aus Georgia.

In seinem im Jahre 1969 im American Alpine Journal (AAJ) erschienenen Artikel namens »The Art of Bouldering« definierte Gill, der seit den 1950er-Jahren an Felsblöcken kletterte, das Bouldern erstmals als neue und völlig eigenständige Disziplin des Kletterns. Ein Gedanke, der in der amerikanischen Kletterwelt revolutionär war: In den 1950er-Jahren wurde Felsen zumeist technisch mit Trittleitern, Hammer und Haken zu Leibe gerückt. Die Ära des Freeclimbings war noch nicht angebrochen, da beschäftigte sich Gill schon mit dynamischen Zügen. Für die damalige Kletterszene war Gills Ansatz so innovativ, so modern und gleichzeitig so fremdartig, als würde man in der Tanzschule vor der versammelten Walzerklasse plötzlich mit Breakdance anfangen.

Doch Gill ging weiter: In seinem Essay verlieh er dem Bouldern einen über das rein Sportliche hinausgehenden Status: den einer Kunstform. Bouldern, so Gill, sei eine Form perfekt choreographierter Bewegungsästhetik, die sich am Fels abspielt: *»The boulderer is concerned with form almost as much as with success and will not feel that he has truly mastered a problem until he can do it gracefully.«* Plötzlich hatte das Herumklettern auf Felsblöcken ein ideologisches Grundgerüst. Felsblöcke waren nun nicht mehr Trainingsgeräte für etwas Größeres, die Berge, das Klettern auf ihnen hatte intrinsischen Wert. Stil und Kraft waren die neuen Parameter und das Bouldern eine Manifestation des persönlichen Ausdrucks.

John Gill war dabei alles andere als ein Theoretiker. Seit 1959 nutzte er jede freie Minute, um seine Bewegungsästhetik namens Bouldern an diversen Felsblöcken zu praktizieren. Doch Gill führte kein Routenbuch, und um die Schwierigkeiten einordnen zu können, bediente er sich seiner rudimentären, dreistufigen B-Skala, die bloß drei Differenzierungen von B1 bis B3 kannte. Die jeweiligen Schwierigkeiten teilte er seinen Kletterpartnern mündlich mit.

Dass Gill dank langjähriger Turnpraxis über eine immense Fitness verfügte, weiß man schon lange. Es gibt etliche Fotos, auf denen er einarmige Klimmzüge macht und auch einarmige Hangwaagen zum Besten gibt. Die turnerische Fitness ist eine Sache, Kletterfähigkeiten sind eine andere. Dennoch gelang es Gill, die beiden Bereiche kurzzuschließen. Der entscheidende Moment dabei war die Dynamik im Kletterfluss. Gill begann, große

Griffdistanzen mittels koordiniert schwungvoller Bewegungen, manchmal sogar Sprüngen, bei denen er sich gänzlich vom Fels löste, zu überbrücken. In einer Zeit, da gutes Klettern möglichst statisch und kontrolliert zu sein hatte, galt dies als »schlechte Technik«, aus dem modernen Bouldern sind sogenannte Dynamos aber nicht mehr wegzudenken. Gills Boulder am Red Cross Rock in den Tetons, den er anno 1959 kletterte, war vielleicht das erste dynamische Boulderproblem überhaupt. Heute würde man es mit 7C bewerten.

Gills berühmteste Begehung war *The Thimble*, ein über zehn Meter hoher Block in den Needles in South Dakota. Darüber, ob es die erste Route im Grad 5.12 war, die Gill solo kletterte, oder ob es eher ein V5-Highball war, scheiden sich die Geister. Darüber, dass Gill mit dieser Begehung Geschichte geschrieben hat, sind sich jedoch alle einig.

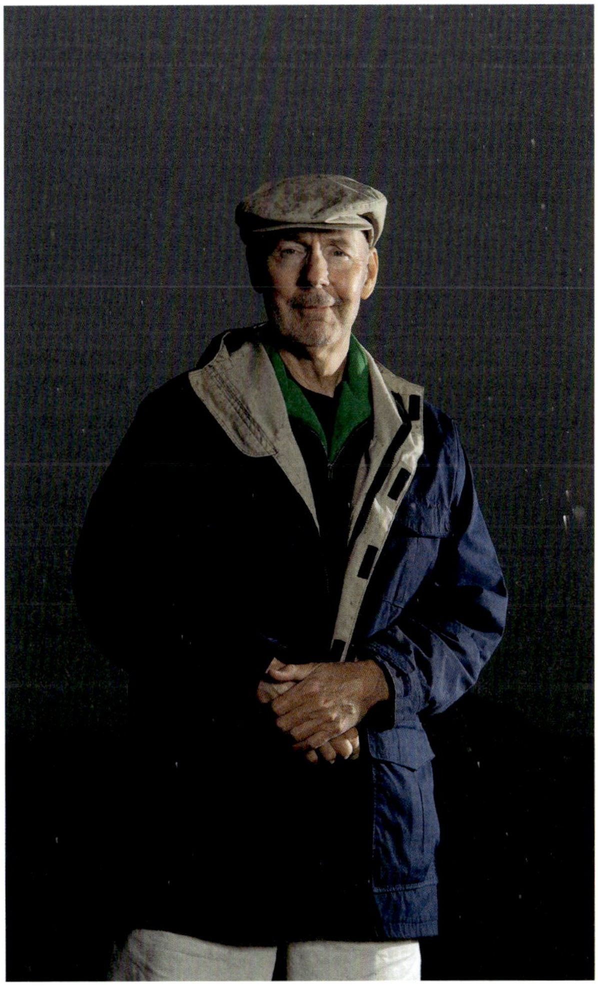

Bouldern im neunten Lebensjahrzehnt? Kein Problem, wenn man John Gill heißt. In seiner Heimat Colorado ist er auch im hohen Alter noch regelmäßig an den Blöcken anzutreffen, auch die Hangwaage gehört noch zu seinem Repertoire.

WOLFGANG »FLIPPER« FIETZ

LOSLASSEN, WENN ES AM SCHÖNSTEN IST

Wolfgang »Flipper« Fietz (*8. November 1953) gilt als der Boulderpionier Deutschlands. Seine Kletterphilosophie war so revolutionär wie eigen. Hatte er die schwersten Züge einmal erfolgreich geschafft, ließ er los.

Wie viele andere Entwicklungen lässt sich auch das europäische Bouldern nicht auf einen einzigen Ursprung, einen »Erfinder«, zurückführen. In Frankreich hatten die »Bleausards« um Pierre Alain das Bouldern in den Wäldern um Fontainebleau seit den 1930er-Jahren als neue Spielform des Kletterns entdeckt, in der britischen Kletterszene wurde das Bouldern bereits um die Jahrhundertwende praktiziert.

Im Deutschland der späten 1970er-Jahre war das Bouldern jedoch bestenfalls eine Randnotiz. In den damaligen Kletterzentren Pfalz, Elbsandstein und Frankenjura wurde zwar auch gebouldert, doch das Klettern in Bodennähe wurde von den »echten« Kletterern belächelt und mit dem Label der »Angsthasenkletterei« abgestempelt. »Richtiges« Klettern fand damals in den Bergen statt.

Der Geist der Veränderung lag jedoch schon in der Luft. Kurt Albert hatte ab Mitte der 1970er-Jahre begonnen, einen roten Punkt unter alle Routen zu malen, die er sturzfrei und ohne Zuhilfenahme technischer Hilfsmittel zur Fortbewegung geklettert war. Die »Rotpunkt-Bewegung«, deren Anhänger sich kompromisslos dem Freiklettern verschrieben hatten, wurde mit jedem Tag größer.

Den 1953 in Nürnberg geborenen Wolfgang »Flipper« Fietz kümmerten seit jeher Stilparadigmen wenig. Er hatte schon immer eine extravagante Weltsicht und einen kreativen Zugang zu den Dingen. Ein Text über das Bouldern im Yosemite, auf den Flipper in einer Alpenvereinszeitschrift stieß, inspirierte ihn zu einer Reise nach Amerika, wo er auch die Bekanntschaft mit John Gill, dem amerikanischen Pionier des modernen Boulderns, machte. Auf der Suche nach dem Kern des Kletterns hatte sich Gill von althergebrachten Bergsteiger-Ideologien befreit, um sich auf die seiner Meinung nach einzig essenzielle Sache zu fokussieren: den Move, das kleinste unteilbare Ganze des Kletterns.

Angereichert mit diesen neuen Perspektiven kehrte Flipper nach Deutschland zurück und begann sogleich, sie auf den heimischen Fels zu übertragen.

Sein bevorzugtes Betätigungsfeld war das Frankenjura, wo er durch seine, den meisten Kletterern bis dato völlig neuartige Art des Kletterns schnell Aufsehen erregte. Jedoch nicht immer im positiven Sinn. Die damalige Szene war angesichts von Flippers Felsakrobatik skeptisch und noch nicht so recht bereit für seinen revolutionären und experimentellen Zugang: »Das ist ja verrückt, was der macht«, munkelte man hinter vorgehaltener Hand, »ein Komischer« sei dieser Fietz, hieß es. Doch Flipper war weder verrückt noch komisch, er wusste genau, was er tat, und verfolgte seine Art des Kletterns unbeirrbar weiter. Bereits 1979 gelang Flipper eine seiner namhaftesten Erstbegehungen namens *Elektrischer Sturm in der Hölle*, benannt nach einem Song (*Electric Storm in Hell*) der Band White Noise. Sein Boulder *Falkland grüßt England* aus dem Jahr 1982 checkt nach heutigen Maßstäben bei 7B+ ein.

Wenn Flipper »bouldern« ging, war er keineswegs nur mit Crashpad unterwegs, auch Kletterseil und Gurt waren oft mit von der Partie. Flipper besaß einen intuitiven Sinn für grenzwertige Linien, doch viele seiner

Muskelspiel im Jahr 1981:
MAUD, B2, Frankenjura,
Deutschland.

Projekte waren ihm schlicht zu hoch, um sie ohne Seil zu bouldern. Um den scheinbaren Widerspruch des »Boulderers mit Seil« aufzulösen, muss man Flipper genauer auf die Finger schauen. Beim Klettern interessierte ihn ausschließlich die Schlüsselstelle der Route, jene Sequenz, in der sich alles auf ein paar wenige Moves verdichtet. Mit den »leichten« Metern, die seinen »Kern« der Route umgaben, setzte er sich nicht auseinander, das »Beiwerk« interessierte ihn nicht. Mit anderen Worten: Flipper reduzierte die Seilroute auf einen Boulder, und sobald er die schwersten Züge derselben geklettert war, war die Sache für ihn erledigt.

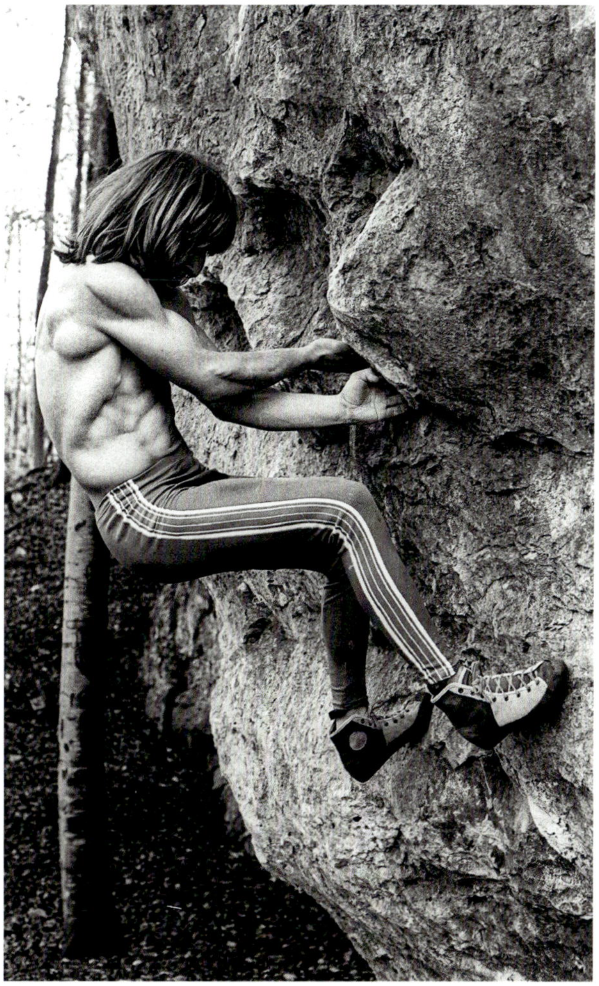

Flippers Herangehensweise war und ist absolut singulär, und müsste man einen Begriff für diesen Stil finden, so käme wohl nur der heutzutage kaum mehr verwendete Terminus »a.f.« (= »alles frei«) infrage. Flippers Philosophie war zweifellos eigen, seine Maximalkraft jedoch legendär, und so konnte er etliche Einzelstellen meistern, die damals für utopisch gehalten wurden. Vor allem der erstarkenden Rotpunkt-Bewegung, die im Frankenjura eines ihren Zentren hatte, öffnete Flipper die Türe in Richtung einer neuen Dimension von Möglichkeiten. Die Schlüsselstelle von *The Face*, der weltweit ersten 8a+, war Flipper genauso geklettert wie jene der ersten 8b, *Kanal im Rücken*. Die mittlerweile historisch gewordenen Erstbegehungsmeriten konnten Jerry Moffatt anno 1983 bzw. Wolfgang Güllich anno 1984 einheimsen, für Flipper war das jedoch kein Grund, wehmütig zu werden. Die entscheidenden Moves waren als Erstem ja ihm gelungen.

JACKY GODOFFE

DIE UNABSCHLIESSBARE SUCHE

Im Jahr 1995 erschien das Buch »Rockstars« von Heinz Zak. Der Bildband, der mittlerweile Kultstatus hat, versammelte die damals »weltbesten Freikletterer« auf seinen Seiten. Ein Vierteljahrhundert später haben viele der Stars von damals die Kletterschuhe an den Nagel gehängt. Nur in wenigen von ihnen brennt noch das Feuer vergangener Tage. Der Franzose Jacky Godoffe (*21. November 1956) ist einer davon.

In Fontainebleau zu bouldern, ohne den Namen Jacky Godoffe zu kennen, ist ungefähr so, wie den Vatikan zu besuchen, ohne zu wissen, wer der Papst ist.

Kaum jemand kennt den Wald und seine zigtausend Sandsteinblöcke so gut wie die französische Boulderlegende, und nur wenige haben die Entwicklung des modernen Boulderns dort mit so weitreichenden Impulsen versehen wie er.

Interessant ist, dass die Kletterkarriere des Über-Bleausards erst sehr spät begann. In seiner Kindheit litt Jacky an einer schweren Herzkrankheit, die alle Aktivität verunmöglichte. Im Alter von 14 Jahren war diese ausgeheilt, und er begann zu turnen. Mit 21 wurde er von einem Freund zum Bouldern nach Fontainebleau mitgenommen. Der erste Kontakt mit dem anspruchsvollen Sandstein war jedoch ernüchternd. Obwohl Jacky vor Kraft nur so strotzte, hob er kaum vom Boden ab. »Ich stellte mich furchtbar an. Der Fels wollte meine Bewegungen einfach nicht akzeptieren«, erinnert er sich.

Doch es war Liebe auf den ersten Zug, der »sensible, weiche Sandstein mit seiner unglaublichen Reibung« hatte es Jacky angetan, und so kam es, wie es oft bei intensiven Beziehungen kommt: Die anfänglichen Rückschläge entpuppten sich als deren verlässlichster Katalysator, und die magische Atmosphäre von Fontainebleau ließ ihn fortan nicht mehr los. In den Folgejahren durchstreifte Jacky die Wälder und machte Erstbegehungen von einer *Kingline* nach der anderen. Innerhalb von einem Jahrzehnt pushte er die Maximalschwierigkeiten quasi im Alleingang von 7C+ auf 8B. Der erste 8A-Boulder in Fontainebleau, *C'etait demain* (1984), geht genauso auf sein Konto wie der erste 8A+-Boulder, *Coup de feel* (1990), und der erste 8B-Boulder, *Fat Man* (1993).

Der Glanz und die Faszination von hohen Schwierigkeiten und Benchmark-Erstbegehungen sind ein unbestreitbares Faktum im Bouldern, doch für Jacky waren sie nie mehr als Nebeneffekte einer viel tiefer schürfenden Suche. Einer Suche, die es sich zum Ziel gesetzt hat, den »perfekten Boulder« zu finden, wohl wissend, dass sie unter dem Vorzeichen der Vergeblichkeit steht. Doch gerade aus dem Paradoxon, den perfekten Boulder nie finden zu können, schöpft Jacky bis heute seine Motivation, »sich an dem zu versuchen, was eigentlich unmöglich ist«.

Dieser Drive hat den Fontainebleau-Kenner Godoffe auch in gänzlich entgegengesetzte Bereiche des Kletterspektrums geführt. Seit Jacky anno 1991 mit den französischen Meisterschaften in Briançon seinen ersten Kletterwettkampf schraubte, hat sich zur Suche nach dem perfekten Boulder der Versuch, diesen künstlich zu erzeugen, hinzugesellt. Analog zum Naturfels ging auch sein Debüt am Plastik schief: Weil Jacky zu schwer geschraubt hatte, war für das halbe Starterfeld bereits am zweiten Griff Endstation. Doch Jacky ließ sich von diesem Misserfolg nicht beeindrucken, denn auch hier erkannte er im Fehler die Möglichkeit, etwas zu lernen.

Mittlerweile umspannt Jackys Routensetzer-Karriere mehr als ein Vierteljahrhundert. Zehntausende Griffe sind in dieser Zeit durch die Hände des Franzosen gegangen. Jeder einzelne wurde mit der akribischen Genauigkeit

Der Name der Route spricht für sich: *Quoi de Neuf* (8B+), auf Deutsch: »Was gibt es Neues«, in Fontainebleau, Frankreich.

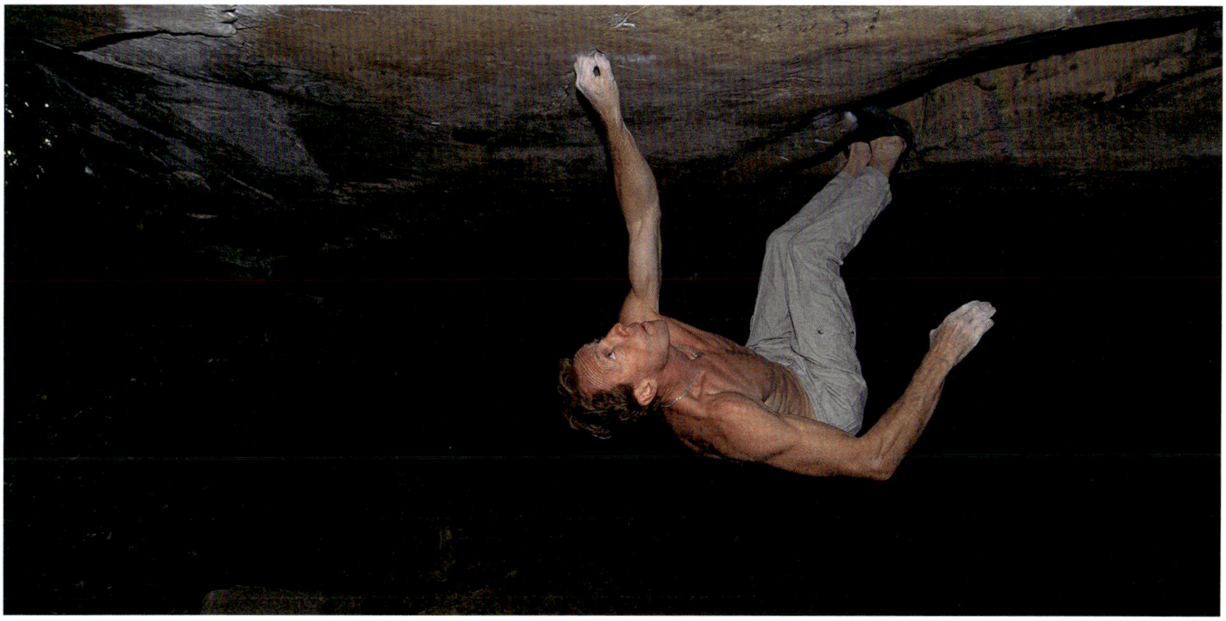

eines Bildhauers, der sein noch im Entstehen befindliches Werk skeptisch beäugt, auf die Tauglichkeit innerhalb einer imaginierten Klettersequenz überprüft, an die Wand geschraubt, hin- und hergedreht, neu positioniert und nicht selten durch einen anderen, besser geeigneten, ersetzt.

Es gibt wohl kaum einen Routensetzer, der mehr Boulder an die Paneele dieser Welt gezaubert hat. Weltmeisterschaften, Weltcups, Rockmaster: Keine Bühne war Jacky zu groß, keine Sequenz zu knifflig. Das Bouldergestein Godoffe mag mittlerweile dreimal so alt sein wie die Athleten, für die er Boulder an die Wand schraubt, seiner Motivation tut das jedoch keinen Abbruch. Die Faszination für diesen Lackmustest des Vorstellungsvermögens und der Bewegungskreativität ist für ihn ungebrochen.

Die Suche nach dem perfekten Boulder mag unabschließbar sein, doch eines steht fest: Jacky Godoffe kommt deren Ende mit jedem Zug ein kleines Stückchen näher.

BEN MOON UND JERRY MOFFATT

EIN FALL FÜR ZWEI

Über Jerry Moffatt (*18. März 1963) zu schreiben, ohne Ben Moon (*13. Juni 1966) zu erwähnen, ist ein Ding der Unmöglichkeit. Die Lebenswege der zwei Briten sind zu eng verflochten, als dass man sie aufdröseln und einzeln erzählen könnte. Ben und Jerry verbindet nicht nur eine jahrzehntelange Freundschaft, gemeinsam haben sie die Geschichte des Kletterns und Boulderns beeinflusst wie wenige vor oder nach ihnen.

Das England der frühen 1980er-Jahre war für Kletterer alles andere als ein Garten Eden. Sportklettern war ein Randphänomen, und Bouldern wurde nur von ein paar Eigenbrötlern ausgeübt. Die Szene war winzig. Es gab keine Trainingsmöglichkeiten, die Ausrüstung war rudimentär und die Industrie höchstens am Rande an der neuen »Sportart« namens Klettern interessiert. Obendrein hatten Kletterambitionierte mit dem widrigen britischen Winterwetter zu kämpfen und waren oft gezwungen, wochenlange Pausen einzulegen. Mit einem Wort: Wer damals Kletterer sein wollte, der musste es wirklich wollen. Doch es gab ein Heilmittel, das über alle Unannehmlichkeiten hinweghalf: unbändige Motivation. Und davon hatten Ben und Jerry im Überfluss.

Um ihrer Kletterleidenschaft nachgehen zu können, nahmen die mittellosen Youngsters einiges in Kauf. Im Winter schliefen sie in dünnen Schlafsäcken in einem Schuppen in der Nähe des Klettergebietes. Wenn der Wind mal wieder erbarmungslos durch die Ritzen pfiff und sie deswegen kein Auge zubrachten, memorierten sie die Griffsequenzen der Routen und Boulder, die sie gerade probierten, und warteten darauf, dass das nahe gelegene Pub, wo man sich wärmen konnte, endlich aufsperrte. Begannen die Lebensgeister nach dem ersten Tee langsam wieder in den Körper zurückzukehren, ging es an den Fels. Die unangenehme Nacht war schnell vergessen, denn die Projekte warteten.

Was das Bouldern betraf, war »Parisella's Cave«, eine mit Griffen gespickte Kalkhöhle nahe der walisischen Stadt Llandudno, einer der Hotspots der 1980er-Jahre. Die Höhle, die nach dem nahe gelegenen Eisgeschäft benannt war, hatte noch einen weiteren Vorteil: Sie war steil und blieb auch bei strömendem Regen trocken. Haufenweise Boulder, ein Dach über dem Kopf und außerdem ein ungetrübter Ausblick aufs Meer: »Parisella's Cave« war perfekt. Nicht nur zum Klettern, sondern auch zum Wohnen, und so wurde die Höhle für einige Monate Jerrys und Bens Zuhause. Ben und Jerry boulderten, was die Ringbänder hergaben, und begingen eine Linie nach der anderen.

Doch wovon lebten die beiden eigentlich? Jerry bezeichnete sich und Ben einmal als »staatlich subventionierte Profikletterer«. Das klang besser, als es war, denn die einzige Einkommensquelle war die Arbeitslosenunterstützung: »The dole« betrug 15 Pfund pro Woche. Nicht gerade üppig, doch für sparsame Kletterer wie Ben und Jerry reichte es.

Alle Wege führen nach Sheffield – zumindest für britische Kletterer. Die zwei Autostunden von Manchester entfernte Industriestadt in Yorkshire ist seit jeher der Brennpunkt der Szene. Warum, ist leicht erklärt: Gleich hinter der Stadtgrenze beginnt der Peak District, das größte Klettergebiet auf den Britischen Inseln. Auch Ben und Jerry konnten diesem Felsangebot nicht widerstehen.

Wenn im Winter die Stürme orkanartig über die Britischen Inseln fegten, herrschte allerdings auch in Sheffield Kletterflaute. Trainieren, so lautete die einzige Alternative. Sportwissenschaftliche Erkenntnisse in puncto Klettertraining gab es damals jedoch genauso wenig wie Boulderhallen. »Trainieren« hieß, an

Zwei schlechte Sloper als Startgriffe, ein kompliziert zu koordinierender Sprung und ein Zielgriff, der flach wie eine Flunder ist. Der *Buckstone Dyno*, 7B, Peak District, England, ist ganz nach Jerrys Geschmack.

regengeschützten Brückenpfeilern Traversen zu klettern oder am Türstock Klimmzüge zu machen. Doch Ben und Jerry hatten eine Idee.

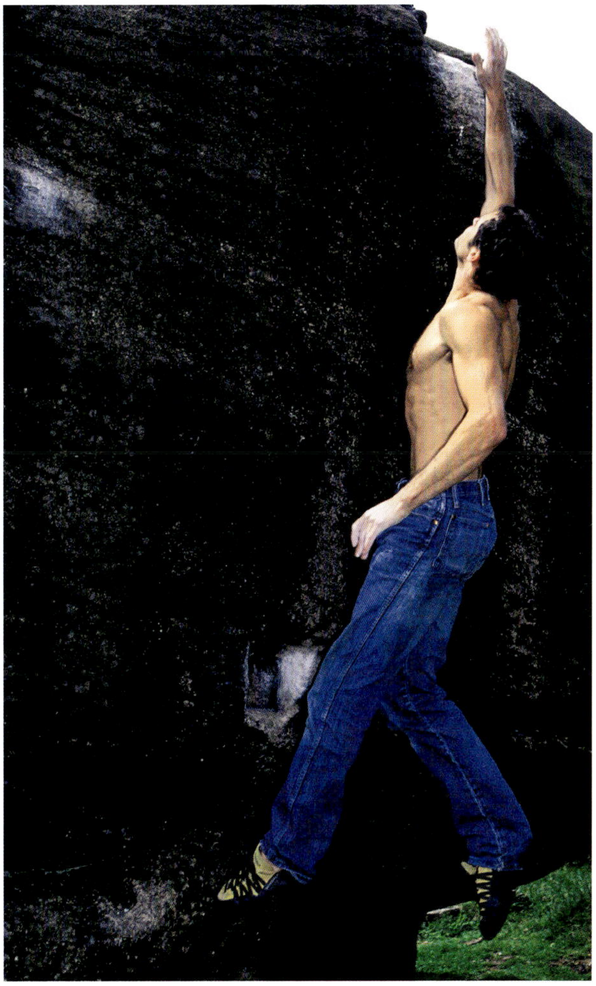

1989 bauten die beiden in Bens Keller in Sheffield die wohl erste Boulderwand Englands. Weil der Keller winzig war und dem Wanddesign dadurch wenige Optionen blieben, entschieden sie sich für eine kurze senkrechte Einstiegswand, die in ein waagrechtes Dach überging. Die Griffe wurden aus Holz geschnitzt. Auch nach der Fertigstellung umgab die Wand eine Aura des Rudimentären und Provisorischen, doch das störte Ben und Jerry nicht. Schließlich war die lang ersehnte Trainingsmöglichkeit endlich Realität geworden.

Im Frühjahr 1990 stand der Lackmustest am Fels an. Hatten die vielen Stunden an der Wand im Keller etwas gebracht, und wenn ja, wie viel genau? Es dauerte nicht lang, und es herrschte Klarheit: Der Kraftzuwachs durch das Wintertraining war aberwitzig, und die Projekte des Vorjahres fielen im Wochentakt.

Absolutes Highlight war Bens Begehung von *Hubble* am Raventor. Außergewöhnlich an *Hubble* war aber nicht bloß, dass sie mit einer Bewertung von 8c+ die schwerste Tour war, die je geklettert wurde, sondern dass der aus sechs brachialen Zügen bestehende Boulder der Schlüsselstelle, für sich alleine genommen, bereits schon den Bouldergrad 8B verdiente. Eine Leistung, die ihrer Zeit weit voraus war. Zum Vergleich: Anno 1992 schaffte Fred Nicole mit *La Danse des Balrogs* in Branson (Schweiz) die Begehung des ersten 8B-Boulders weltweit. Ben Moon war diese Schwierigkeit in seiner Route *Hubble* vermutlich schon zwei Jahre vorher geklettert.

In den 1990er-Jahren waren Ben Moon und Jerry Moffatt treibende Kräfte der globalen Sportkletter- und Boulderbewegung. Viele ihrer Begehungen, die damals zu den schwersten ihrer Zeit zählten, sind heute zu Klassikern geworden, zum Beispiel Jerrys *Dominator* (8B) im Yosemite (USA) oder *The Ace* (8B) in Stanage. Ben kletterte seinen schwersten Boulder mit 40 Jahren: *Voyager Sit* in Burbage West ist mit 8B+ bewertet.

Das Klettern schwerer Boulder und Routen war aber nur ein Beitrag, den Ben und Jerry zum Klettern leisteten. Die Art und Weise, wie die beiden den Geist der 1990er-Jahre verkörperten, war ein anderer. Ihre Filme *One Summer. Bouldering in the Peak* (1994) und *The Real Thing* (1996) sind legendär und zeigen, dass man jede Menge Flausen im Kopf haben und trotzdem verdammt hart klettern kann. Jerry eröffnete 1991 die erste kommerzielle Boulderhalle Englands: *The Foundry* in Sheffield, doch gemeinsam mit Ben tüftelte er an »dem ultimativen Trainingszentrum«. Mit dem sogenannten »School Room«, der sich in einem ehemaligen viktorianischen Schulzimmer in Sheffields Stadtteil Heeley befand, wurde dieser Traum 1993 Wirklichkeit. Jahrelang gaben sich hier die stärksten Boulderer Englands die Klinke in die Hand. Die Trainingssessions waren legendär und führten dazu, dass sich die schwierigsten Boulder Englands (*Stuey 5 bellies*, *Feel the Pinch* und *Yorkshire VS*, alle 8A+) nicht am Fels, sondern an den Trainingswänden des »School Rooms« befanden.

2004 hatte Ben die Idee eines standardisierten Trainingsbretts, des sogenannten »Moonboards«, das die Trainingswand im »School Room« zur Vorlage hatte. Die Idee war folgende: Alle Griffe auf dem »Moonboard« hatten eine Nummer, eine ihm zugewiesene Position im Raster und eine exakte Ausrichtung – anhand dieser Koordinaten konnte man sich in Buxtehude an demselben Boulder messen wie in Nowosibirsk. Der Erfolg ließ nicht lange auf sich warten: Mittlerweile ist das »Moonboard« das mit Abstand am weitesten verbreitete boulderspezifische Trainingsgerät. Die Datenbank beinhaltet 25000 Boulder, die man per dazugehöriger App abrufen kann.

2002 hängte Jerry das Klettern an den Nagel und widmete sich dem Surfen und Golfen. Ben Moons Motivation hingegen ist ungebrochen. Mit 50 Jahren kletterte er seine schwerste Route: *Rainshadow* (9a) in Malham Cove. An seiner ersten 9a+ ist er »knapp dran«.

Ein Kreuzzug zwischen zwei abschüssigen Leisten und die Füße auf nichts als Reibung und Hoffnung stellen. Das ist alles, was es laut Ben über *Ranieri's Reach*, 8A, Caley, England zu wissen gibt.

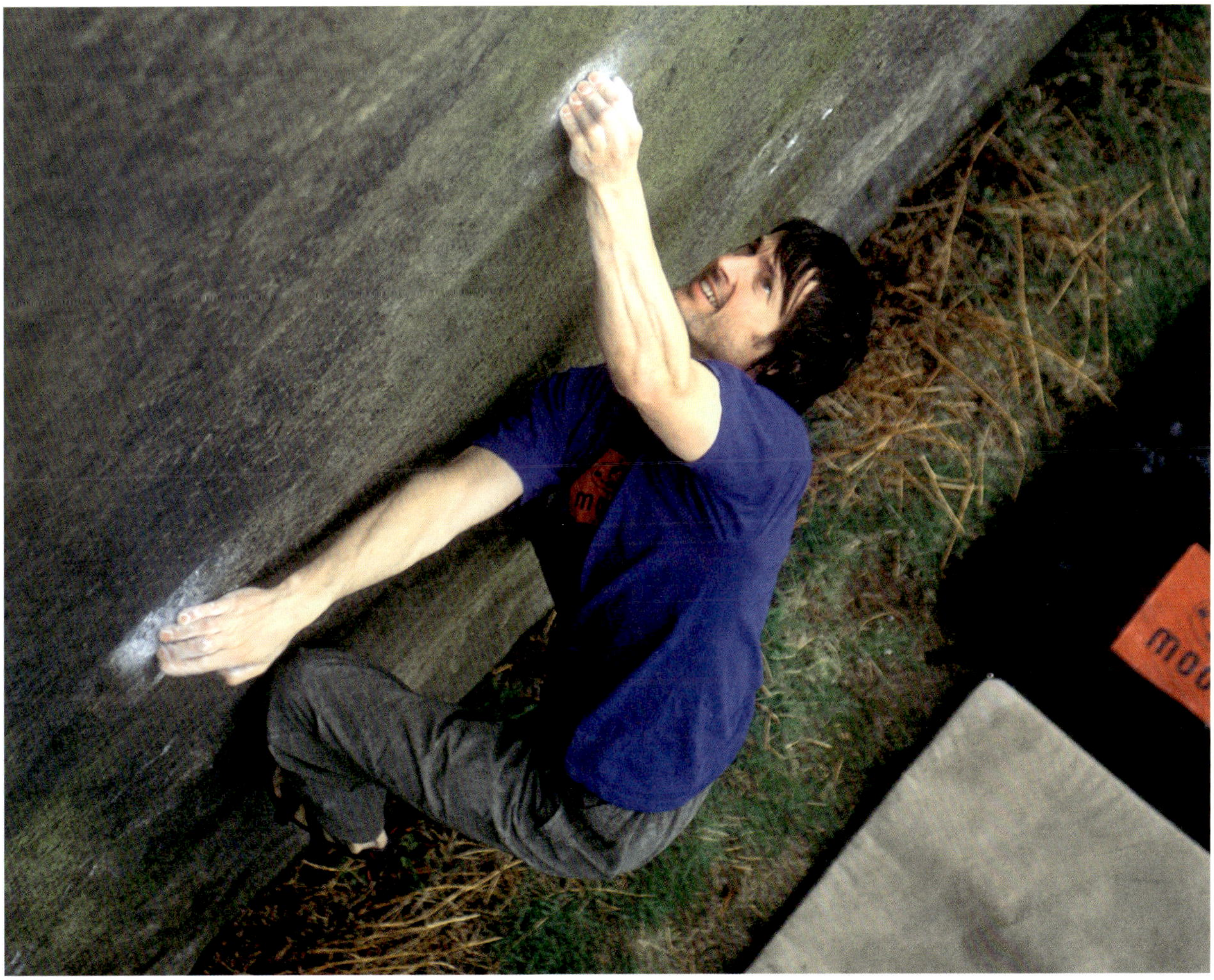

FRED NICOLE

DER SANFTE RIESE

Es gibt kaum einen Kletterer, der das Bouldern so sehr geprägt hat wie Fred Nicole (*21. Mai 1970). Vom Tessin bis zu den Rocklands und von Fontainebleau bis nach Hueco Tanks hat der Schweizer Aberhunderte Erstbegehungen hinterlassen. Sein Spürsinn und sein Auge für Linien sind legendär, und viele der von ihm entdeckten und erstbegangenen Linien sind zu Ikonen aus Fels geworden.

»Diese Arme!« Man kann gar nicht anders, als den staunenden Blick immer wieder auf sie zu heften. Gerüchten zufolge soll sogar Popeye bei ihrem Anblick die Pfeife aus dem Mund genommen haben, um tief Luft holen zu können. Für kletteraffine Menschen ist aber nicht nur die schiere Dimension von Fred Nicoles Armen beeindruckend, sondern vor allem der Umstand, dass sie die Entwicklung des modernen Boulderns im wahrsten Sinn des Wortes »geformt« haben.

Begonnen hat alles Anfang der 1980er-Jahre in der Schweiz, in einer Zeit, in der das Bouldern als Disziplin kaum eigenständig existierte. Inspiriert von der aufkeimenden Freikletterbewegung, versuchte Fred zusammen mit seinem Bruder François, schon bestehende Techno-Routen frei zu klettern. Trainingsmöglichkeiten gab es damals keine, doch als Fred eines Tages auf dem Heimweg von seiner Schule in Estavayer-le-Lac zwischen den Mauern der mittelalterlichen Stadt umherflanierte, fiel ihm auf, dass sich ihre Strukturen, die Fugen, Ecken und Kanten, doch ziemlich gut zum Klettern eignen müssten. Schon der erste Versuch gab ihm recht, und in den nächsten drei Jahren wurden diese Mauern zum bevorzugten Trainingsgelände der Gebrüder Nicole.

Der Kraftzuwachs manifestierte sich schnell, und 1987 gelang den bis dato unbekannten Nicole-Brüdern mit der Wiederholung des Patrick-Berhault-Klassikers *Le toit d'Auguste* (8b+) in La Turbie (Monaco) eine der schwersten Routen der damaligen Zeit. Ein Ereignis, das in der internationalen Szene Wogen schlug, doch Fred blieb bescheiden. Die Schwierigkeit der Route konzentriert sich in einer brachialen Einzelstelle, »sonst«, so Fred, »hätten wir damals in diesem Grad keine Chance gehabt.«

Im selben Jahr lernte er den Kletterer Lucien Abbet kennen, der ihm das Bouldergebiet Branson im Wallis zeigte. Bislang beschränkte sich Freds Bouldererfahrung auf das Klettern von Quergängen, bei denen man nicht hinaufklettert, sondern in Bodennähe traversiert, und auf sogenannte »Eliminates«, wo man beim Bouldern Griffe wegdefiniert, um die Schwierigkeit künstlich zu erhöhen. Branson war ein Augenöffner, denn hier konnte Fred zum ersten Mal an »echten Boulderproblemen« klettern. Es dauerte nicht lange, und die bestehenden Probleme waren abgehakt, und Fred machte sich daran, neue und schwerere Linien zu finden. 1990 gelang ihm mit *La traction célèste directe* in Branson der erste 8A-Boulder der Schweiz, zwei Jahre später etablierte er ebenda den ersten 8B-Boulder weltweit: *La Danse des Balrogs*. 1996 schrieb er mit der Begehung von *Radja* erneut Geschichte: 8B+ war bis dato kein Mensch vor ihm gebouldert. Trotz seiner boulderhistorischen Wichtigkeit ist Branson nicht unbedingt ein Ort, der die Massen anzieht. Die Hotspots der Szene befinden sich woanders. Paradoxerweise verdanken manche Bouldergebiete beides – das kurze Aufblitzen von Ruhm sowie sein Verblassen – demselben Mann: Fred Nicole. Auf seiner unermüdlichen Suche nach der nächsten schweren Linie war er maßgeblich an der Entdeckung und Entwicklung von Gebieten beteiligt, in denen sich das Bouldern der Gegenwart abspielt.

1993 besuchte er zuerst den Yosemite, wo er den schwersten Boulder (*Dominator*, 8A+) in einem Tag

Die Hollow Mountain Cave in den Grampians in Australien ist der felsgewordene Traum jedes Boulderers. Fred klettert seine Erstbegehung *Eve Reve*, 8B+.

kletterte, und reiste dann ins amerikanische Bouldermekka Hueco Tanks in Texas weiter. Gerüchte von einem »unglaublich starken Schweizer« hatten schon die Runde gemacht, so recht glauben konnten die Locals diese aber nicht. Spätestens als sie sahen, wie Fred auch noch die kleinsten Leisten dominierte und die schwersten Boulder fast mühelos hochkletterte, waren die Zweifel schnell verflogen. Hueco Tanks wurde in den Folgejahren zu einem von Freds bevorzugten Zielen, und bei jedem Besuch schraubte er die Höchstschwierigkeiten ein wenig weiter nach oben. 1997 mit dem legendären *Slashface* (8B/+), 1998 mit *Coeur de Léon* (8B+), 2001 mit *Esperanza* (8B+) und 2005 mit *Terremer* (8C).

Anno 1995 hatte Fred in Hueco Tanks den amerikanischen Kletterer Todd Skinner kennengelernt, der ihm von einem Gebiet in Südafrika berichtete, in dem das Boulderpotenzial »unendlich« war. 1996 berührte Fred zum ersten Mal den Sandstein der Rocklands, die heute zu einem der beliebtesten und größten Gebiete der Gegenwart zählen.

Die Liste von Freds Meilensteinen, die die Dimensionen des Boulderbaren ein ums andere Mal neu ausloteten, ist vielleicht umfassender als bei jedem anderen Boulderer. Doch sie ist nur eine Facette des nicoleschen Curriculums, trotz ihrer beeindruckenden Schwierigkeiten, aber sicherlich nicht die wichtigste. Auch der daraus erwachsene Ruhm ist für Fred, der das als eine sehr persönliche Sache empfindet, nur Beiwerk. Schwierigkeitsgrade sind, wie er einmal in einem Interview sagte, etwas »Künstliches, Abstraktes und auch Subjektives«.

Viel wichtiger ist für Fred die ästhetische Dimension, eine Felslinie als kletterbar zu interpretieren. Demgemäß kann auch »unscheinbares Dach knapp über dem Boden und mit Moos drauf faszinierend sein«.

Auch nach fast 40 fruchtbaren Kletterjahren geht Fred noch immer seinen eigenen Weg. Auf die Frage, ob er sich der internationalen Szene zugehörig fühlt, meint er lapidar: »Ich bin, glaube ich, nicht wirklich drin.« In seinem Fall ist das auch gar nicht nötig.

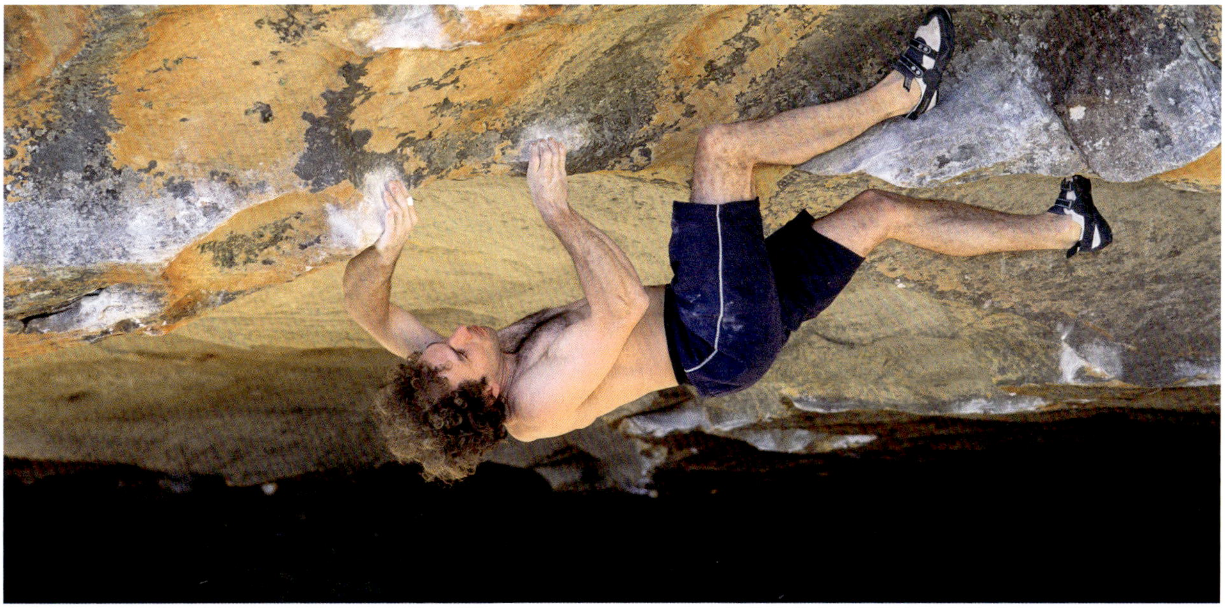

KLEM LOSKOT

DER STILLE JÄGER

Der Salzburger Klem Loskot (*11. Mai 1974) ist so etwas wie die Antithese zum modernen Kletterer: Rampenlicht und Publicity waren ihm stets so sympathisch wie eine Darmgrippe. Die schwersten Boulder seiner Zeit ist er auch ohne viel mediales Getöse geklettert.

Im Jahr 1989 legte der damals 15-jährige Klem Loskot aus Puch zum ersten Mal Hand an den Fels. Zwei Jahre später kletterte er mit *Kleiner Prinz* seine erste 8b-Route. Die damals schwerste Tour im Salzburger Land blieb wegen ihrer brachialen Boulderstelle jahrelang unwiederholt und gilt noch immer als hart für ihren Grad. Mit *Another Man's Woman* und *Big Brother* stieß Klem kurz darauf die Tür zum elften Grad auf und wurde in den Folgejahren in dem exklusiven Raum harter Moves heimisch wie nur wenige Kletterer vor ihm. Im Abseits des Mainstreams entwickelte sich der Salzburger mit Erstbegehungen wie *Intermezzo XY gelöst* oder *Vakuumgeist* (beide 9a) sowie einer Unzahl weniger namhafter, aber nichtsdestotrotz knallharter Touren heimlich still und leise zu einem der stärksten Kletterer Österreichs. Seine Maximal- und Schnellkraft – fast alle seiner Routen beinhalten utopisch harte Boulderstellen – waren schon damals legendär und trugen ihm – in Anspielung auf den hohen Anteil weißer Muskelfasern, die für eine maximale Schnellkraftentfaltung notwendig sind – den Spitznamen »der Weißfleischer« ein.

Das Bouldern lag dem Kraftpaket Klem nicht nur in den Muskeln, sondern auch im Blut und wurde in den folgenden Jahren zu seinem bevorzugten Betätigungsfeld. Doch Klem interpretierte das Bouldern stets auf seine eigene Art. Auf der Jagd nach Höchstschwierigkeiten war er nie, sie passierten ihm einfach, während er auf der Suche nach etwas anderem war. Klem war stets heiß auf das Neue und Unbekannte. Tief im Herzen war er ein Abenteurer, der vor lauter Entdeckungslust kaum still sitzen konnte. Irgendwo am Ende der Welt die nächste *Kingline* zu finden, sich am Unmöglichen in Form eines Einzelzuges zu versuchen, das waren die Triebfedern seiner Motivation.

Auf der Weltkarte des Boulderns lassen sich Klems Lebenslinien auch heute noch nachzeichnen, er hat an vielen Hotspots des modernen Boulderns Pionierarbeit geleistet und frühe Spuren hinterlassen: im Maltatal (Österreich) mit *Wrestling With an Alligator* (8A+) und *Bügeleisen* (8B+), in den Rocklands in Südafrika mit *Armed Response* (8B) und *Ray of Light* (8B), in den Grampians mit *Ammagamma* (8B), dem Boulder, den er für den schönsten hält, den er je geklettert ist. Auch in der Disziplin des »Deep Water Solo«, dem seilfreien Klettern von Routen über dem Wasser, zählt Klem zu den Pionieren.

Obwohl der Name Loskot einer immer breiteren Kletteröffentlichkeit bekannt wurde, zog Klem meist alleine oder nur mit einer eingefleischten Crew um die Blöcke. Im Jahr 2000 kürte ihn das amerikanische »Climbing Magazine« zum »World's Best Boulderer/ Sportclimber«. Ein Österreicher, der den Kletter-Oscar abstaubt, das gab's noch nie, und plötzlich stand Klem im Rampenlicht.

Der Ruhm, der folgte, war zweischneidig: Die Sponsorenverträge versprachen zwar finanzielle Unabhängigkeit, verschwiegen jedoch den Zwiespalt, den sie im Windschatten führten. Obwohl Instagram und Facebook damals nicht mehr waren als Hirngespinste in den zerebralen Weiten amerikanischer Highschool-Nerds, spürte Klem den Druck von Medien und Öffentlichkeit

Meistens ist er unter dem Radar unterwegs, dort aber schneller als die meisten. Klem in einem ultraharten Projekt in Salzburg, Österreich, das außer ihm keiner kennt.

allzu deutlich. Schnell stellte er fest, dass deren Vermarktungsverlangen mit seiner Philosophie nicht kompatibel war: »Auch wenn man dank Sponsoren unheimliche Möglichkeiten hat, beeinflussen sie deine Einstellung«, sagte Klem in einem seltenen Interview. Das führt zu einer »Verzerrung«, denn »der Kern, warum du die Dinge tust, wird verschoben«, so Klem. Die Konsequenz war hart, doch Klem entschied sich, seinen Prinzipien treu zu bleiben und seine emotionale Landschaft nicht zu kontaminieren. Als einer der stärksten Boulderer seiner Zeit hängte er das Klettern an den Nagel und widmete sich fortan dem Surfen und Skifahren.

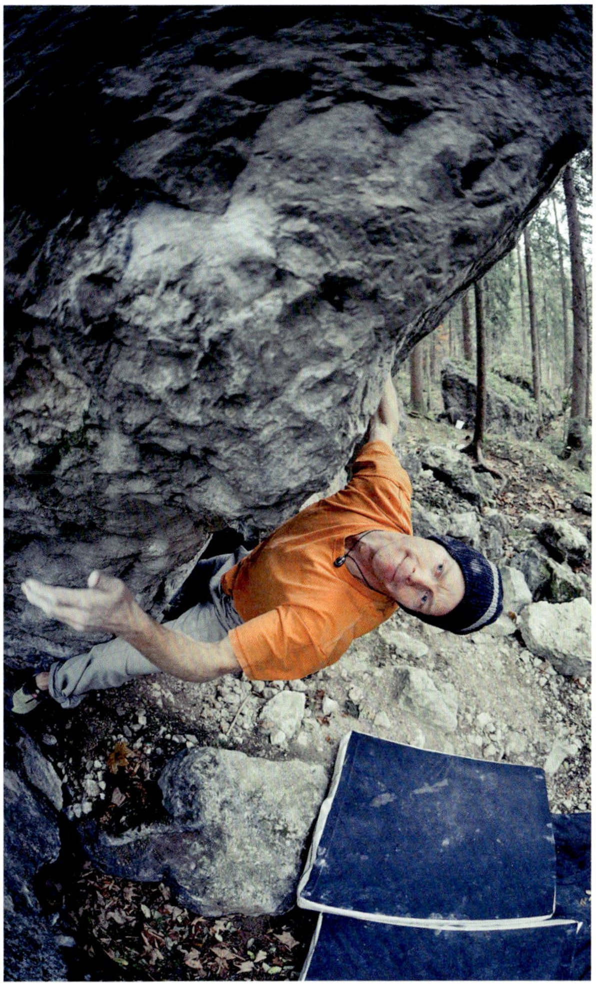

Jahrelang blieb er von der Bildfläche verschwunden, doch 2012 fing die schwelende Kletterleidenschaft erneut Feuer. Klem startete sein Comeback und war stärker als je zuvor. Er wiederholte den Boulder *Tzunami* (8C) im Saalachtal und befreite das jahrzehntealte *Balkon-Projekt* (9a+) am Plombergstein. Mit der Route *Rehabilitation* (9a+) und dem Boulder *Desertfox* (8C) pushte er sich an neue persönliche Grenzbereiche. Lange hielt er es im Rampenlicht aber nicht aus, das Misstrauen von früher kochte erneut hoch, und Klems Rücktritt vom Comeback folgte prompt.

Gerüchten zufolge ist Klem noch immer am Bouldern. Das eine Projekt hier, das andere da. Man munkelt, er sei stärker als je zuvor, Details sind keine bekannt. In Klems Fall sind die aber auch nicht nötig. Man kann sich auch so sicher sein, dass der stille Jäger irgendwo da draußen noch immer seine Kreise zieht.

LISA RANDS

HÖHER ALS JEDE VOR IHR

Lisa Rands (*21. Oktober 1975) hat einiges als erste Amerikanerin geschafft: Sie hat einen Weltcup gewonnen (Lecco/Italien, 2002), ist einen 8A-Boulder und etwas später einen 8A+-Boulder geklettert (*Chbalanke* in Hueco Tanks/Texas, 2003). Sie als die stärkste amerikanische Boulderin der Jahrtausendwende zu bezeichnen, ist keine Übertreibung. Als die studierte Geologin ins kalifornische Bouldermekka Bishop zog und die Buttermilks zu ihrem neuen Heimgebiet wurden, musste sie sich als Kletterin neu erfinden.

Das erste Mal in den Buttermilks ist für jeden umwerfend. Man merkt sofort, dass in dem Blockfeld am Fuße des 4000 Meter hohen Basin Mountain etwas anders ist. Ein paar vergleichende Blicke genügen, um sich zu vergewissern, was genau den Unterschied macht: Es ist die schiere Dimension der Felsblöcke. In manchen Fällen erreichen die Dinosauriereier aus Granit die Höhe von Einfamilienhäusern. Auch in ästhetischer Hinsicht sind die Findlinge ein Eyecatcher: Wenn die Sonne tief steht, leuchten die Boulder, als bestünden sie nicht aus Gestein, sondern aus purem Gold.

Woanders wären solche Blöcke längst eingebohrt worden und würden mit Seil geklettert, denn um sie zu bouldern, sind sie einfach zu hoch. Doch in den Buttermilks sieht man das anders: Das Gebiet in der Sierra Nevada gilt als das weltweite Mekka des »Highballings«, einer grenzwertigen Spielart des Boulderns, die nur den Nervenstärksten zu empfehlen ist.

Der Terminus »highball« bezeichnet ursprünglich Cocktails oder Longdrinks, die in hohen, länglichen Gläsern serviert werden. Die Adaption für das Klettern verdankt es der amerikanischen Boulderlegende John Sherman, der als Ranger in Hueco Tanks/Texas, einer der Geburtsstätten des amerikanischen Boulderns, arbeitete. Er war in den 1980er-Jahren einer der Ersten, die sich dem Bouldern jenseits zu empfehlender Absprunghöhen widmeten. Shermans Definition des »Highballings« war eingängig. Sie beinhaltete »all das, was bei einem Sturz dazu führte, dass man einige Wochen nicht klettern konnte, und mindestens 20 Fuß hoch war«. Crashpads gab es damals noch nicht, und die heutzutage gängige Praxis, ein Seil über den Block zu werfen, um die Ausstiegsmoves zu checken, war ein No-Go. *Higher denominator Bouldering*: Was sich umständlich als »Bouldern mit einem höheren Nenner« übersetzen lässt, nannten Sherman und seine Gesinnungsgenossen ihren kompromisslosen Stil. Angesichts der unangenehmen Konsequenzen im Falle eines Sturzes führte das »Highballing« lange Zeit ein Nischendasein, das sich erst mit dem Aufkommen von Crashpads langsam zu ändern begann.

2000 Boulder vor der Haustüre: Ein besseres Argument, um nach Bishop zu ziehen, gibt es wohl kaum, wenn man klettert. Auch Lisa Rands konnte dieser Verlockung nicht widerstehen, und die Effekte dieser Nahbeziehung wurden schnell sichtbar: 2001 kletterte sie als erste Amerikanerin einen Boulder im Grad 8A (*Plain High Drifter*) und arbeitete sich von da an durch die Klassiker des Gebietes. Ein Highlight war 2008 die erste Frauenbegehung von Chris Sharmas Megaklassiker *The Mandala* (8A+). Doch Lisa war nicht nur stark, sie besaß noch eine viel seltenere Gabe: In prekären Situationen konnte sie überaus gut die Nerven behalten. Von einem Adrenalinjunkie ist Lisa hingegen weit entfernt. Was sie an Highballs fasziniert, ist der »mentale Prozess, der zu der Begehung führt«, sowie »die Erleichterung und das Glücksgefühl, wenn ein Projekt gelungen ist«.

Auch in den Buttermilks begann sich Lisa langsam an die ganz großen Blöcke zu wagen. Der Umstand, dass nach Buttermilks-Maßstäben selbst »normale« Boulder ein Supersize-Format aufweisen, half ihr bei der mentalen

Höhenakklimatisation. Die Mitgliedskarte zum Klub der Highballer löste Lisa mit einer Begehung von *Golden Showers* (7C+) und einem Flash des furchterregend hohen Boulders *Mesothelioma* (7B). Lisas beeindruckendste Begehung war aber mit Sicherheit *This Side of Paradise* (7C+). Ein Block der Marke »überhängender Schiffsbug«, dessen Schlüsselstelle aus einem schwer kontrollierbaren Zug auf eine Zange in Himmelshöhe besteht. Nach einigen zermürbenden Sessions und etlichen Stürzen in den Crashpad-Stapel gelang Lisa als bis dato einziger Frau die Begehung dieses Kolosses.

Was das Highballen betrifft, hat sich in den Buttermilks einiges geändert. Als Lisa Rands ihre ersten Highballs kletterte, war sie weit und breit die einzige Frau, die sich diesem Nerventest stellte. Mittlerweile sind die hohen Blöcke längst nicht mehr nur »Männersache«, immer mehr Riesenblöcke werden von Frauen begangen. Lisa Rands hat ihnen mit ihrem Mut zweifellos den Weg geebnet.

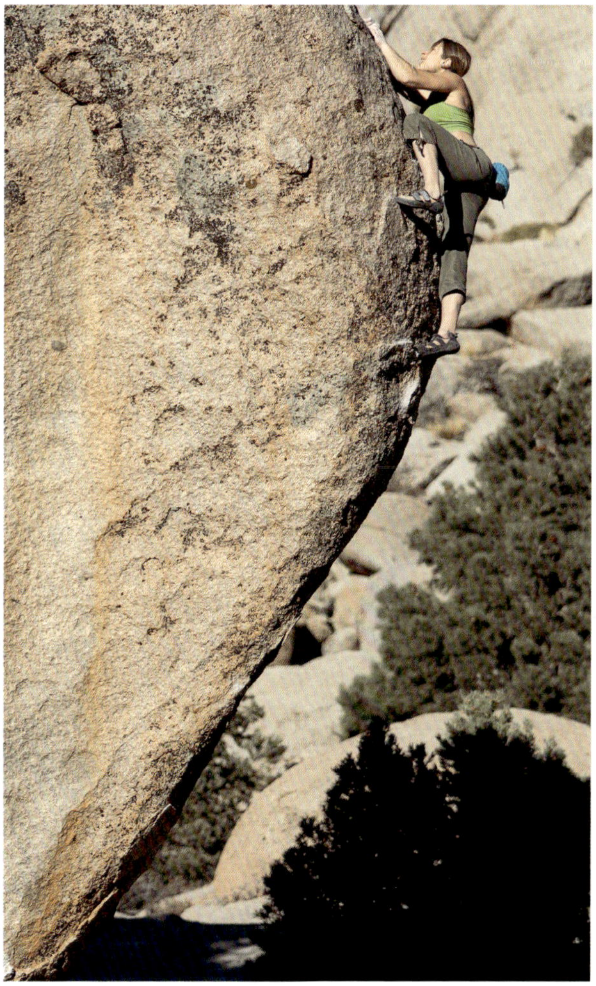

Nur wer selbst vor Ort ist, kann die wahre Dimension von *This Side of Paradise*, 7C+, in Bishop, USA erfassen.

DAI KOYAMADA

BIG IN JAPAN

Anno 1993 zwängte sich der damals 17-jährige Dai Koyamada (*23. August 1976) erstmals mit seinem Crashpad in den Zug, der ihn zu den zweieinhalb Stunden entfernten Felsen von Mizugaki bringen sollte. Es war mitten in der Rushhour, und die Pendler beäugten den Teenager mit der zusammengefalteten Matratze am Rücken mit Argwohn. Dass der schmächtige Junge mit dem zu Boden gerichteten Blick einmal zum Sensei des japanischen Boulderns heranwachsen sollte, ahnten sie genauso wenig wie er.

Beeindruckende 37 Millionen Menschen leben in der Metropolregion von Tokio, der Hauptstadt Japans, in der eigentlichen Stadtregion sind es immer noch rund zehn Millionen. Tokio ist aber nicht nur die größte Stadt der Welt, der Ballungsraum auf Japans Hauptinsel Honshu weist auch die höchste Konzentration an Kletterhallen auf. Geschätzte 300 – vom hypermodernen Klettertempel, der keine Kletterwünsche offenlässt, bis zum traditionellen Woodie mit Oldschool-Griffen im 40-Grad-Überhang kann man hier alles besuchen. Angesichts dieser Infrastruktur ist das immense Potenzial an hochkarätigen Boulderern kaum überraschend. Wie viele Kletterer mit internationalem Niveau sich an Tokios Plastikgriffen die Finger lang ziehen, weiß keiner so genau. Eins ist jedoch sicher: Deren Dichte ist weltweit einzigartig und die Weltcupdominanz durch japanische Boulderer wie Akiyo Nogushi, Miho Nonaka, Kai Harada, Tomoa Narasaki und vielen anderen unübersehbar. Auch an den Felsen rund um Tokio hat die Boulder-Armada ihre Spuren hinterlassen. Gebiete wie Ogawayama, Mizugaki und Shiobara gehören angesichts der hohen Konzentration an schweren Bouldern zu den anspruchsvollsten Spots weltweit.

Dreht man die Uhren um zwei Jahrzehnte zurück, ist von der jetzigen Kletternation noch nicht viel zu sehen. International bekannte japanische Kletterer gab es, abgesehen von Ausnahmen wie Yuji Hirayama, der allerdings in Frankreich lebte und kletterte, keine. In dieser Zeit begann Dai Koyamada, in etlichen der heutigen japanischen Hotspots die ersten Chalkspuren zu hinterlassen.

Begonnen hatte Dai da, wo im Japan der Gegenwart so gut wie jeder mit dem Klettern beginnt: am Plastik. Mit einer Größe von 1,55 Meter und einem Gewicht von knapp 58 Kilogramm gehört Dai zu den eher schmächtigeren Akteuren, doch was ihm an Rohkraft fehlte, wusste er mit opulentem Bewegungsrepertoire und ultradynamischem Kletterstil wettzumachen. 1996 gewann Dai die Vorstiegsmeisterschaften in Japan, doch er spürte schnell, dass sein Herz für eine andere Materie schlug: den Fels. Im Jahr 2000 gab Dai das Wettkampfklettern endgültig auf, um sich seinen Projekten draußen zu widmen. Wie sich schnell zeigte, war das die richtige Entscheidung. 2001 kletterte er *Logical Progression* (9a), die damals schwerste Tour Japans, und der Name Koyamada begann in Kletterkreisen die Runde zu machen. 2004 reiste Dai in die australischen Grampians. In der Hollow Mountain Cave, an deren Plafond man sich mehr vertikal als horizontal fortbewegt, wiederholte Dai in kürzester Zeit alle bestehenden Boulder. Doch das gewaltige Höhlendach war noch nicht abgehakt, denn Dai entdeckte etwas, das vor ihm noch keinem aufgefallen war. Mit einigen zusätzlichen Link-up-Passagen konnte man etliche der bestehenden Boulder zu einem einzigen vereinigen und so das gewaltige Sandsteindach von einem Ende zum anderen durchklettern. Das fertige Ergebnis, den weltweit einzigartigen 78-Züge-Marathon, taufte Dai *Wheel of Life* und bewertete ihn mit 8C+. Im Anschluss an Australien ging es nach Europa, wo er sich im Tessin eine Wiederholung von Fred Nicoles Testpiece *Dreamtime*, das damals als der erste 8C-Boulder der Welt galt, sichern konnte. Mittlerweile

Große Gefühlsausbrüche sind nicht unbedingt das Markenzeichen der japanischen Kultur. Aber wenn es einmal emotional wird, dann so richtig. Dai in *Emotion*, 8B+, Mt. Kasagi, Japan.

stehen 27 Boulder im Grad 8C auf Dais Tickliste – mehr als bei jedem anderen Boulderer.

Doch nicht nur die Menge der auf ihr vermerkten, endschweren Boulder ist einzigartig, auch Dais Kletterethik ist so selten wie bescheiden. »Geduld«, so sagte er einmal, sei seine »größte Stärke« und »der wichtigste Faktor, wenn man am eigenen Limit erfolgreich sein möchte«. Wenn er an einem großen Projekt bouldert, legt er für sich einen bestimmten Zeitrahmen fest, in dem er sich ausschließlich auf diese eine Linie konzentriert. Für eines seiner Projekte im japanischen Gifu mietete er sich eigens ein Apartment vor Ort, weil der Weg aus seiner Heimatstadt Yokohama mit vier Stunden auf Dauer zu lange war und außerdem der Performance geschadet hätte. Apropos Performance: Diese zu erbringen, sieht er als seine »Verpflichtung als professioneller Kletterer«. Druck erzeuge das aber keinen, ganz im Gegenteil, es »ist ein Faktor, der mich motiviert, nach neuen Linien zu suchen und noch besser zu klettern«.

Wie gut dieses »noch besser« ist, das kann der beste Boulderer Japans selbst nicht sagen. Das muss er auch nicht, schließlich kann er Taten wie diese für sich sprechen lassen: Seinen schwersten Boulder namens *Nayuta* (8C+), ein 27-Züge-Problem in Gero (Japan), kletterte Dai mit 40 Jahren. Der Sensei hat also noch jede Menge Stoff im Tank.

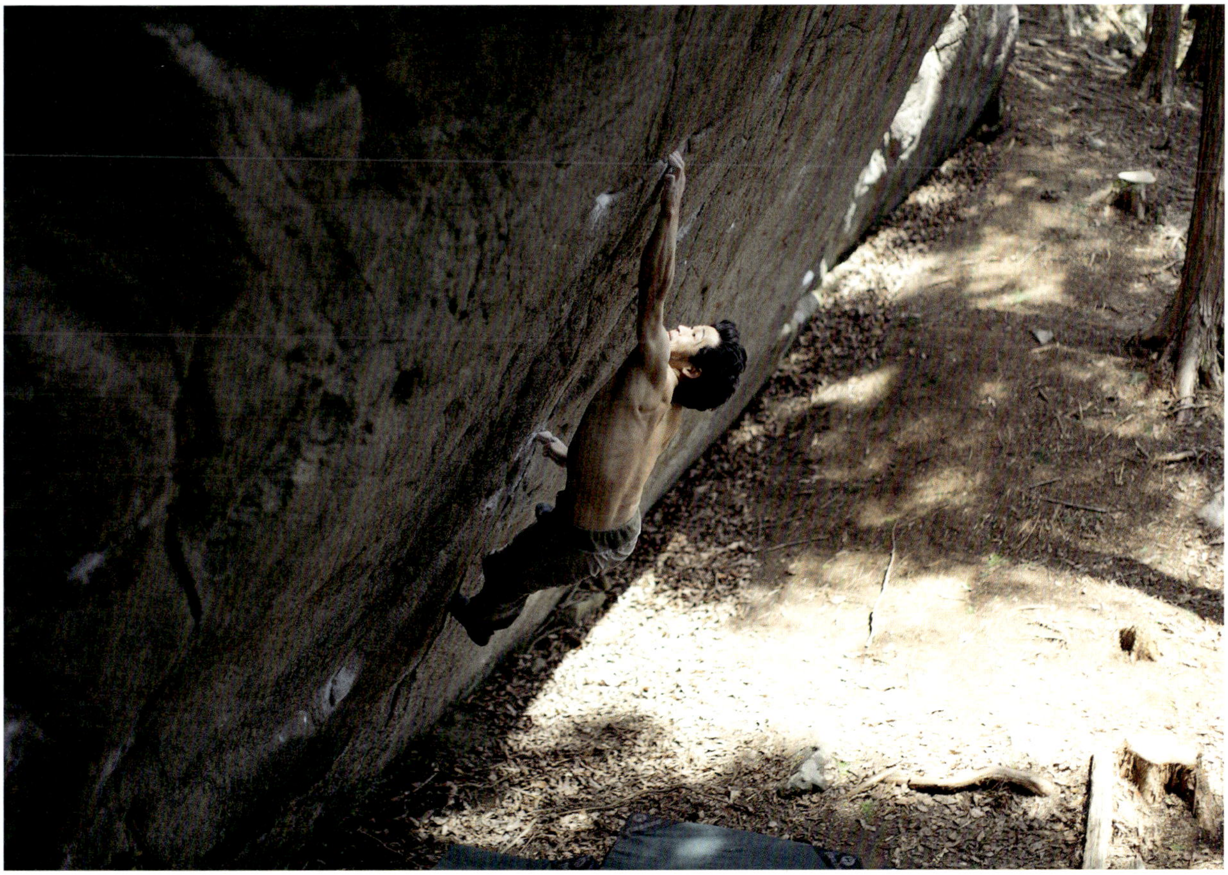

EIN TREIBSTOFF NAMENS ENTHUSIASMUS

Dave Graham (*10. November 1981) hat sich nicht unbedingt den besten Platz ausgesucht, um mit dem Klettern anzufangen. Für jemanden, der über so viel Enthusiasmus verfügt, ist das aber Nebensache.

Endlose Wälder, schroffes Klima und einer der am dünnsten besiedelten Bundesstaaten der USA: Maine ist einer jener Orte, wo sich Fuchs und Hase Gute Nacht sagen. Kaum jemand fährt ausgerechnet dorthin, um zu klettern, Eishockey ist das Opium des hiesigen Volkes. Auch Dave Graham wollte eigentlich Eishockeyspieler werden, selbst wenn er darin, wie er sagt, »ziemlich mies« war. Als ihn ein Freund eines Tages zum Klettern nach Rumney mitnahm, waren Puck und Schlittschuhe schnell Geschichte. Knapp eineinhalb Jahre, nachdem Dave zum ersten Mal die Hände in ein Chalkbag getaucht hatte, kletterte er seine erste 8b+. In so kurzer Zeit war das bis dato keinem Kletterer gelungen. Zusammen mit seinen Freunden Luke Parady und Joe Kinder, der heute zu den stärksten amerikanischen Sportkletterern zählt, erschlossen sie mit *Livin' Astro*, *Jaws* (beide 8c+) und vielen anderen eine harte Route nach der anderen. Dank dem hoch motivierten Trio war Rumney in den USA bald einer der Spots mit der höchsten Dichte an High-End-Routen. *The Fly* war Daves Meisterwerk aus dem Jahr 2000, eine brachiale, kaum zehn Meter lange Maximalkraftorgie, die er mit 9a bewertete. Doch statt Glückwünschen schlugen Dave Zweifel entgegen: die vielleicht schwerste Route der USA, erstbegangen von einem nahezu Unbekannten mitten im Kletternirvana Maine? Das konnte unmöglich wahr sein.

Im selben Sommer machte sich Dave zum ersten Mal nach Europa auf. Sein dreimonatiger Roadtrip, der vom Frankenjura bis nach Céüse kein namhaftes Gebiet ausließ, war eine noch nie dagewesene Rotpunkt-Stampede. Seine Tickliste, die Routen wie *Action Directe* (9a), *Coupe de Grace* (9a) und zig andere Routen in den höchsten Schwierigkeiten beinhaltete, war so beeindruckend, dass das amerikanische »Climbing Magazine« diese als Geste der Rehabilitation des Dave Graham kommentarlos abdruckte. Mehr wäre nicht nötig gewesen, denn sie sprach für sich selbst. Europa wurde in der Vita des Fingerkraft- und Bewegungswunders aus Maine auch zu jenem Platz, wo Dave zum Bouldern fand und sich in den folgenden Jahren zu einem der progressivsten Protagonisten seiner jüngeren Vergangenheit entwickelte.

Mit Dave Graham zu bouldern, ist nicht nur aufgrund seiner Kletterfähigkeiten beeindruckend, sondern auch wegen seines einzigartigen Enthusiasmus. Selten, dass dieser Mann still sitzt. Dave huscht durch den Wald, entdeckt Blöcke, zeichnet in Gedanken Linien hinauf, befühlt die Griffe, imaginiert die Sequenzen, redet, denkt laut, träumt lauter, gestikuliert wild und scheint vor Energie förmlich überzuquellen: Als »obsessive Faszinierheit von der Umwelt« hat er, der nebenbei noch bloggt, filmt, fotografiert und auflegt, seinen existenziellen Dauerzustand einmal bezeichnet.

Bis heute ist das europhile Energiebündel 20 Boulder ab 8C (2016 gelang ihm mit *Creature From the Black Lagoon* im Upper Chaos Canyon in Colorado sein erster 8C+-Boulder) geklettert, die meisten davon waren Erstbegehungen. Linien wie *Big Paw* (Chironico, Schweiz), *The Island* (Fontainebleau, Frankreich), *From Dirt Grows The Flowers* (Chironico) oder *The Story of Two Worlds* (Chironico) sind zu Ikonen des modernen

Boulderns geworden. Aber nicht nur das: Daves Erstbegehungen gelten auch als Benchmarks und wichtige Orientierungshilfe, was die Stabilität der Schwierigkeitsgrade betrifft.

Boulderbewertungen sind nichts Statisches und werden im Idealfall durch die Wiederholer und deren Einschätzung ständig korrigiert. In den meisten Fällen, wo es zu einer Neubewertung kommt, wird jedoch abgewertet. Das liegt nicht zuletzt daran, dass eine höhere Schwierigkeitsbewertung auch mehr Publicity bringt und dazu verleitet, im eigenen Interesse kulanter zu bewerten. Die sogenannte »Inflation der Schwierigkeitsgrade« ist ein gar nicht so seltenes Phänomen im High-End-Bouldern.

Als kritischer Beobachter dieser Entwicklung war Dave stets zurückhaltend, was die Bewertungen seiner schwersten Boulder betraf. Seine bereits 2005 erfolgten Erstbegehungen *From Dirt Grows The Flowers* und *The Story of Two Worlds* – beide gehörten damals zum kleinen Kreis der Boulder, die mit 8C bewertet waren – gelten heute als Gradmesser dieses immer noch grenzwertigen Schwierigkeitsgrades.

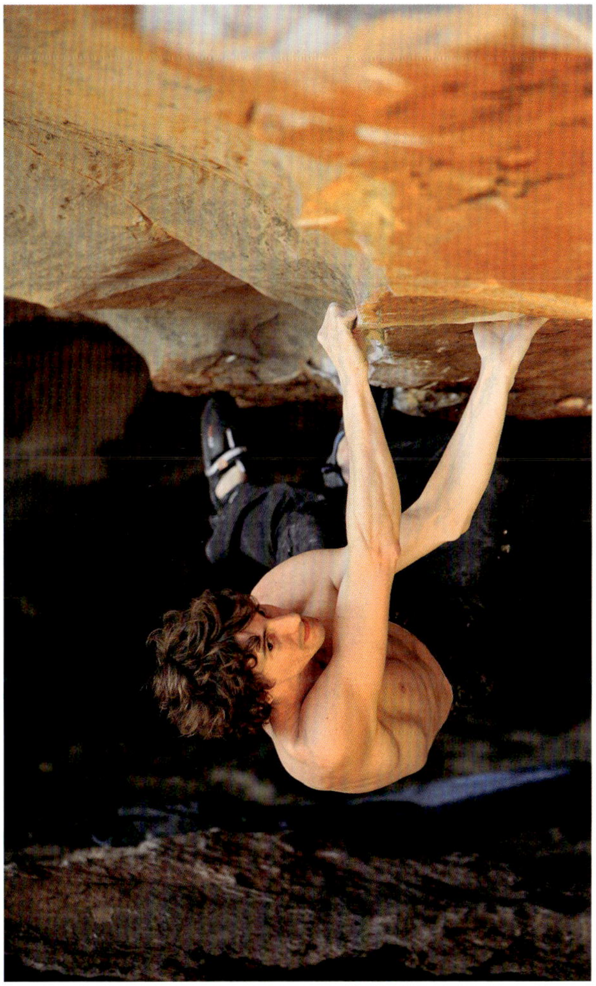

Mehr Toe- und Heelhooks als im 60 Züge langen *Wheel of Life*, 8C, im australischen Grampians-Nationalpark, findet man nirgendwo sonst auf der Welt.

KILIAN FISCHHUBER

OOOPS, HE DID IT AGAIN!

Egal ob Plastik oder Fels, ob kleiner Block oder große Wand – was das Klettern betrifft, ist Kilian Fischhuber (*1. August 1983) ein Allroundgenie. Seine 21 Weltcups gewann er aber nicht nur mit kletterischer Präzision und Eleganz, sondern dank einer Fähigkeit, die es eigentlich nicht gibt.

Weltcup in L'Argentière (Frankreich): Der noch junge Kilian Fischhuber gehörte auf nationalem Level schon damals zu den stärksten Boulderern. Sein Talent war offensichtlich, doch der internationale Durchbruch war dem jungen Niederösterreicher noch nicht gelungen.

Bei einem der Qualifikationsboulder vergeigte Kilian die Sequenz und befand sich plötzlich in einer Position, aus der heraus er den nächsten Zug unmöglich ansetzen konnte. Die Hände waren überkreuzt, die falsche Hand lag am falschen Griff, und Kilian stand wie einbetoniert an der Wand. Eine scheinbar unauflösbare Pattsituation. Doch plötzlich geschah etwas, womit keiner im Publikum gerechnet hatte. Noch dazu passierte es so schnell, dass man sich nicht sicher sein konnte, ob es Einbildung oder Wirklichkeit war. Ansatzlos und aus einem Zustand totaler Statik heraus generierte Kilian ein Quäntchen Körperschwung, gerade genug, um dosiert von der Wand wegzufedern und in der Millisekunde am Totpunkt die Griffpositionen seiner überkreuzten Hände gleichzeitig zu tauschen. Wie durch Zauberhand stand er plötzlich perfekt positioniert da, konnte den nächsten Zug ansetzen und den Boulder austoppen.

Geniestreich hin oder her, der Matrix-Move brachte an diesem Tag weder den Weltcupsieg noch unzählige Klicks auf Youtube. Überfliegt man Kilians Karriere im Rückwärtsgang bis zu diesem Tag, zeigt sich allerdings, dass dieser aus der Ausweglosigkeit geborene Zeitraffer-Switch kein Zufall war, sondern symptomatischen Charakter hatte: Die Fähigkeit, derlei motorische Unmöglichkeiten intuitiv und ad hoc zu realisieren, wurde bald zu Kilians Markenzeichen und zu einem wichtigen Puzzlestein einer der erfolgreichsten Karrieren im Boulder-Weltcup.

Kilian gewann 21 Boulder-Weltcups, 2013 war er Europameister, 2005 und 2012 Vizeweltmeister und fünfmal (2005, 2007, 2008, 2009, 2011) Weltcupgesamtsieger.

Ob seiner Dominanz könnte man durchaus behaupten, er sei der »Michael Jordan des Kletterns« gewesen. Einer, der über den Dingen stand und der Konkurrenz in allen Belangen haushoch überlegen war. Das wäre zwar schmeichelhaft, würde aber bedeuten, ihn mit den falschen Lorbeeren zu krönen. Dynamisch, extrem koordinativ, elegant und obendrein gesegnet mit einer gehörigen Portion Rohkraft – das war der Boulderer Kilian Fischhuber auf jeden Fall. Doch das allein erklärt nicht, wie der gebürtige Niederösterreicher 21 Boulder-Weltcups gewinnen konnte. Ein solches Skill-Set-up gilt auf Weltniveau als Grundvoraussetzung, denn die Leistungsdichte ist extrem hoch, und die Differenzen zwischen den Topakteuren sind kaum auszumachen.

In Kilians Fall war es genau dieses unscheinbare »kaum«, das den großen Unterschied machte. Schon am Anfang seiner Karriere, an jenem Tag in L'Argentière, hatte sich gezeigt, dass er dank seiner Geistesgegenwart in der Lage war, auch die hauchdünnste Chance zu ergreifen und den Fuß bereits in der Tür zum Möglichen zu haben, selbst wenn sie sich nur einen winzigen Spalt öffnete. Kilian war ein Meister des Infinitesimalen, und wenn es eng wurde, wenn er in die sprichwörtliche Ecke gedrängt war, dann brauchte er nur das Allerwenigste, um den Unterschied zu machen. Darin bestand seine große Klasse,

Außergewöhnliche Bewegungsabläufe sind sein Markenzeichen: Kilian in *Top Spin*, 8A, am Bafa Gölü, Türkei.

das war der Trumpf, den er in der Hand hatte. Nicht nur einmal kam es vor, dass die Konkurrenz überlegen wirkte und Kilian gerade noch so ins Finale gerutscht war. Doch er brauchte keinen haushohen Vorsprung, um zu gewinnen, ihm reichte die unsichtbare Chance. Beispiele dafür gäbe es viele, das eindrucksvollste dafür ist sein allerletzter Weltcupsieg anno 2014 in Innsbruck.

Damals lag Adam Ondra, der beste Kletterer der Gegenwart, in Führung. Doch Kilian hatte sich Zug um Zug herangepirscht und den Vorsprung immer mehr verkürzt. Am letzten Boulder geschah etwas Unerwartetes. In einem Moment der Unachtsamkeit rutschte Ondra vom Einstiegstritt ab – Fehlversuch! Im nächsten Versuch kletterte er den Boulder souverän bis zum Top. Dann war Kilian an der Reihe. Mit einem Flash könnte sich der Sieg ausgehen, aber der Boulder war hart und die Chance, ihn im ersten Versuch zu klettern, minimal.

Kilian kletterte los, doch anders als seine Konkurrenten, die den Boulder wider die ursprüngliche Intention der Routensetzer abgekürzt hatten, übersah er die vermeintliche Erleichterung. Stattdessen setzte er zur komplexen Variante, der bislang alle ausgewichen waren, an. Die tausendköpfige Menge am Marktplatz sah, was sie nicht sehen wollte, und hielt die Luft an.

Die Züge schienen ihm die letzte Kraft zu kosten, doch kurz bevor er fiel, spürte Kilian, dass sich die Türe in diesem Moment einen Spalt zu öffnen begann. Wie anno dazumal in L'Argentière war dieser groß genug, um wieder einmal, das letzte Mal in seiner Karriere, hindurchzuschlüpfen.

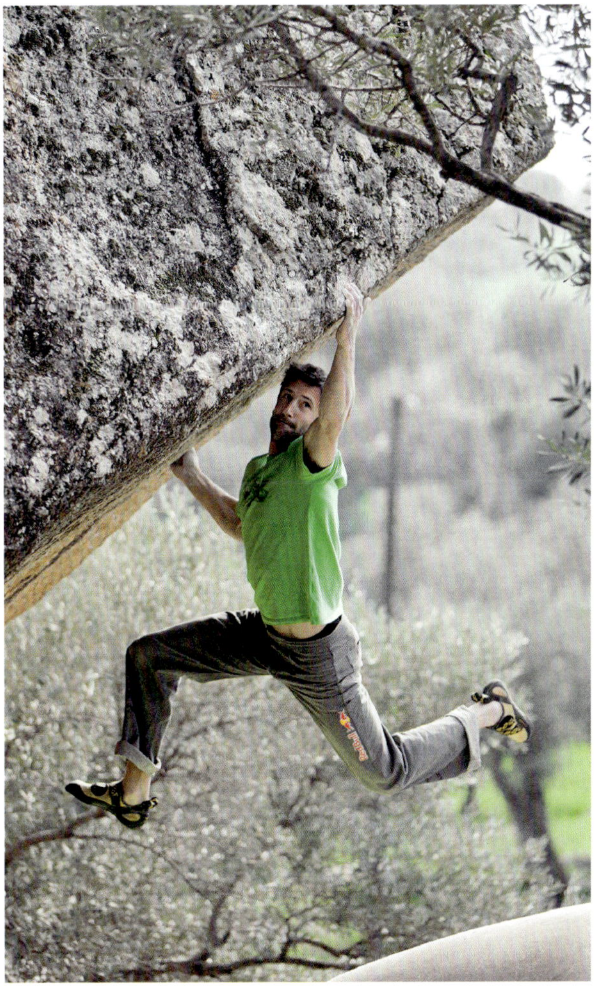

NALLE HUKKATAIVAL

DIE EINSAMKEIT AN DER SPITZE

Fast jeder, der bouldert, kennt Nalle Hukkataival (*8. September 1986): Der zurückhaltende Finne ist ein Fixstern in der Hardmover-Galaxie, eine lebende Legende auf der ständigen Suche nach dem perfekten Boulderproblem, jenem Stück Fels, das exakt auf der Grenze zwischen Möglichem und Unmöglichem balanciert. Mit seiner schwersten Erstbegehung *Burden of Dreams* (9A) ist er an diesem Ziel angelangt.

Es hat durchaus Vorteile, kein Erstbegeher zu sein. Man schlägt den Kletterführer auf, sucht sich einen Boulder im persönlichen Schwierigkeitsbereich und macht sich an die Arbeit. Komplizierter ist die Sache, wenn man einen Boulder als Erster klettert: »Wie schwer ist das jetzt?«, lautet die Frage, die man sich stellen muss, weil alle darauf brennen, es zu wissen. In den meisten Fällen hilft man sich, indem man das frisch ausgetoppte Werk mit anderen, schon gekletterten Bouldern abgleicht. Ist man in einem bestimmten Schwierigkeitsgrad schon viele Boulder geklettert, entwickelt man ein Gefühl für den Grad und was ihn ausmacht.

Nalle, der 8C-Boulder in wenigen Versuchen wegfrühstückt, weiß besser als jeder andere, wie sich dieser Grad anfühlt. Von Fontainebleau bis zum Magic Wood, von den Rocklands bis zu den Red Rocks und von Bishop bis zu den Grampians ist er ihn wohl öfter geklettert als jeder andere. Es gibt wohl kein Gebiet, dem Nalle nicht einen ultraschweren Boulder beigesteuert hätte. Auch was den Grad 8C+ betrifft, ist er einer der ganz wenigen Experten.

Doch was hilft die Reputation, was die Tickliste, was das Gefühl, wenn man es mit einer potenziell neuen Schwierigkeitsdimension zu tun bekommt? Dieser Frage musste sich Nalle im Zuge der Begehung seines Langzeitprojekts *Burden of Dreams* in Lappnor in Finnland stellen.

Burden of Dreams, das jahrelang unter dem Namen *The Lappnor Project* firmierte, befindet sich 100 Kilometer von Helsinki entfernt in den finnischen Wäldern. Die 40 Grad überhängende Seite des Felsblockes – hier verläuft die Linie – ist glatt, wie mit dem Skalpell abgeschnitten. Die Hauptschwierigkeiten des Boulders komprimieren sich auf fünf Züge, die mit maximaler Präzision an vier schlechten Leisten exekutiert werden müssen, Mentalität, Körperspannung, Kraft, Timing, Koordination, Temperatur, Luftfeuchte – allein um vom Boden abzuheben, muss ausnahmslos alles zusammenpassen.

2014 hatte Nalle die Linie entdeckt und erste Versuche unternommen. Das Zeitfenster für den Boulder ist jedoch kurz: Nur im Herbst ist es trocken und gleichzeitig kühl genug, um ernsthafte Versuche zu wagen. Meist ist es dann schon dunkel. Aberhunderte Mal zog sich Nalle im Stirnlampenschein die Schuhe an, um diese fünf vermaledeiten Züge mutterseelenallein in der finnischen Finsternis zu probieren. Lange Zeit war der Fortschritt kaum erkennbar. Irgendwann schaffte es Nalle, den Boulder ab der Mitte auszutoppen – immerhin. Doch die beiden Anfangszüge blieben utopisch. War dieser Boulder vielleicht doch zu schwer? War das sisyphusartige Abmühen an dieser felsgewordenen Unmöglichkeit vielleicht doch nur vergebliche Liebesmüh und verschwendete Zeit? Wer an seinem Limit klettert, erhält keine Antwort auf diese Frage, auch ein Nalle Hukkataival nicht. Um Gewissheit zu erlangen, das wusste er, gab es nur zwei Möglichkeiten: den Boulder zu klettern oder von der Last des eigenen Traumes erdrückt zu werden.

Im Herbst 2016 folgte ein weiterer Versuch, der wie viel tausendste es war, wusste Nalle selbst nicht mehr. Es war dunkel, er war allein, wie so oft. Doch an diesem Tag war etwas anders: Der erste und gleichzeitig der schwierigste Zug gelang auf Anhieb, noch dazu mit frappierender,

Fünf Züge für die Ewigkeit: Nalle durchbricht mit *Burden of Dreams*, 9A, Finnland, die bisherigen Grenzen der Schwierigkeitsgrade.

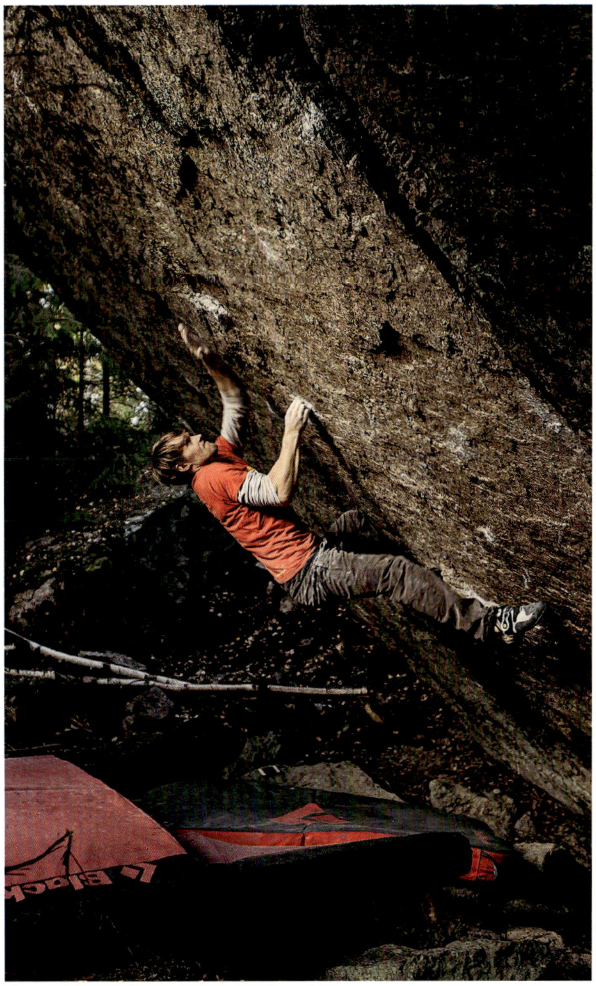

nie dagewesener Leichtigkeit. Zwei Züge weiter musste Nalle kurz absteigen, zog sich aber gleich wieder an den Fels, kletterte weiter und toppte aus. Das gilt zwar nicht als Begehung, trotzdem war es die mit Abstand beste Performance, die ihm je gelungen war. Und obendrein veränderte es schlagartig seinen inneren Zugang, denn jetzt wusste Nalle, dass ihm nicht mehr viel fehlte. Nach einer Pause folgte der nächste Versuch. Der erste Zug gelang wieder perfekt, ebenso der zweite und auch der dritte. »Danach weiß ich nicht mehr, was passiert ist«, sagt Nalle, »ich wachte am Top des Boulders auf.«

Wie fühlt es sich an, wenn man am Ziel seiner Träume ist? »Es ist kein großes Spektakel, so wie es in Kletterfilmen oft dargestellt wird. Es ist nur ein weiterer Versuch«, sagt Nalle, »aber das ist nun mal die Realität.« Unzählige Autokilometer, Tausende Versuche, dreieinhalb von Zweifel und Hoffnung geprägte Jahre hat Nalle in dieses Projekt, in diesen Moment investiert: »Man wünscht sich, dass dieser Moment spezieller ist, doch mit einem Mal ist alles plötzlich vorbei, einfach so. Deswegen ist es trotz aller Freude auch ein trauriger Moment.«

Burden of Dreams ist nicht nur der schwerste Boulder, den Nalle je geklettert ist. Mit einer Bewertung von 9A ist er der weltweit erste Boulder, für den dieser Schwierigkeitsgrad vorgeschlagen wurde. In jedem anderen Sport würde eine Leistung, die so singulär ist wie diese, ein Erdbeben auslösen. Nicht im Bouldern. Für Nalle gab es weder stehende Ovationen noch ein Gratulationsmail des finnischen Präsidenten. Er schulterte seine Crashpads, löschte die Lichter und ging zufrieden Richtung Auto.

JIMMY WEBB

IM ERSTEN VERSUCH

Jimmy Webb (*7. November 1987) gehört zu den fittesten Boulderern der Gegenwart. Punkt. Der Mann aus Chattanooga (USA) begnügt sich aber nicht bloß damit, das Schwerste vom Schweren zu klettern. Ihm gelingt das öfter im ersten Versuch als jedem anderen.

Um einen Boulder als »geklettert« abhaken zu können, ist es im Grunde genommen egal, wie viele Versuche man für den Durchstieg benötigt. Ob einer oder zehntausend, die Schwierigkeit des Boulders bleibt gleich. Selbstverständlich besteht ein gewaltiger Unterschied, ob man die Griffe, Sequenzen und Bewegungen eines Boulders gut kennt oder ihnen zum ersten Mal gegenübersteht. Jede Körperposition, jede Bewegung, die richtige Griffabfolge, die Art, wie die einzelnen Finger auf dem Griff platziert sind – all diese Facetten müssen während des Kletterns nicht nur intuitiv richtig erspürt, sondern beinahe im selben Moment im nächsten Move umgesetzt werden. Raum für Fehler gibt es kaum, und die Möglichkeit, Ungenauigkeiten auszumerzen, schwindet umso schneller, je näher der Boulder am eigenen Limit ist.

Weil eine solche Art der Begehung etwas Außergewöhnliches ist, gibt es im Kletterjargon einen eigenen Ausdruck dafür: »Flash«. Beim »Flashen«, also dem Klettern eines Boulderproblems im ersten Versuch, muss auf Anhieb alles lückenlos zusammenpassen. Aus diesem Grund gilt der Flash als der königlichste unter den Begehungsstilen im Bouldern, und in dieser ist Jimmy Webb der unumstrittene Kronprinz: Kein anderer Kletterer konnte auch nur annähernd so viele Boulder ab dem Schwierigkeitsgrad 8B flashen wie er.

Mit Begehungen von insgesamt 14 Bouldern im Grad 8C und einem im Grad 8C+ (*Creature From The Black Lagoon* im Rocky-Mountain-Nationalpark in Colorado) gehört Jimmy in der Kategorie des reinen Schwierigkeitsboulderns obendrein zu den Topakteuren des Planeten.

Doch wie wird man zum »besten Flash-Boulderer« der Welt? Welche besonderen Rahmenbedingungen sind dafür nötig? In Jimmys Fall lässt sich das einfach beantworten: keine. Er wurde 1987 in Maryville im Bundesstaat Tennessee geboren, einem Ort, der fürs Klettern ungefähr so gut beschaffen ist wie das jamaikanische Kingston für ambitionierte Bobfahrer. Als ihn ein Freund rein zufällig zum Klettern mitnahm, war Jimmy 16 Jahre alt, sein Hauptinteresse galt bis dato dem Poolbillard. Hätte ihm ein Zeitreisender damals offenbart, dass er ein Jahrzehnt später zur Weltelite des Boulderns gehören würde, hätte er wohl einen Lachanfall bekommen.

Jimmy Webb gehört mit einer Größe von 1,83 Metern und einem Gewicht von 78 Kilogramm zu den Schwergewichten unter den Spitzenboulderern. Die meisten anderen Mitglieder im 8C-Klub sind im Schnitt zwar zehn Kilogramm leichter, doch die zusätzliche Muskelmasse hat Vorteile – Jimmys Rohkraft ist legendär. Speziell beim Flashen eines Boulderproblems ist sie von großem Vorteil. Gelingt es einmal nicht, eine Sequenz vollständig zu erraten, verschaffen die Kraftreserven einen entscheidenden, kaum ein paar Sekunden währenden Moment, um sie trotzdem aufzulösen. Zudem besitzt Jimmy eine weitere Fähigkeit, die für einen Flash wichtig ist: Schnelligkeit. Das mag man ihm ob seiner bulligen Physis nicht zutrauen, doch sobald er das Crashpad unter sich gelassen hat, bewegt er sich elegant und grazil wie eine Wildkatze.

Power und Bewegungsökonomie sind notwendige Voraussetzungen für jeden Flash-Boulderer, für Jimmy gehört aber noch die »Obsession« dazu. »Wenn ich einen Boulder klettern will, spiele ich dieses Szenario zigmal im Kopf durch. Manchmal bin ich einen Boulder vom Gefühl her schon geklettert, obwohl ich ihn noch nie gesehen habe.« Bei Jimmy Webb scheint sich die Realität manchmal der Vorstellung anzupassen und nicht umgekehrt. Die Frage, ob er sich vorstellen kann, als erster Mensch einen 8C-Boulder zu flashen, beantwortet er mit: »Noch nicht.« Die Betonung, das hört man gleich, liegt dabei eindeutig auf dem »Noch«.

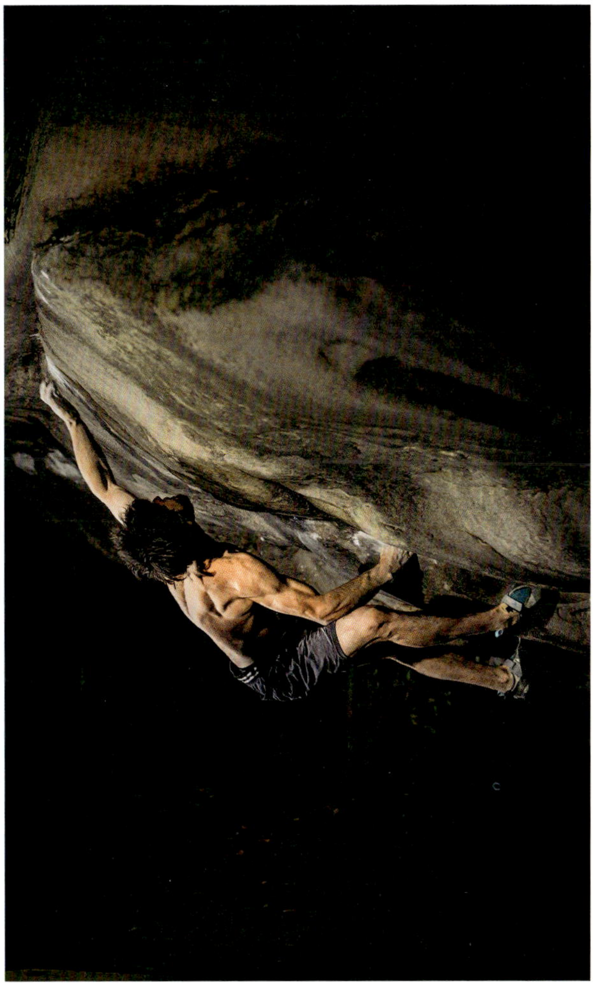

Stark wie ein Bär, geschmeidig wie eine Wildkatze: Jimmy führt in The *Earth Treks/Hippy Tree Project*, New River Bounty, USA, die beiden Enden des Spektrums zusammen.

ANNA STÖHR

BOULDERIN DER HERZEN

Anna Stöhr (*25. April 1988) ist die unangefochten erfolgreichste Boulderin der Weltcupgeschichte. Erinnern wird man sich an sie aber nicht nur wegen beeindruckender Zahlen, sondern weil die Österreicherin das moderne Wettkampfbouldern mit ihrem Charisma prägte wie kaum jemand vor ihr.

Kaum zu glauben, dass ein unglücklicher Zufall ausschlaggebend für eine der erfolgreichsten Karrieren im Wettklettern war. Bei den Europameisterschaften 2004 in Lecco in Italien wollte die damals 16-jährige Anna Stöhr aus Tirol eigentlich im Vorstieg an den Start gehen. Für den Bewerb hatten jedoch mehr Kletterinnen genannt als erwartet, das Feld war bereits übervoll. Die Wettkampfjury entschied, dass Anna als jüngste Teilnehmerin auf den Start verzichten sollte. Damit ihre Anreise nicht umsonst war, bot man ihr als Kompensation an, im Bouldern an den Start zu gehen. Kein unmoralisches, aber dennoch ein unerwartetes Angebot. Das Bouldern war Anna keineswegs fremd – seit ihrem 15. Lebensjahr war sie fast jedes Wochenende auf den Blöcken des Zillertals unterwegs. Bouldern am Fels und Wettkampfklettern sind aber wie Freeriden und Riesentorlauf beim Skifahren: zwei Paar Schuhe. Ausgerechnet bei einer Großveranstaltung wie der Europameisterschaft sollte der Sprung – eigentlich ein Stoß – ins kalte Wasser erfolgen? Es klang abwegig, doch Anna hatte nichts zu verlieren. Aus Lecco abzureisen, ohne einen einzigen Move getan zu haben, das wäre hingegen eine echte Niederlage gewesen. Also willigte sie ein. Was dann folgte, kann man als einen magischen Moment der Wettklettergeschichte bezeichnen: Die EM-Debütantin Anna Stöhr kletterte in einer Disziplin, die nicht die ihre war, auf Anhieb zu Silber. Die Weichen waren von da an auf Bouldern gestellt, und es dauerte nicht lange, da brauste Anna im Eilzugtempo von einem Sieg zum nächsten.

2006 gewann sie in Grindelwald ihren ersten Weltcup sowie den prestigeträchtigen Rockmaster in Arco (Italien), 2007 wurde sie in Aviles in Spanien erstmals Weltmeisterin. In der folgenden Dekade dominierte Anna das Wettkampfbouldern wie noch keine vor ihr. Im Jahr 2013 war sie unschlagbar: Sie gewann jeden Weltcup, in dem sie antrat. Insgesamt 22 Weltcupsiege, zwei Weltmeistertitel und zwei Europameistertitel stehen bei Anna zu Buche. Faszinierend war aber nicht nur der Umstand, *dass* sie gewann, sondern *wie* sie es tat.

Sobald Anna an die Wand trat, wurde aus ihr ein menschliches Kraftfeld. Mit dem Losklettern aktivierte es sich und entwickelte fortan einen emotionalen Sog, der jeden noch so phlegmatischen Zuschauer mitriss. Ein ums andere Mal schüttelte sie ihre niemals antizipierbaren Matrix-Moves auf die letzte Sekunde getimt aus ihrem ärmellosen Wettkampfjersey und katapultierte sich unter tosendem Applaus zum Top.

Langsam und statisch zu klettern, war nie Annas Ding. Sie liebte spektakuläre Dynamos und die Aura des Risikos, das mit diesen verbunden war. Der No-Fear-Kletterstil, mit dem sich Anna die Boulder in wenigen Sekunden förmlich hinaufkatapultierte, wurde zu ihrem Markenzeichen. »Alles oder nichts« war das Motto. Anna pokerte hoch, und es kam selten vor, dass sie danebengriff. Doch selbst Niederlagen konnten ihrem Charisma nichts anhaben, ihr Lächeln und ihre gute Laune blieben davon unbeeindruckt.

Anna »nur« die erfolgreichste Wettkampfboulderin aller Zeiten zu nennen, täte ihr aber unrecht, weil diese

Bezeichnung eine entscheidende Dimension ihres Kletterdaseins ausklammert. Schließlich schlägt ihr Herz seit Anbeginn für den Fels. Wettkampfklettern ist ein Fulltime-Job, und ein mit Training und Wettkampf zum Bersten gefüllter Terminkalender lässt den Akteuren wenig Spielraum. In Annas Fall waren die Prioritäten aber stets eindeutig: Ohne Fels geht's nicht.

Von den Rocklands in Südafrika über die Red Rocks in den USA bis hin zu den Grampians in Australien gibt es kein Bouldergebiet, das Anna nicht besucht und wo sie nicht kräftig zugelangt hatte. Nicht nur am Plastik besaß sie das ultimative Mittel gegen komplexe Sequenzen, auch am Fels war sie mit ihrem kompromisslosen Stil erfolgreich und gehört mit insgesamt sieben 8B-Bouldern zur weiblichen Weltspitze. 2018 musste Anna ihre Wettkampfkarriere wegen gesundheitlicher Probleme beenden. Dem Fels wird sie wohl auch weiterhin treu bleiben: Mit *The Penrose Step* in Leavenworth kletterte sie ihren ersten 8B+-Boulder.

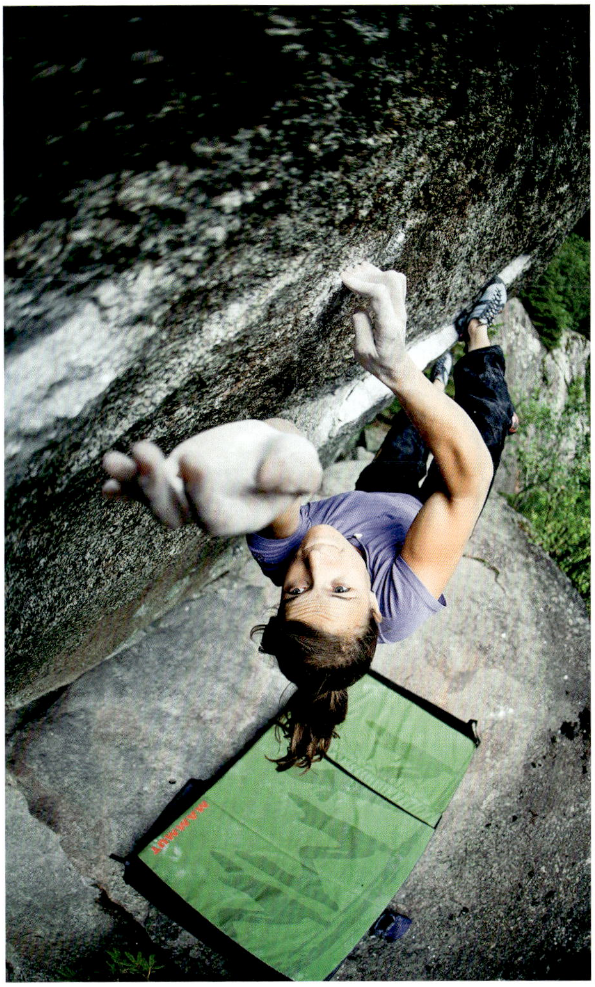

Egal ob am Plastik oder am Fels: Das beste Mittel gegen komplexe Sequenzen und harte Züge war immer sie selbst. Anna bouldert in ihrer kletterischen Heimat, dem Zillergrund.

BEAUTY AND THE BEAST(MAKER)

MBE – was hat dieses Akronym zu bedeuten, das Shauna Coxsey (*27. Jänner 1993) auffällig oft hinter ihrem Namen anführt? MBE steht für »Most Excellent Order of the British Empire« und ist eine königliche Auszeichnung, die für »besondere nationale Errungenschaften« vergeben wird. Hat Shauna tatsächlich einen königlichen Orden für ihre Leistungen im Bouldern bekommen? Und was hat sie mit Ned Feehally (*10. Mai 1987), dem »Mr. Beastmaker«, zu tun?

Im Alter von vier Jahren hatte Shauna weder Lust, mit ihren Altersgenossinnen das Fahrradfahren zu lernen, noch in der Sandkiste Burgen zu bauen. Sie wollte bloß eins: klettern. Schuld daran war ein Film, der eines Abends zufällig über die Mattscheibe im Hause Coxsey flimmerte. Shauna sah eine junge und attraktive Frau, die eine große und immens steile Felswand hinaufkletterte. Dabei handelte es sich, wie man ihr später sagte, um die französische Alpinistin Catherine Destivelle, die in den 1990er-Jahren wahrscheinlich berühmteste Kletterin Europas, die im afrikanischen Mali an einem Felsmassiv namens *Hand of Fatima* eine Erstbegehung machte. Für Shauna waren diese Bilder wie eine Offenbarung. Gebannt stand sie da, nicht willens, ihren Blick abzuwenden.

»Daddy, kann ich das auch machen?«, war das Erste, was sie fragte, als der Abspann begann.

Was das Wetter betrifft, hat England einen schlechten Ruf. Nicht zu Unrecht allerdings. Lange Trockenperioden sind jenseits des Ärmelkanals eher eine Seltenheit. Doch die britischen Kletterer haben gelernt, damit umzugehen. Vor allem wissen sie, wie man den meteorologischen Nachteil in einen Vorteil umwandelt: mit erstklassigen Boulderhallen. Deren Wirkung liegt auf der Hand: Nirgendwo hat Indoorklettern eine längere Tradition als in England, nirgendwo ist die Szene dichter. Eigenartigerweise spiegelten die Ergebnisse auf der internationalen Wettkampfbühne das britische Kletterpotenzial nicht unbedingt wider. Weltcupsieger aus Großbritannien waren in den letzten Jahren eher Mangelware. Shauna Coxsey hat das durch ihre Gesamtweltcupsiege 2016 und 2017 auf beeindruckende Art und Weise geändert. So viel geballte Power färbt natürlich auch aufs Felsklettern ab. Auch dort zählt Shauna zur absoluten Spitze. Sie konnte als erste Britin einen 8A+-Boulder (*Riddles in the Park* in Colorado/USA), einen 8B-Boulder (*Zarzaparilla* in Albarracin/Spanien) sowie einen 8B+-Boulder (*New Base Line* im Magic Wood/Schweiz) klettern.

Ned Feehally begann unter ganz anderen Voraussetzungen mit dem Klettern. Mit acht Jahren, er war damals mit seinen Eltern auf Urlaub im Lake District, kam er zum ersten Mal mit Fels in Berührung. Von überbordendem Enthusiasmus konnte aber keine Rede sein: »Eigentlich hat es mir nicht übermäßig gefallen. Aber es war ganz okay«, erinnert sich Ned. Erst im Teenageralter begann seine Motivation Fahrt aufzunehmen, der Umzug nach Sheffield gab ihm den positiven Rest. Mit den besten Bouldern Englands vor der Tür konnte er nicht anders, als so viel Zeit wie möglich draußen zu verbringen. Die starke Indoorszene zog auch ihn in seinen Bann, und Ned begann zu trainieren, der Fortschritt ließ allerdings auf sich warten. Von plötzlichen Leistungseruptionen war er weit entfernt, »es dauerte Jahre, bis ich endlich besser wurde«. Als es so weit war, ging es schnell. Den Durchbruch brachte Neds Begehung des gefürchteten und damals kaum wiederholten Highballs *Careless Torque* (8A) in Stanage: »Als ich diese Linie klettern konnte, fühlte es sich an, als hätte ich etwas Fundamentales über das Klettern verstanden.«

2007 kehrte Neds Kumpel Dan Varian mit einem eigenartigen Stück Holz von seinem Trip aus Colorado zurück:

Traumhafte Stimmung im Traumland im Frankenjura: *Kriss Kross*, 7C+.

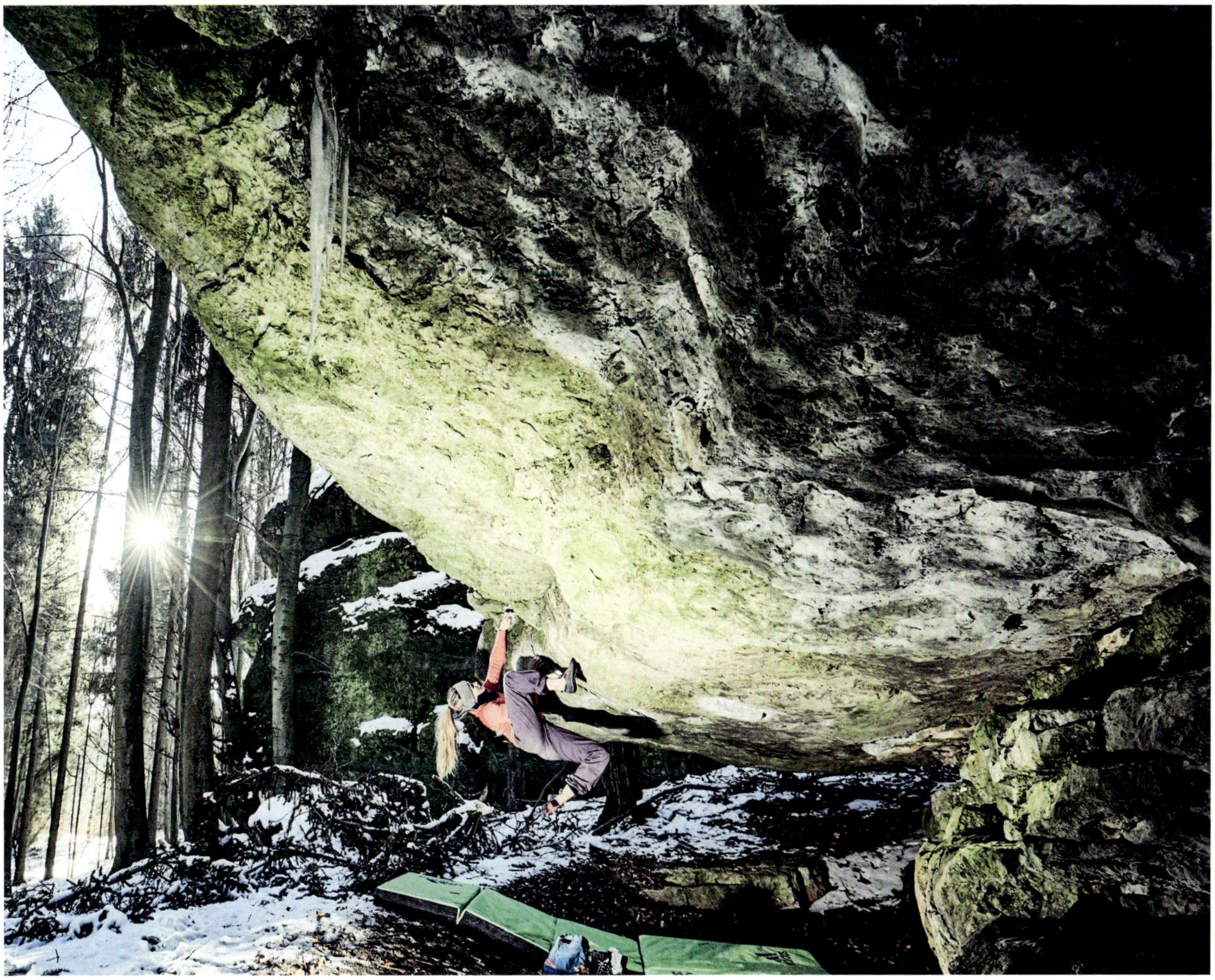

einem Fingerboard. Fingerboards als Trainingsgeräte gibt es schon lange, doch das statische Hängen an dessen Löchern und Leisten ist wenig aufregend und daher nicht jedermanns Sache. Ned, der durch die Universität wenig Zeit zum Trainieren hatte, war von der Effektivität des Fingerboards begeistert und beschloss, das Design zu modifizieren.

Der erste Prototyp des »Beastmakers« entstand. »Fingerboarding« mag langweilig anmuten, doch weil es die zum Klettern so wichtige Fingermuskulatur direkt anspricht, gehört es zu den effektivsten Trainingsarten. Der beste Beweis dafür ist Ned selbst. Von 2007 bis 2010 schraubte er seine persönliche Bestleistung von 8A auf 8B+, nebenbei gewann er die Britischen Meisterschaften und qualifizierte sich bei etlichen Weltcups fürs Finale. Mittlerweile gehört er unumstritten zu den besten Boulderern in Großbritannien, wo viele der härtesten Probleme wie Ben Moons *Voyager* oder Jerry Moffatts *The Ace* (beide 8B) auf seiner Tickliste stehen. 2016 gelang ihm mit *Trust Issues* in den Rocklands etwas, das absoluten Seltenheitswert hat: der Flash eines 8B+-Boulders. Zu dieser Zeit gab es nur eine Handvoll Boulderer, denen das gelungen war: Daniel Woods mit *Entlinge* (Murgtal/Schweiz, 2011), Adam Ondra mit *Jade* (Rocky-Mountain-Nationalpark/USA, 2015) und Jimmy Webb mit *The Globalist* (Finnland 2016). Mit *Jour de Chasse* und *The Big Island* in Fontainebleau ist Ned auch zwei 8C-Boulder geklettert.

Einen großen Teil seines Erfolgs führt er auf das Training am »Beastmaker« zurück. Auch die gleichnamige Firma, deren Miteigentümer er ist, floriert prächtig. Der »Beastmaker« hat sich zum am meisten verwendeten Fingerboard entwickelt und gehört zur Grundausstattung jeder Boulderhalle.

Mit seiner langjährigen Freundin Shauna hat »Mr. Beastmaker« die perfekte Partnerin gefunden. Wenn zwei der stärksten britischen Boulderer zusammen Pärchenurlaub machen, treibt das allerlei merkwürdige Blüten, wie ihr Schwedenurlaub in Västervik 2018 zeigt. Ihr selbst gesetzter Wettbewerb lautete: Wer schafft es als Erster, 31 (Ned feierte gerade seinen 31. Geburtstag) Boulder im Grad 8A zu klettern? 24 Stunden vor Abflug war Ned noch zehn (!) 8A-Boulder vom Ziel entfernt. »Unmöglich«, sagten die einen, »kein Problem, wenn man früh genug aufsteht«, meinte Ned. Nach dem »härtesten Klettertag« seines Lebens saß er am nächsten Tag als Sieger des pärcheninternen Wettbewerbs im Flugzeug.

Eine Frage ist noch offen: Wofür hat Shauna den königlichen MBE-Orden bekommen? Es scheint abwegig, dass die Royals insgeheim Boulderer sind und am Buckingham Palace Traversen klettern. Sie erhielt den Orden für das von ihr gegründete Women's Climbing Symposium, ein Event mit mittlerweile mehreren Hundert Teilnehmerinnen. Es gibt Workshops und Vorträge, aber im Grunde genommen geht es wie immer nur um das eine: um gute Zeit beim gemeinsamen Klettern. Männer sind allerdings keine erwünscht, *Women only!* lautet das Motto. Wenn ein Beastmaker anwesend ist, dann nur in seiner hölzernen Form.

Ned ist der lebende Beweis dafür, dass Training am Fingerbrett unendlich stark machen kann. Hier knackt er *Noise vs. Beauty*, 8B+/C, in den Rocklands, Südafrika.

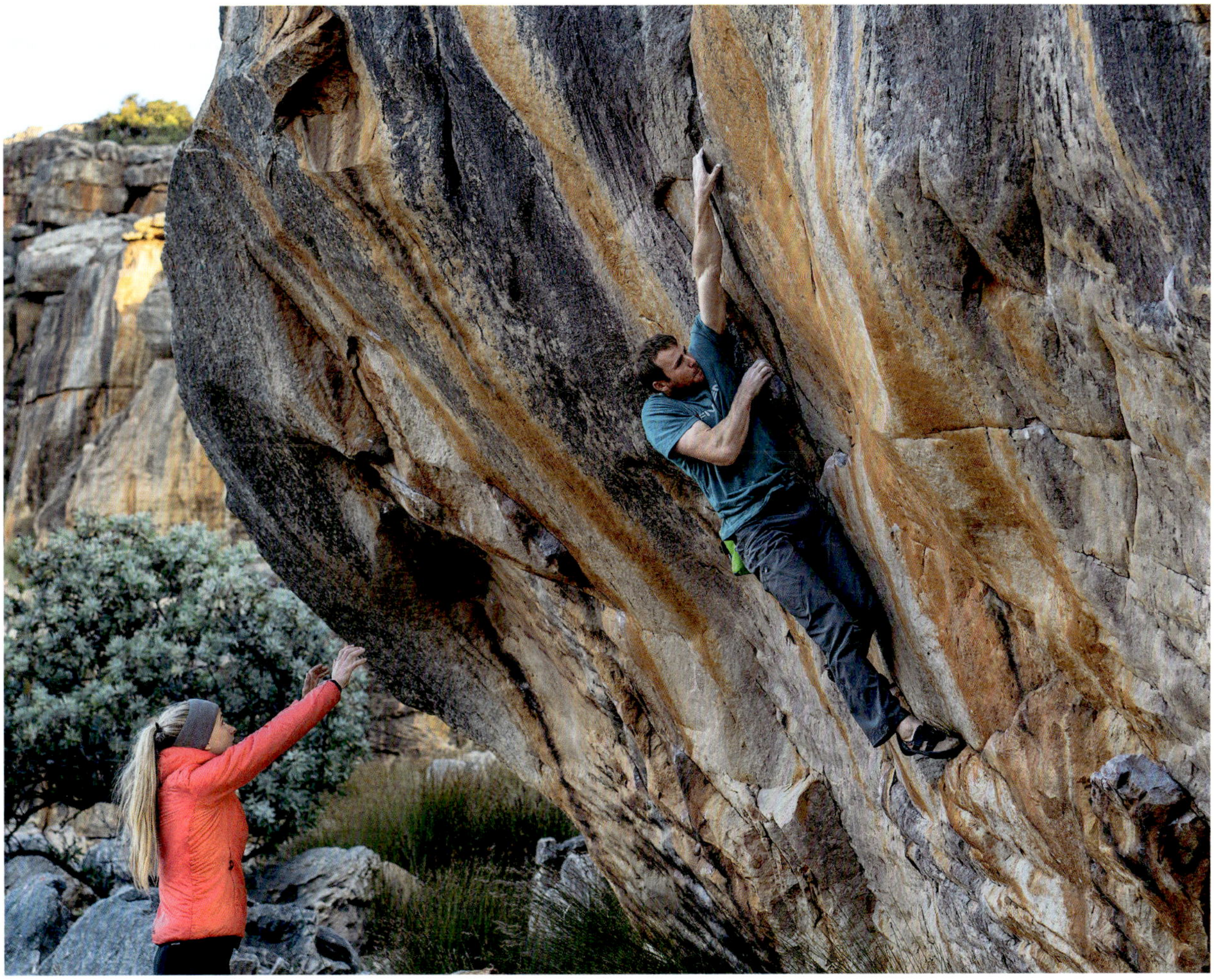

ADAM ONDRA

DER MANN, DER AUS DER ZUKUNFT KAM

Wer wissen will, in welche Richtung sich das moderne Schwierigkeitsklettern entwickelt, der sollte nicht in eine Glaskugel, sondern Adam Ondra (*5. Februar 1993) auf die Finger schauen. Mit seiner Erstbegehung von *Silence* (9c), der weltweit ersten Route in diesem Schwierigkeitsgrad, hat der aus Brünn in Tschechien stammende Kletterer gezeigt, dass beim Vorstoß in neue Schwierigkeitsdimensionen kein Weg am Bouldern vorbeiführt.

Adam Ondra hat es nicht leicht. Ihn als »Boulderer« zu bezeichnen, ist genauso unzulässig, wie ihm einen Platz in diesem Buch über das Bouldern zu versagen. Das tschechische Allroundgenie lässt sich einfach nicht in Kategorien pressen, ihn auf eine Disziplin festzunageln, ist schlicht unmöglich. Er klettert an den Plastikgriffen der WM genauso brillant wie in den Überhängen Kataloniens oder in der schwersten Bigwall am El Capitan, der *Dawn Wall*. Obwohl Adam meistens mit Seil am Fels unterwegs ist, darf eines nicht übersehen werden. Mit Begehungen von zwei 8C+-Bouldern, *Gioia* in Varazze (Italien) und *Terranova* in Moravský Kras (Tschechien), sowie dem bis dato härtesten Flash – 2015 gelang ihm der 8B+-Boulder *Jade* (USA) im ersten Versuch – gehört er auch beim reinen Bouldern zur aktuellen Weltspitze. Die Frage, ob Adam Ondra Boulderer oder Seilkletterer ist, kann man deswegen nur mit einem Paradoxon beantworten. Er ist weder das eine noch das andere, er ist beides gleichzeitig.

Vom Umfang seiner Fähigkeiten her ist Adam Ondra momentan einzigartig, er ist ein Skill-Nomade, der in allen Disziplinen des Felskletterns zu Hause ist. Der beste Beweis dafür ist seine Route *Silence*: Sie ist nicht nur die schwerste Seilroute der Welt, sondern beinhaltet in Form ihrer Schlüsselstelle auch das schwerste Boulderproblem, das je mit Seil geklettert wurde.

Silence befindet sich in der norwegischen Hanshellern-Höhle, einer Felskathedrale, deren Ausmaße so gewaltig sind, dass man einen Flugzeugträger darin parken könnte. Schlägt man das Kletterwörterbuch bei »K« wie »Kingline« auf, sieht man ein Bild der Route, die am tiefsten Punkt der Höhle beginnt und auf einer Länge von 45 Metern mit einem Gesamtüberhang von 20 Metern durch das immense Dach der Höhle zieht.

Nur ein kleiner Prozentsatz aller Sportkletterrouten besitzt eine solche Länge, trotzdem ist *Silence* alles andere als eine reine Ausdauerangelegenheit. Der Solarplexus der Route, jener Punkt, wo sich alles auf wenige Meter verdichtet, ist ein Boulderproblem, mit dem man es nach 20 Klettermetern im Grad 8b zu tun bekommt. Und diese zehn Züge haben es in sich. Um sich deren Schwierigkeit zu vergegenwärtigen, musste Adam etwas tun, das bei Seilrouten eigentlich unüblich ist. Er bediente sich der Fontainebleau-Skala, die in Europa normalerweise von Boulderern, nicht aber von Seilkletterern verwendet wird. 8C lautete sein Bewertungsvorschlag für die Schlüsselstelle.

An den Felsblöcken dieser Welt gibt es an die 100 Boulder in diesem Grad, ca. 150 Kletterer konnten ihn bislang meistern. Mitten in einer Kletterroute mit 20 Metern Vorbelastung im zehnten Schwierigkeitsgrad in den Unterarmen hatte diese Herausforderung aber noch keiner gemeistert. Das ist ungefähr so, als müsste der Marathonweltrekordhalter von 2018, der Kenianer Eliud Kipchoge, auf halber Laufstrecke plötzlich zu einem Sprint in Usain-Bolt-Manier ansetzen.

Saison um Saison pilgerte Adam nach Norwegen, band sich ein, kletterte zur Schlüsselstelle, tüftelte, fightete, scheiterte. Der Boulder in *Silence* fühlte sich einfach utopisch an. Wieder zu Hause baute Adam die

Auch wenn man Seilkletterer ist, führt kein Weg am Bouldern vorbei. Vor allem, wenn man in neue Schwierigkeitsdimensionen vorstoßen will. Adam meistert seine Erstbegehung *Silence* (9c), Flatanger, Norwegen.

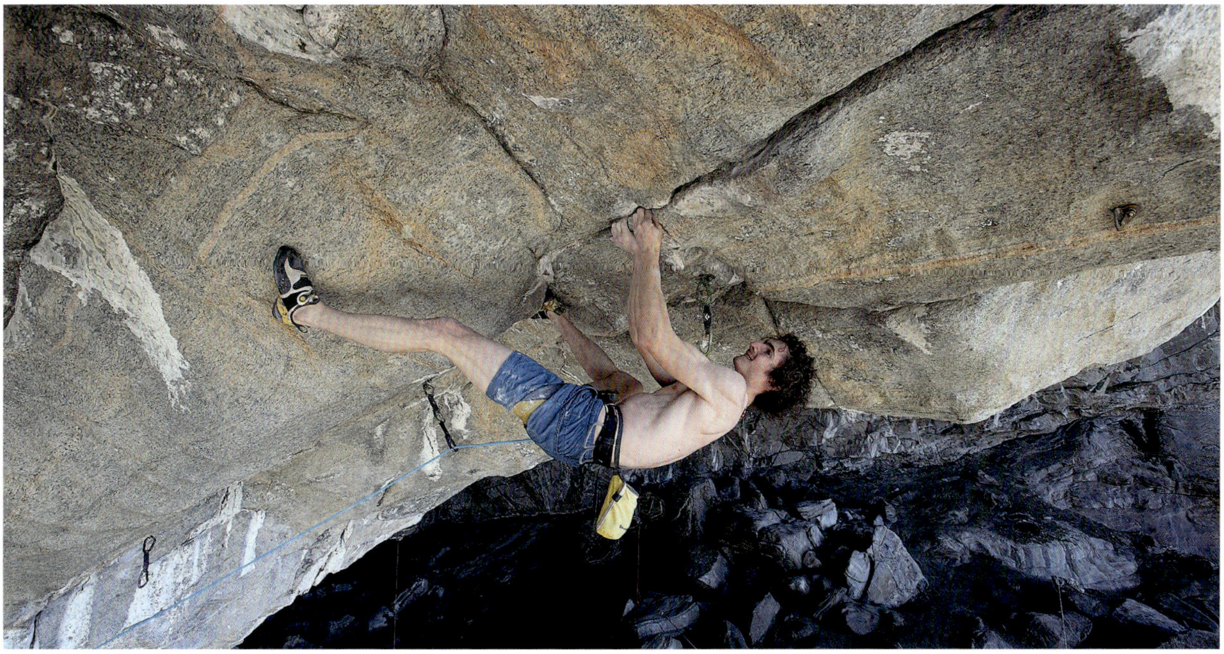

Schlüsselstelle der Route auf seiner Trainingswand nach und trainierte, wie er noch nie trainiert hatte. Als die Bedingungen in Norwegen besser wurden, kam er wieder. Er war stärker als je zuvor, doch es reichte immer noch nicht. Erst die Zusammenarbeit mit Klaus Isele, Physiotherapeut und Osteopath mit Weltruf, und bislang nie angewandte Strategien wie zum Beispiel das spezifische Dehnen der Wadenmuskulatur, um in der Vertikalen rasten zu können, brachten den Durchbruch. Er trainierte die Wadenmuskulatur, um sich im Felsplafond einzuklemmen und zu rasten.

Am 3. September 2017 reihte er jene zehn Züge, an denen er öfter als an jedem anderen Stück Fels gescheitert war, zum ersten Mal nahtlos aneinander und punktete seine bis dato schwerste Route. Mit der Begehung von *Silence* stieß Adam Ondra eine Tür zu einer anderen Kletterdimension auf und ließ das Licht der Zukunft für einen Augenblick in die Gegenwart fallen.

MIT NACKTEN SOHLEN

Der Franzose Charles Albert (*10. September 1997) ist im Wald von Fontainebleau das momentane Maß der Boulderdinge. Der Mann, den die meisten unter seinem Spitznamen »Mowgli« kennen, ist dort aber nicht nur die schwersten Blöcke geklettert. Er hat dazu nicht einmal Schuhe gebraucht.

Als das Gerücht von einem barfüßigen Kletterer vor einigen Jahren langsam die Runde zu machen begann, konnte es keiner so recht glauben: Dass ein fast völlig Unbekannter im legendären Boulder-Eldorado südlich von Paris ein Testpiece nach dem anderen klettert, allein das klang schon zu sensationell, um wahr zu sein. Doch es kam noch dicker, oder besser gesagt: nackt. Angeblich war dieser Charles Albert sämtliche Boulder barfuß geklettert! Das war selbst für die Klettercommunity, deren Kodex es ist, behaupteten Begehungen auch ohne Video oder andere Beweise Glauben zu schenken, zu viel des Guten. Unmöglich, lautete der Konsens. In den Foren begann sich der Zweifel an dieser Meldung auszubreiten.

Doch das änderte sich schnell, als das erste Video von Charles Albert im Netz auftauchte. Man sieht ihn, wie er mit seinen langen dunklen Haaren, die er mit einem bunten Band zusammengebunden hat, dessen halben Meter langes Ende lose in der Luft baumelt, gedankenversunken vor einem der schwersten Boulder in Fontainebleau sitzt. Mit seiner abgetragenen Kleidung, seiner zerzausten Frisur und seiner Aura der Entrücktheit wirkte dieser Charles Albert tatsächlich so, als wäre er wie sein Namenspatron Mowgli in einer anderen Welt zu Hause. Der Vergleich ist treffend: Was jenem der Dschungel mit seinen wilden Tieren war, das ist Charles Albert der Wald von Fontainebleau mit seinen Zigtausend Sandsteinblöcken.

In der nächsten Einstellung chalkt sich der Mowgli 2.0 Hände und Füße ein, und als diese weiß genug sind, dreht er sich zu dem Felsblock hinter ihm um. Den darauf befindlichen 8B-Boulder klettert Albert so mühelos, als wäre die Schwerkraft für einen Augenblick abgeschafft worden.

Es gibt wohl kaum ein Gebiet, wo das Klettern auf so wunderbare Art eigen ist wie in Fontainebleau. Gewaltige Überhänge sind hier rar und reine Kraft nur selten der Türöffner zum Top. Dass ein weißhaariger Einheimischer ein Boulderproblem, an dem eine jugendliche Hardmover-Gang vorher verzweifelt ist, mühelos hinaufschwebt, gehört zum genuinen Fontainebleau-Erlebnis dazu wie das Magnesium zum Klettern. Das Wichtigste in Fontainebleau sind seit jeher eine präzise Steigtechnik und ein hervorragendes Bewegungsgefühl: Eine Hüfte, die um einen Zentimeter näher am Fels positioniert ist, ein Zeh, der sich um eine Nuance gefühlvoller an den Reibungstritt schmiegt, können den Unterschied zwischen Durchstieg und Scheitern bedeuten. Noch ein Faktor ist hier entscheidend: die Reibung. »Ça colle!«, jauchzen die Einheimischen, die sogenannten Bleausards, wenn diese perfekt ist und man auf den rauen Sandsteinauflegern dank kühler Temperaturen und trockener Luft förmlich zu kleben scheint. Nur wenn »es klebt«, sind die felsgewordenen Unmöglichkeiten Fontainebleaus für einen kurzen Zeitraum kletterbar.

Umso unvorstellbarer ist es, dass Charles Albert ausgerechnet hier auf das wichtigste reibungsverbessernde Utensil, den Kletterschuh, verzichtet.

Doch wie kam es dazu? Nach einer einmonatigen Kletterpause schlüpfte Charles in seine neu gekauften Kletterschuhe, die Schmerzen folgten prompt.

Der barfüßige Mowgli in der *Tour Bastian*, Grand Piton du Salève, Frankreich.

Das war der Moment, in dem der 16-Jährige beschloss, fortan barfuß zu klettern. Anfangs wurde er von ungläubigen Blicken begleitet, doch jedes Mal, wenn er einen Boulder austoppte, verwandelte sich das Misstrauen in Staunen.

Mit 18 Jahren und Begehungen von etlichen Klassikern am barfüßigen Konto kletterte er mit *L'Alchimiste* und *Gecko Assis* (beide 8B+) zwei der schwersten Blöcke in Fontainebleau. Um zu zeigen, dass kraftmäßig noch Luft nach oben war, kletterte er *Gecko Assis* noch einmal, diesmal allerdings in umgekehrter Richtung: von oben nach unten (!). Im selben Jahr legte er mit der 8C-Bouldertraverse *La Valse aux Adieux* sowie dem 8C-Boulder *Le Pied à Coulisse* noch eins drauf. 2017 gelang ihm mit der Verlängerung von *La Révolutionnaire* (8C) ein weiteres Meisterstück. 8C+ lautet der Bewertungsvorschlag. Mitte Jänner 2019 dann der nächste Paukenschlag: Albert gelingt ein weiteres Langzeitprojekt im Sektor Rocher Brûlé: Für *No Kpote Only* schlägt er den Grad 9A vor, mit dem bislang nur Nalle Hukkataivals bis dato unwiederholter Boulder *Burden of Dreams* in Lappnor (Finnland) bewertet ist.

Doch was ist eigentlich der Vorteil, wenn man ohne Schuhe klettert? Charles dazu: »Man hat nicht nur viel mehr Gefühl für den Fels, sondern kann, anders als mit einem Kletterschuh, die Zehen so wie die Finger aufstellen oder hängen lassen und genau an den Griff anpassen.« Zudem löst das schuhlose Klettern ein weiteres weitverbreitetes Problem, so Charles: »Die Füße stinken einfach weniger.«

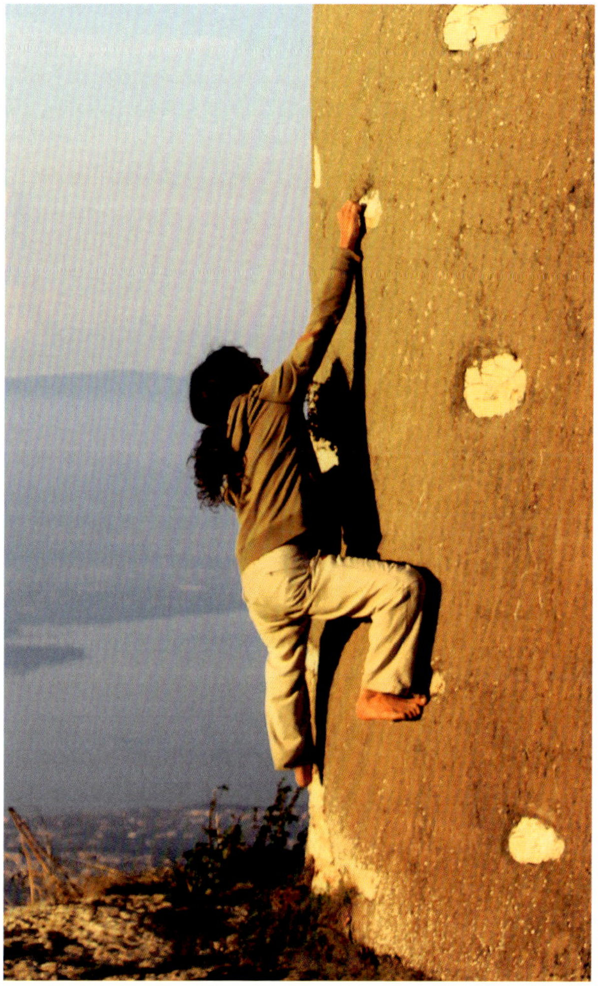

GIULIANO CAMERONI

MIT EINEM LÄCHELN IN DIE ZUKUNFT

Es gibt viele Dinge, die man mit 16 Jahren legal machen darf: den Autoführerschein machen, zur Wahl gehen, Bier trinken. Einen 8C-Boulder zu klettern, gehört freilich auch dazu. Bis auf den Schweizer Giuliano Cameroni ist das an europäischem Fels aber noch keinem gelungen.

Das Blatt, das einem das Schicksal in die Hand gibt, ist eine Sache. Wie man damit pokert, eine andere. Im Fall des 1997 geborenen Giuliano Cameroni war die Sache schon recht früh klar. Er hat sich entschlossen, »all in« zu gehen und alles aufs Bouldern zu setzen. Eine gute Wahl, denn mit dem Bouldermekka Tessin als Geburtsort hatte er einfach die besten Karten.

Schon im zarten Alter von vier Jahren tollte Klein Giuliano in den Wäldern rund um sein Elternhaus herum. Auf die dort verstreuten Findlinge irgendwie rauf- und wieder runterzukommen, das war das Ziel dieser Tage: ein ungezwungenes Spiel mit dem Fels, ein intuitives Experimentieren mit einer eigenartigen Materie. Die Hornhaut wurde dicker, die Kraft in Fingern und Schultern nahm zu, und das kindliche Spiel von einst entwickelte sich bald zu fokussiertem Bouldern. Der intuitiven Herangehensweise, dem Faible für nicht alltägliche Linien blieb Giuliano treu.

2011 wirbelte er mit der Begehung von *Cruel* in Cresciano (8A+) erstmals Staub auf. Zwei Jahre später, Giuliano war gerade 16 geworden, sicherte er sich mit einer Begehung des Cresciano-Klassikers *The Story of Two Worlds* (8C) einen Platz in den Annalen des Boulderns. Nur ein Mensch, die Amerikanerin Ashima Shiraishi, war mit 15 Jahren jünger, als sie am 22. März 2016 mit *Horizon* im japanischen Gebiet Mount Hiei diesen Grad klettern konnte.

Die Kurzversion des Boulders wurde bereits 2003 durch Toni Lamprecht (Deutschland) erstbegangen und auf den Namen *The Dagger* (8B+) getauft. Der Amerikaner Dave Graham verlängerte das Problem 2005 durch einen logischen Sitzstart von links und gab der Extension den Namen *The Story of Two Worlds* (8C). *The Story of Two Worlds* ist nicht nur ein schwer zu biegendes Stück Fels, sondern nimmt im Bouldern der Gegenwart auch eine Ausnahmestellung ein. Im Zeitalter der von vielen Spitzenboulderern kritisierten »grade inflation«, dem künstlichen Überbewerten von Bouldern, erweist sich *The Story of Two Worlds* seit jeher als abwertungsresistent und gilt deswegen als Benchmark-Boulder für den Grad 8C.

2017 gelang Giuliano mit der Begehung von *Dreamtime*, von dem er sagt, es sei »der schönste Boulder, den ich je geklettert bin«, der nächste große Streich. Auch dieser Boulder hat eine bewegte Geschichte, noch dazu eine, die mit dem am selben Block befindlichen *The Story of Two Worlds* zu tun hat.

Fred Nicole hatte den Boulder anno 2000 erstbegangen und für diesen erstmals in der Geschichte den Grad 8C ausgegeben. Im April 2001 hatte sich Bernd Zangerl die zweite Begehung geholt, es folgten Wiederholungen durch Dave Graham und Chris Sharma anno 2002. Dann die Hiobsbotschaft, *Dreamtime* sei gechippt, also bei den Griffen verändert worden. Nicole selbst ist sich nicht sicher, Zangerl und Graham dagegen waren überzeugt, dass die Griffe künstlich vergrößert worden waren. Aber selbst im Originalzustand, so Dave Graham, sei *Dreamtime* »nur« 8B+ gewesen. Er hatte für die brachiale Startsequenz allerdings einen Hook gefunden, den Nicole und Zangerl nicht verwendet hatten. Diese Lösung wurde Standard, die meisten folgenden Wiederholer schlossen sich der Bewertung 8B+ an. Im Jänner 2005 eröffnete

Heimvorteil in der Schweiz: *Freak Brothers*, 8A+, bei Chironico im Kanton Tessin.

Dave Graham auf der anderen Seite des Blockes dann *The Story of Two Worlds* und bezeichnete ihn als den »ersten *echten* 8C-Boulder«. Fred Nicoles Erstbegehung war aber nicht nur ein Meilenstein des Boulderns, sondern auch ein Wendepunkt für die Entwicklung im Tessin. Hatten sich die Einheimischen bis dahin gegen die Veröffentlichung eines Führers gesperrt, nahmen sie nun die Arbeit auf, und 2002 publizierte Claudio Cameroni die erste Auflage des Boulderführers Cresciano.

Giuliano kümmerten diese Querelen wenig, er kletterte einen schweren Boulder nach dem anderen und mit *Der mit dem Fels tanzt* 2017 auch seinen nächsten 8C-Boulder. Mittlerweile stehen heute beeindruckende 380 Begehungen von Bouldern im achten Franzosengrad auf der Liste des 20-Jährigen, 80 davon sind Erstbegehungen.

Doch welche davon ist seine wichtigste? »*Smile*«, sagte er mit einem Lächeln, das man nicht unerwidert lassen kann. Mit dieser als Aufruf verstehbaren Antwort wollte er aber nicht nur die Stimmung verbessern, sondern er meint eigentlich seine schwerste Erstbegehung in den Rocklands, die aufgrund ihrer Griffanordnung wie ein felsgewordenes Emoji wirkt: Eine kleine Leiste fungiert als »Mund«, zwei Sloper als »Augen«. Giuliano hatte diesen Boulder bereits zwei Jahre zuvor zusammen mit Sam Ometz entdeckt, doch erst 2018 konnte er den Schlüsselzug, einen brutalen Lockoff vom »Mund« aufs rechte »Auge«, meistern. Der Zug auf einen delikaten Ausstiegssloper, die »Stirn«, kostete noch einige Versuche, doch es dauerte nicht lange, da war auch dieser gemeistert, und Giuliano hatte die Erstbegehung von *Smile* (8C) in der Tasche.

Mit seinen zwei Erstbegehungen *Poison the Well* in Brione und *REM* in Cresciano, die beide im Grad 8C+ ansiedeln, hat Giuliano seinen Status als einer der fittesten Youngsters ein für alle Mal in Stein gemeißelt.

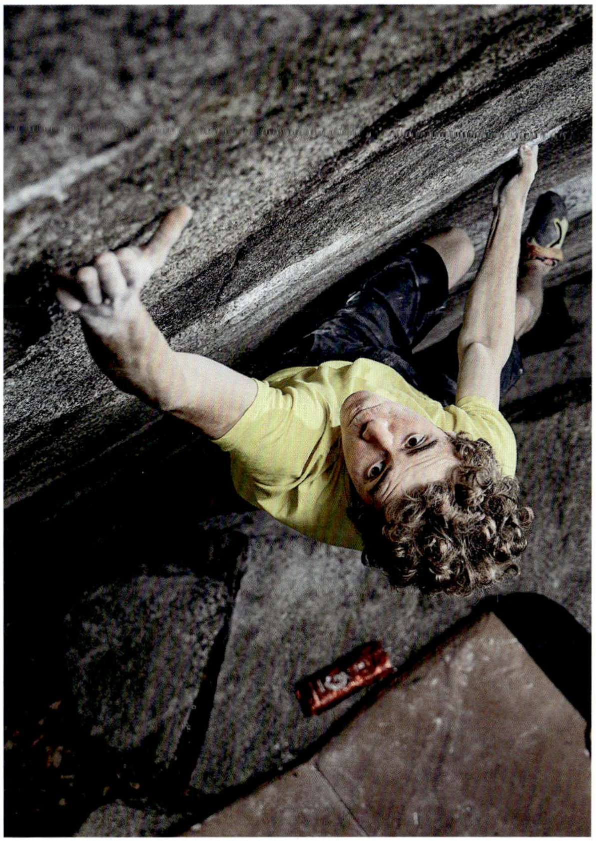

SHAWN UND BROOKE RABOUTOU

IN DIE WIEGE GELEGT

Der Apfel fällt nicht weit vom Stamm, heißt es. Doch um Shawn (*19. April 1998) und Brooke (*9. April 2001) Raboutous Fähigkeiten gerecht zu werden, reicht dieser Aphorismus bei Weitem nicht aus. In ihrem Fall schweben die Äpfel sogar weit über dem elterlichen Stamm.

Die Raboutous sind alles andere als eine normale Familie: Sie sind eine aufs Klettern umgelegte Version von *The Incredibles*. Papa Didier kletterte bereits Anfang der 1990er-Jahre Routen im Grad 8c und konnte 1989 den legendären Rockmaster in Arco (Italien) gewinnen. Mama Robyn holte von 1992 bis 1995 viermal den Weltcupgesamtsieg, wurde 1995 Weltmeisterin und gewann fünfmal die amerikanische Meisterschaft. Auch mit über 50 Jahren klettert sie noch immer Routen bis zum Schwierigkeitsgrad 8c.

Es lag auf der Hand, dass Robyn und Didier ihre Leidenschaft auch mit ihren Kindern, dem 1998 geborenen Shawn und der 2001 geborenen Brooke, teilen würden. »Sobald die beiden gehen konnten, nahmen wir sie zum Klettern mit und banden sie ins Seil«, erzählt Robyn. Als Shawn das erste Mal mit Fels in Berührung kam, war er zwei Jahre alt, Brooke war mit einem Jahr sogar noch jünger.

Dass man sich früh üben muss, um gut zu werden, ist eine alte Weisheit, dass nicht jeder, der früh übt, automatisch gut wird, eine andere. Vor allem dann, wenn sich durch den Ehrgeiz der Eltern zu großer Druck aufbaut. Brooke und Shawn hätten es mit den ihren nicht besser treffen können: Wenn es jemanden gibt, der etwas vom Klettern mit Kindern versteht, dann ihre Mutter Robyn. Anno 2012 gründete sie die erste und bis dato weltweit einzige Kletterhalle, die speziell für das Klettern mit Kindern ausgelegt ist: ABC Kids Climbing in Boulder, Colorado. Aus dieser Talentschmiede sind einige der aktuell besten Kletterer hervorgegangen. Zwei davon gehören zur Familie.

Mit neun kletterte Brooke ihre erste 8a-Route, mit zehn gelang ihr die erste 8b+ und mit elf die erste 8c. Damals war sie die jüngste Person, die weltweit eine Route in diesem Grad klettern konnte. Die Latte, die ihre Eltern gelegt hatten, war hoch, doch Brooke übersprang sie mit Leichtigkeit, als sie 2016 die Route *Southern Smoke* (8c+) in der Red River Gorge im Bundesstaat Kentucky klettern konnte. Shawn war 13, als er in Rodellar in Spanien mit *Welcome to Tijuana* (8c) gleichzog.

Abgesehen von starken Leistungen mit Seil zeigt sich bei Shawn und Brooke eine Tendenz, die bei Kletterern der nächsten Generation immer häufiger ist: Das Entweder-Vorstieg-oder-Bouldern-Mantra, das bei den eigenen Eltern gang und gäbe war und den Fokus auf eine der beiden Disziplinen forderte, um in dieser gut zu werden, ist einer Symbiose beider Disziplinen gewichen. Die Kletterer der nächsten Generation verfügen über ein ungemeines klettertechnisches Repertoire und sind im Bouldern genauso an der Weltspitze zu finden wie im Routenklettern. Die Raboutou-Kids sind dafür ein perfektes Beispiel. Brooke kletterte neben Routen bis 8c auch Boulder im Grad 8B, etwa *Fragile Steps* in den Rocklands, bei dessen Begehung sie gerade einmal zwölf Jahre alt war. Mittlerweile liegt ihr Fokus auf Wettkämpfen, wo sie bei den Olympischen Spielen 2021 den 5. Platz im Sportklettern (Kombination aus Lead, Bouldern und Speed) belegte. Eine ganz andere Richtung hat ihr Bruder eingeschlagen. Shawns Leidenschaft ist der Fels, wo sein Fokus auf dem Bouldern liegt. Hier gehört er mittlerweile zur Weltspitze.

Jung und voller Energie: Brooke in Flagstaff Mountain bei Boulder, Colorado.

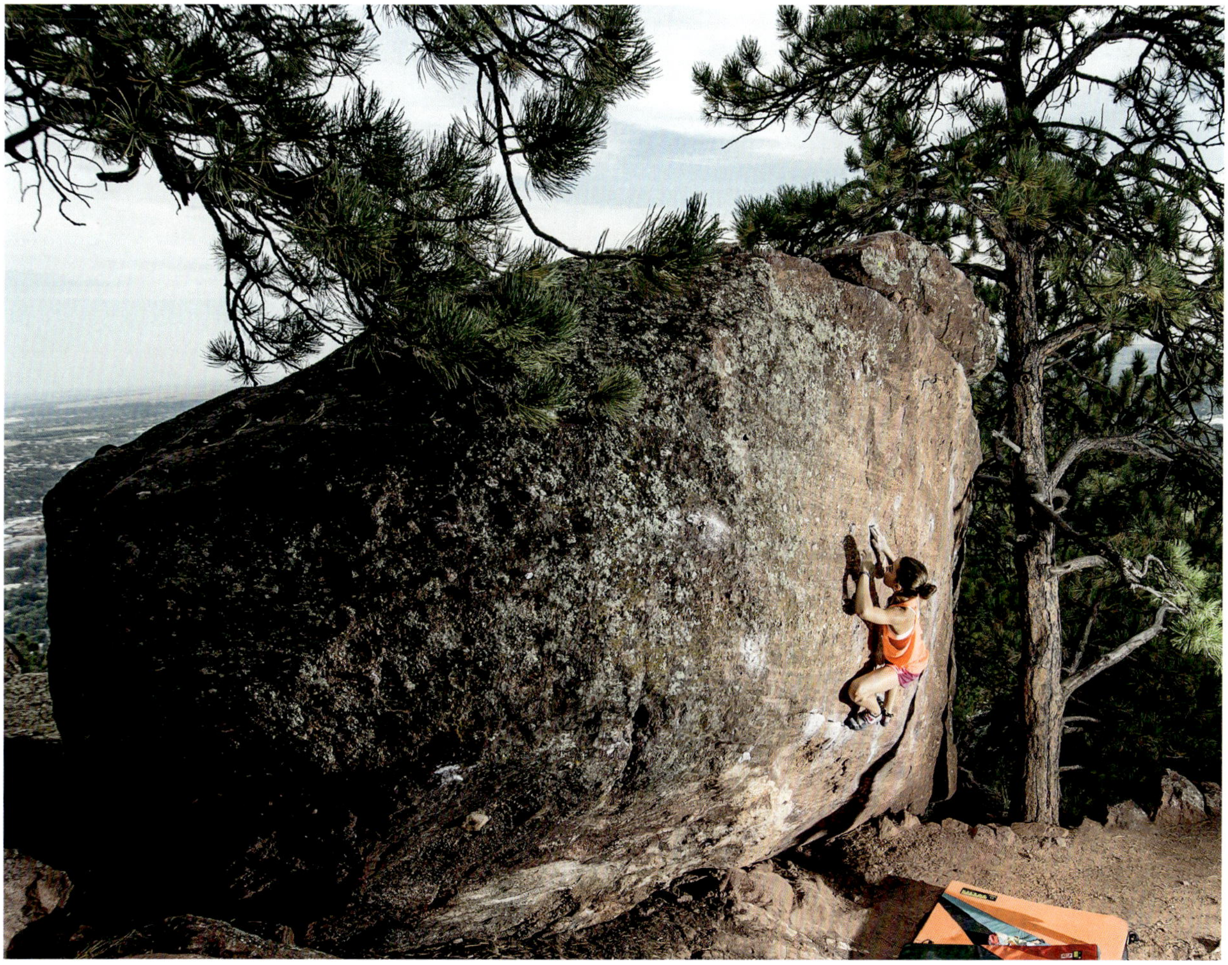

Bereits 2016 kletterte sich der damals 18-Jährige mit Begehungen von *Spray of Light* und *Monkey Wedding* (beide in den Rocklands, Südafrika) in den Kreis des circa 130 Köpfe zählenden 8C-Klubs. Doch was vor zehn Jahren noch den Plafond des Menschenmöglichen markierte, ist heute kaum mehr eine Schlagzeile wert. Das änderte sich im Herbst 2018, als Shawn dem schon bestehenden Boulder *Off the Wagon* (8B+) im Val Bavona in der Schweiz eine neue Startvariante hinzufügte. *Off the Wagon* wurde 2012 vom finnischen Boulderer Nalle Hukkataival erstbegangen. Der Boulder, der von einem unter dem Block stehenden Leiterwagen startet und aufgrunddessen auch seinen Namen trägt, hat sich seither zu einer Art Extremklassiker für die Crème de la Crème der Boulderspezialisten entwickelt und zahlreiche Begehungen bekommen. Doch die Startvariation mit zwei schlechten Leisten in Kopfhöhe hatte schon immer einen kleinen Makel. Tiefer gelegene Griffe waren nämlich vorhanden, doch an den harten Einzelzügen waren bis dato selbst die Stärksten gescheitert.

Als Shawn seine Crashpads erstmals unter dem Boulder ausbreitete, befand er sich in Bestform. Ein paar Tage zuvor war ihm ein seit Jahren unwiederholtes Dave-Graham-Problem namens *Foundation's Edge* (8C) gelungen, kurz darauf holte er sich in bester Allroundmanier eine Begehung der Seilroute *L'Oeuvre* (9a). Zusammen mit seinem nicht minder talentierten Altersgenossen Giuliano Cameroni aus Italien machte er sich an die Entschlüsselung dieser verschärften Einstiegsvariante. Einige Tage später war es so weit. Beim utopisch weiten Deadpointer auf die kleine Leiste blieb Shawn erstmals hängen und behielt auch bei den darauffolgenden Zügen Kraft und Nerven. Kurz darauf stand er am Top und war den ersten 8C+-Boulder der Schweiz (und seinen nach *Creature From The Black Lagoon* in Colorado/USA) zweiten 8C+-Boulder geklettert.

Und das mit erst 20 Jahren.

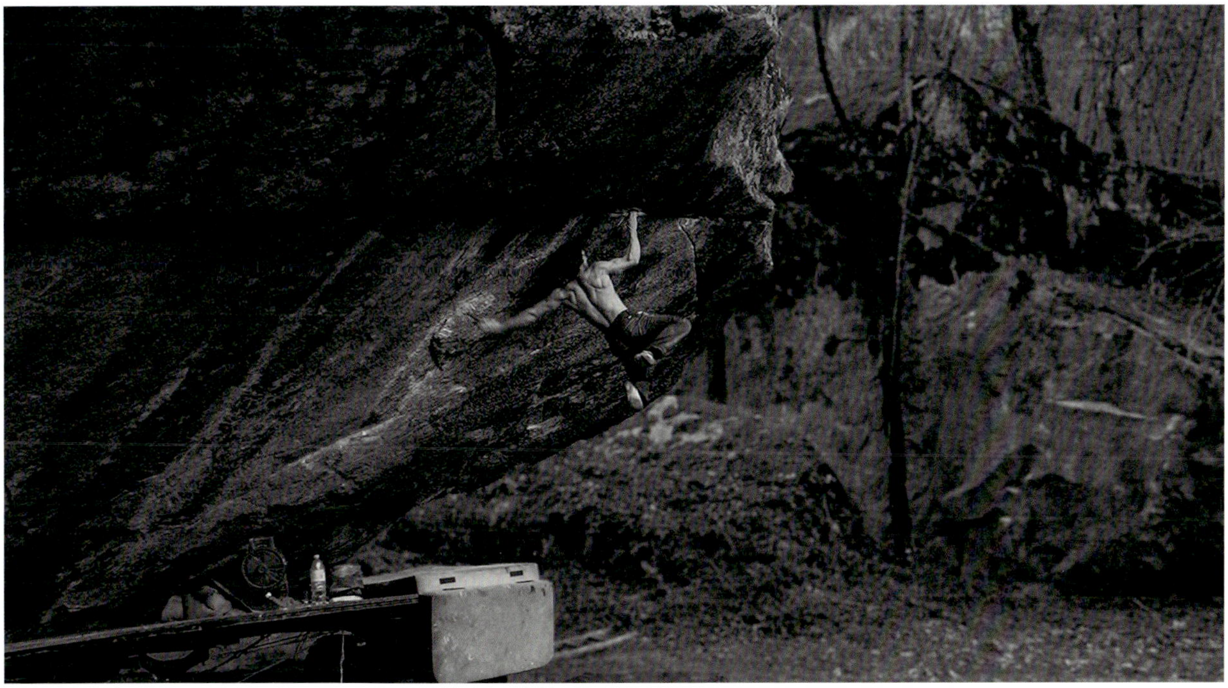

Off the Wagon Sit, 8C+,
Sonlerto, Schweiz.
Shawn meistert den
schwierigen Einstieg, der
fast in einer sitzenden
Position beginnt.

WUNDER »MADE IN NEW YORK«

Sogenannte »Wunderkinder« gibt es in jedem Sport, auch im Bouldern. Für die Amerikanerin Ashima Shiraishi (*3. April 2001) greift dieses Attribut jedoch zu kurz.

Central Park/New York, 2007: Bei einem Spaziergang mit ihrem Vater sieht die damals erst sechsjährige Ashima am sogenannten »Rat Rock« zum ersten Mal in ihrem Leben eine Gruppe Kletterer. Für Ashima, die noch keinen Begriff vom Bouldern hat, scheint es, als würden diese bunt gekleideten Menschen mit den weißen Fingern einen merkwürdigen Tanz vollführen. So ähnlich, wie sie es bei ihrem Vater, einem experimentellen Tänzer, schon oft gesehen hatte. Das Ganze sieht lustig aus, es wird geredet und viel gelacht. Die kleine Ashima ist begeistert und läuft hinüber, um selbst zu probieren. Doch der Erstversuch misslingt – sie rutscht ab. Sie weint nicht, sondern setzt sich in die Wiese und beobachtet die Kletterer mit voller Konzentration. Ihr nächster Kletterversuch verläuft ganz anders als der erste: Ashima klettert den Boulder problemlos. Aber nicht nur einmal, sondern gleich zehnmal hintereinander.

Mount Hiei/Japan, 2016: Neun Jahre nach ihren ersten Kletterversuchen sitzt die 15-jährige Ashima unter einem mehrere Meter waagrecht ausladenden Granitdach, das in der Mitte von einem Riss gespalten wird. Die Griffmöglichkeiten in diesem Felsplafond sind dünn gesät und noch dazu weit voneinander entfernt. Ashima taucht ihre Hände ins Chalkbag, pustet in die leicht geöffneten Fäuste, und noch bevor die weiße Magnesiumwolke zu Boden gerieselt ist, hängt sie bereits an zwei kleinen Leisten in der Horizontalen. Die Füße wechseln schnell von einem Minitritt auf den nächsten. Wenn Ashima ihre Finger auf einem der kleinen Griffe aufstellt und den Anpressdruck maximiert, hört man das Knarzen der Kuppen, die sich ohne Rücksicht auf Hautverlust in den Fels graben. Nach 90 Sekunden präziser Bewegungsakrobatik steht Ashima am Top von *Horizon* (8C). Die zierliche, gerade einmal 1,50 Meter große Ashima ist soeben einen der schwersten Boulder weltweit geklettert. Damit hat sie gleich zwei Rekorde gebrochen: Sie ist die erste Frau[1], die den Grad 8C klettern konnte, und zugleich der jüngste Mensch, dem dieser Schwierigkeitsgrad gelang, bis dem 10-jährigen Theo Blass im Jahr 2020 eine 8C-Route gelang. Mit *Sleepy Rave* in den Grampians in Australien kletterte Ashima ebenfalls im Jahr 2016 ihren zweiten 8C-Boulder.

Blickt man auf Ashimas Tickliste der letzten Jahre, sind diese Begehungen alles andere als utopisch. Ganz im Gegenteil: Sie sind deren logische Konsequenz.

Mit acht Jahren, kaum zwei Jahre, nachdem sie mit dem Klettern begonnen hatte, boulderte sie *Power of Silence* (7C+) in Hueco Tanks/Texas, ein Jahr später gelang ihr ebendort der erste 8A-Boulder: *Chablanke*. Kurz nach ihrem zwölften Geburtstag durchbrach sie mit *Crown of Aragon* die 8B-Schallmauer.

Nicht nur die Kletterwelt stand Kopf, auch der Mainstream wurde auf Ashima aufmerksam und versuchte, das Phänomen Shiraishi mit immer neuen Superlativen wie »Die stärkste Kletterin der Welt«, »Das Wunderkind« und »Die Zukunft des Klettersports« zu umschmeicheln. Ashima trat in Talkshows auf, wurde vom renommierten »Outside Magazine« zum »Adventurer

1 Mit ihrer Begehung von *Kryptos* im schweizerischen Bahlstal konnte Kaddi Lehmann (GER) als zweite Frau einen 8C-Boulder klettern.

of the Year« gekürt, und auch das »Times Magazine« schrieb über das »Wunderkind aus New York«.

Die gerade einmal 13-jährige Ashima, die am liebsten in bunten Hosen klettert, die ihre Mutter genäht hat, blieb davon unbeeindruckt und arbeitete sich mit einer Mühelosigkeit durch die Schwierigkeitsgrade, als wären Bewertungen nicht viel mehr als Schall und Rauch. 2014 kletterte sie mit *Golden Shadow* in den Rocklands in Südafrika ihren ersten 8B+-Boulder (als zweite Frau nach der Japanerin Tomoko Ogawa), 2015 klippte sie, die immer öfter auch mit Seil unterwegs war, in der Route *Open Your Mind Direct* in Santa Linya (Spanien) den Umlenker. Erneut war sie die Jüngste und Erste, die eine Route im Grad 9a+[2] klettern konnte. Nichts Felsiges konnte Ashima länger aufhalten als ein paar Versuche, und es schien sogar möglich, dass eine Frau in Bälde die männerdominierte Hardmover-Welt als Stärkste auf den Kopf stellt.

Sitzt man der jungen Ashima gegenüber, wirkt sie mit ihrem Stirnfransenschnitt, den Plateauschuhen und der bunten Daunenjacke, in deren Jackentasche das iPhone wegen ständig eintreffender Whatsapp-Nachrichten manisch piepst, wie ein ganz normaler Teenager aus New York. Nichts deutet darauf hin, dass diese junge Frau, die leise und mit Zurückhaltung spricht, ihren Boulderkolleginnen in puncto Schwierigkeit noch immer einen Schritt voraus ist.

Die Juniorenweltmeisterin von 2017 – Ashima gewann in Innsbruck die Vorstiegs- und die Boulderkonkurrenz – konzentrierte sich zunächst auf den Schulabschluss und triumphierte mit 18 Jahren im Bouldern bei den USA Open Championships im Februar 2019.

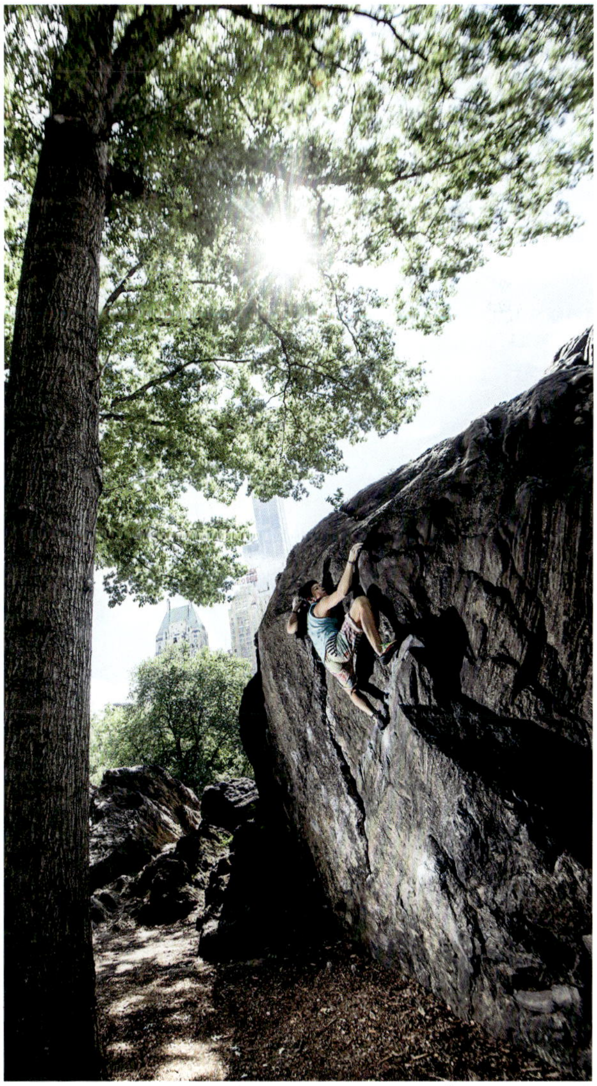

Nach dem Bouldern auf der 5th Avenue flanieren und das Basketballteam New York Knicks im Madison Square Garden anfeuern – für die New Yorkerin Ashima ist das ein normaler Tag im Big Apple.

2 Mittlerweile wurde *Open Your Mind* auf 9a/+ abgewertet. Mit ihrer Begehung von *La Rambla* (9a+) in Siurana/ESP gilt Margo Hayes (USA) als erste Frau, die diesen Grad klettern konnte.

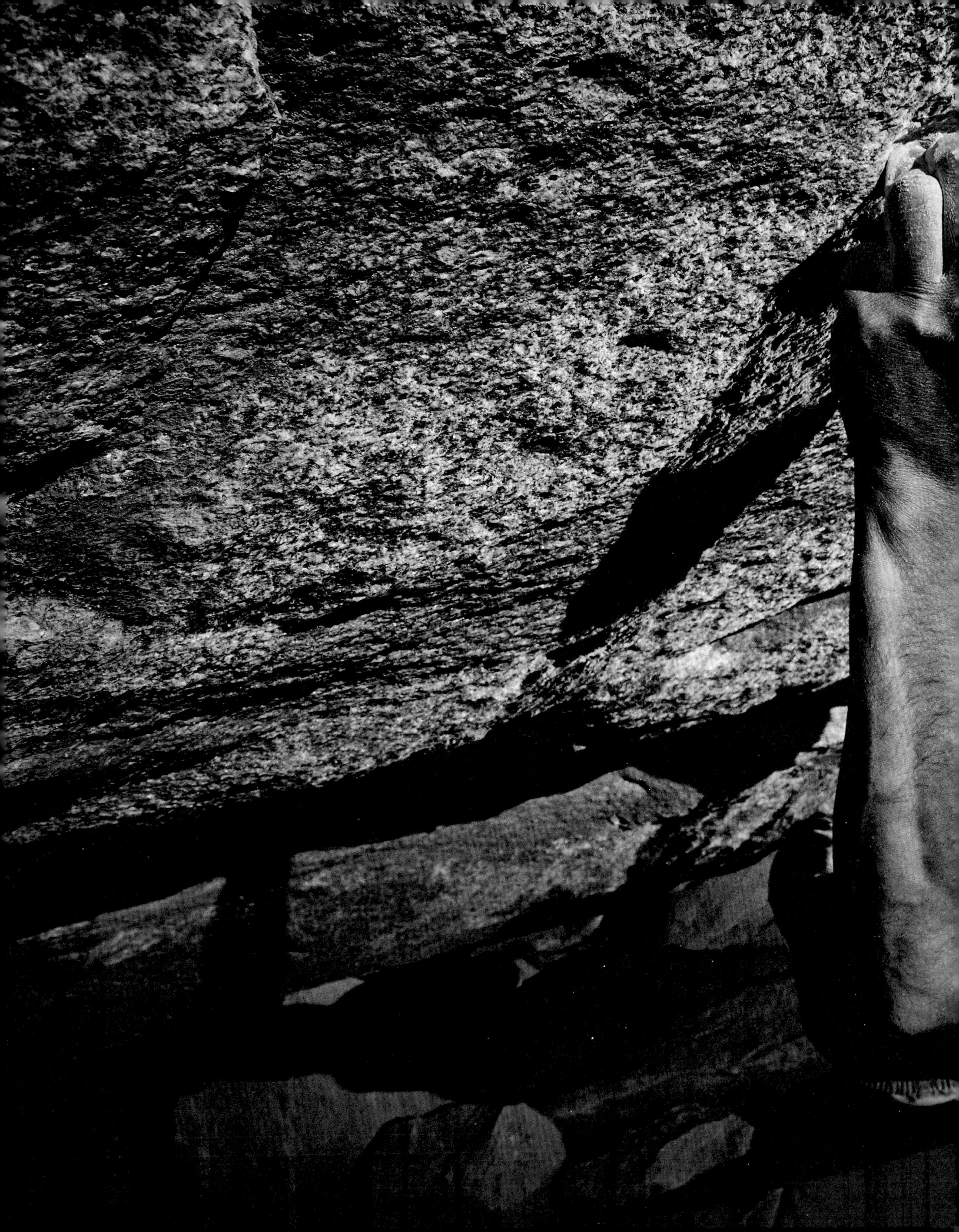

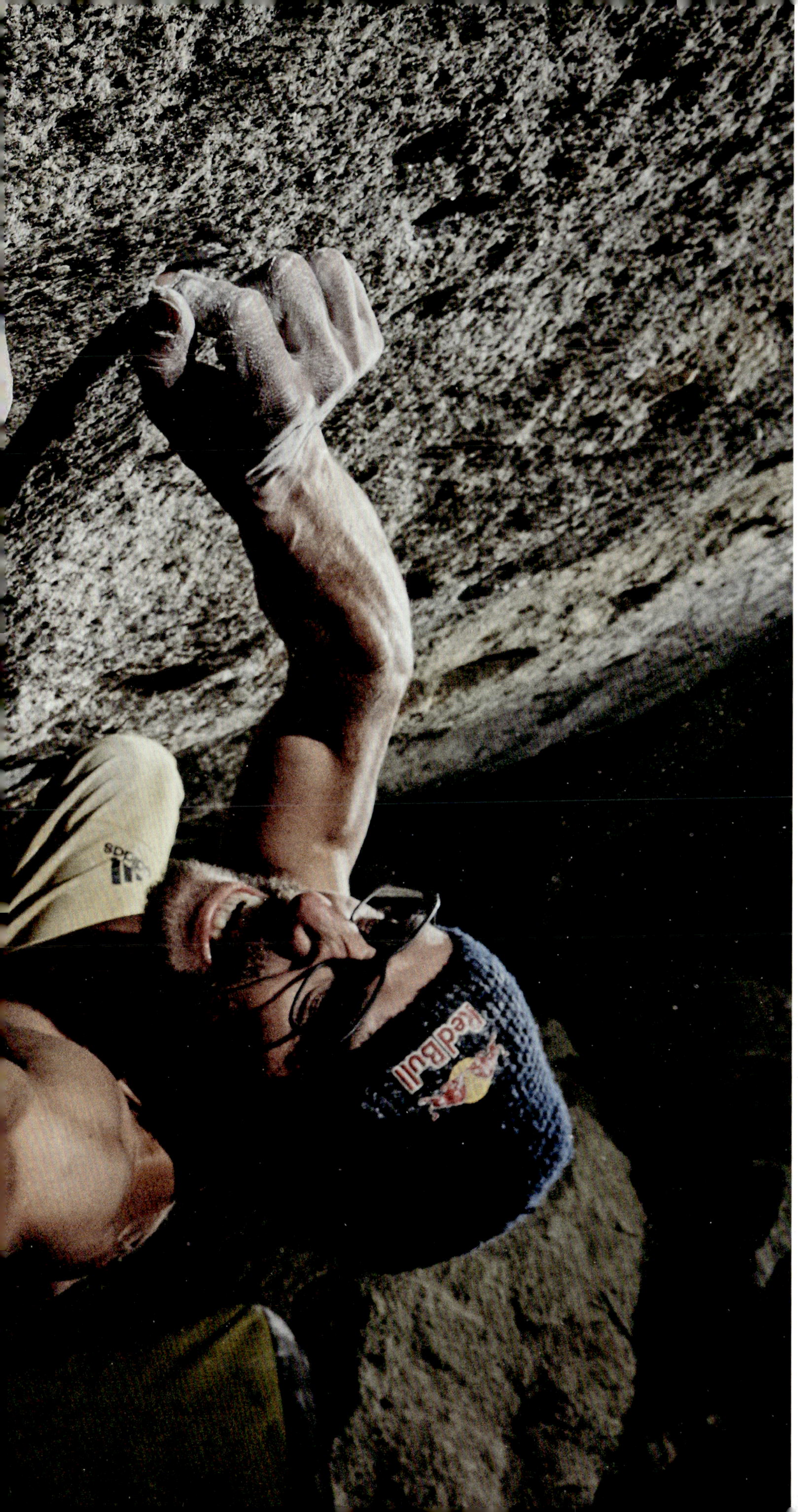

6

Es ist ein Eintauchen, in dem für einen kurzen Moment die Schwerkraft nicht zu existieren scheint und die Schwierigkeiten ohne jegliches Problem zurückgelassen werden.

Bernd Zangerl,
Sound of the Underground,
Himalaya, Indien

PROJEKTE UND DIE KUNST DES SCHEITERNS

Bernd Zangerl

Was für viele ein Stück Schokolade sein kann, das ein Verlangen, eine Begierde hervorruft, das ist für manche andere das Bouldern. Immer wieder greifen wir Kletterer sinnbildlich zu, müssen wir an den Fels gehen, ohne genau zu wissen, woher dieses Verlangen eigentlich kommt. Es ist einfach ein Gefühl, dem wir uns hingeben. Diese Lustgefühle und der Anspruch auf sie kommen tief aus unserem Unterbewusstsein. Wir »brauchen« diese andauernden »Bestätigungen« und stärken damit unser Ego. Das Ego wiederum erfindet stets neue Ansprüche und Wünsche, denen wir uns hingeben können. Diese wiederholen sich und wollen gar nicht ein für alle Mal befriedigt werden, ähnlich wie bei Schokolade: Das Verlangen kehrt immer wieder zurück. Bouldern ist im Grunde genommen nur eine Lust, ein Bedürfnis, dem man sich gerne hingibt. Hingabe? Ist das vielleicht das Schlüsselwort? Hingabe führt zu Leidenschaft. Und ist die Leidenschaft einmal entfacht, dann gibt's kein Zurück mehr.

PROJEKT

Ich kann mich nicht mehr genau daran erinnern, wann es damit angefangen hat. Auf einmal sah ich überall Linien: an jedem Stein, jeder Felswand, jedem Gebäude oder an sonst einer erkletterbaren Struktur. Sobald ich ein paar Haltepunkte zu sehen glaubte, verschmolzen diese in meinem Geiste zu einer Linie. Sie wurden zu meinem »Projekt«. Wenn ich ein Gebiet besuchte, fiel mein Blick nicht auf die bestehenden Routen, sondern es waren jene Felsen interessant, an denen sich noch niemand versucht hatte. Es macht Freude, an etwas zu arbeiten, das noch keiner entdeckt hat. Nicht zu wissen, ob es je gelingen wird, und doch trotzdem daran zu glauben, dass – wenn alles perfekt läuft – es gelingen kann: Dieser Zustand ist erfreulicherweise Motivationsgrundlage und Inspiration zugleich, und an diesem Zustand hat sich bis heute nichts geändert. Griffe und Tritte. Überall. Das Bouldern ist im Vergleich zum Klettern viel feiner geworden. Anspruchsvoller, detaillierter, spielerischer und kraftvoller. Ein Tritt ist nicht einfach ein Tritt, ein Griff ist nicht einfach ein Griff. Aufs Detail kommt es an. Nicht das Ende einer Route ist das Ziel, sondern jeder einzelne Quadratzentimeter Fels. Details, Kreativität und Vorstellungskraft, das sind die Zutaten, die das Bouldern erst interessant machen. Griffe, Risse, Dellen, jede Unebenheit in der Felsoberfläche und natürlich die Reibung am Fels, die Felsrauigkeit. Alles wird genau betrachtet, analysiert und abgespeichert. Das »Boulderproblem« wird entschlüsselt, in seine Einzelteile, sprich: Einzelzüge, zerlegt. Jedes Detail kann zur Lösung des Problems beitragen. Es gilt, die ökonomischste Lösung für das Projekt zu finden oder überhaupt einen machbaren Weg. Das »Ausbouldern«, das Suchen und Finden einer Lösung, ist zu einer Leidenschaft geworden. Es ist ein Spiel der Natur, das es zu verstehen gilt. Jeder Fels ist anders. Es ist auch vorgekommen, dass ich meine ganze Kraft dem Entschlüsseln einer einzigen Passage gewidmet habe und dann feststellen musste, dass mich der Durchstieg des Problems nicht mehr sonderlich interessierte. Sind die Einzelzüge gemacht, weiß man ja,

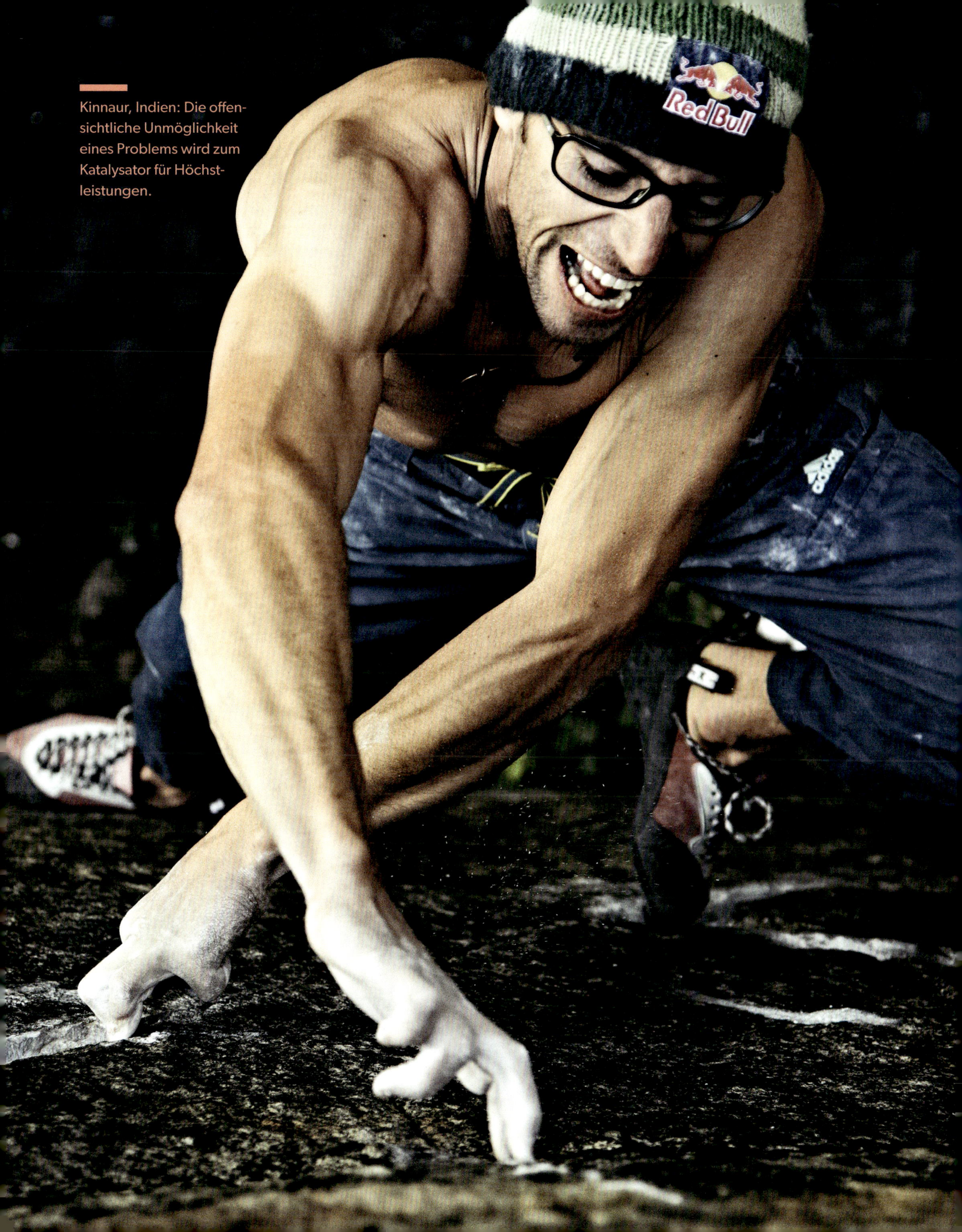

Kinnaur, Indien: Die offensichtliche Unmöglichkeit eines Problems wird zum Katalysator für Höchstleistungen.

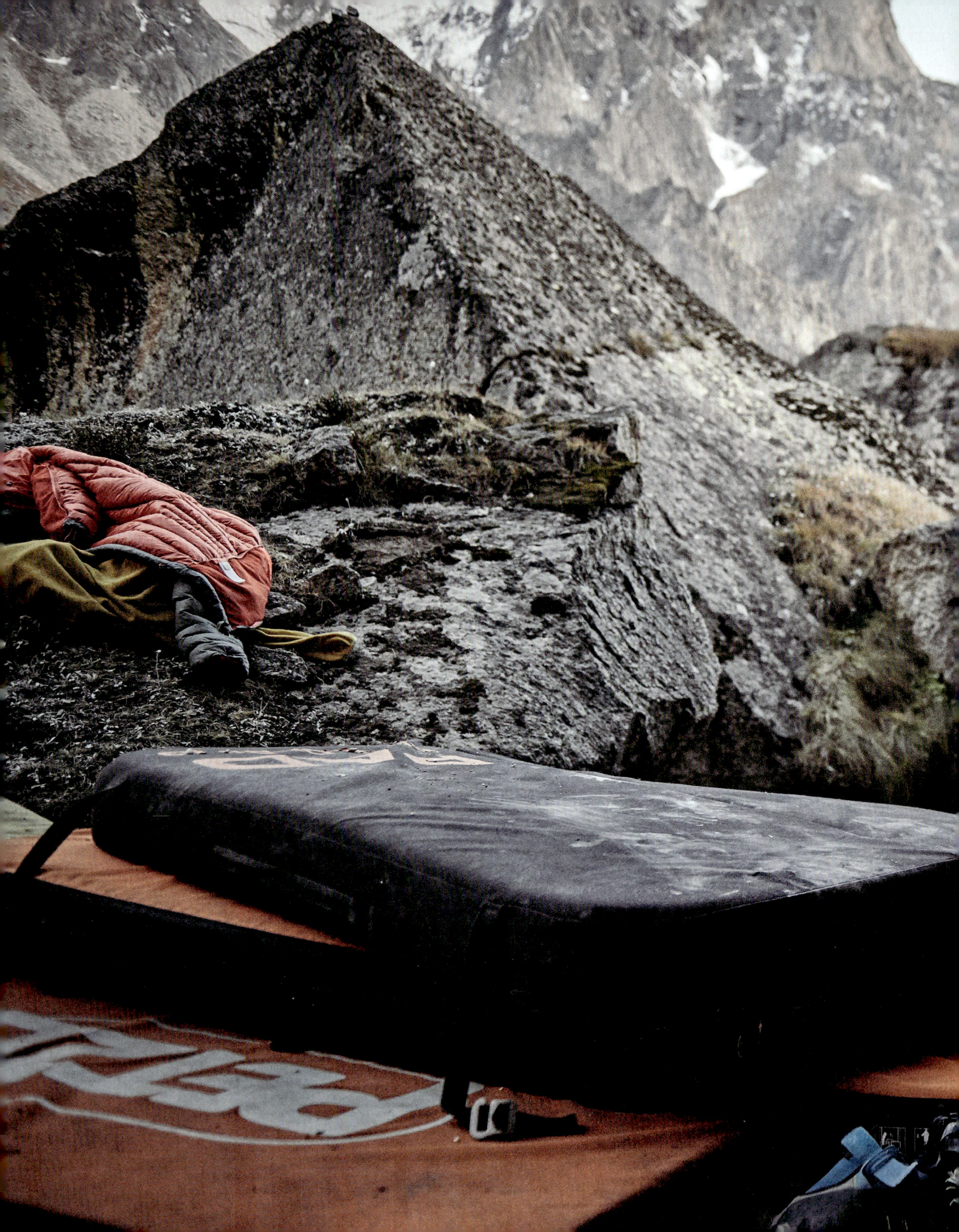

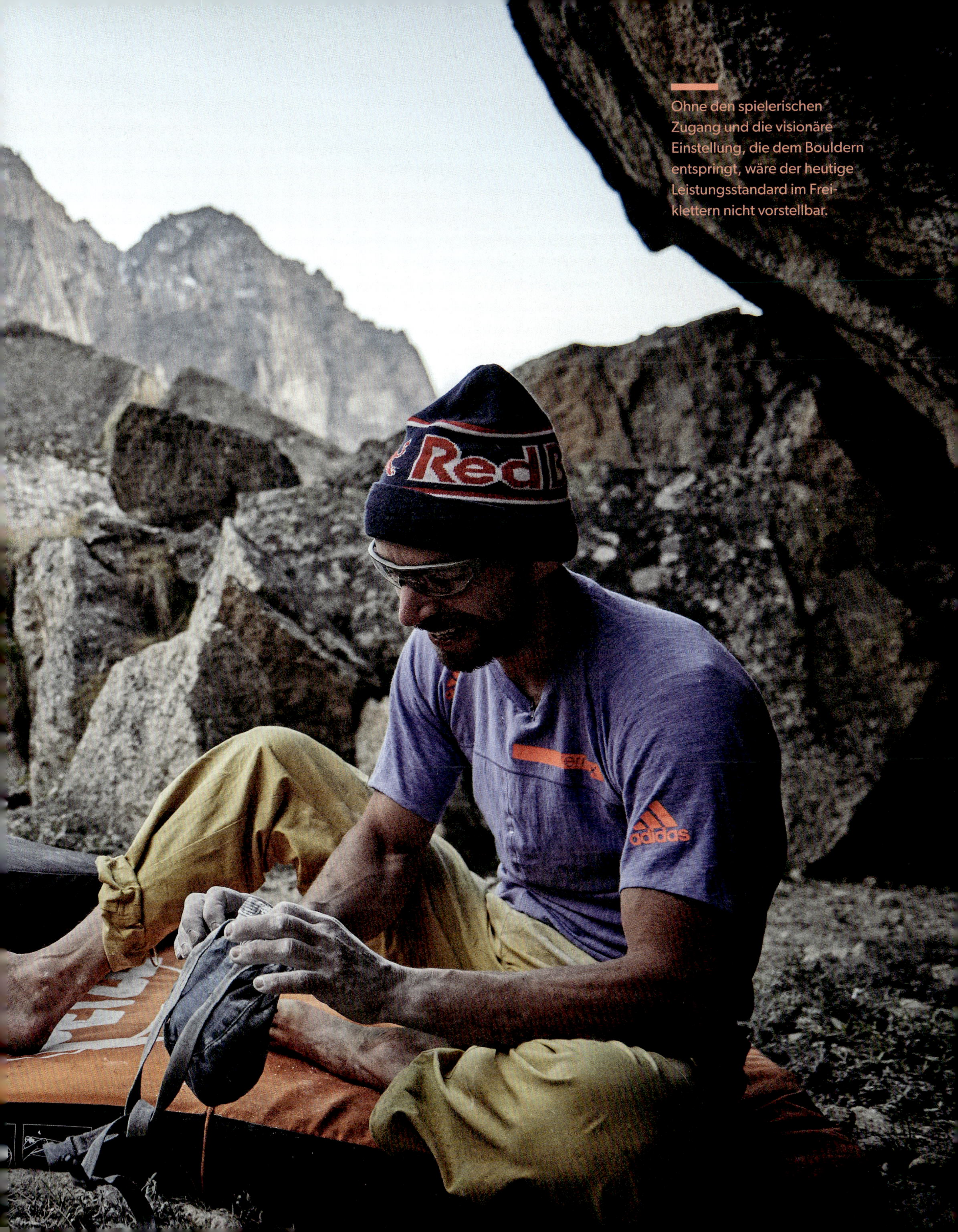

Ohne den spielerischen Zugang und die visionäre Einstellung, die dem Bouldern entspringt, wäre der heutige Leistungsstandard im Freiklettern nicht vorstellbar.

dass der Boulder möglich ist, und die Gedanken widmen sich schon dem nächsten Move, der nächsten Kletterstelle, die darauf wartet, entschlüsselt zu werden. In diesem kreativen Akt, dem »Decoding«, dem Suchen der idealen Lösung, eröffnet sich ein unendliches Betätigungsfeld. Ein kleiner Felsen expandiert auf einmal zu einem Universum, das die ganze Aufmerksamkeit eines Kletterers in sich aufsaugt. Eintauchen, alles um sich herum vergessen. Irgendwann kann es dann auch gelingen, diesen Zustand auch auf das Bouldern zu übertragen. Das bewusste Empfinden der Bewegung führt zu einer neuen Art von Wirklichkeit, in der Grazie und Präzision das Bouldern auf eine andere Ebene bringen. Bouldern erreicht so seine schönste Form. Und diese Perfektion wurde zu meinem persönlichen Anspruch. John Gill hat diesen Zustand ganz passend und wunderbar als sogenannte »moving meditation« bezeichnet. Wenn alles im Fluss ist, Körper und Geist in absoluter Balance, wenn das Denken wegfällt, dann wird Bouldern zum Tanzen. Der Kletterer verschmilzt mit der Materie Fels, alles wird ganz leicht und einfach. Ob der Geist zum Körper wird oder der Körper zum Geist, bleibt schlussendlich auch nur eine Anschauungssache, die jeder für sich selbst finden muss.

DIE SCHWIERIGKEIT MIT DER SCHWIERIGKEIT

Was wäre der Bouldersport ohne den Schwierigkeitsgrad? Die Diskussionen um die Schwierigkeit sind fast so alt wie das Klettern selbst. Welches ist der schwierigste Berg, die schwierigste Nordwand, die schwierigste Route? Die Quintessenz des Boulderns ist die Schwierigkeit. Die große Frage des Bergsports »Was ist noch möglich?« wird hier reduziert auf einen einzelnen Move, auf einen Quadratmeter Fels. Die Nummern waren aber immer schon ein beliebtes Streitthema. Im Netz der Anonymität wird auch heute noch oft über die Richtigkeit von Bewertungen gestritten und auf den Wahrheitsgehalt hin überprüft. Aber wie viel Wahrheit ist am Ende in diesen Nummern zu finden?

Als man im europäischen Raum noch darüber diskutiert hat, ob der siebte Grad überhaupt möglich sei, und man sich mit Leitern und Schlaghaken die großen Wände regelrecht eroberte, ist der schon mehrfach erwähnte John Gill Routen im neunten Grad geklettert. In Europa war der sechste Grad die obere Grenze. Aber wie so oft im Leben hat sich auch im Klettersport gezeigt: Mehr geht nicht, gibt's nicht. Heute ist die Skala nach oben offen, und die Grenzen des Möglichen verschieben sich kontinuierlich nach oben. Dem Bewegungsrepertoire sind keine Grenzen mehr gesetzt. Vor allem die japanischen Athleten haben im Weltcup durch ihre Beweglichkeit und Präzision neue Maßstäbe gesetzt und so manchen erstaunt. Die europäischen und amerikanischen Sportler haben im Gegenzug das Kraftpotenzial der Klettermuskulatur enorm gesteigert.

Am häufigsten wird zur Bewertung von Boulderproblemen die sogenannte Fontainebleau-Skala verwendet. Ein Grad besteht jeweils aus einer Zahl und einem Buchstaben (A, B oder C). Hinter dem Buchstaben wird manchmal auch ein »+« angefügt, wenn sich die

Schwierigkeit nur marginal von der vorigen Stufe unterscheidet, sodass ein höherer Buchstabe nicht gerechtfertigt wäre.

Fingerkraft, Körperspannung und Blockierkraft bleiben die wichtigsten Grundzutaten für das Erlernen neuer Bewegungsmuster. Dass sich die Grenzen der Schwierigkeit so schnell verschieben, ist auch auf die Tatsache zurückzuführen, dass es heute unzählige Boulderhallen gibt, was vor der Jahrtausendwende noch eine Seltenheit war. Heute gibt es beinahe in jeder größeren Stadt eine oder mehrere Boulderhallen, und auch in den Vororten und ländlichen Bereichen sind diese Trainingsorte, die gleichzeitig als Treffpunkt fungieren, in Mode gekommen. Die Indoorhallen garantieren zu jeder Jahreszeit ideale Trainingsbedingungen. Außerdem ist der Sport dadurch für viele zugänglich, und die Kinder beginnen schon sehr früh mit dem Klettern. Das verbesserte Trainingswissen, auf das wir heute zurückgreifen können, tut das Übrige. Noch nie hat es in diesem Sport so viel Wissen über das »richtige« Training und Bewegungslehre gegeben, und die nächste Generation steht schon in den Startlöchern. Das Ziel, einen bestimmten Schwierigkeitsgrad zu meistern, kann die körperlichen Fähigkeiten steigern, keine Frage. Aber hinter dieser auf den ersten Blick recht einfachen Kombination von Zahlen und Nummern verbirgt sich eine Komplexität, die am Ende auf einem Vergleich beruht. Der Begriff der Schwierigkeit ist größtenteils eine abstrakte, auf körperliche Leistungsfähigkeit bezogene Metapher. Im High-End-Bereich sind sich die Athleten darüber im Klaren, dass Körpergröße, Ape-Index (Verhältnis zwischen Armspannweite und Körpergröße) und Reibung entscheidende Erfolgsfaktoren sind. Für Einsteiger gilt im Grunde dasselbe, allerdings kann durch die Verbesserungen der Technik viel wettgemacht werden.

Bei den Bewertungen geht der Trend momentan aber mehr in die Richtung von noch subjektiveren Skalen, also Systeme, wo der Boulderer nach seinem Empfinden eine Bewertung, einen sogenannten »Personal Grade«, vergibt. Dies ist aus den Diskussionen um die Richtigkeit von manchen bewerteten Bouldern entstanden, da etwa kleinere Sportler gewisse Blöcke, rein durch die Körpergröße bedingt, nicht klettern können, dies aber nicht an der tatsächlichen Schwierigkeit eines Boulders liegt.

Die Bewertungen sind eine einseitige und subjektive Vorstellung, die mit dem Gesamterlebnis Bouldern nichts gemein hat. Die Schwierigkeitsgrade geben uns auch keine Informationen bezüglich Eleganz, Schönheit oder Spaßfaktor eines Problems. Ursprünglich hatte die Bewertung von Routen eine gänzlich andere Bedeutung: Ausgehend vom alpinen Klettern sollte ein Grad in erster Linie darüber Auskunft geben, welche Routen sicher geklettert werden konnten und welche als gefährlich einzuschätzen waren, schließlich wäre mit einem Sturz der Tod beinahe sicher gewesen. Aufs Bouldern übertragen, sollte sich ein Kletterer anhand der Grade orientieren können, welche Boulder er in einem für ihn unbekannten Gebiet ausprobieren könnte. An der Definition hat sich seither eigentlich nichts

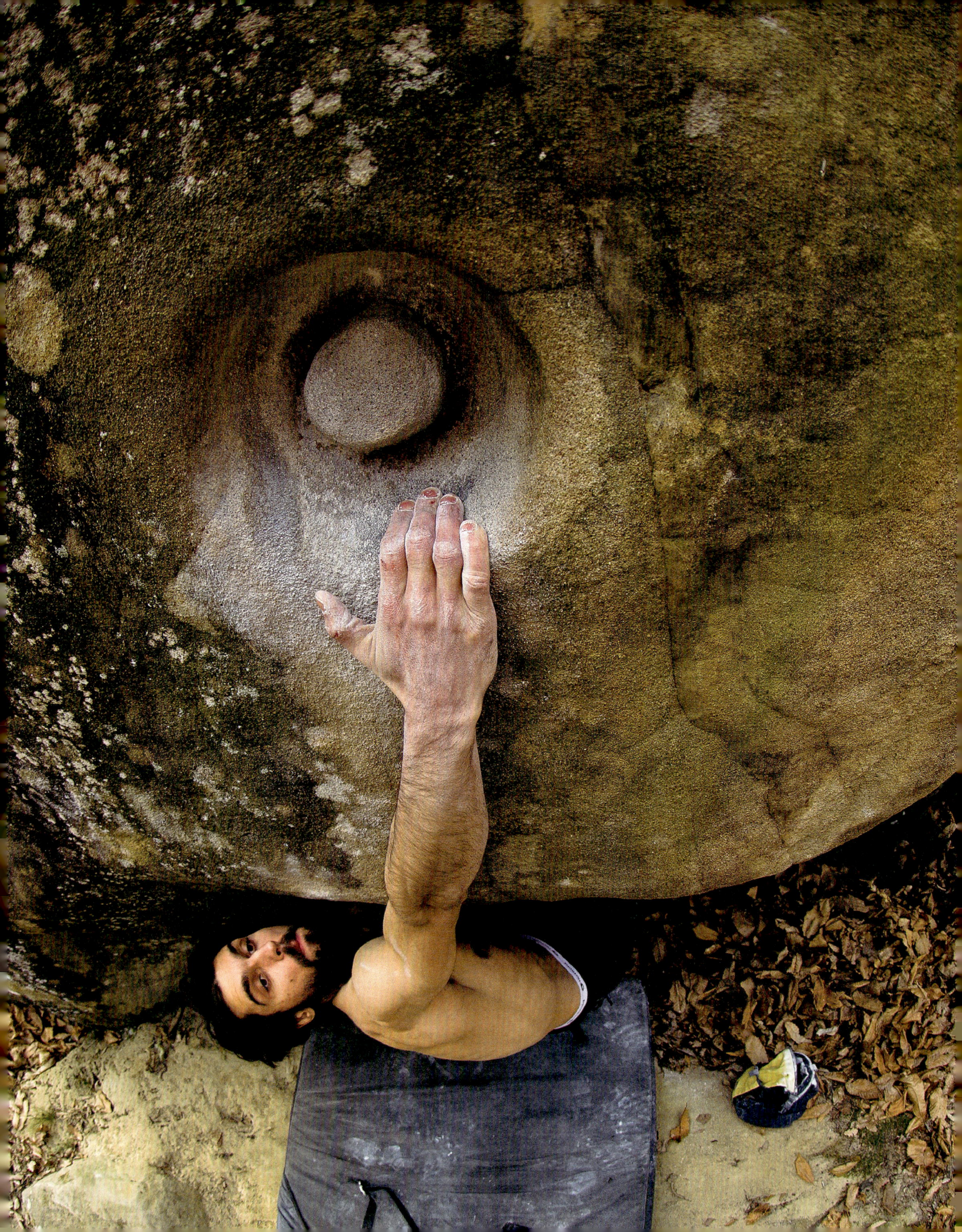

Die Geologen wissen nicht, wie diese kreisrunde Felsformation entstanden ist. Für Niky Ceria ist diese Formation im Sandstein jedenfalls ein idealer Griff zum Festhalten. *Il Signore degli anelli*, 8A+/B, Ceriola, Italien.

geändert, aber irgendwo im Laufe der Geschichte gab es eine Werteänderung. Der Schwierigkeitsgrad hat in der heutigen Zeit einen fraglichen Stellenwert eingenommen. Er ist zu einem »Wert« geworden und hat eine große Wichtigkeit in der Szene erlangt. Oft scheint es so, als ob die Nummer das Einzige sei, was zählt. Der Wert erhält mitunter mehr Wichtigkeit als die Idee, die hinter einem Projekt steckt.

Dennoch hat ein Bewertungssystem auch gute Seiten. Die Vorteile der Skala liegen darin, dass eine Vergleichbarkeit verschiedener Boulderprobleme innerhalb der Kletterszene einfacher wird. Die Grade können in Kletterführern verwendet werden, die Boulderern bei der Auswahl der für sie geeigneten Blöcke in einem Gebiet helfen können. Eine Skala motiviert außerdem dazu, sich an ihr hochzuarbeiten, besser zu werden und sich selbst anzuspornen.

Andererseits schafft ein Bewertungssystem ein striktes, einseitiges Bild des Klettersports. Die Konkurrenz steht im Vordergrund, und die individuelle Kreativität leidet: Boulderer laufen Gefahr, sich nur an Kletterführer zu halten, anstatt ihrer eigenen Inspiration freien Lauf zu lassen.

In der sportlichen Betätigung hätte der Mensch eigentlich die Chance, sich nicht dem Wettkampf stellen zu müssen, wie er ihn tagtäglich in der Arbeitswelt erlebt. Er könnte sich für einen kurzen Moment dem Leistungsdruck entziehen und für sich allein etwas schaffen, sich sozusagen künstlerisch betätigen. Wertungsfrei. Aber er scheint daran nicht mehr interessiert zu sein, vielleicht haben wir einfach vergessen, wie zufrieden so etwas machen kann? Wenn es heutzutage keinen Vergleich mehr gibt, dann wird die Betätigung für viele uninteressant. Das Tun allein genügt oft nicht mehr, und erst langsam zeichnet sich eine Kehrtwende von dieser Einstellung ab.

Der Vergleich von Leistungen war immer schon eine elementare Triebfeder im Sport, und der Wettbewerbsdrang hat in gewisser Weise in neue Dimensionen geführt. Die heutige Gesellschaft braucht und will messbare Werte. Geht es um Leistung, brauchen wir einen Schwierigkeitsgrad, um diese Nummer dann anhand einer Skala einzuordnen und die Leistung bewerten zu können. Sport kann nur stattfinden, wenn es den Vergleich gibt. Sport braucht eine Infrastruktur. Wenn wir vom Bouldern als einer Kunstform, vergleichbar mit dem Tanzen oder dem Parcours-Laufen, ausgehen würden, dann bräuchten wir schlussendlich auch keine Bewertung. Es sind die Bewegungen, die eine Route interessant machen. Grade sind nur dann von Bedeutung, wenn wir Klettern ausschließlich als Sport betrachten und von unserem Ego ausgehen. Würden wir das Bouldern rein als Leidenschaft ansehen, dann verlieren die strikten Bewertungen ihre Bedeutung. Das Erlebnis des Kletterns an sich würde im Vordergrund stehen.

Somit gilt als genereller Grundsatz: Der Grad hat die Wichtigkeit, die du ihm gibst!

Nur im Winter herrscht Stille im Magic Wood in der Schweiz.

Bernd Zangerl im Boulder *Höhenrausch* (7B+), ein Klassiker des Gebietes.

DIE KUNST DES SCHEITERNS

»Wenn's läuft, dann läuft's«, sagt man locker und beschreibt damit einen Zustand, an den man nicht denkt, wenn er ist. Es ist eben die eigentümliche Natur des Denkens, dass wir uns erst damit beschäftigen, wenn es einmal »nicht so läuft«. Dann kramt unser egoistisches Bewusstsein allerhand Rationalisierungen aus dem Geiste und versucht, Erklärungen zu finden, zu verstehen, damit der perfekte Zustand so schnell wie möglich wiederhergestellt werden kann. Das egoistische Denken wird dies aber nicht herbeiführen können, und schon die alten chinesischen Philosophen haben von einem nicht wollenden Willen gesprochen, der zur Erreichung des perfekten Zustands notwendig ist. Vielleicht genügt aber auch nur ein Stück Fels, ein intuitives Aufblitzen der Gegenwärtigkeit – der Ursprung allen Wollens –, und alle Energiereserven werden mobilisiert. In den Motiven unseres Wollens liegt also der Schlüssel, der die Konzentration zu bündeln vermag und der den Menschen über sich hinauswachsen lässt.

An Erstbegehungen zu arbeiten, bedeutet meistens zu scheitern.

Bouldern ist in dieser Hinsicht sicher die Kunst des Scheiterns. Oft dauert es Wochen, Monate oder sogar Jahre, bis man eine Lösung gefunden hat. Oft ist es die falsche Lösung, und man fängt wieder von vorne an. Die Hoffnung stirbt bekanntlich zuletzt, aber der Glaube versetzt Berge. Scheint es nicht verrückt, immer und immer wieder dasselbe zu probieren und ein anderes Resultat zu erwarten? Über 500 Versuche habe ich für meine Erstbegehung, *Die Versorgungslinie* (8C), investiert. Nie konnte ich mir sicher sein, es jemals zu schaffen. Auch wenn ich nicht den Hauch einer Chance hatte, ich probierte nochmals. Es ist schlussendlich ein Spiel. Und eben dieses Wollen. Es ist ein Eintauchen, in dem für einen kurzen Moment die Schwerkraft nicht zu existieren scheint und die Schwierigkeiten ohne jegliches Problem zurückgelassen werden. Als nach fünf Jahren meine bisher längste Beziehung mit einem Stück Fels zu Ende ging und ich den Ausstieg des Boulders erreicht hatte, war mir klar, dass es nur darum geht.

Es gilt, Ruhe und Gelassenheit zu entwickeln. Den Fokus nicht zu verlieren und immer wieder von Neuem zu beginnen. Du musst deine Aufmerksamkeit dorthin lenken, wo du sie haben möchtest. Auf den erfolgreichen Durchstieg des Boulders zum Beispiel. Die Felsen sind stille Lehrer. Ärger entzieht dir Energie. Beobachte ihn, und wandle ihn in Kraft um. Vielleicht überträgt sich diese Attitüde mit der Zeit auch auf den Alltag. Auch dort hilft es, den alltäglichen Problemen mit Gelassenheit und Ruhe zu begegnen und sich nicht von jeder Kleinigkeit aus der Bahn werfen zu lassen.

***DIE VERSORGUNGSLINIE* – DIE GESCHICHTE EINER ERSTBEGEHUNG**

Das Scheitern hat in der Gegenwart einen schlechten Ruf bekommen und scheint ein Tabuthema der heutigen Gesellschaft zu sein. Dabei ist doch ersichtlich, dass im Scheitern das Potenzial für weitere Entwicklung steckt.

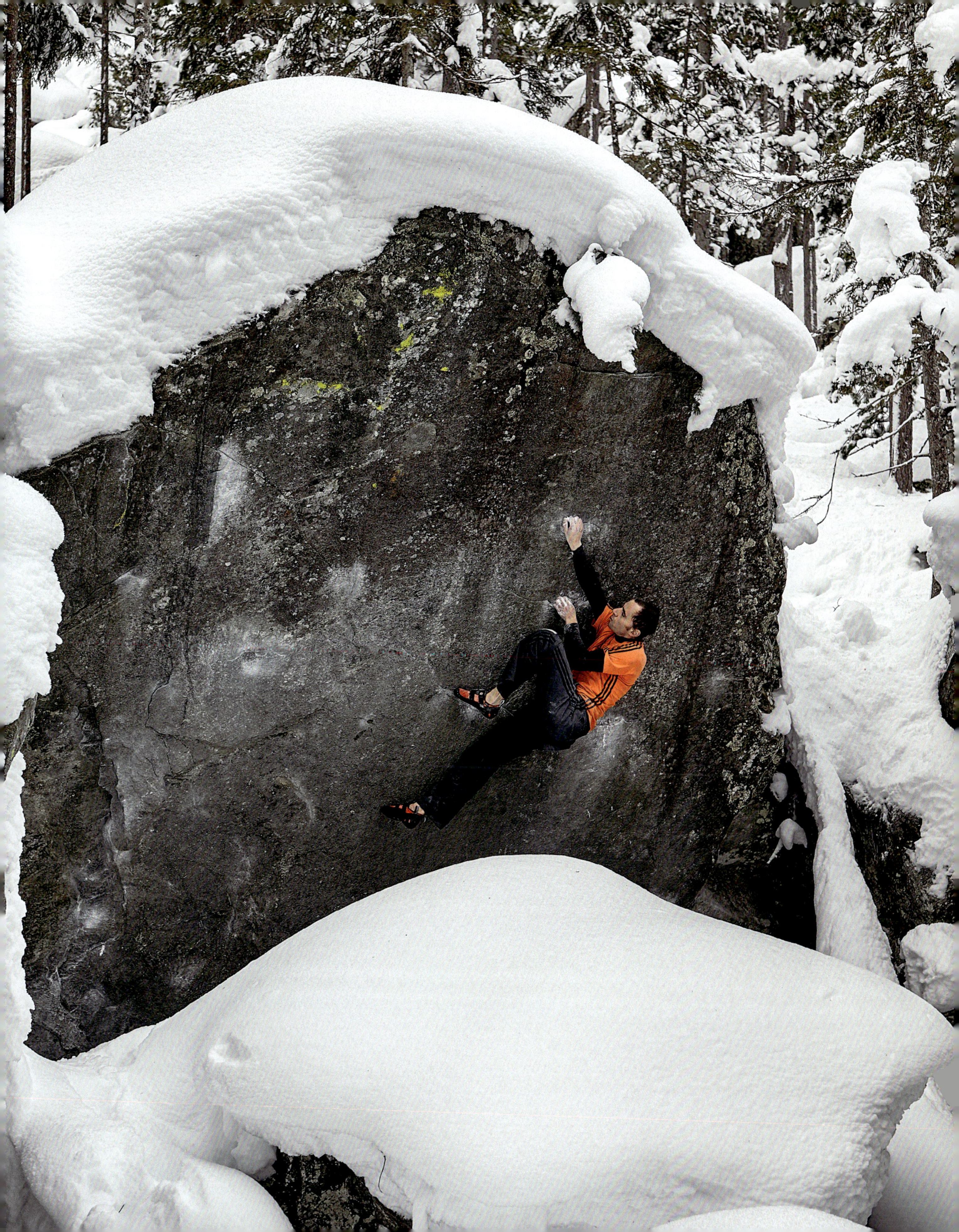

Keine Angst vor dem Scheitern sollte die Devise sein, wenn du Spaß haben willst und dich verbessern möchtest. Das Scheitern will also gelernt sein. Der Höhepunkt in dieser Hinsicht startete für mich im Frühling 2011. Im Himalaja auf der indischen Seite entdeckte ich einen beeindruckenden Felsblock, der sofort meine Aufmerksamkeit auf sich zog. Ich sah einen Riss und einige Griffe und hatte sofort eine Linie vor Augen. Es schien utopisch, aber gerade deshalb wollte ich diesen Boulder versuchen, die Linie und die Felsstruktur waren einzigartig.

Nach ein paar Tagen schaffte ich es, einen guten Griff, der mir am ersten Tag schon aufgefallen war, zu erreichen. Doch er hielt meinem Gewicht nicht stand und brach ab – ich landete am Boden. Beim nächsten Versuch hatte ich nicht den Hauch einer Chance, und mir wurde klar, dass ein Teil der Linie nun fehlte. Vielleicht ist der Boulder nicht mehr möglich, dachte ich, dennoch stand ich ein Jahr später wieder unter dem besagten Felsblock meiner Träume. Ich suchte nach einer anderen Lösung. Um den fehlenden Griff zu überwinden, musste ich nun einen Sprung wagen, um den Griff in Wandmitte zu erreichen – unrealistischerweise. Doch für mich war es die einzige Möglichkeit. Meine Motivation war wieder zurückgekehrt, ich hatte eine Herausforderung gefunden, und ich nahm sie an. Über Wochen näherte ich mich zentimeterweise dem vermeintlich guten Griff. Manchmal berührten meine Fingerspitzen die Griffkante, aber ich erreichte ihn nie richtig.

2013 war ich wieder im Himalaja. Nach einem harten Vorbereitungstraining während der Sommermonate gelang es mir, den seit Jahren anvisierten Felsvorsprung richtig zu erreichen, aber ich unterschätzte den Schwung, der durch den Sprung entstanden war, konnte die Bewegung nicht kontrollieren und landete wieder unsanft am Boden. Abermals krochen Zweifel in mir hoch. Es schien, als müsste ich meinen Traum, diese Linie zu klettern, begraben.

Als ich 2014 wieder in den Himalaja reiste, war mein hauptsächliches Ziel, neue Blöcke zu entdecken, denn das Potenzial dieses Gebietes war unvorstellbar groß. Doch als meine Freunde im November die Heimreise antraten, blieb ich noch eine Weile und fand mich wieder vor meinem Projekt der letzten Jahre. Da ich jetzt ohne Spotter keinen Sprung wagen konnte, weil das Verletzungsrisiko zu groß wäre, versuchte ich, die ursprüngliche Linie mit dem abgebrochenen Griff zu klettern. Zu meinem Erstaunen konnte ich mich kurz daran festhalten, und der Felsvorsprung in der Wandmitte war in Reichweite. Meine Motivation war erneut entfacht.

September 2015. Im fünften Jahr lege ich wieder die Crashpads unter meinen Felsblock, wie schon so viele Male zuvor. Ein Sturm bahnt sich an, ich spüre es. Nach einem Fehlversuch klettere ich das Problem in einem Zug durch. Überwältigt stehe ich nach fünf Jahren endlich auf dem »Gipfel« des Boulders. Ich weiß nicht, was ich anders gemacht habe, was der Unterschied zu den unzähligen Versuchen davor gewesen war. Aber in diesem Moment wurde ich dafür belohnt, dass ich mich vom Scheitern nicht unterkriegen ließ. Im Gegenteil, ich habe das Scheitern an sich zu einem Teil des Projekts gemacht und so mein Ziel erreicht.

DAS SCHWIERIGSTE PROJEKT

Für *Die Versorgungslinie* im Himalaja habe ich die Bewertung von 8C vorgeschlagen. Doch es war bei Weitem nicht das schwierigste Projekt, mit dem ich mich beschäftigt hatte. Denn das schwierigste Projekt eines Profisportlers beginnt dann, wenn er seinen Sport nicht mehr ausüben kann.

Viele sagen, ich hätte Glück gehabt. In den 20 Jahren, in denen ich intensiv am Limit geklettert und gebouldert bin, hatte ich nur wenige schmerzhafte Unfälle und Verletzungen. Fersen, Knöchelverstauchungen und gezerrte Sehnen sind sozusagen *»Part of the Game«*, wenn man so wie ich viel allein beim Bouldern ist. Der Kniescheibenbruch in der Boulderhalle zu Hause in Flirsch leider ebenso. Es waren nur kurze Unterbrechungen, und es war immer klar, dass ich bald wieder am Fels sein würde. Aus all diesen Verletzungen bin ich noch stärker wieder zu den Blöcken zurückgekehrt, da ich die Zeit entweder mit intensivem Campustraining überbrückte oder mich einfach erholte.

2005 hatte ich aber einen Unfall, der mich für längere Zeit außer Gefecht setzte. Einige Bänder meiner Finger waren während des Boulderns gerissen. Ein hervorragender europäischer Fingerspezialist erklärte mir damals, dass es mit dem Leben als Profiboulderer wohl vorbei sei. Ich würde die Finger nie wieder aufstellen können. Das Aufstellen der Finger ist beim Bouldern im Extrembereich an der Tagesordnung. Nach vier Monaten hatte ich immer noch Schmerzen, und die Ärzte empfahlen eine Operation. Sie konnten aber nicht garantieren, dass sich wesentlich etwas verbessern würde. Ich ließ mich nicht operieren, stattdessen flog ich mit Fred Nicole und Mary Gabrieli in die Rocklands nach Südafrika und begann, wieder zu klettern. Ich begann mit extrem leichten Bouldern. Ich wollte mich einfach nur bewegen, und ganz langsam und über Monate hinweg steigerte ich die Belastung. Schon bald begann ich, vorsichtig nach Bouldern zu suchen, wo ich die Finger nicht aufstellen musste. So wurden schwierigere Routen möglich, aber sobald die Belastung zu groß wurde, fühlte ich Schmerzen und ein leichtes Ziehen. Immer und immer wieder verdrängte ich dieses Gefühl der Ungewissheit, und es dauerte zwei Jahre, bis meine Ringbänder wieder voll funktionstüchtig waren. Mit meiner Erstbegehung von *Anam Cara* (8B+/C) im Silvapark Galtür bewies ich mir, dass selbst die hervorragendsten Ärzte nicht alles wissen können. Ich lernte für mich, dass es am besten ist, wenn ich die volle Verantwortung für meinen Heilungsprozess übernehme und dabei nach bestem Wissen und Gewissen alle Tipps und Ratschläge von Experten berücksichtige.

Die Verletzung, die ich mir am 29. Dezember 2015 zuzog, war allerdings anders. Ich arbeitete an einer großartigen Linie in Cresciano. Fast 17 Jahre lang war ich an diesem steilen Granitpfeiler vorbeigelaufen. Die Leisten, Zangen und Slopers erschienen wirklich zu klein, um sich daran festhalten zu können. Die Linie wirkte utopisch. Ich begann, die einzelnen Züge auszubouldern. Bald ließ ich den Anfang hinter mir und hielt mich mit aller Kraft im mysteriösen Mittelteil des Pfeilers fest. Ich sprang zurück auf den Boden und rastete eine

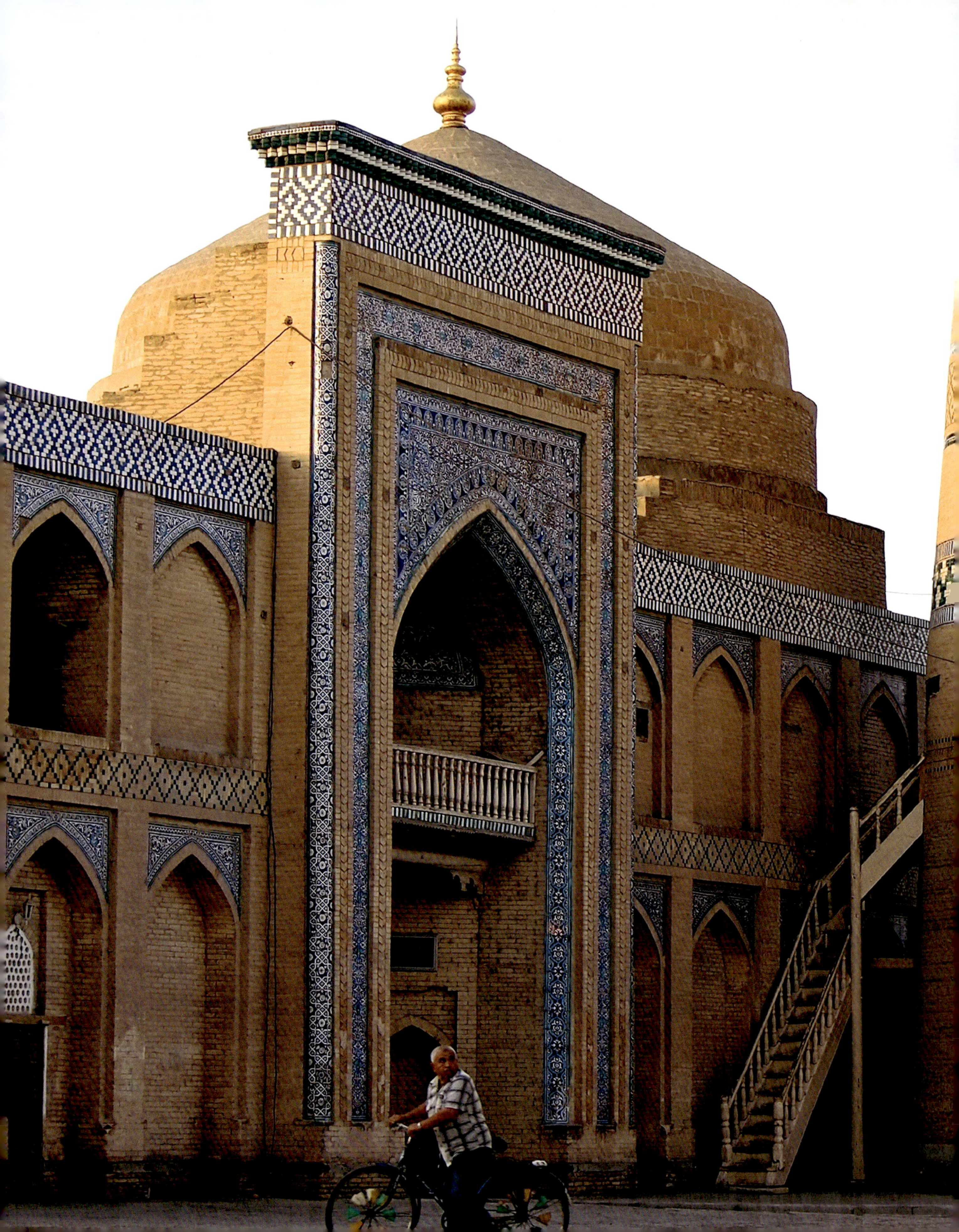

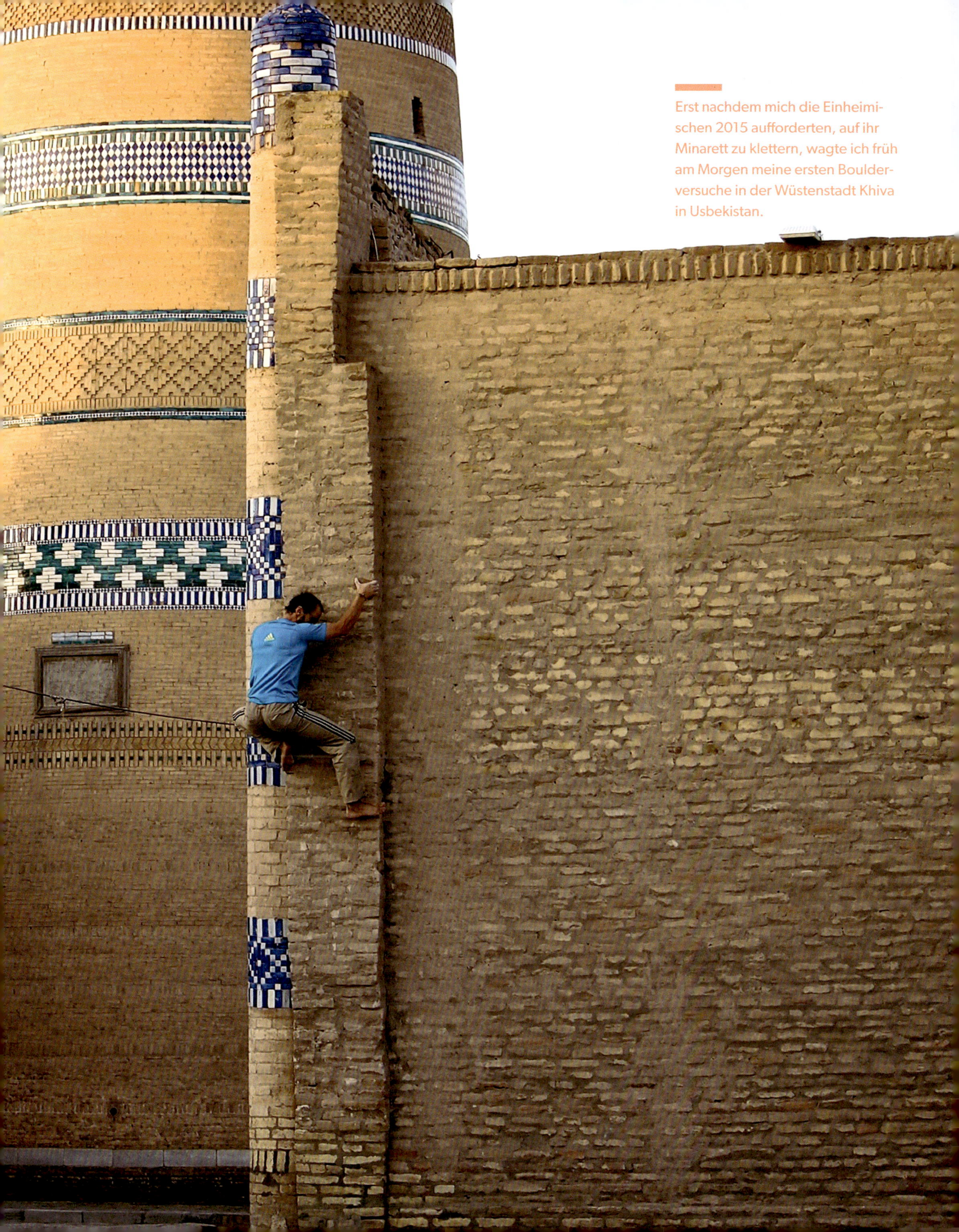

Erst nachdem mich die Einheimischen 2015 aufforderten, auf ihr Minarett zu klettern, wagte ich früh am Morgen meine ersten Boulderversuche in der Wüstenstadt Khiva in Usbekistan.

Fünf Jahre lang probieren, scheitern, erneut probieren. Bernd Zangerl klettert sein Langzeitprojekt *Die Versorgungslinie*.

Weile, bevor ich erneut einen Versuch startete. Ich gab alles, was ich hatte, kam ein paar Zentimeter weiter und rutschte schlussendlich doch von den Griffen. Mit der Kraft, mit der ich mich festgehalten hatte, beschleunigte ich den Absturz und landete hart auf dem Crashpad. Allerdings nicht mit beiden Beinen, wie es sonst üblich ist, sondern direkt auf dem Rücken. Es waren nur drei Meter, aber der Aufprall war so stark, dass ich noch eine Rolle rückwärts in den steinigen Untergrund hinlegte.

»So etwas solltest du in deinem Alter nicht mehr machen«, dachte ich am Boden kniend. Zuerst spürte ich nur leichte Schmerzen im Nacken und einen kleinen Schock durch den harten Aufprall. Ich dachte mir nichts dabei, packte meine Sachen zusammen und fuhr nach Hause. Ich hatte nicht das Gefühl, dass der Sturz etwas Ernsteres war. Ein paar Tage später wurden die Schmerzen stärker. In der Nacht konnte ich nicht schlafen und rollte immer von einer Seite zur anderen. Mein Kopf fühlte sich an, als ob jemand mit dem Hammer dagegen geschlagen hätte, und mein Nacken wurde immer steifer. Am Morgen schlich ich wie eine Mumie ins Bad. Ich schaute in den Spiegel. Blutunterlaufene Augen blickten mir entgegen. Nun ist es an der Zeit, um ins Krankenhaus zu gehen, dachte ich. Mit stoischer Ruhe erklärte mir der Arzt nach der MRT, dass ich unglaubliches Glück gehabt hätte. Ein wenig mehr und ich wäre von der Halswirbelsäule abwärts gelähmt gewesen. Der fünfte Wirbel war gebrochen, der sechste ebenfalls angeknackst. Der Wirbelkanal war extrem verengt. Zwischen diesen beiden Wirbeln zweigen auch die Nerven zur Klettermuskulatur in den Armen ab, und ein paar Tage später spürte ich meinen Daumen und Zeigefinger nicht mehr. Ein komisches Gefühl für einen Kletterer, aber ich wusste, dass dies »nur« wegen der Schwellung im Wirbelkanal zustande kam. Die Schwellung wird zurückgehen, das Gefühl an den Fingern wird wiederkommen, so sprach ich mir Mut zu. Am selben Abend begannen jedoch auch die Muskeln in meinem rechten Arm und in der Schulter zu vibrieren. Minutenlang. Ich wusste nicht, was da vor sich ging, und eigentlich wollte ich es in diesem Moment gar nicht wissen. Erst sechs Wochen später, nachdem die Schwellung in der Halswirbelsäule wieder weg war und mir die Ärzte die Sporterlaubnis erteilten, lüftete sich der Schleier der Unwissenheit. Als das Vibrieren der Muskeln begann, hörte mein Gehirn auf, Signale an diese zu senden. Die Muskelatrophie begann langsam. Die Ärzte empfahlen eine Operation, aber wie bei meiner Fingerverletzung im Jahr 2005 konnten sie nicht garantieren, dass es mir danach viel besser gehen würde. Ich verzichtete auf die Operation.

Die wirklichen Herausforderungen im Leben eines Sportlers beginnen erst, wenn dir genommen wird, was du liebst. Wenn du zum Nichtstun gezwungen bist und draußen die Sonne scheint. Draußen herrschen die besten Bedingungen, und du kannst dein Projekt nicht versuchen. Den Sinn verlierend scheint das Leben zu entgleiten.

Wenn die Depression mich am Morgen schon im Bett behalten wollte und ich das Gefühl hatte, mich selbst zu verlieren, stieg ich auf einen Berg. Ich zwang mich, denn

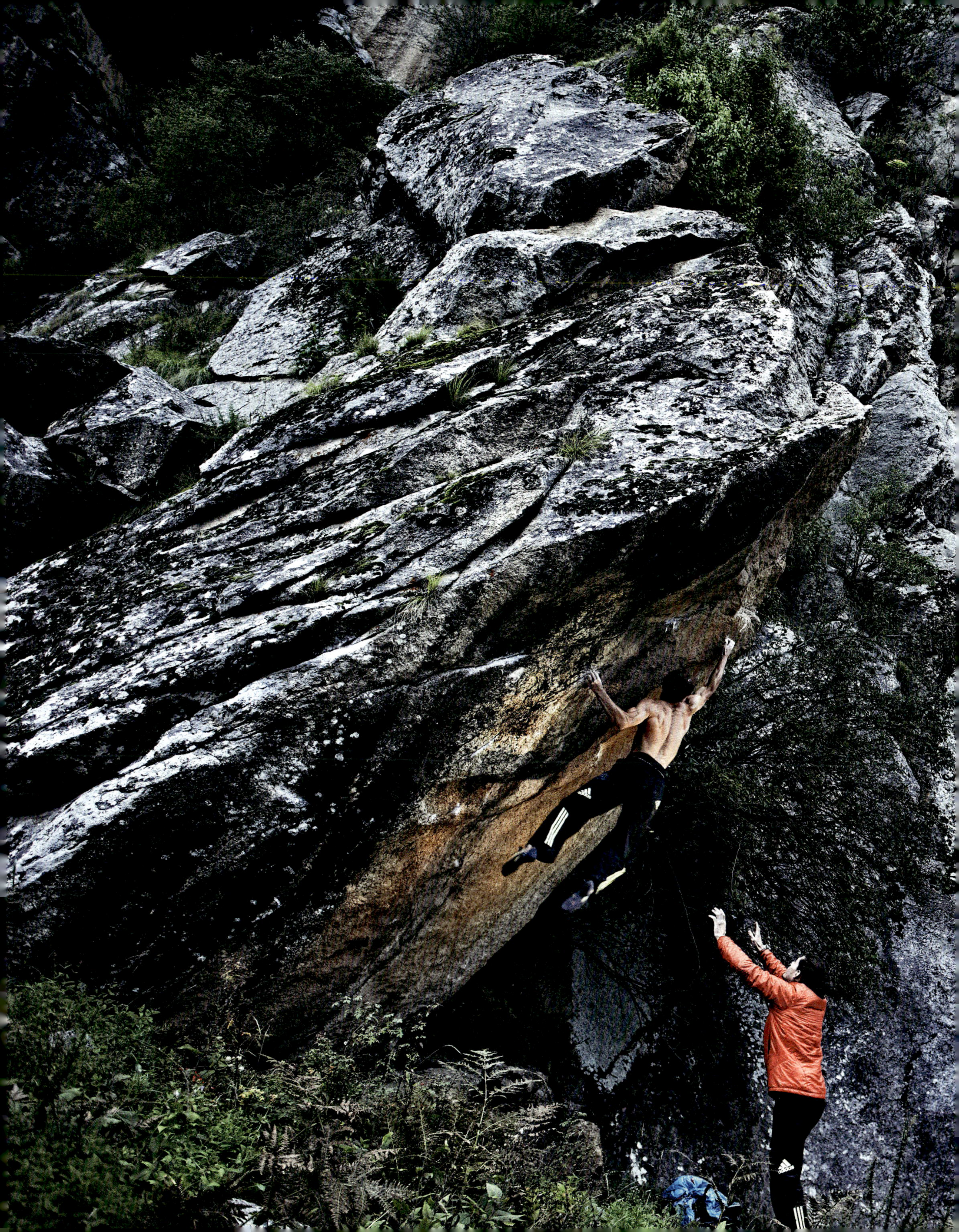

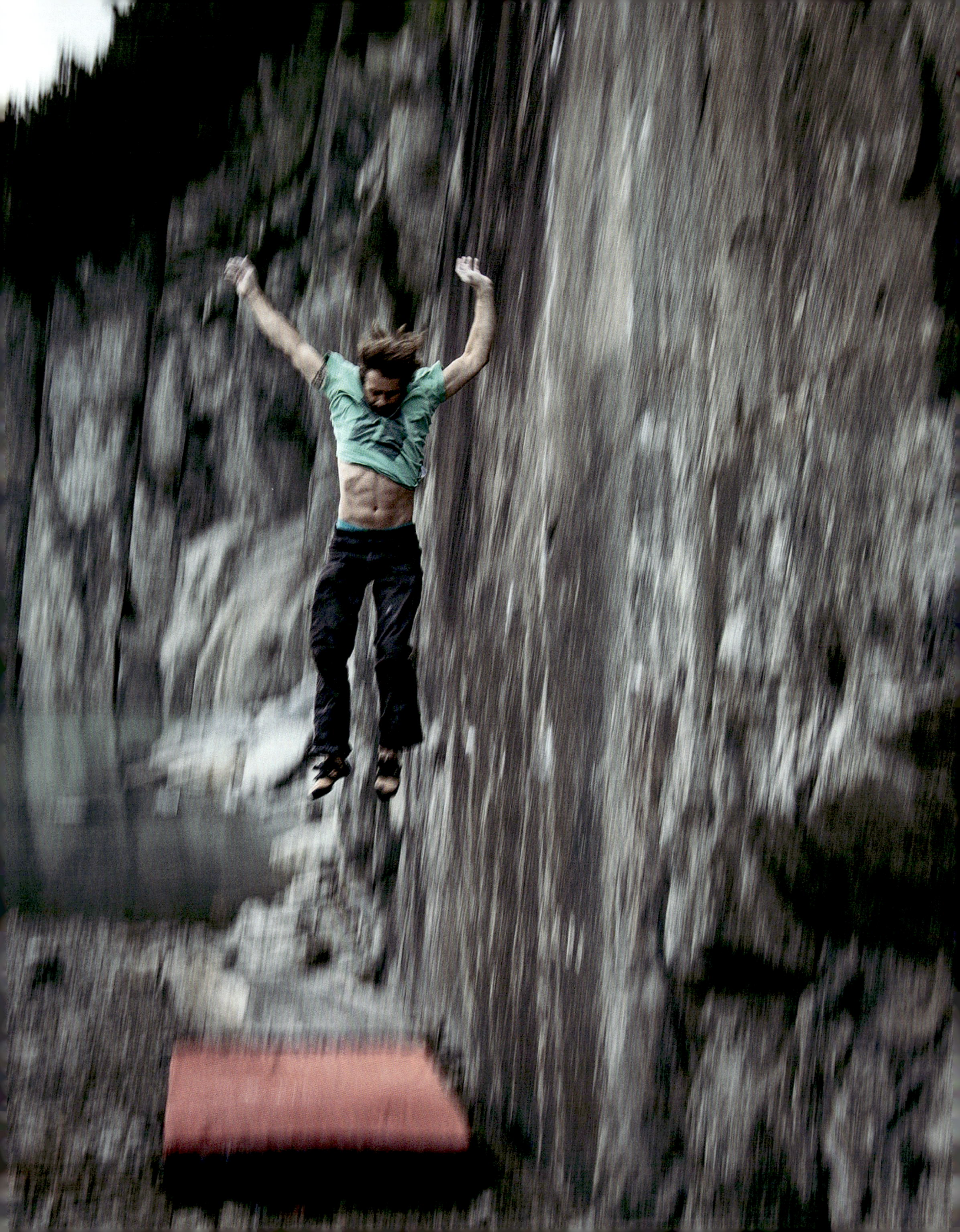

Hoher Luftstand bei geringem Wasserstand: Thomas Adank im Räterichsboden, Grimsel, Schweiz.

ich wusste, die Aussicht und die Weite würden mir guttun. Um mich abzulenken, beschäftigte ich mich auch mit Büchern über indische Mythologie und Philosophie und entspannte bei langen Wanderungen. Kochen half ebenfalls. Zumindest bis zu jenem Morgen, der mir noch deutlich in Erinnerung ist. Ich kochte Alu Gobi, ein einfaches indisches Gericht mit Kartoffeln und Blumenkohl. Mit den richtigen Rezepten und Gewürzen – beides hatte ich von einem Bouldertrip aus Indien mitgebracht – ist es ein schmackhaftes und stärkendes Essen. Ich liebe indisches Essen und hoffte, diese Abwechslung würde meinen Start in den Tag etwas glücklicher gestalten. Doch statt des erhofften Glücks machte sich eine Schwere breit, die mir den Boden unter den Füßen wegzuziehen schien. Als ich versuchte, die Eisenpfanne vom Herd auf den Tisch zu heben, musste ich erkennen, dass jegliche Kraft aus meiner rechten Hand gewichen war. Gedankenverloren, von der Realität auf den Boden der Tatsachen geholt, starrte ich auf mein Alu Gobi und trug die Pfanne schließlich mit beiden Armen zum Tisch. Ich aß, aber es war kein glücklicher Moment. Ich wusste, meine Verletzung war schlimm, aber nie hätte ich erwartet, dass ich meine Pfanne nicht mehr vom Herd heben könnte.

Ich war aufgewühlt, traurig und verzweifelt, und eine unbändige Angst machte sich in meiner Magengegend bemerkbar. Ich kannte dieses Gefühl, und ich wusste, dass ich ihm nicht noch mehr Energie schenken darf. Gedanken sind die erste Form, um Energie zu konzentrieren, also galt es, die Aufmerksamkeit woanders hinzulegen. Aufregen oder sich selber bemitleiden hilft nichts. Das wäre eine Verschwendung von Energie, und die brauchte ich dringend, wenn ich jemals wieder klettern wollte. Mir war bewusst, dass negative Gedanken destruktiv sind und den Heilungsprozess des Körpers stoppen können. Der Umgang mit Angst ist ein schwieriges Thema. Die Alltagsmethode, mit der Angst umzugehen, ist, sie zu verdrängen und wegzurennen. Ich konnte nicht wegrennen, und ich wollte es auch nicht. Mir war aber in diesem Moment klar, dass das Leben als Profisportler vorbei war. Ich konnte nicht klettern, schaffte nicht einmal einen Klimmzug, und es fiel mir schwer, das als Chance zu sehen. Dennoch wusste ich, dass es eine war. Der Unfall zwang mich, mein Leben zu überdenken. Tausend Fragen, Tausend Möglichkeiten, die mich auch in der Nacht nicht zur Ruhe kommen ließen, schwirrten in meinem Kopf umher. Irgendwann wurde mir klar, dass dies mein größtes und schwerstes Kletterprojekt werden würde.

In einer derartigen Situation positiv zu bleiben, ist die größte Herausforderung. Jegliche Kraft in meiner rechten Hand war verschwunden, dennoch dachte ich an Linien, die ich noch klettern wollte. Ich dachte an wunderschöne Orte und an die Felsen. Und wenn ich nicht die härtesten Boulder klettern könnte, würde ich andere Wege finden, um auf die Berge zu steigen. Klettern wird immer meine Leidenschaft bleiben, das wusste ich. Ich musste nach vorne schauen und kleine Schritte machen. Drei Monate nach meinem Unfall begann ich, spezifisch zu trainieren. Ich holte mir Informationen von den besten Trainern und Therapeuten und ging zum ersten Mal in meinem Leben in ein Fitnessstudio. Mein Trainingsplan war hart, und ich trainierte wie nie zuvor. Drei Stunden am Vormittag, drei Stunden am Nachmittag. Fünf Tage die Woche, oder mehr. Das Ergebnis war erschütternd. Nach sechs Monaten »Fitnesscenterluft« konnte ich mein Körpergewicht an einem Henkel nur für einige wenige Sekunden halten. Ich war meilenweit vom Profisport entfernt, denn selbst leichte überhängende Boulder waren ein Ding der Unmöglichkeit. Wenn ich nicht trainierte, besuchte ich weitere Neurospezialisten, Trainer und Physiotherapeuten. Nach vielen Gesprächen wurde mir klar, dass die Wissenschaften viel über Probleme und Nervenschäden wissen, aber wenig darüber, wie Nerven wieder heilen.

Anfang September 2016, neun Monate nach meinem Sturz, ließ ich alles zurück und reiste in den Himalaja. Ich brauchte eine Pause von all den Spezialisten und der Theorie. Ich ging in mein Shangri-La. Alleine. In den letzten sieben Jahren wurde dieses kleine Bergdorf nahe der tibetischen Grenze zu meiner zweiten Heimat. Ich liebe die Abgelegenheit und Ruhe dieser Berge. Das Leben ist einfach und auf das Notwendigste reduziert. Die Dorfbewohner kennen mich inzwischen, und durch meine regelmäßigen Besuche sind ein gegenseitiger Respekt und eine gewisse Vertrautheit entstanden. Ein Lächeln wird immer erwidert. Im Himalaja erarbeitete ich mir mein eigenes Trainingsprogramm. Ich passte einige Yogaübungen so an, dass ich dadurch mehr Kraft in den Schultern entwickelte. Außerdem begann ich, intensiver zu meditieren, und ich versuchte, meine Energie zu lenken. Ich wusste zwar nicht genau, was ich tat, aber nach Wochen konnte ich fühlbar Energie an meinen wichtigsten Rückenmuskel senden. Der *Serratus anterior* ist eigentlich der kleinste Muskel in der Blockierkette eines Kletterers. Aber er ist der wichtigste, da er das Schulterblatt am Körper hält. Einen Monat später konnte ich leichte Boulder ohne Schmerzen oder Probleme in der Schulter klettern.

Zurück in Europa, elf Monate nach meinem Unfall, war die Verletzung aus Sicht der Schulmedizin nach wie vor irreparabel. Der Weg zurück zum Spitzensport schien in diesem Leben für mich in unerreichbare Ferne gerückt zu sein. Wieder einmal stellte ich mein Leben und wie ich es weiterführen sollte infrage. Just zu diesem Zeitpunkt lernte ich Sonja kennen. Die spirituelle Lehrerin riet mir, zu pausieren und das Klettern und Training für eine Weile komplett auszusetzen. So eine Entscheidung ist ein dramatischer Schritt für einen Sportler, aber was konnte ich schon verlieren? Sie lud mich ein, auf ihrem Bauernhof zu wohnen, und von einem Tag auf den anderen änderte sich meine komplette Lebensweise. War ich früher vorwiegend alleine gewesen, so war ich jetzt von drei Kindern, zwei Katzen und einem Hund umgeben. Oft überforderte mich die Situation, plötzlich Teil einer Familie zu sein, aber gleichzeitig half es mir auch, denn für negative Gedanken war schlicht und einfach keine Zeit mehr. Der einzige »Sport«, den ich in den nächsten Monaten betrieb, waren lange Spaziergänge mit dem Hund. Ich setzte mir zum Ziel, mich komplett zu regenerieren – den Körper und das Nervensystem.

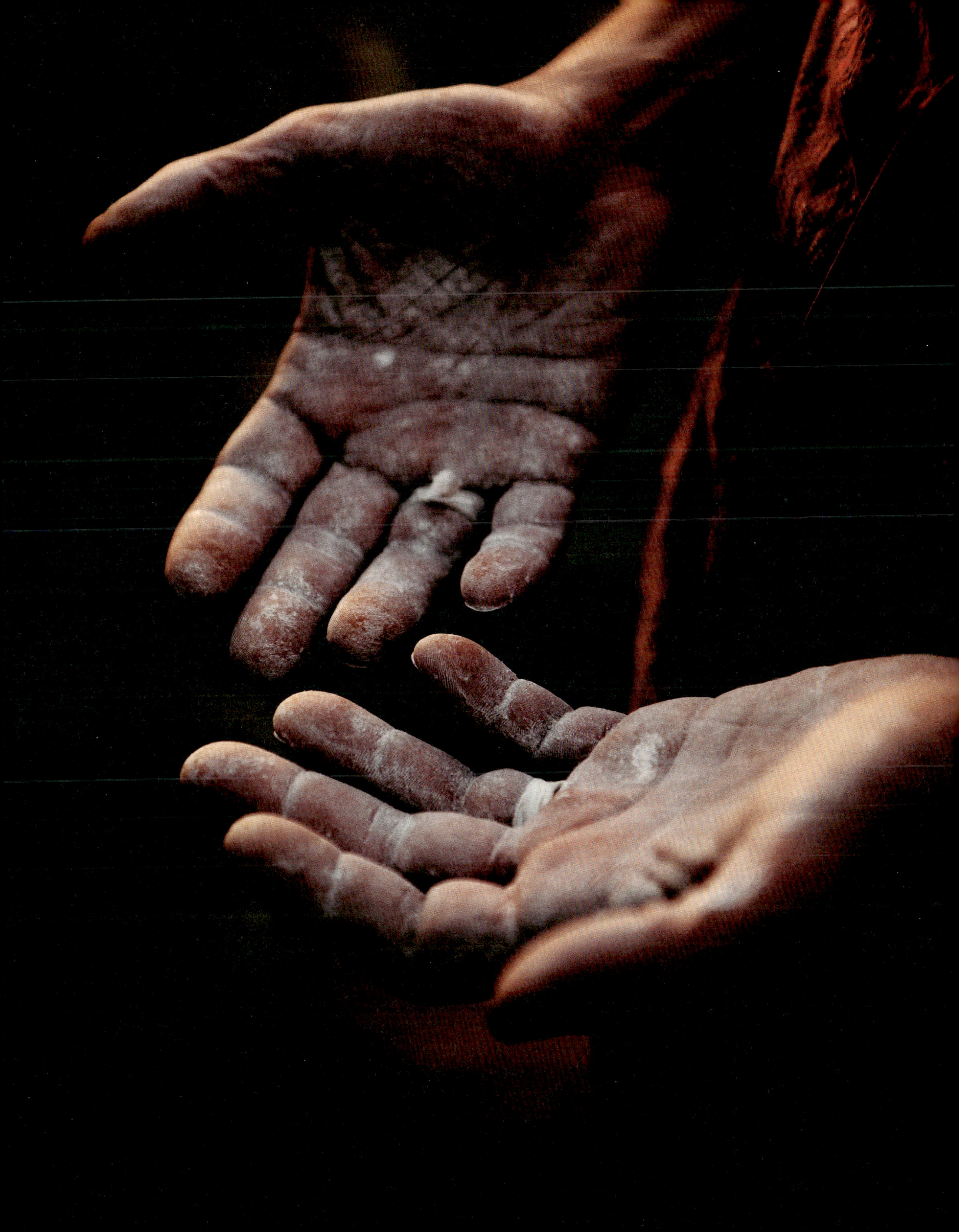

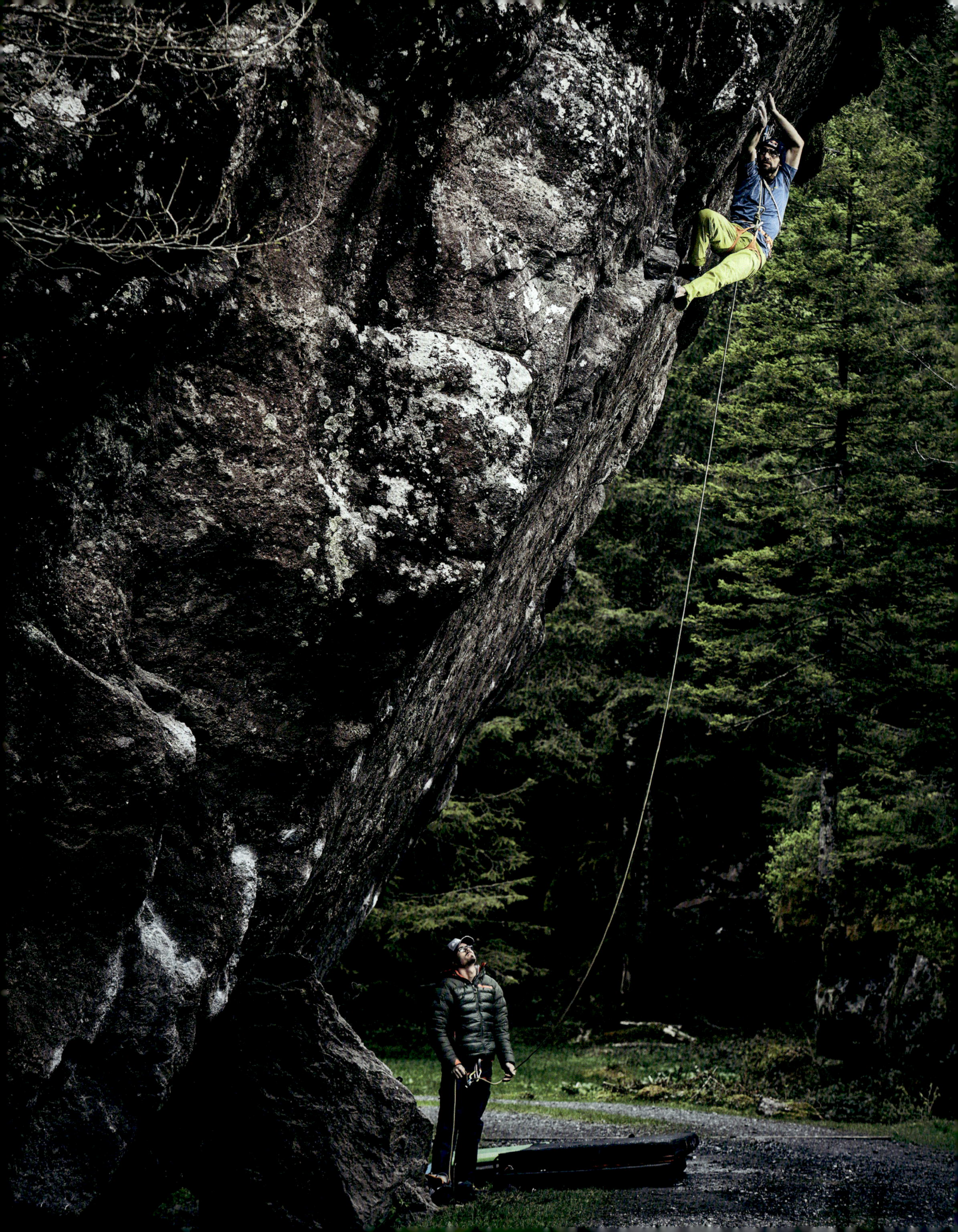

Ein paar Tage nach der Erstbegehung von Very Important Papagei *nimmt Bernd Zangerl das Seil in die Hände. Den Einstiegsboulder hinter sich lassend klettert er* Into the Sun *und eröffnet eine der schwersten Trad-Routen der Welt.*

Und ich hoffte, meine geschädigten Nerven würden dann schneller heilen.

In weiterer Folge wurde ich immer mehr mit einem alternativen Heilungsansatz vertraut. Neu war er nicht: Als Yoga-Autodidakt habe ich während des Studiums viel Neues über meinen Körper gelernt. Auch erinnerte ich mich an meine Jugendjahre. In meiner Heimat hatte ich schon mal einen Mann kennenlernen dürfen, der Menschen heilte, die die Schulmedizin bereits aufgegeben hatte.

Durch die spirituelle Arbeit wurde mir immer bewusster, dass die Einstellung zum Leben den Fluss der Lebenskraft vollumfänglich beeinflusst. Ich intensivierte meine Yogaübungen und begann jeden Tag mit Meditation. Jeden Morgen setzte ich mich hin, konzentrierte mich und kanalisierte meine Energie. Ich visualisierte. Atmete. Fokussierte meine Gedanken.

Einige Zeit darauf wanderte ich im Murgtal, einem Bouldergebiet beim wunderschönen Walensee, durch die Wälder. Ich hatte gar nicht vor, ernsthaft zu bouldern. Ohne irgendwelche Erwartungen zog ich meine Kletterschuhe an und legte mein Crashpad unter einen Block. Ich war überrascht, dass der Kraftmangel beim Klettern am Fels nicht so groß war wie erwartet. Völlig losgelöst und voller Freude boulderte ich weiter. Die schiere Freude, draußen zu sein, setzte eine immense Energie in mir frei. Es war, als ob sich mein Körper an früher erinnern würde. Ich war im Flow. Ich atmete laut und tief. Nach diesem 8A-Boulder folgte kurze Zeit später die Erstbegehung von *Very Important Papagei* im Grad 8B+. Nun wusste ich: Ich hatte mich zurückgekämpft. Mit Geduld, Ausdauer und immer mit einem kleinen Funken Hoffnung.

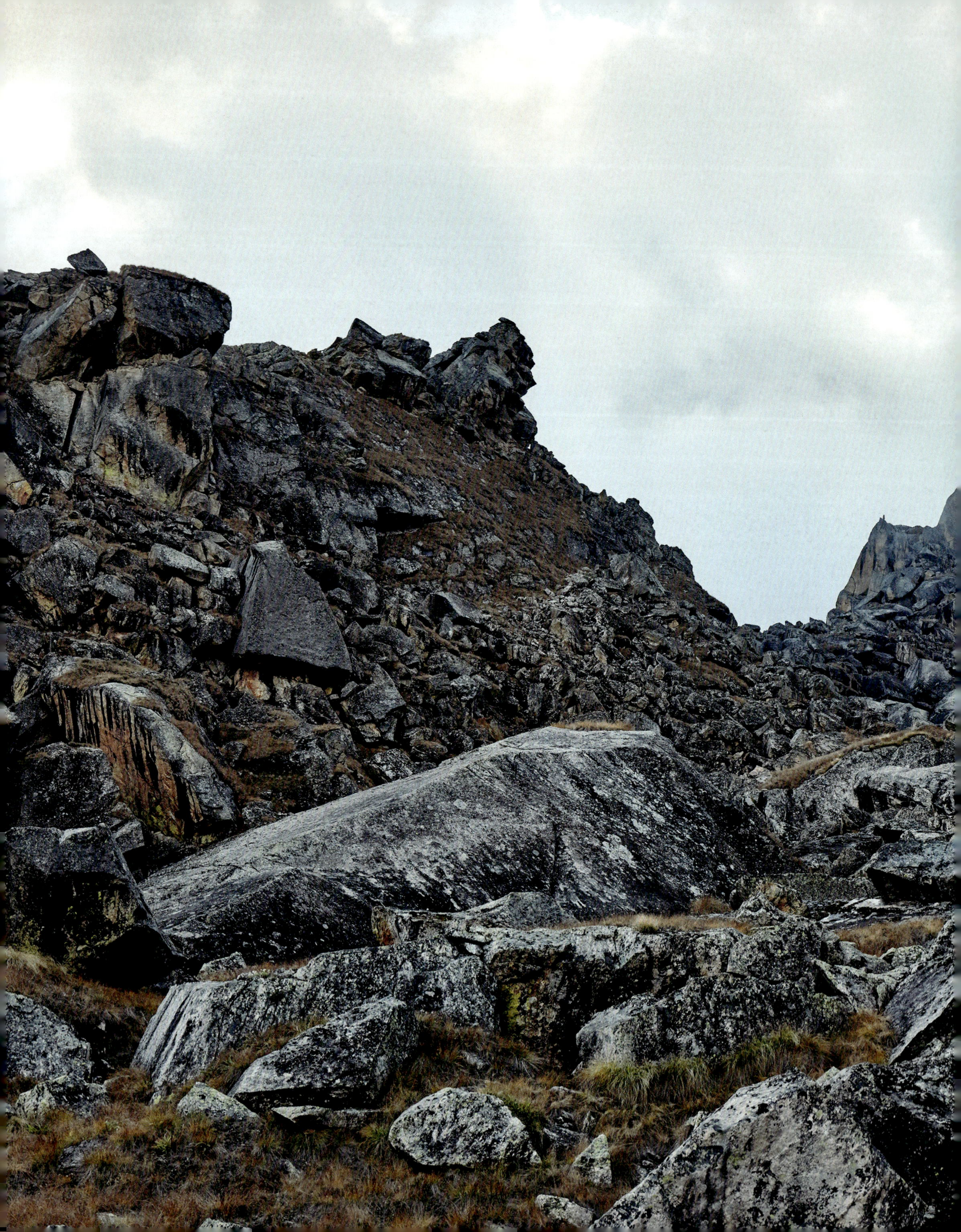

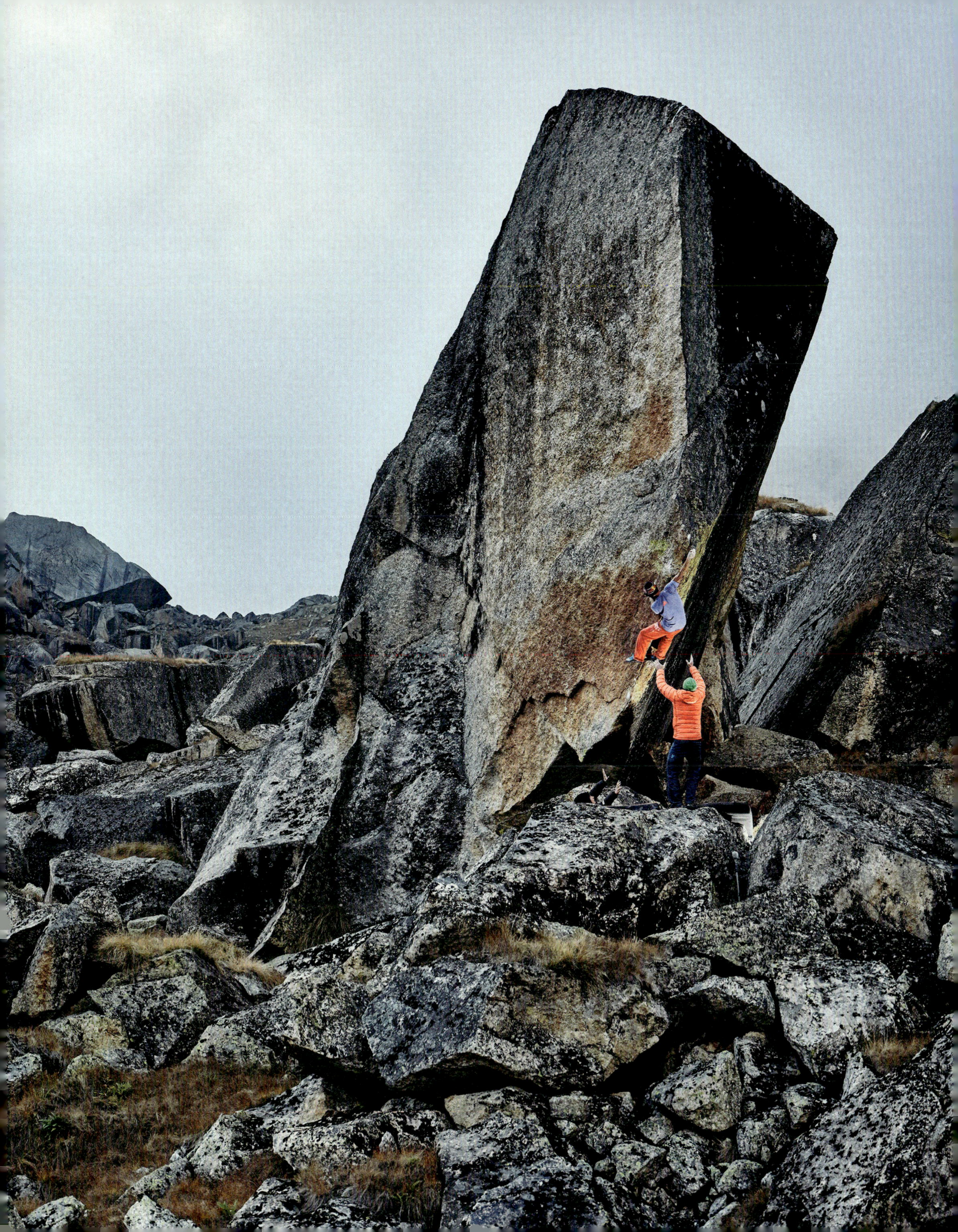

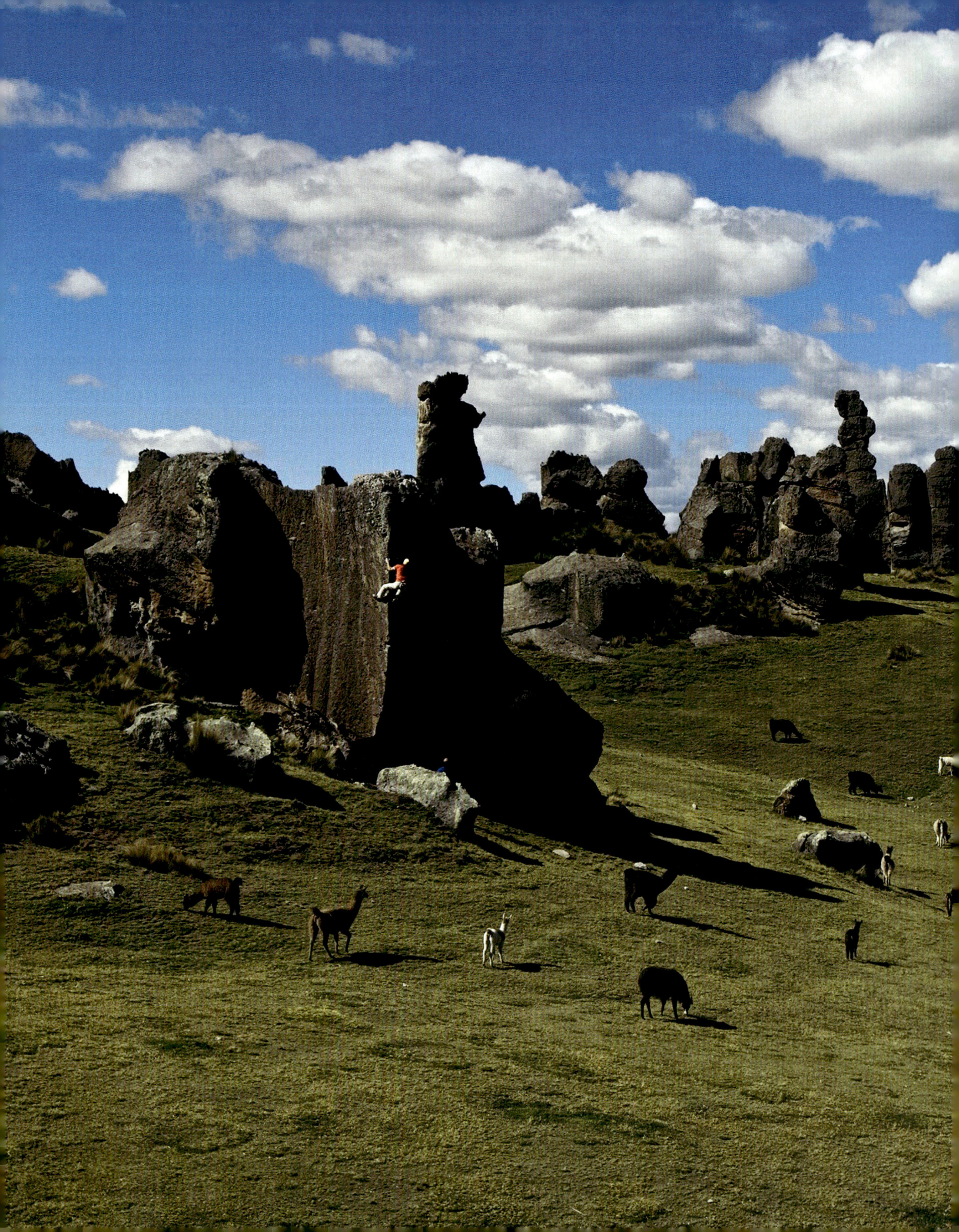

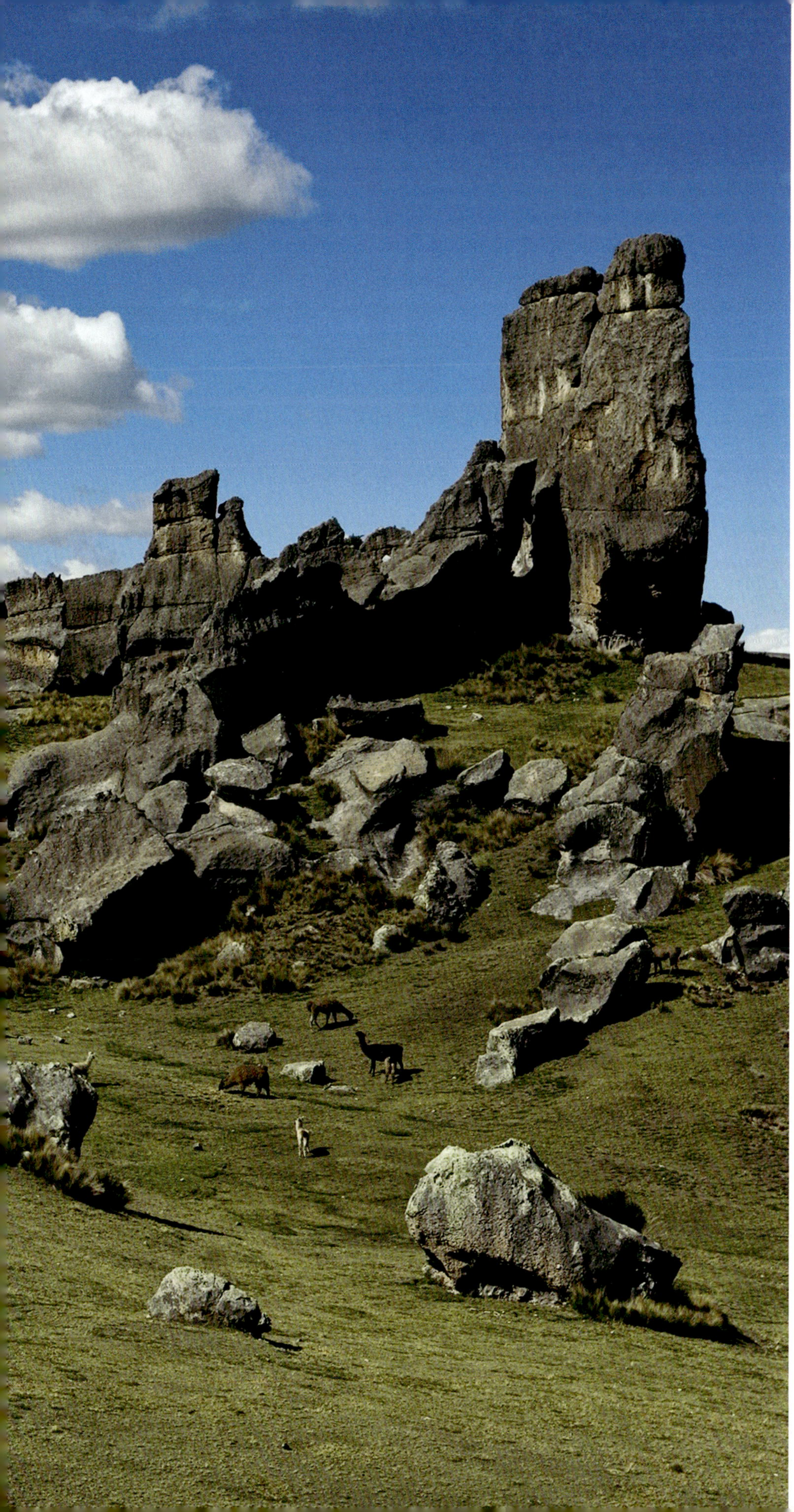

7

Ein Boulder ist untrennbar mit seiner Umgebung verbunden. Die geologisch bedingte Vielfalt der Gesteine hat wesentlichen Anteil an der Faszination dieses Sports.

Für die neugierigen Lamas im peruanischen Altiplano, 4200 Meter über dem Meeresspiegel, gilt: zuschauen ja, spucken nein.

(NICHT VOLLSTÄNDIGER)

ÜBERBLICK ÜBER DIE BOULDERGEBIETE DER WELT

Fred Nicole

EINFÜHRUNG

Ein Boulder ist untrennbar mit seiner Umgebung verbunden. Die geologisch bedingte Vielfalt der Gesteine hat wesentlichen Anteil an der Faszination dieses Sports.

Wie viele andere Kletterer auch, fing ich mit dem Bouldern an, um für das Felsklettern zu trainieren. Das war 1983 und nicht an Blöcken im eigentlichen Sinne, sondern am Fuße der Felswände, an denen wir damals unterwegs waren. Dort probierte ich diese Aktivität gemeinsam mit meinem Bruder François aus. Mein erstes ganz natürliches Revier war also Eclépens, ein paar leichte Schrägen unterhalb eines steilen Klettergartens aus Kalkstein. Neben den Außenwänden meiner Schule in Estavayer-le-Lac war das meine wichtigste Trainingsstätte!

Ich habe meinen Blick, meine Wahrnehmung so geschult, dass ich auf engstem Raum alle möglichen und erdenklichen Griffe entdecken konnte. Dieses Rüstzeug nutze ich noch heute, um neue Probleme zu finden und in Angriff zu nehmen. Seit meinen ersten Kletterversuchen bin ich auf der Suche nach neuen Möglichkeiten, mich in diesem Bereich, den ich so liebe, zu entfalten. Ich interessierte mich mehr dafür, neue Schwierigkeiten zu entdecken und neue Linien zu eröffnen, als die damals in meiner Region existierenden Routen zu klettern. Nicht, weil diese zu leicht waren, sondern weil sie mir oft zu ausgesetzt vorkamen.

BOULDERGEBIETE

Bouldern ist fraglos eine der ältesten Formen des Kletterns, doch wir können uns natürlich nur zu dem Zeitraum äußern, in dem wir uns auskennen. Für uns beginnt die Geschichte des Boulderns gegen Ende des 19. Jahrhunderts in Fontainebleau (Frankreich) und in England, denn erst ab dieser Zeit liegen uns Informationen vor.

FRANKREICH

Die älteste bekannte Boulderregion befindet sich im Wald von Fontainebleau, auch Bleau oder Font genannt. Dieses Gebiet vor den Toren der Metropole Paris ist einfach unglaublich und wahrscheinlich eines der größten seiner Art. Geklettert wird dort schon seit mehr als einem Jahrhundert, nämlich seit etwa 150 Jahren. Hier gibt es Tausende von Bouldern und noch immer viel neues Potenzial. Das Gestein ist einzigartig, das Klettern anspruchsvoll und eine technische Herausforderung.

Das Gebiet liegt auf einem Sandsteinplateau, das sich im Laufe der Zeit gesenkt hat, inmitten einer großartigen Waldlandschaft. Auf dem feinsandigen Boden mit Kiefernbestand fühlt man sich wie am Meer, obwohl die Küste weit entfernt ist. Durch die Erosion sind runde Formen entstanden, die das Klettern sehr speziell und schwierig machen.

Hier gibt es eine enorme Vielzahl an Routen aller Schwierigkeitsgrade, auch die eher einfacheren sind interessant zu klettern. Fontainebleau ist das Paradies der Stufen 1 bis 6. Innerhalb der Sektoren liegen die einzelnen Passagen oft sehr dicht beieinander. Kletterer aller Könnensstufen kommen hier auf ihre Kosten.

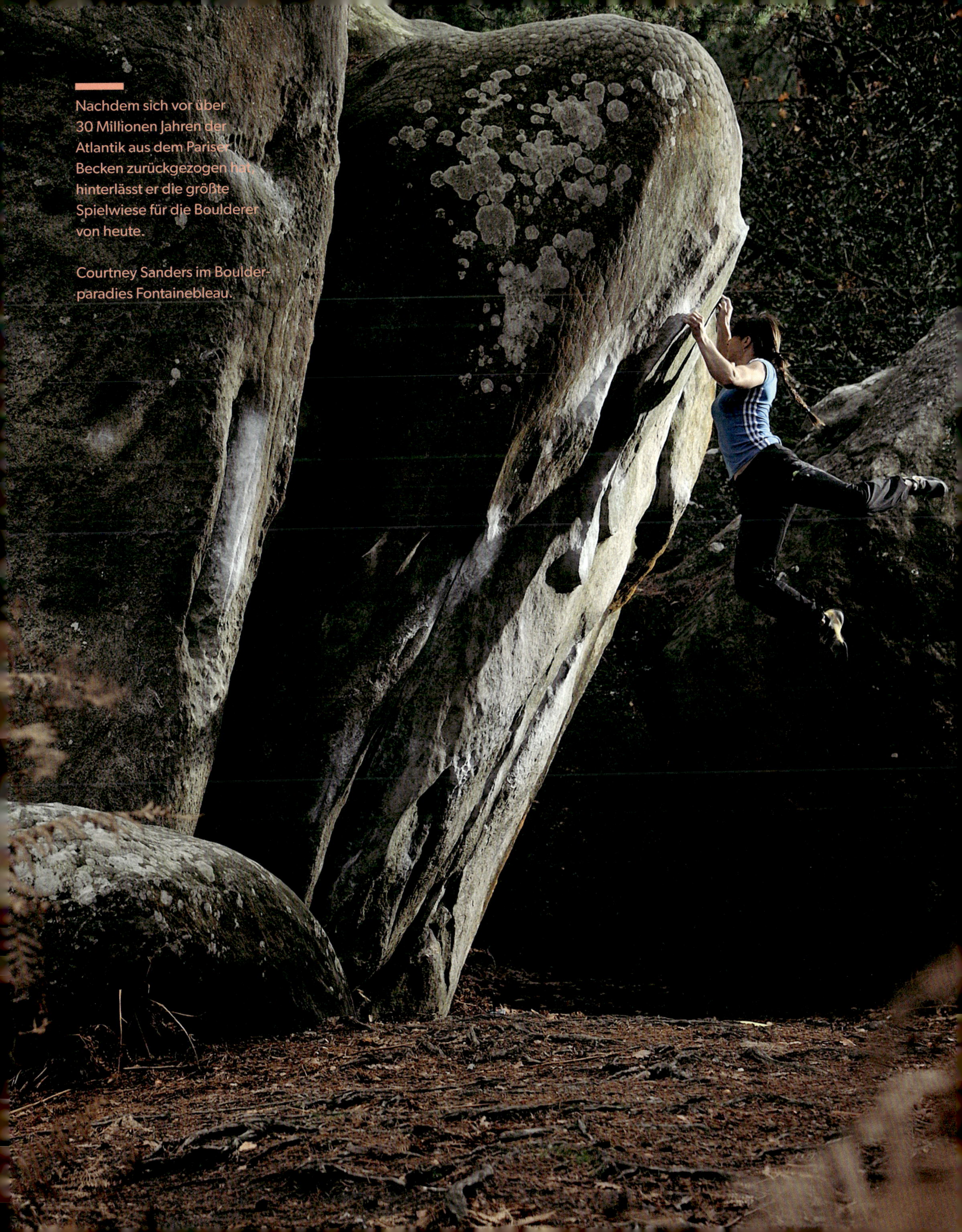

Nachdem sich vor über 30 Millionen Jahren der Atlantik aus dem Pariser Becken zurückgezogen hat, hinterlässt er die größte Spielwiese für die Boulderer von heute.

Courtney Sanders im Boulderparadies Fontainebleau.

Die Felsen der Bretagne in Frankreich motivieren Bernd Zangerl zu einem seltenen Urlaub am Meer.

Die Region verfügt über eine gute Infrastruktur mit zahlreichen Straßen, Parkplätzen und Zugangswegen. Viele Probleme, die der Ansturm von Kletterern für Orte ohne ausreichende Infrastruktur mit sich bringt, stellen sich damit nicht, dafür ist es manchmal übermäßig voll.

Da ich aus einer französischsprachigen Region komme, waren französische Zeitschriften meine ersten Informationsquellen zum Thema Klettern. Jahrelang las ich begeistert *Vertical*, die erste richtiggehende Fachzeitschrift. Für die Rubrik Bouldern war Jacky Godoffe verantwortlich, seit den 1980er-Jahren einer der herausragenden französischen Kletterer. 1984 weihte er mit *C'était demain*, dem ersten 8A-Problem im Wald, den achten Bleausard-Grad ein. In Bleau zählt er zu den aktivsten Erstbegehern von Boulder- und Traversenproblemen, ganz zu schweigen von seiner Wettkampfkarriere und seinen internationalen Erstbegehungen.

Natürlich gab es in Bleau sehr viele hochklassige Kletterer, doch erst durch Jacky habe ich den Wald bei kurzen, aber sehr intensiven Aufenthalten richtig kennengelernt. Dank seiner herzlichen, enthusiastischen Art konnte ich neue Bewegungsabläufe lernen und verstehen: eine eigene Kultur mit besonderen Techniken und Handgriffen für dieses ganz spezielle Gestein. Aus diesem Mikrokosmos im Kletteruniversum gehen immer wieder neue Innovationen für die Welt des Kletterns und Bergsteigens hervor, wie seit Neuestem am Beispiel von Charles Albert zu sehen ist, der nur barfuß klettert, und das bis zu einem erstaunlichen Niveau von 9A.

Ich hatte das Vergnügen und die Ehre, die Erstbegehung einiger Boulder im Wald von Bleau zu machen, in Begleitung von Stephan Denys und Patrick Edlinger, darunter unter anderem *Hale Bopp*, *Karma*, *La pierre philosophale* oder *Fatman assis*.

Seit dieser Zeit hat sich das Bouldern, wie anderswo auch, in rasantem Tempo weiterentwickelt. Auf dem französischen Festland und auf Korsika liegen die verschiedensten Klettergebiete:

- Roter Sandstein im Elsass, in Gueberschwihr
- Annot, das Fontainebleau des Südens
- Chaos de Targasonne in den Pyrenäen
- Rosa Granit in der Bretagne
- Löcheriger Kalkstein in der Charente
- Granit in Ailefroide und in Savoyen

Dieses Land, seit jeher ein Eldorado des Freikletterns, bietet unzählige Möglichkeiten. Weitere findet man in Übersee, auf La Réunion und so weiter.

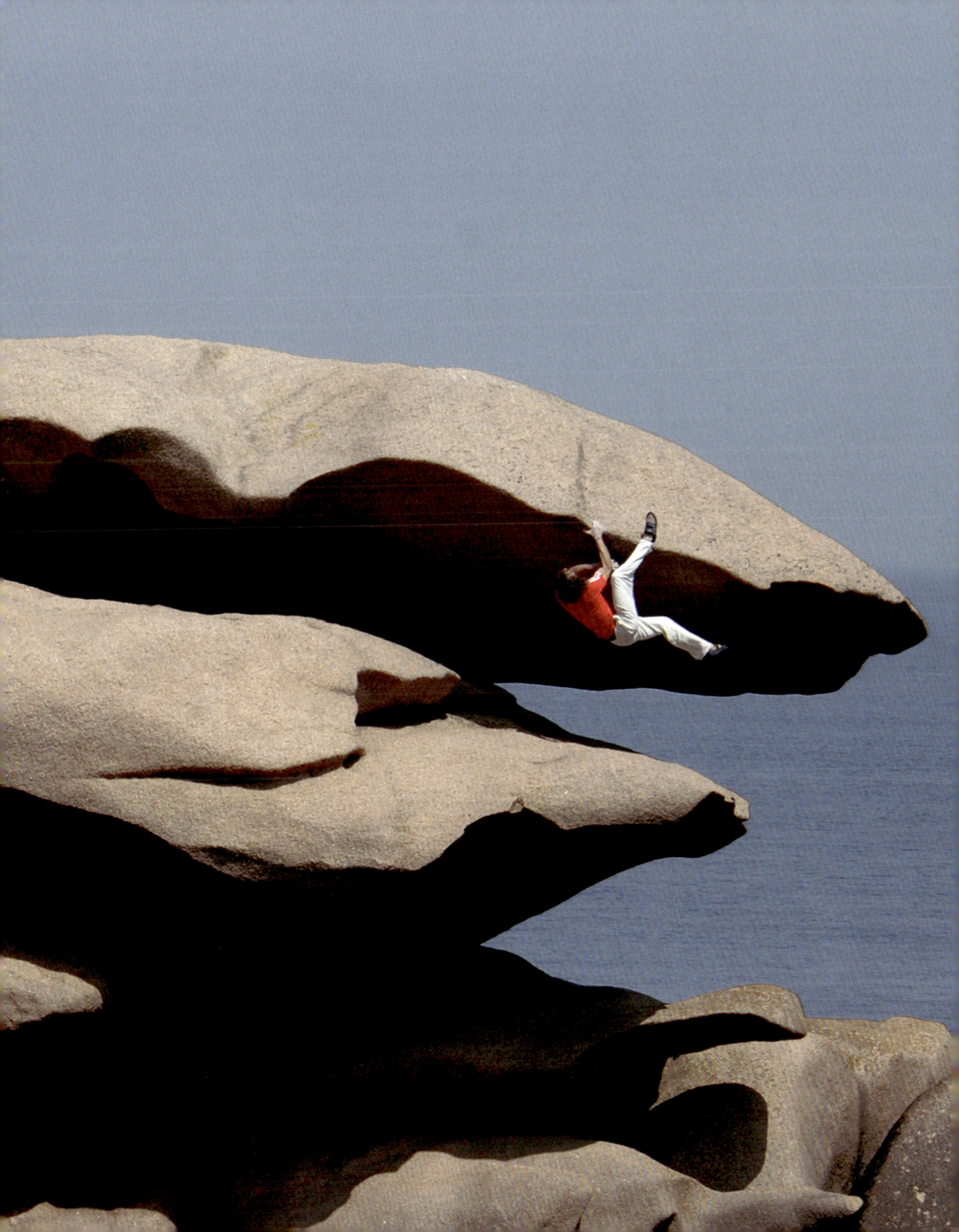

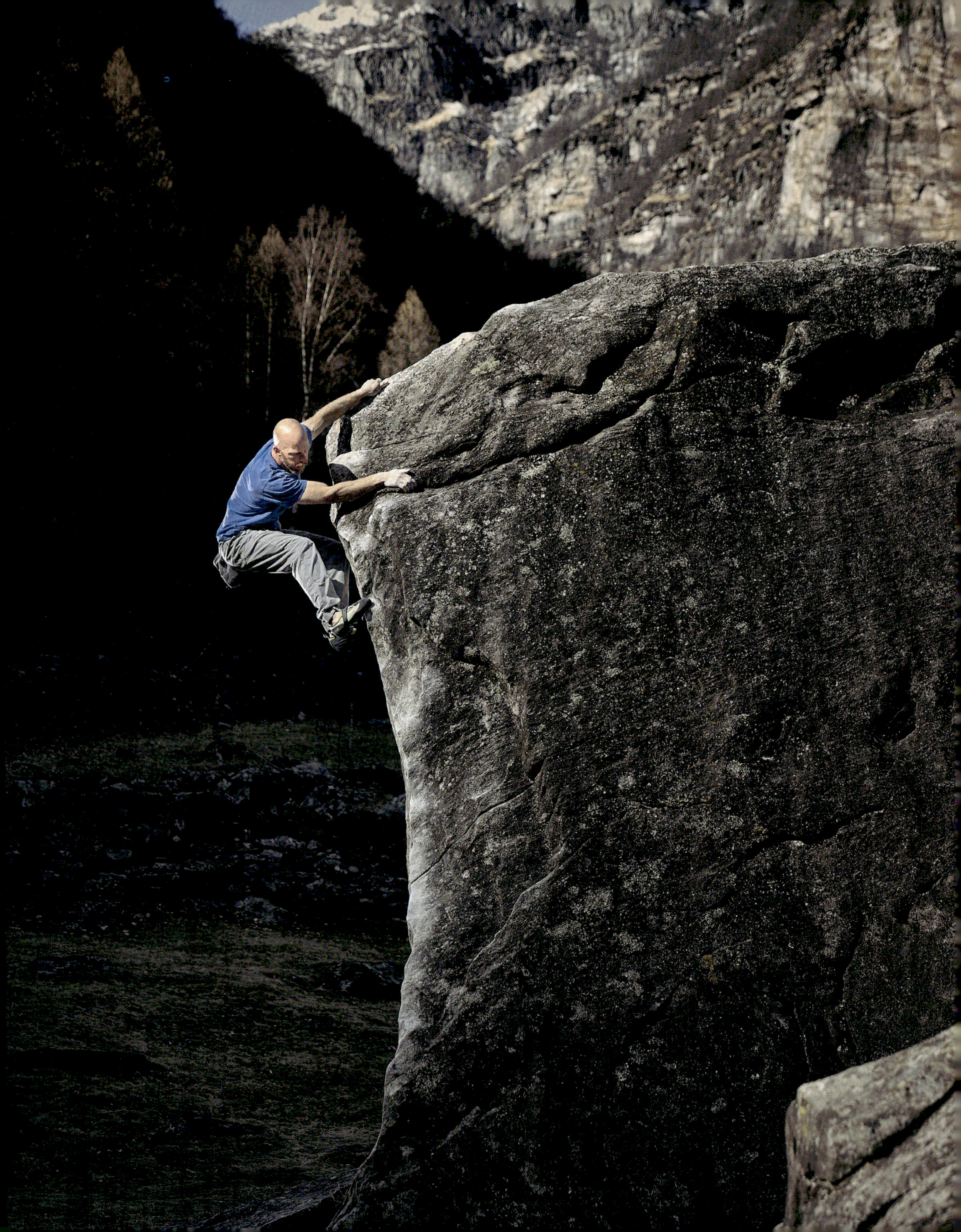

Chris Schulte, *Brione Arete*, 6B, Tessin, Schweiz.

SCHWEIZ

Die Schweiz ist ein kleines und äußerst bergiges Land mit verschiedensten Gesteinsarten: Kalkstein im Jura und in den Voralpen, Gneis und Granit in den Alpen, dazwischen Sandstein und Konglomerat. Der besonders feine Sandstein im Mittelland besteht zum Großteil aus zu weicher Molasse; eine Ausnahme bildet Lindenthal, ein einzigartiges Gebiet mit Blöcken und Traversen.

Sehr bekannte Boulderregionen befinden sich im Tessin in Cresciano, Chironico, Brione, im Val Bavona und so weiter. Mit seinem südlich-milden, fast mediterranen Klima, den trockenen Wintern, der italienisch geprägten Kultur und allerschönstem Klettergneis ist das Tessin zum Bouldern absolut erste Wahl!

Von den Gebieten im Tessin habe ich in Cresciano die meisten Linien erschlossen und unter Kletterern das Interesse für die Region (neu) geweckt. In einem wunderschönen Kastanienwald liegen die Felsblöcke auf einer Art Terrasse bis nach Osogna verteilt. Mit ihrer runden Form erinnern sie an Sandstein, und das Klettern ist dort anspruchsvoll. Ich weiß noch, wie ich bei einem ersten Aufenthalt mit Lauro Nembrini, einem Freund aus dem Tessin, von Boulder zu Boulder lief, zutiefst beeindruckt von dem spektakulären Potenzial, das sich bot ... Ich habe dort sehr schöne Tage verbracht. Eine Zeit lang gab es intensive Erstbegehungen, insbesondere *Le rêve de Mario* im Jahr 1994, die erste 8A im Tessin, und *Dreamtime* im Jahr 2000, die erste 8C (oder 8B+/C) – diese Linie ist in gewisser Weise die Krönung, auf jeden Fall aber von herausragender Schönheit.

Bereits in den 1980er-Jahren hatte Richi Signer aus Basel sein Interesse für die Granitboulder im Tessin entdeckt und einige Passagen eröffnet. Mario Ferrari war damals der lokale Pionier, und diese Tradition wurde von der Kletterfamilie Cameroni weitergeführt.

Die Region hat noch andere Reviere zu bieten, vor allem Chironico etwas weiter nördlich, das sich über zwei Hügel erstreckt. Die Erschließung dieses großartigen Gebietes wurde von den Brüdern Michi und Ivan Tresch aus Uri vorangetrieben. Innerhalb von zwanzig Jahren ist hier das umfassendste Revier im Tessin, vielleicht sogar in der gesamten Schweiz, entstanden. Auch Brione im Val Verzasca ist zu nennen, mit ganz eigenen Felsformationen und Strukturen. Ein Teil liegt in einem Flussbett, die anderen Felsen weiter oberhalb in einem hübschen Wald, der an Rustici, traditionelle Steinhäuser, grenzt. Nicht zu vergessen das Val Bavona mit seinen massiven Granitriesen.

In der Zentralschweiz gibt es reichlich Urner Granit. Auf der Sustenstraße findet man den »Sustenbrüggli«, auch der Gotthard hat sein eigenes Gebiet. Dazwischen liegen Wassen, Göschenen und die Schöllenen mit immensen Felsmassen und unvergleichlichen Möglichkeiten.

Auch im Kanton Wallis hat das Bouldern in mehreren Gebieten Tradition. In Branson im Unterwallis bin ich meine ersten 8er-Boulder geklettert, unter anderem 1992 *La Danse des Balrogs*, Grad 8B, und 1995/6 *Radja*, 8B+.

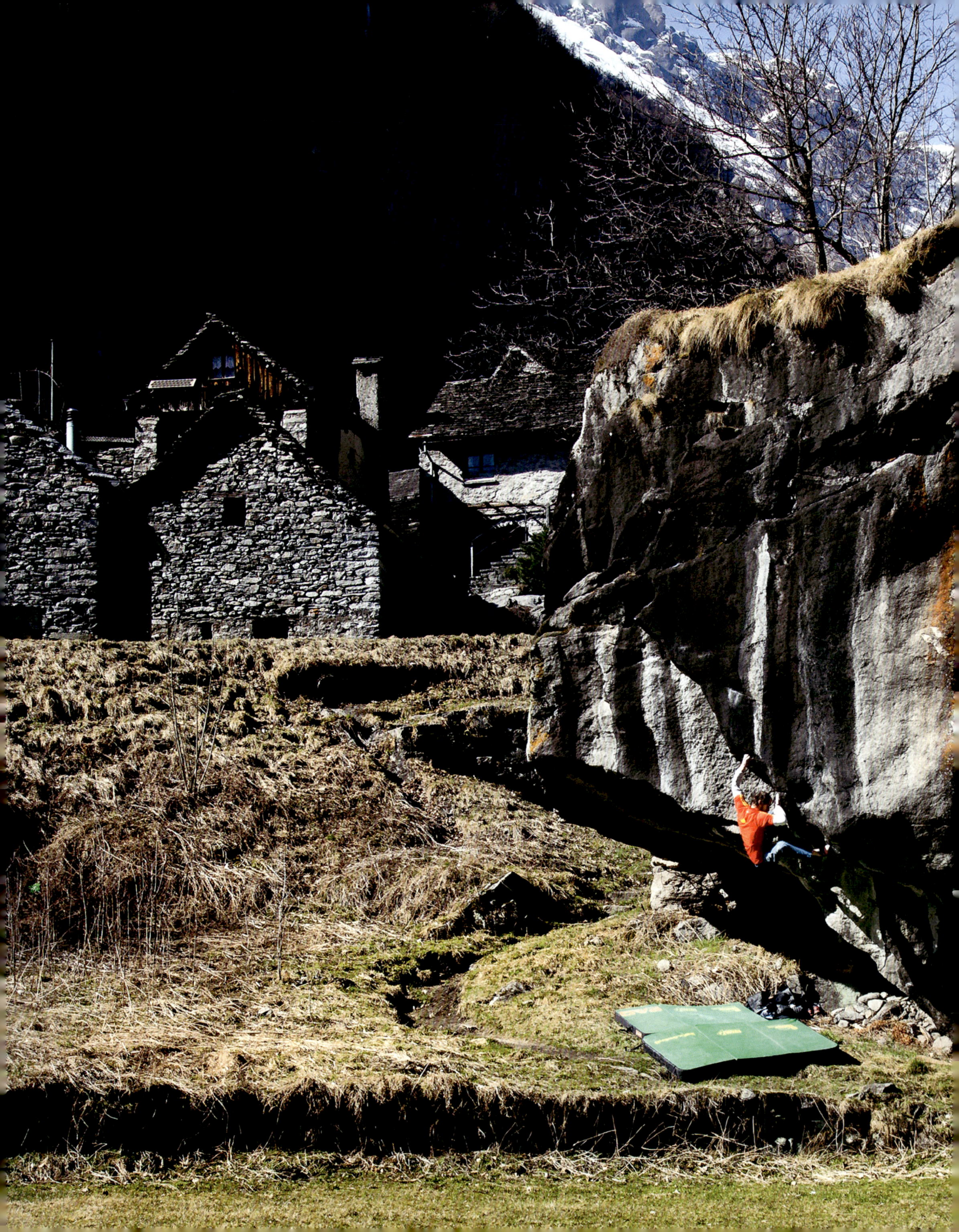

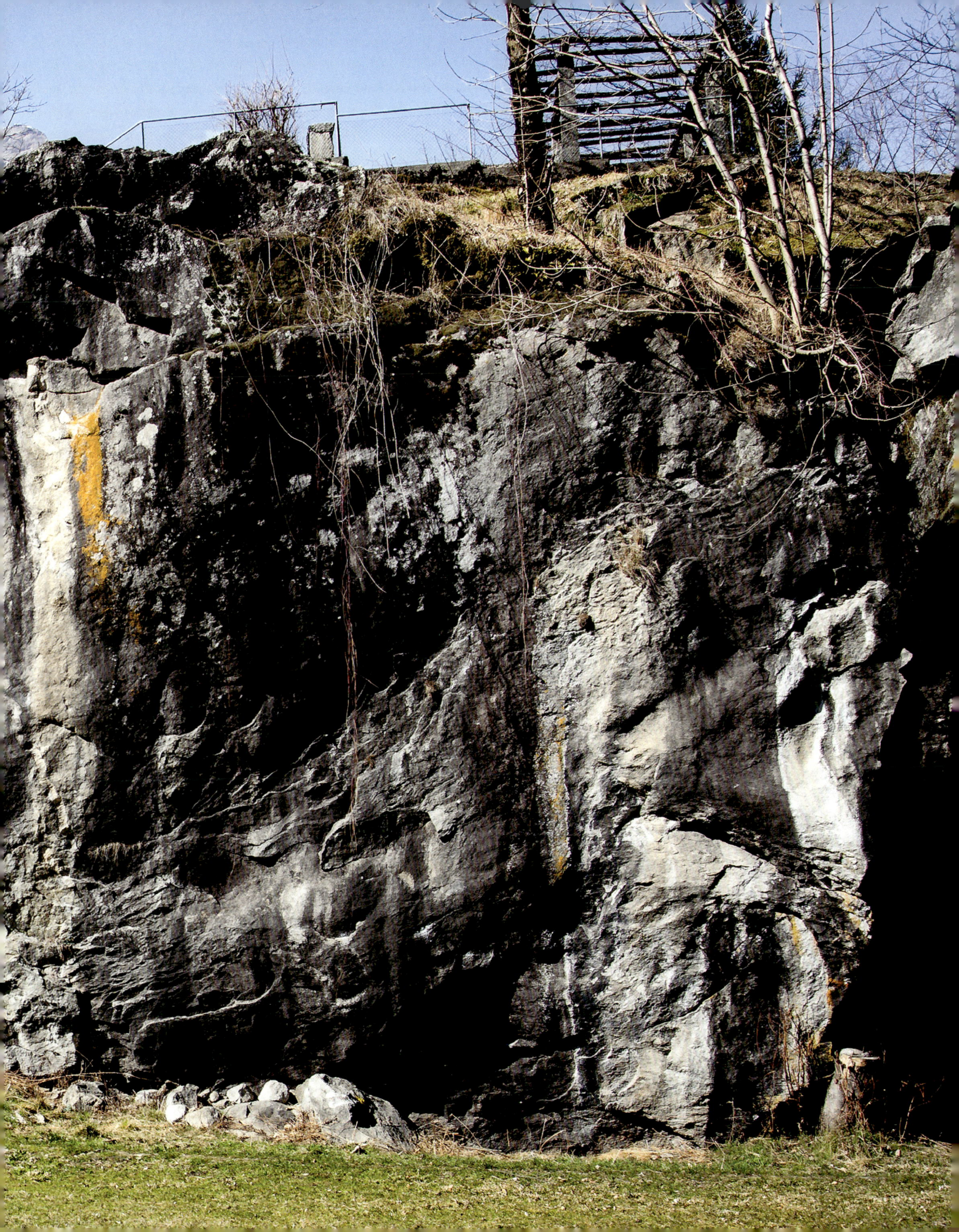

Niky Ceria, *Messa della streghe*, 7C+, Varazze, Italien.

In dieser Region bouldern die ortsansässigen Kletterer schon seit den 1970er- und 1980er-Jahren. Eric Blanc, Philippe Carron, die Besson-Brüder und Filou Scherrer zählen zu den Vorreitern.

Plex am Fuße der Dent de Morcles hat sich durch den unermüdlichen Einsatz des Paars Anne und Reto Hartmann zum größten Bouldergebiet im Wallis entwickelt. Im Oberwallis findet man »Blindtal« und den »Eggerberg«; hier waren Bruno Pfaffen und Alex Dévaud die Pioniere.

Auch in mittleren Lagen wird gebouldert, zum Beispiel in Fionnay in der Nähe von Verbier, einem Gebiet, an dessen Erschließung der Amerikaner Dave Graham maßgeblichen Anteil hatte. Die dortigen Kletterbedingungen erinnern an das nachfolgend beschriebene Topgebiet Magic Wood, bieten jedoch nicht so viele Möglichkeiten.

Die Ostschweiz steht in nichts nach: In Averstal hat sich Magic Wood zu einem Mekka des modernen Boulderns entwickelt. Entdeckt wurde das Gebiet vom Trio Thomas Steinbrugger (Steini), Jack Müller und Bernd Zangerl, die gigantische Erschließungs- und Putzarbeit auf den unterschiedlichen Schwierigkeitsstufen geleistet haben, um der Bouldergemeinschaft diesen einzigartigen Ort zu bieten.

Auch Murg mit seinem Verrucano am Ufer des Walensees ist gegenwärtig ein sehr beliebtes Ziel.

ENGLAND

Dieses Land ist die Wiege des Boulderns. Das berühmteste Gebiet des Landes ist zweifellos der Peak District mit etlichen aus den Medien bekannten Klassikern: *Brad Pitt*, *Joker*, *Careless Torque* (fast schon eine Route), *Voyager* und viele andere. In dieser britischen Kletterhochburg liegen die Felsbrocken in einer Heidelandschaft am Fuße tafelbergähnlicher Abhänge. Solche eher weichen Felsen findet man auch in Northumberland, in Kyloe-in-the-woods und in Yorkshire.

Viele anspruchsvolle Routen wurden in den 1980er- und 1990er-Jahren erschlossen, von Ron Fawcett, später Jerry Moffatt und Ben Moon, gefolgt von Malcolm Smith und vielen anderen.

DEUTSCHLAND

In Deutschland gibt es eine der größten Klettergemeinschaften in Europa, und im Frankenjura steht sowohl bei Traversen- als auch bei Boulderproblemen seit jeher die reine Schwierigkeit im Vordergrund. Klassiker wie *Elektrischer Sturm in der Hölle* von Flipper Fietz oder die Traversenroute *Level 52* von Wolfgang Güllich sind dafür gute Beispiele. Fortgeführt wurde die Tradition von Werner Thon, Andy Hofmann und später Markus Bock, der die Boulderszene in Deutschland immer noch prägt; ohne die neue, extrem starke Generation zu vergessen wie Kaddi Lehmann, Alexander Megos und Jan Hojer.

In Kochel hat Toni Lamprecht an einer Steilwand eine erstaunliche Boulderanlage mit Routen bis zu 8c+ geschaffen.

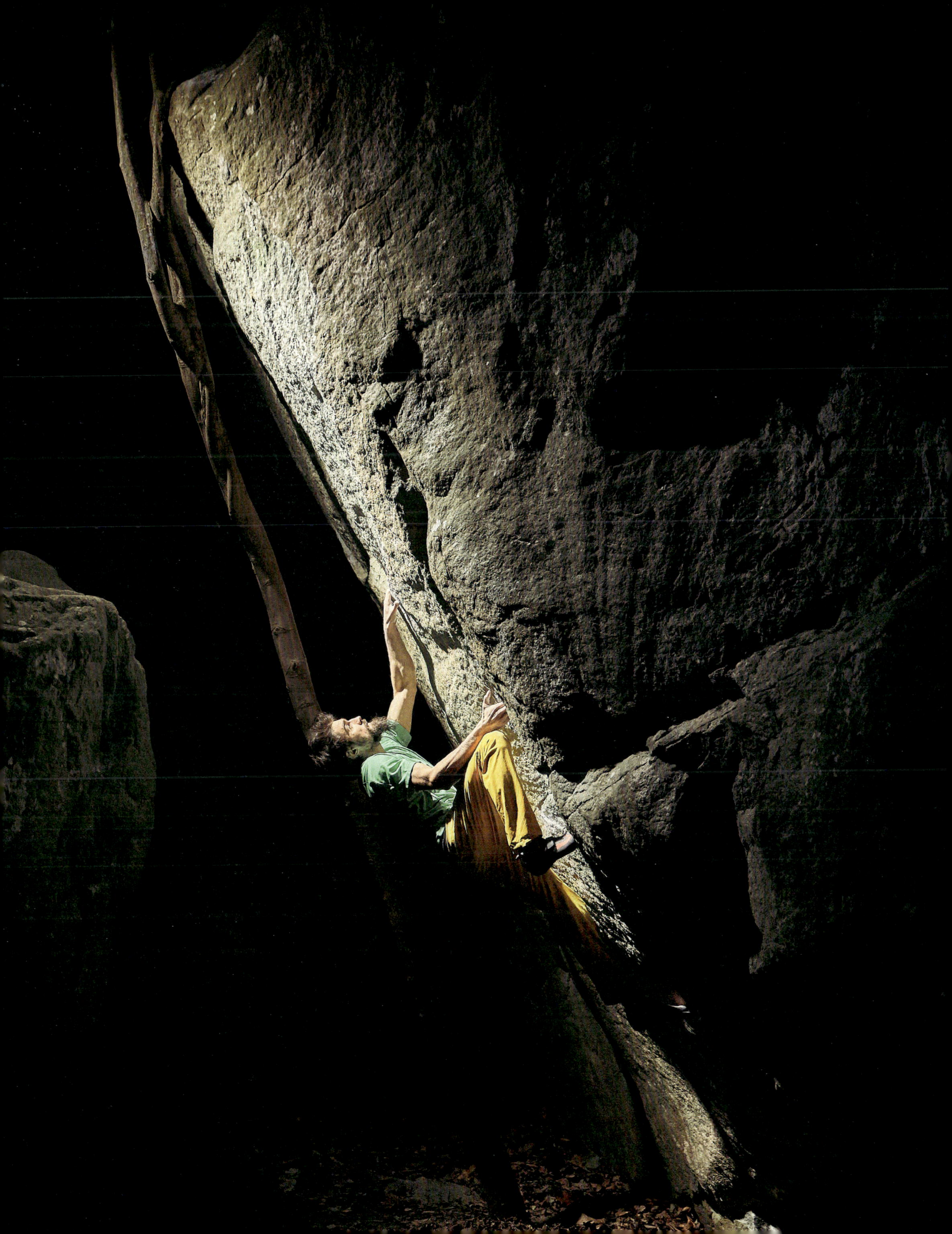

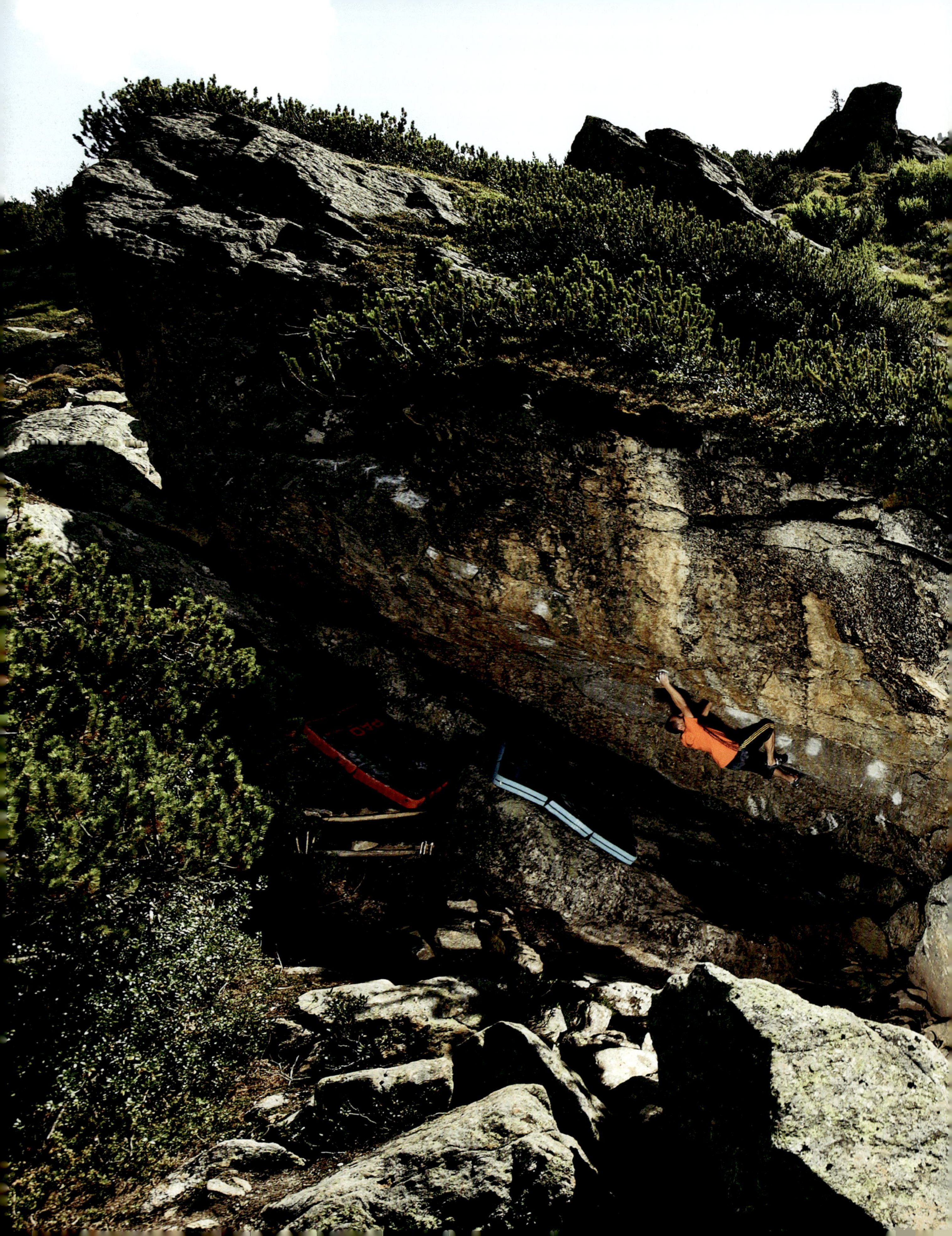

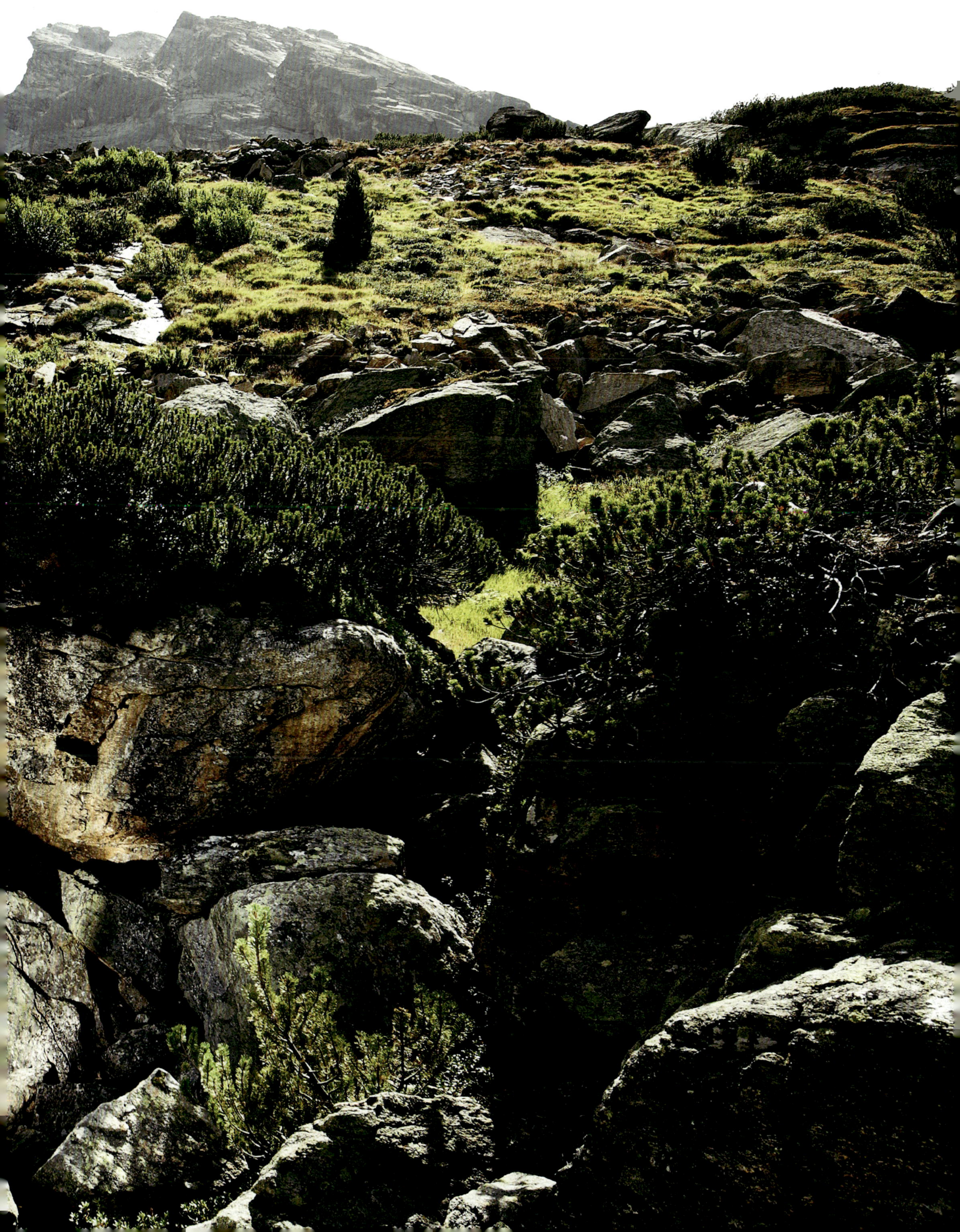

An den ausgetrockneten Ufern des Aralsees gab es keine kletterbaren Felsen. Was Bernd Zangerl in die Wüste von Usbekistan gebracht hat, bleibt wohl ein Rätsel.

In der Pfalz finden aktive Kletterer wie Julius Westphal schönen roten Sandstein vor. Außerdem gibt es im Fichtelgebirge Granitfelsen in wunderbarer Umgebung, im Allgäu Konglomerat und in Berchtesgaden Kalksteinfelsen.

ÖSTERREICH

In dieser großen Kletternation bildet Innsbruck das Zentrum einer leidenschaftlichen Bouldergemeinschaft. Der Visionär Bernd Zangerl hat in den österreichischen Alpen unter anderem in Galtür ein Gebiet entwickelt.

Die Erschließung des Zillertals ist zum großen Teil Gerhard Hörhager zu verdanken, während Klem Loskot das Maltatal als Gebiet eröffnet hat.

ITALIEN

Auch Italien ist eine große Kletternation mit einer besonders langen Tradition.

Gebouldert wird zum Beispiel in den Dolomiten, wo die Alpinisten Emilio Comici und Riccardo Cassin bereits in den 1930er-Jahren im örtlichen Kalkstein unterwegs waren.

Val di Mello zählt zu den ältesten Bouldern des 7. Grades (Bleausard) mit zahlreichen, besonders anspruchsvollen Strecken, dafür auf wunderbarem Granit.

An der ligurischen Küste hat sich Varazze zu einer beliebten Pilgerstätte entwickelt, seit Christian Core extreme Blöcke an der Serpentine erschlossen hat, darunter sein Hauptwerk *Gioia*. Mauro Calibani wiederum ist auf dem gesamten Stiefel und auf Sardinien aktiv; ihm gelang im Sandstein von Meschia mit *Tonino 78* die erste vorgeschlagene 8c+ der Welt.

Im Mittelmeer- und Balkanraum wären zudem die Insel Tinos in Griechenland und Prilep in Mazedonien zu nennen.

SPANIEN/PORTUGAL

In Spanien herrscht ein regelrechter Kletterboom. Dort gibt es selbstverständlich etliche Boulderreviere wie Albarracin, Escorial oder La Pedriza, um nur einige zu nennen, sowie viele hochklassige Kletterer. Leider habe ich die Gebiete in diesen beiden Ländern selbst noch nicht besucht und kann daher von keinem persönlichen Eindruck berichten.

OSTEUROPA

Über diesen Teil der Welt, in dem es durchaus eine ernst zu nehmende Kletterkultur gibt, kann ich nur einen kurzen Überblick liefern.

In Tschechien hat das Klettern lange Tradition. Daher ist es nur logisch, dass aus diesem Land mit Adam Ondra einer der besten Kletterer unserer Zeit stammt. Die Granitfelsen in Petrohrad und das Sandsteingebirge in Sneznik sind mir als Reviere bekannt.

In Polen und Bulgarien gibt es reichlich Gebiete, die geologisch und topografisch für Kletteraktivitäten geeignet sind, sodass hier eine echte Klettertradition entstanden ist.

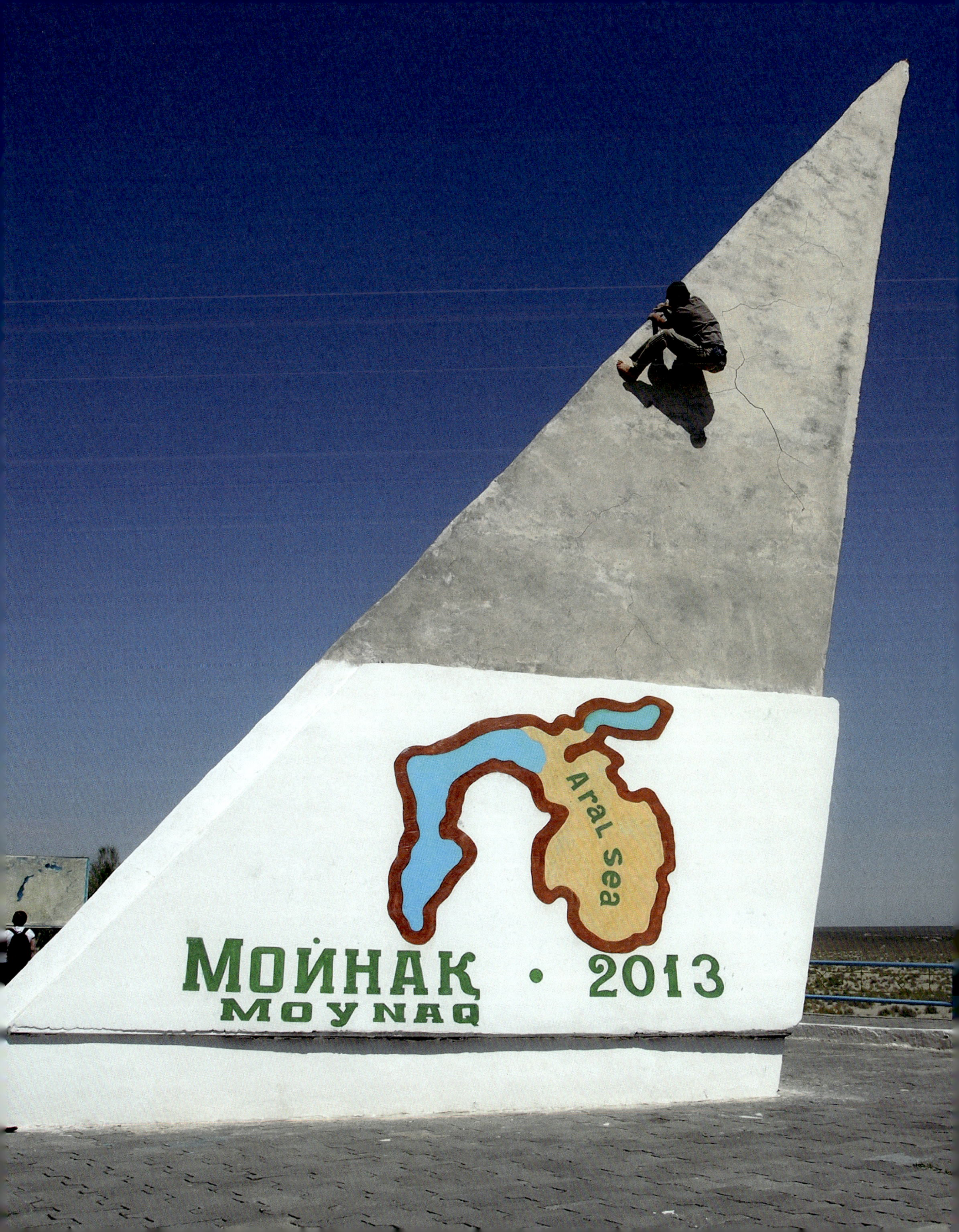
Aral sea
МОЙНАҚ · 2013
MOYNAQ

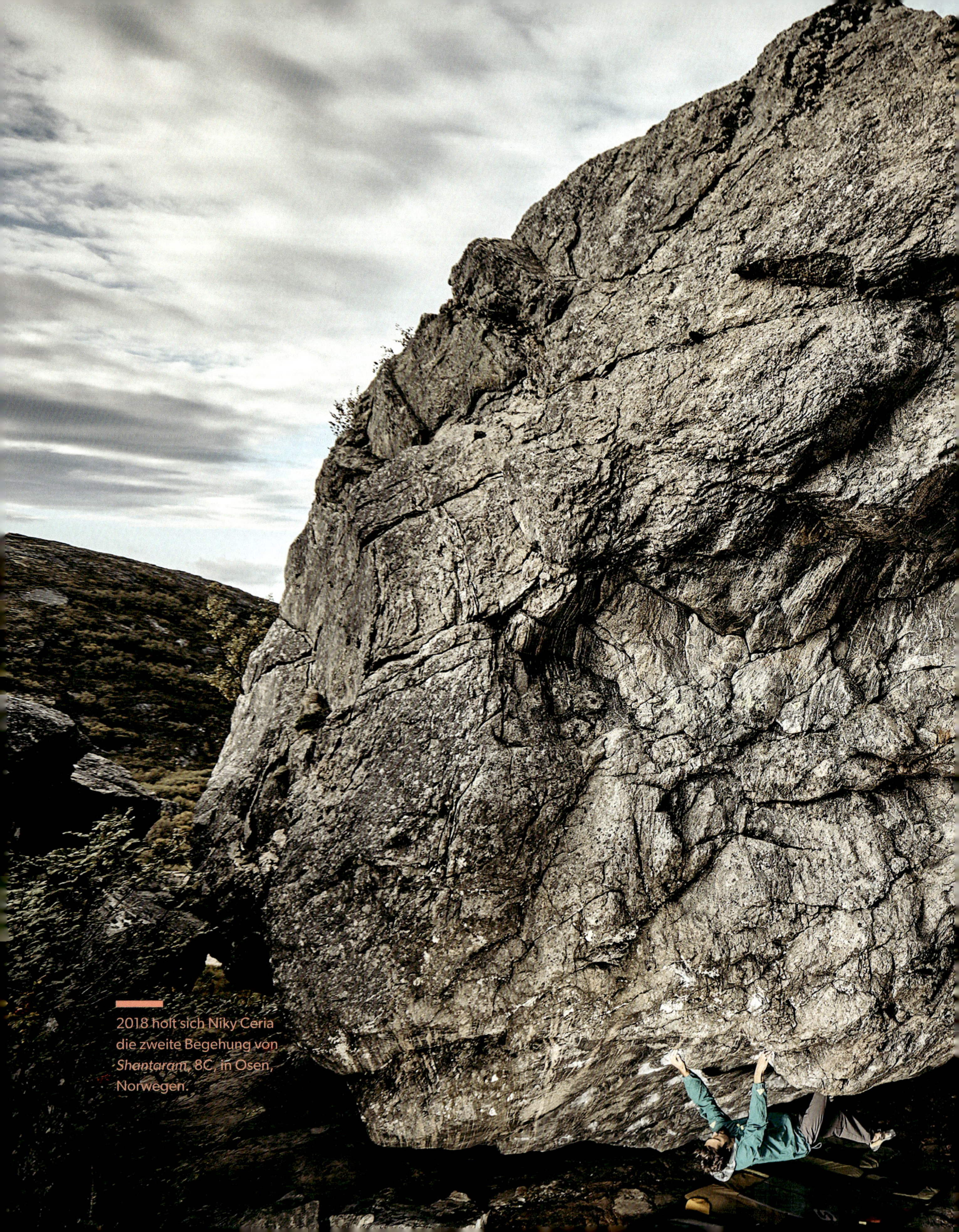

2018 holt sich Niky Ceria die zweite Begehung von *Shantaram*, 8C, in Osen, Norwegen.

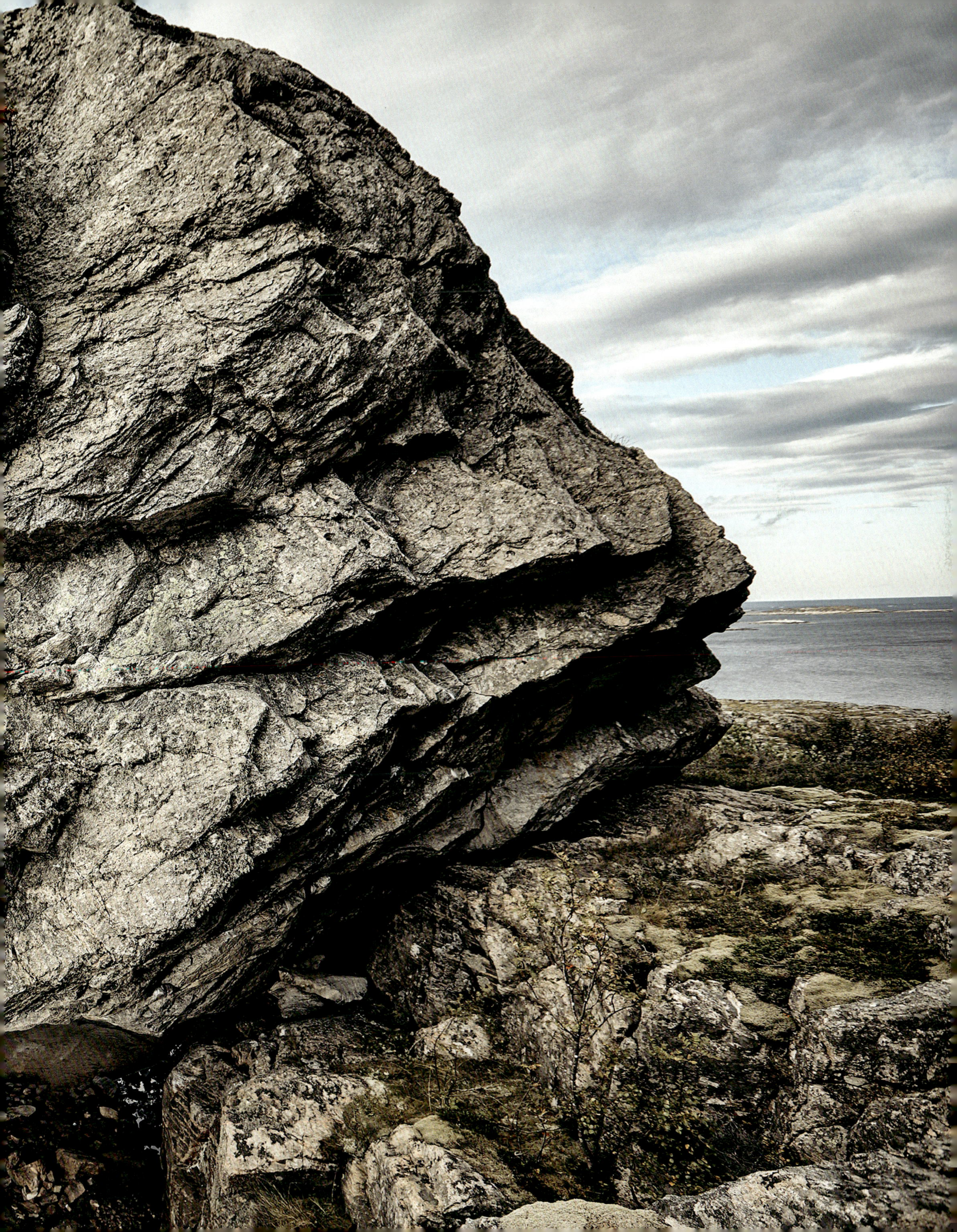

Sogar in der Wüste kann es schneien, wenn Tiroler zu Besuch sind: Korni Obleitner in seinem Element in Bishop, USA.

Russland muss unendliche Möglichkeiten bieten, wie etwa »Stolbi« in der Nähe der Stadt Krasnojarsk in Sibirien. Die dortigen Kletterer haben einen sehr eigenen Kletterstil entwickelt, Solos scheinen dort üblich zu sein, und das Bouldern offenbar auch.

SKANDINAVIEN

Dank seiner besonderen geologischen Eigenschaften bietet das skandinavische Gestein, das zum ältesten Granit überhaupt zählt, eine große Vielfalt an Griffen und Strukturen, die das Klettern sehr abwechslungsreich machen. Bouldern ist dort relativ neu, jedoch äußerst beliebt und wird intensiv betrieben, sodass Skandinavien mittlerweile eine führende Rolle innehat. Åland in Finnland, Kjugekull in Schweden und viele Sektoren in der Nähe von Trondheim in Norwegen sind für Boulderer sehr schöne Destinationen. Plus unzählige andere Gebiete, die mir nicht bekannt sind.

In Finnland befindet sich übrigens der erste der zwei mir bekannten 9A-Boulder, der von Nalle Hukkataival erstbegangen wurde: *Burden of Dreams* in der Nähe von Helsinki.

USA

Dieses riesige Land mit seiner grenzenlosen Bewegungsfreiheit zählt zu den größten Bouldergebieten der Welt. In seinen unendlichen Weiten sind richtiggehende Kletternomaden unterwegs, die von Revier zu Revier ziehen. Diese besondere Kultur habe ich nirgends sonst erlebt, sie verleiht der Szene in Übersee einen ganz besonderen Charme.

Dank Persönlichkeiten wie John Gill, der das moderne Bouldern mit turnerischen und dynamischen Bewegungen sowie Highballs und beeindruckenden Solos eingeführt hat, gibt es hier eine lange Tradition. Gill entdeckte viele Gebiete in verschiedensten Teilen der USA, vor allem jedoch in Colorado, Montana, Wyoming, Southern Illinois und Dakota.

Ich durfte ihn 2008 kennenlernen und einige seiner sagenumwobenen Boulder in Colorado besuchen. Wir führten ein interessantes Gespräch über das Klettern und seine Entwicklung. Seine enorme Toleranz, die hohe Intelligenz und große Einfühlsamkeit mit tiefer Reife vereint, hat mir dabei sehr gefallen.

1993 reiste ich zum ersten Mal nach Hueco in den USA. Nach dem Schweizer Winter, in dem der Horizont nur bis an die Schichtwolken reicht, war der strahlend blaue Himmel die reinste Offenbarung. Mit seinem magmatischen Gestein, dem Syenit, ist Hueco ein außergewöhnlicher Spielplatz für überragende Klettererlebnisse und nach wie vor eines meiner Lieblingsgebiete.

Das Gebiet ist noch relativ neu und entstand in den 1970er-Jahren dank Bob Murray, einem Kletterer, dessen

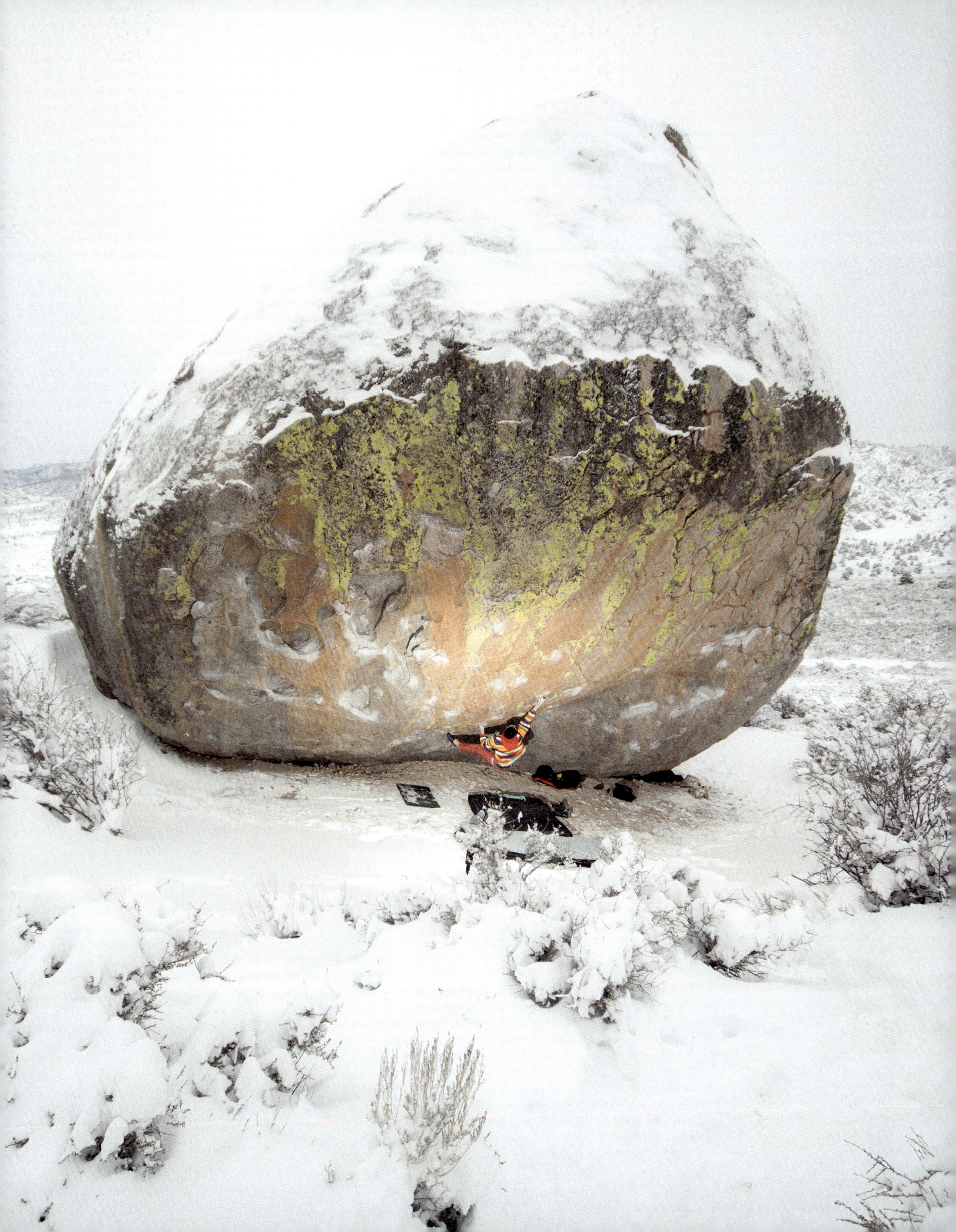

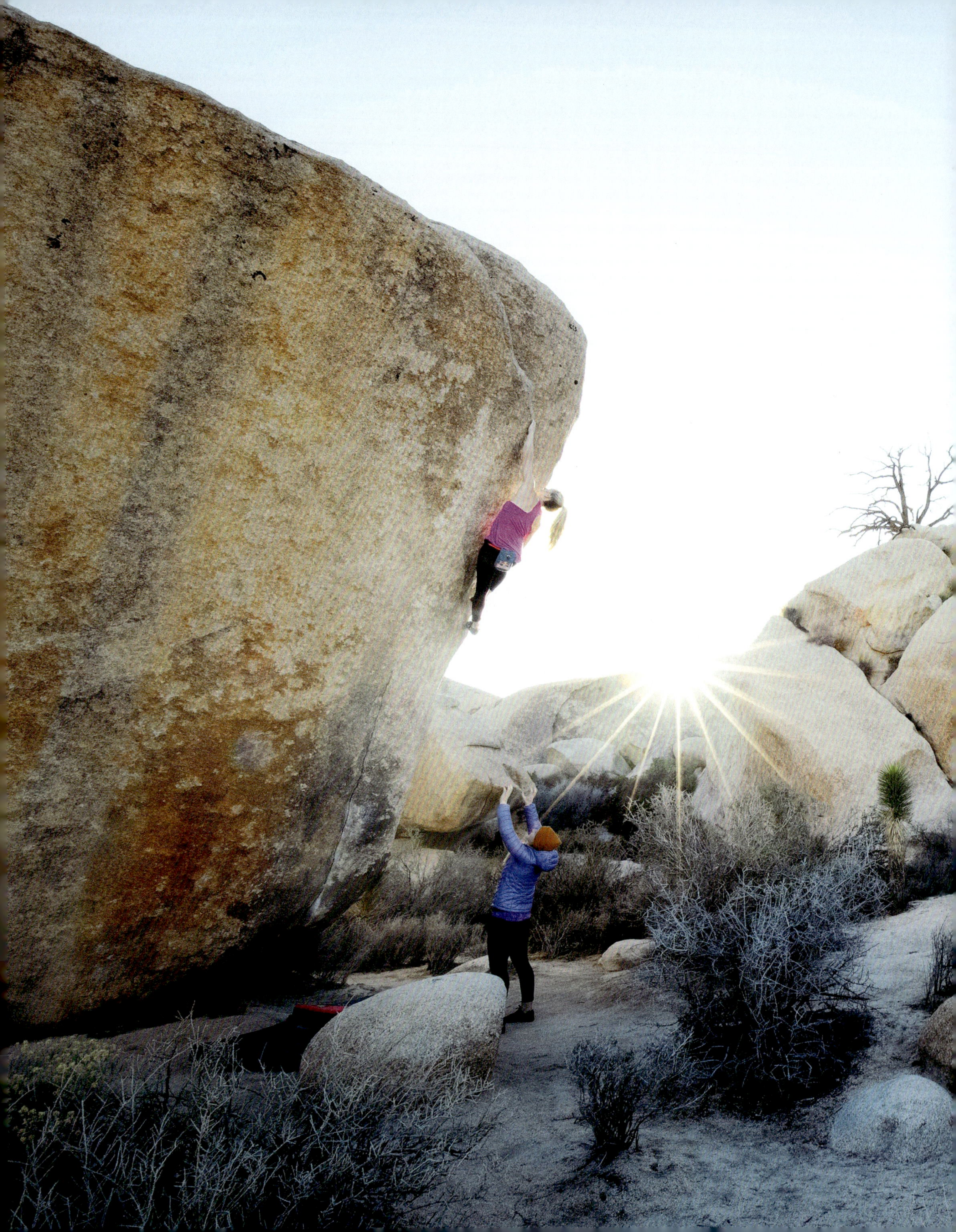

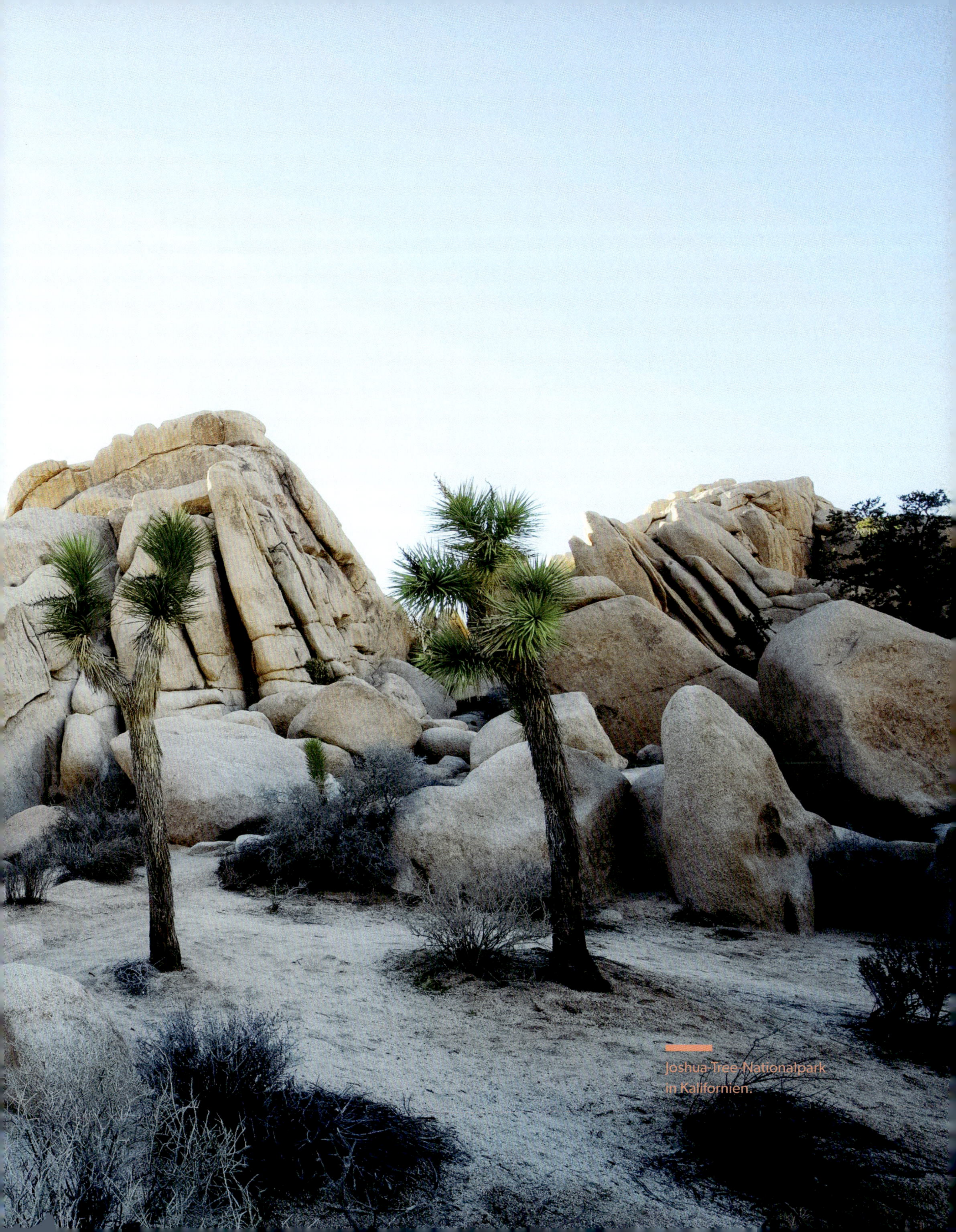

Joshua-Tree-Nationalpark in Kalifornien.

Katie Lambert, *The Force*,
7C, Yosemite, USA.

Können damals absolut außergewöhnlich war. Den größten Boom des Sportkletterns erlebte Hueco ab Mitte der 1980er-Jahre, vor allem durch Todd Skinner. Eine weitere Ikone der amerikanischen Szene, John Sherman, hat hier ebenfalls gewirkt und die ersten Boulder-Topos erstellt. Zudem war er an zahlreichen Erstbegehungen beteiligt und schuf dort seine V-Skala (nach seinem Spitznamen Verms). Ich ergänzte dort die Skala mit den ersten V11- bis V15-Bouldern, von V13 bis V15 waren es sogar die ersten in den USA.

Viele Routen in den verschiedensten Schwierigkeitsgraden sind unvergleichlich. Die imposante Neigung von *Metal Detector*, das schiere Ausmaß von *Ghetto Simulator*, das Surfbrett am *Moonshine Roof*, die Perfektion von *Nagual* und die Ästhetik von *Slashface* sind nur einige Beispiele für das, was Hueco Kletterern aller Könnensstufen zu bieten hat. Man taucht dort in eine mystische Atmosphäre ein, die durch die allgegenwärtige Kultur der amerikanischen Ureinwohner noch verstärkt wird.

In der Umgebung der kleinen Stadt Bishop in Kalifornien finden sich einzigartige Klettermöglichkeiten. Auf einem Plateau am Fuße der Sierras ragen im Halbwüstenklima die Buttermilks auf. Licht und Ambiente sind fantastisch, geklettert wird dort seit knapp 50 Jahren. Die aufrechten Boulder sind teilweise sehr hoch, die Linien außergewöhnlich ästhetisch. John Bachar, Dale Bard, Chris Sharma, Dave Graham, Paul Robinson und Daniel Woods haben hier jeweils zu ihrer Zeit spektakuläre Erstbegehungen unternommen.

Yosemite ist für jede Form des Kletterns, auch für das Bouldern, das Eldorado schlechthin. Die lange Tradition nahm mit dem Kletterer Pat Ament, der unter anderem die Biografie *Master of Rock* über John Gill verfasste, oder dem unvergleichlichen Royal Robbins ihren Anfang.

Der Inbegriff für das moderne Bouldern ist *Midnight Lightning*, ein anspruchsvoller Boulder, der 1978 von Ron Kauk eröffnet wurde und fraglos zu den bekanntesten der Welt zählt. Der Engländer Jerry Moffatt stieß dort mit *Stick it* und *Dominator* die Türen zum Schwierigkeitsgrad 8 auf.

Joshua Tree ist und bleibt das Winterquartier der kalifornischen Szene. Mary Gingery, Lynn Hill, John Long, John Bachar und John Yablonski waren die führenden Köpfe der 1970er- und 1980er-Jahre, in denen viele Klassiker wie *Stem Gem*, *Streetcar named Desire*, *Dreaming of the Master*, *Planet X* und dergleichen entstanden.

In Colorado findet man beinahe alle Felsarten: Dakota Sandstone in der Front Range, Granit und Gneis in den Rocky Mountains, dazu alpin anmutende Gebiete in Höhenlagen wie dem »Rocky Mountain National Park« und »Mount Evans«. Und noch vieles andere mehr, denn dieser Staat sprudelt nur so vor Aktivität.

Der Südosten des Landes bietet eine Vielzahl an Sandsteingebieten ähnlich wie Fontainebleau, zum Beispiel in Tennessee, North Carolina, Arkansas, Alabama und im Süden von Illinois.

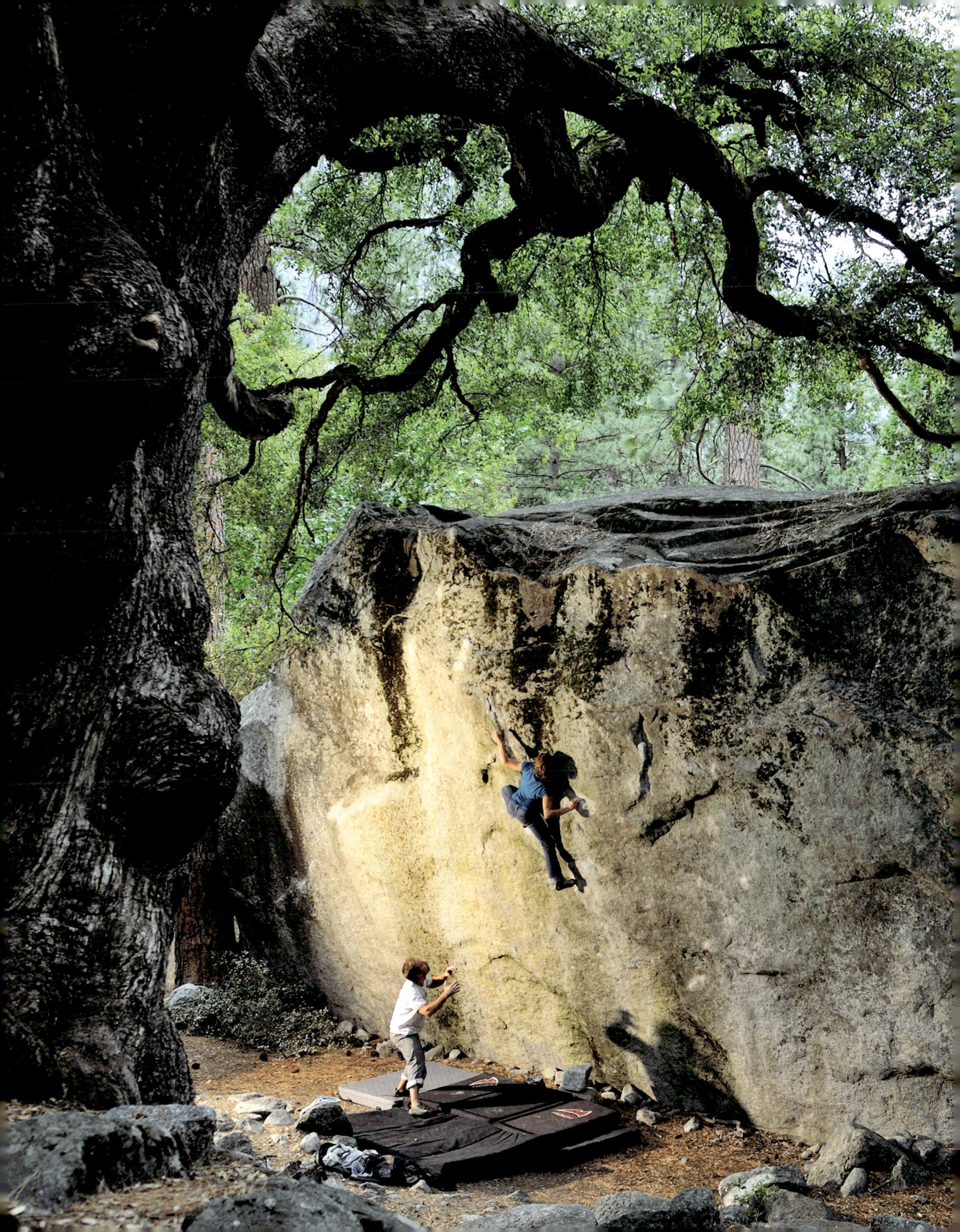

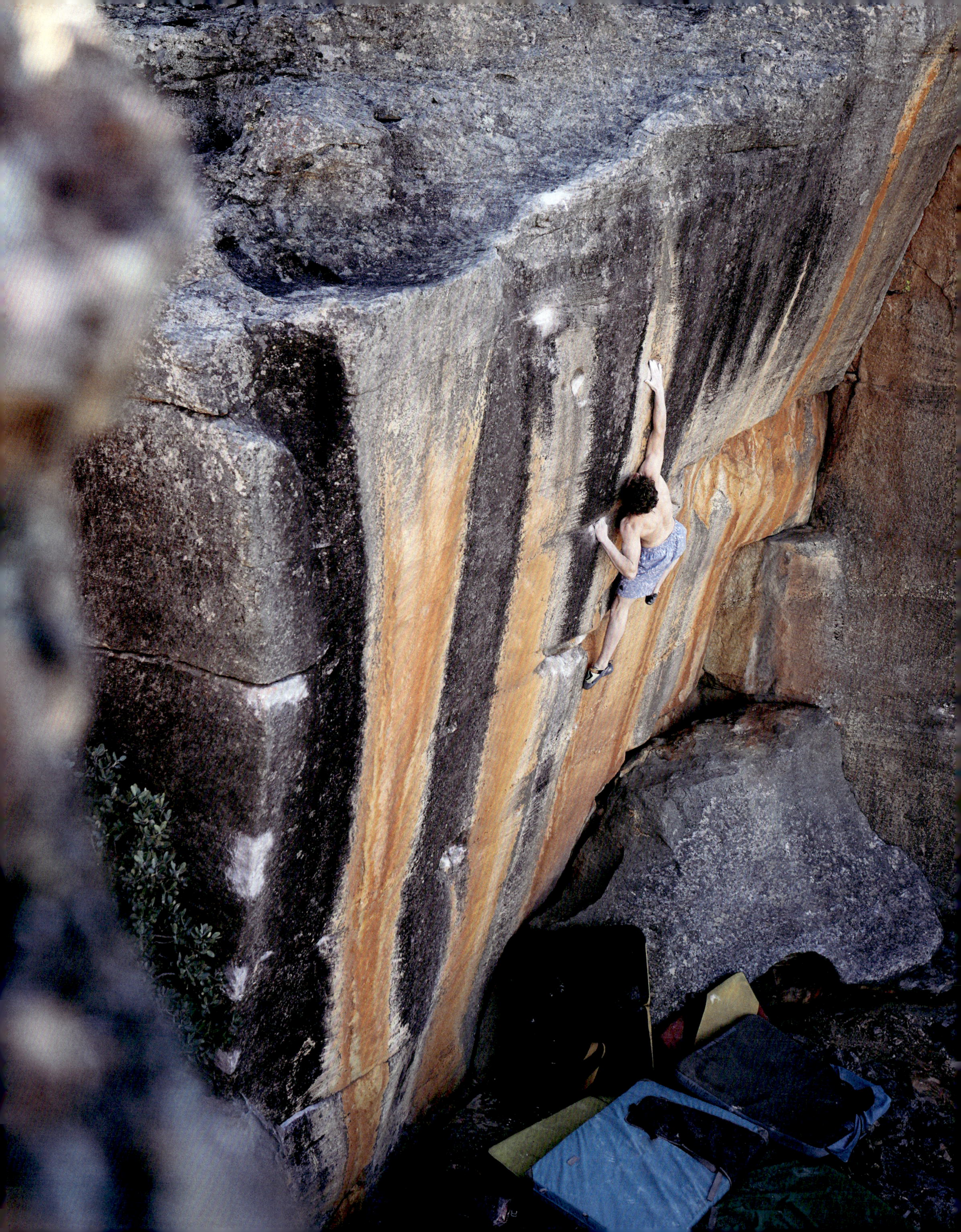

Giuliano Cameroni *keeps on smiling* in seiner Erstbegehung *SMILE*, 8C, in den Rocklands in Südafrika.

In Nordamerika gibt es noch Hunderte andere Gebiete. In Kanada wäre Squamish zu erwähnen, das an einem Fjord unterhalb des »Chief« liegt. Dort findet man in einem riesigen Regenwald unter fantastischen Bäumen eine große Anzahl von Granitblöcken, die schöne Klettermöglichkeiten bieten. Teilweise sehr anspruchsvoll, nicht nur wegen der Linienführung, sondern auch aufgrund der Luftfeuchtigkeit.

AMERIKA, WEITERE REGIONEN

Lateinamerika ist fraglos ein eigenes Universum voll unzähliger Möglichkeiten. In vielen Ländern, darunter Mexiko, Brasilien, Peru, Chile und Argentinien, gibt es sehr aktive Kletterer, die zahlreiche attraktive Reviere erschlossen haben. Nähere Einzelheiten kann ich leider nicht nennen, da ich selbst bislang nur in Patagonien in El Chaltén war – ein Ort, den ich als Reise- und Kletterziel sehr liebe.

AUF ZU NEUEN HORIZONTEN: DIE ROCKLANDS

Die Begegnung mit Todd Skinner in Hueco hat meine Sichtweise und meinen Weg verändert. Todd ist der Typ des reisenden Kletterers und konnte mit seinem großen Enthusiasmus andere Menschen für verschiedenste Projekte begeistern. Mit ihm und einigen anderen Leuten unternahmen meine Partnerin Mary und ich 1996 nach Ende der Apartheid und zu Beginn der Amtszeit von Mandela unsere erste Reise nach Südafrika.

An der Straße Nr. 7 von Kapstadt Richtung Namibia liegt eine Kleinstadt, wie sie für die südafrikanische Provinz ganz typisch ist: Clanwilliam am Fuße der Cederbergs. Rockland ist das erste Vorgebirge dieser Gebirgskette. Durch die Erosion, die sich in den Sandstein und Quarzit dieses alten Massivs gegraben hat, sind so viele Griffe und so vielfältige Formationen entstanden, dass man sich vorkommt wie in einem Gemälde von Max Ernst. Auch der Himmel ist großartig und bietet abwechslungsreiche Lichtverhältnisse.

Leider ist diese Region erheblichen klimatischen Veränderungen ausgesetzt. Seit unserem ersten Aufenthalt haben sich Wüstenbildung und Erwärmung gefährlich verschärft. So sehr, dass sich die Folgen der Kletterer für das empfindliche Ökosystem bemerkbar machen …

In den ersten Jahren wohnten wir auf dem Campingplatz im Park, doch mittlerweile hat sich ein regelrechter Bouldertourismus entwickelt. Hier lebt eine ganze Region von den Einnahmen aus der Kletterei, insbesondere während des südlichen Winters: Genehmigungen, Unterkünfte, Supermärkte, Gastronomie und so weiter.

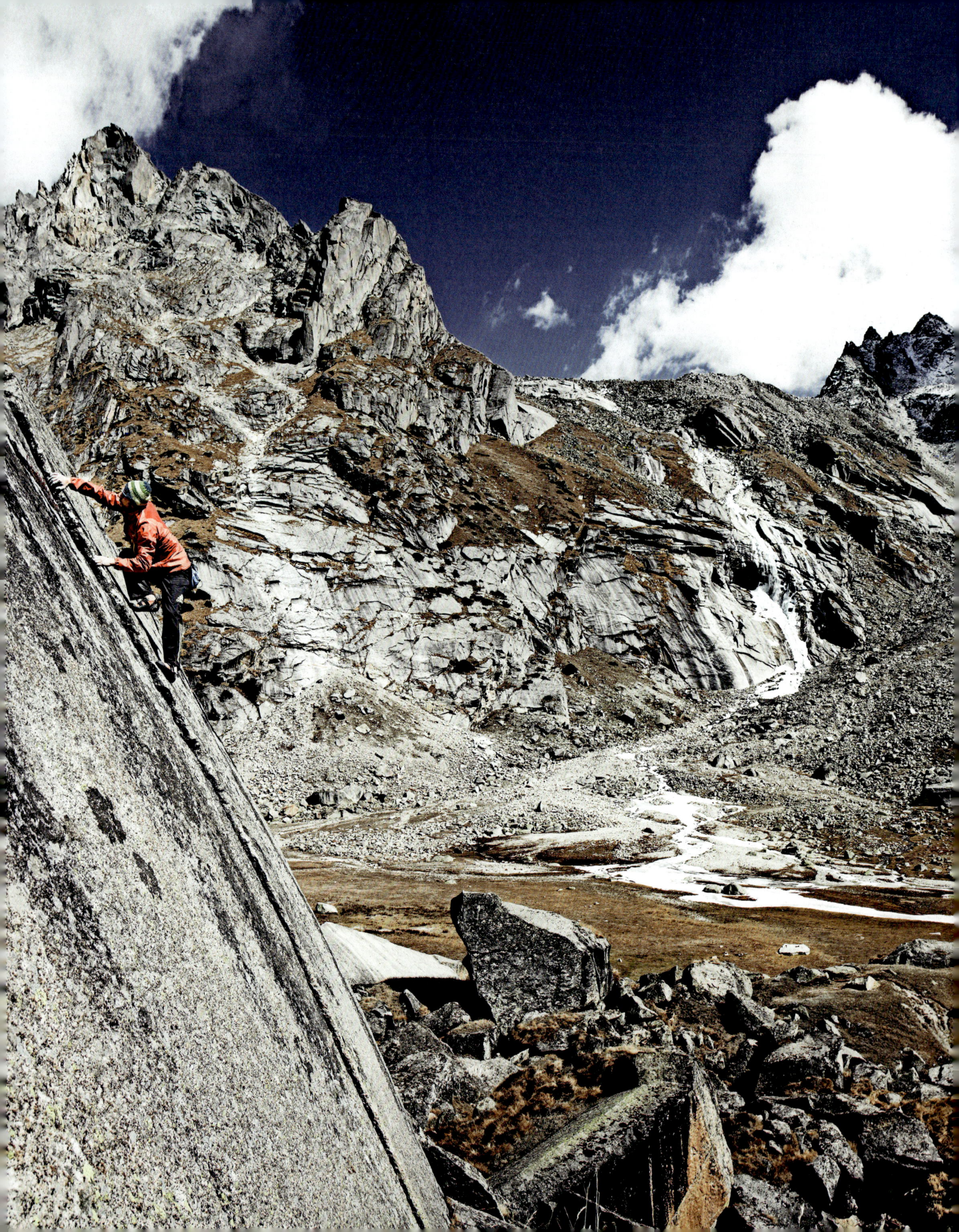

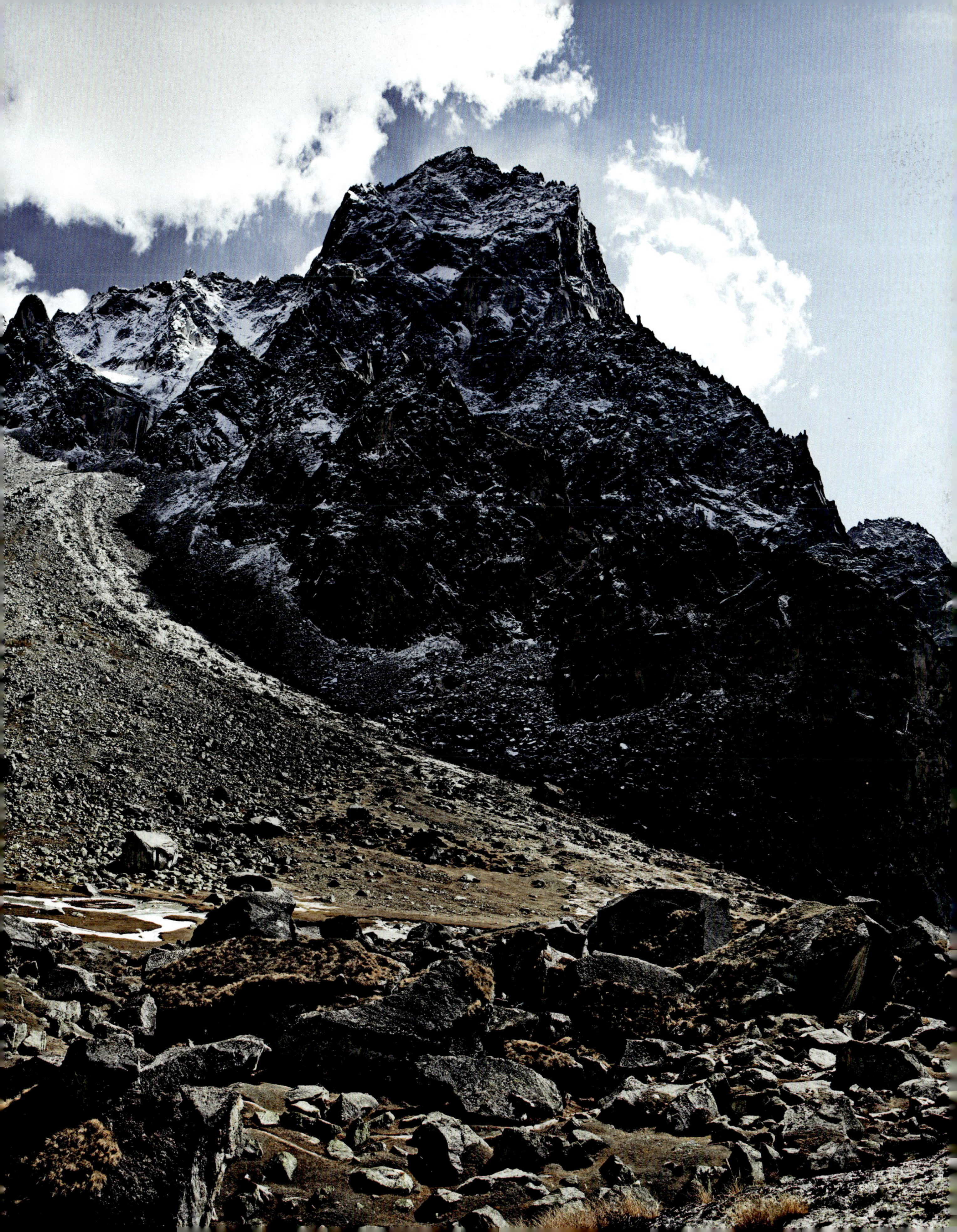

Chris Schulte, *Crucible*, 8B, Independence Pass, Colorado, USA.

Die wirtschaftlichen Verhältnisse vor Ort haben sich drastisch verändert. Die rote Sandpiste wurde durch eine hochmoderne Asphaltstraße ersetzt, doch die Landschaft ist nach wie vor von surrealer Schönheit, der Zauber unverändert.

Jahr für Jahr werden zahlreiche neue Sektoren erschlossen. Anzahl und Qualität der Möglichkeiten machen dieses Revier weltweit einzigartig. »Roadside«, einer der ältesten Sektoren, ist dank seiner Vielzahl an Routen verschiedenster Art und Schwierigkeit nach wie vor äußerst attraktiv. Auch der Sektor »Sassies« auf dem Gelände von Traveller's Rest zählt zu den Klassikern. Einige meiner bedeutendsten Erstbegehungen: *Oliphants Dawn* im Jahr 2000, eine schwierige 8b+ in Riverside, *Black Eagle sd* oder *Monkey Wedding* im Jahr 2002, die beiden ersten unbestrittenen 8cs.

AFRIKA, WEITERE REGIONEN

Im Süden Afrikas bieten sich in Namibia und Simbabwe schöne Möglichkeiten. Auch Tansania und Kenia in Zentralafrika haben Potenzial. Die anderen afrikanischen Regionen, die ich am besten kenne, liegen in Mali im Westen sowie in Algerien und sind seit Jahren innenpolitisch so schrecklich instabil, dass Reisen dort mittlerweile zu gefährlich sind. Ich wünsche mir für diese Länder und ihre Bevölkerung nichts lieber, als dass der Frieden dorthin zurückkehrt. In Marokko gibt es ebenfalls schöne, bereits erschlossene Gebiete.

JAPAN

In diesem asiatischen Land hat das Klettern die größte Tradition. Die Entwicklung verlief dort ganz ähnlich wie in Europa und in den USA. Man findet in Japan alle Arten von vulkanischem (Basalt) und magmatischem (Granit/Gneis) Gestein sowie außerdem Sandstein und Schiefer.

Japan kann mittlerweile eine enorme Boulderbewegung vorweisen – das liegt an einem Netz aus Kletterwänden, an denen fleißig im Team trainiert wird, vergleichbar mit den traditionellen Dojos für Judo und andere Kampfsportarten.

Gebouldert wird seit Langem in Mitake vor den Toren Tokios, auf Kalkschieferfelsen in einem Flussbett. Auch viele andere Reviere wurden erschlossen, unter anderem Ogowayama, ein Sektor mit Granitrouten. Das Klettern ist dort technisch und anspruchsvoll. Die Erstbegehung der schwierigsten Strecken gelang Tokio Muroi, dem Begründer einer Bewegung, die den Einsatz von Crashpads und Spottern ablehnt oder beschränkt. Mit dieser Methode konnte er Boulder mit höchsten Schwierigkeitsgraden eröffnen. Außerdem gehört er zu den wichtigsten Aktiven in Mizugaki, einem wunderbaren Gebiet in einem kaiserlichen Wald. Eine weitere absolute Ikone ist unbestritten Dai Koyamada. Ihm gelang eine Reihe beeindruckender Erstbegehungen, zumeist mit sehr hohen Schwierigkeitsgraden. Weitere Gebiete sind Shiobara, Ena und die Insel Bikoku.

Japan ist im Klettern so aktiv, dass die Szene sich rasch verändert. Das liegt vor allem an der neuen Generation von Kletterern mit Toshi Takeuchi und vielen anderen.

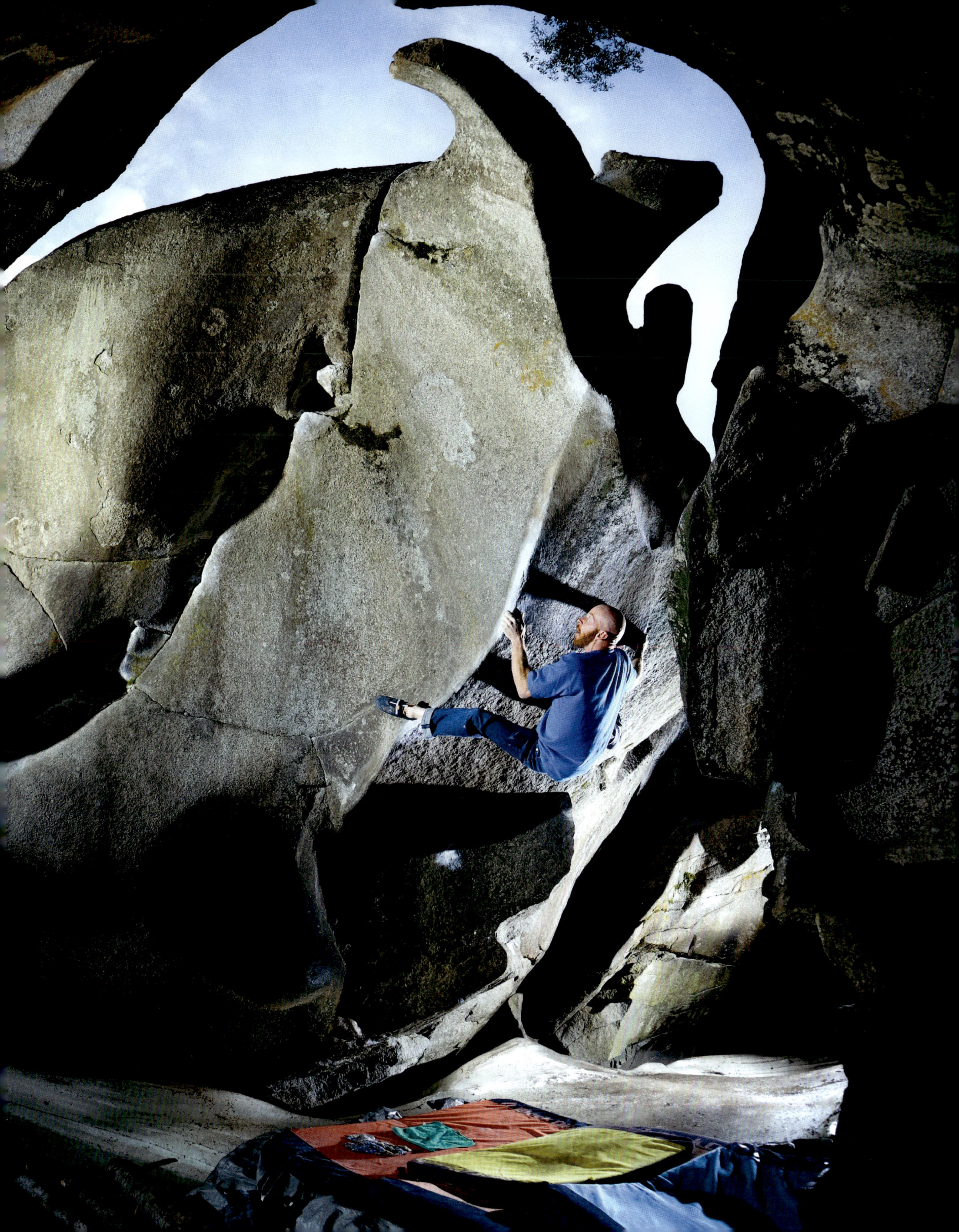

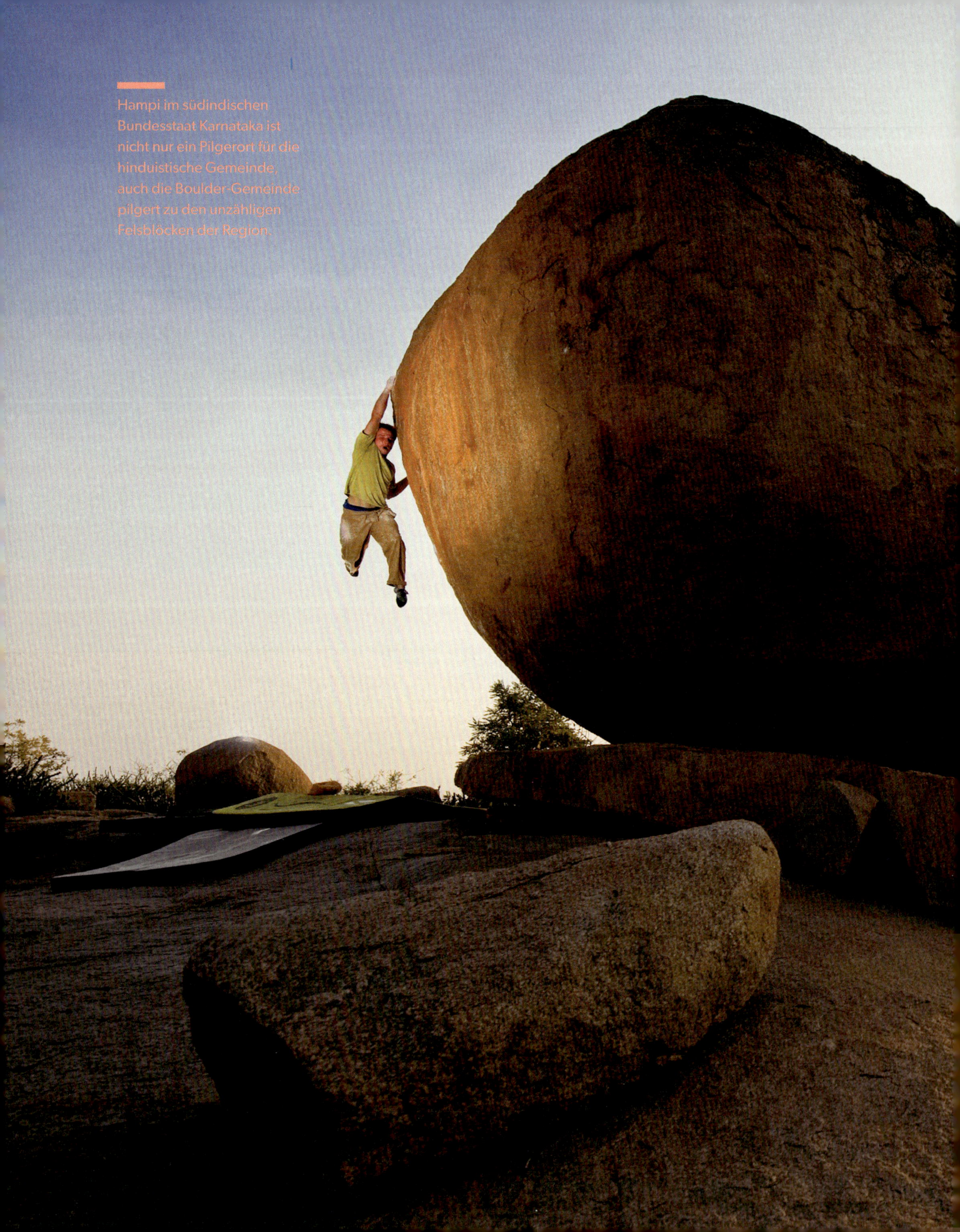

Hampi im südindischen Bundesstaat Karnataka ist nicht nur ein Pilgerort für die hinduistische Gemeinde, auch die Boulder-Gemeinde pilgert zu den unzähligen Felsblöcken der Region.

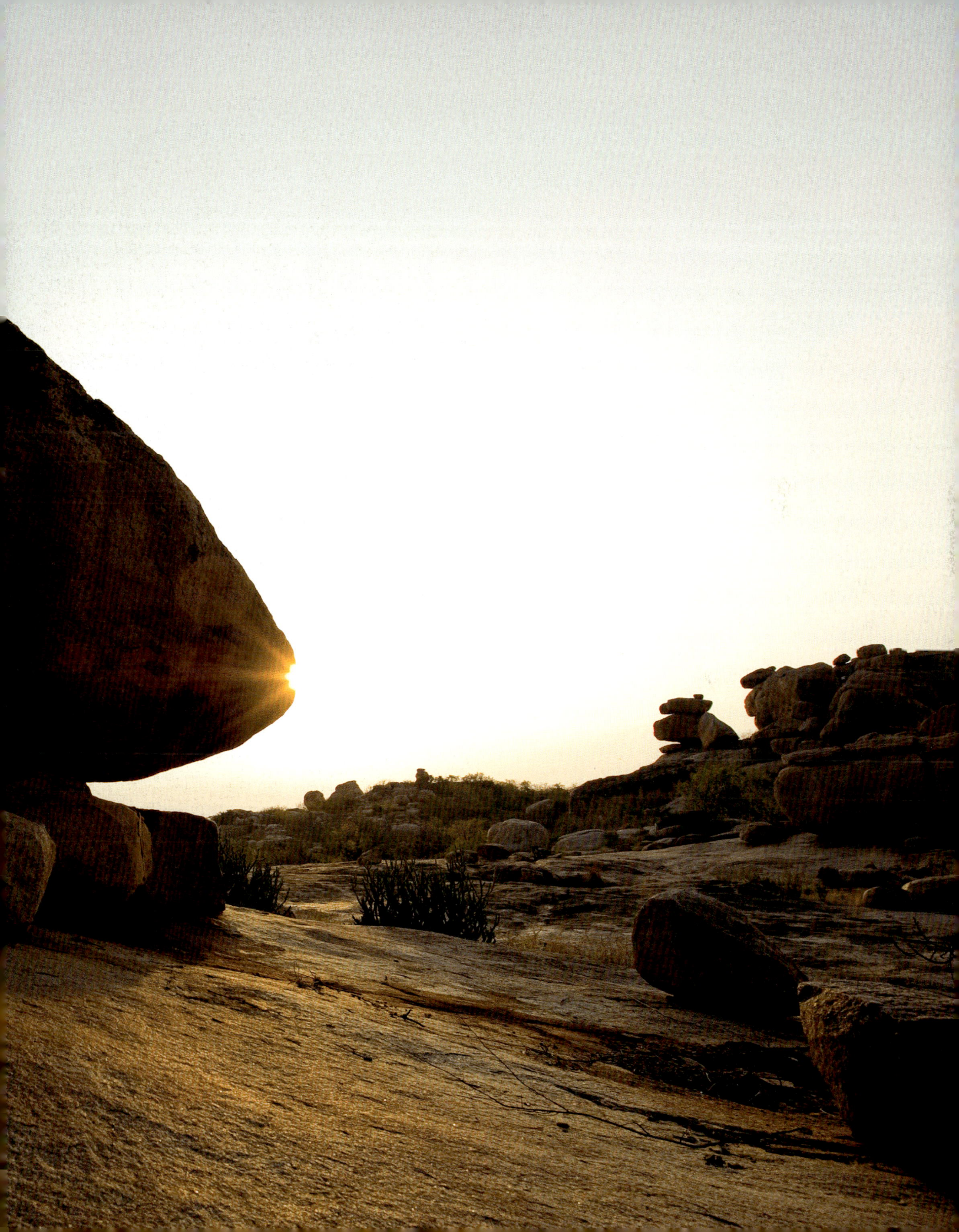

Niky Ceria auf dem Castle Hill in Neuseeland.

ASIEN, WEITERE REGIONEN

Auf chinesischer Seite erlebt das Klettern und auch das Bouldern eine rasante Entwicklung. Bislang gibt es Reviere in der Nähe von Hongkong, doch die Kletterbegeisterung greift so schnell um sich, dass vermutlich bald weitere hinzukommen werden. Soweit ich weiß, bouldert man gegenwärtig in Taiwan, in Thailand, in Vietnam und in Südkorea.

In Indien gibt es im Süden »Hampi« und »Bâdâmi«, während in Himachal Pradesh die Region Manali ein bekanntes Ziel ist. Selbstverständlich bietet der Himalaja Möglichkeiten in Hülle und Fülle, von denen einige bereits eifrig genutzt werden.

AUSTRALIEN

Die Klettertradition in Australien ist an die angelsächsische angelehnt. Schon in Sydney gibt es bemerkenswerte Gebiete mitten in der Stadt, zum Beispiel »Sissy Crag« oder »The Balkans«. Nowra und die Blue Mountains bieten ebenfalls Boulderstellen; oft handelt es sich dabei eher um kleine Klippen mit Profilen, die perfekt für das Überhangklettern geeignet sind.

Im Nordwesten von Melbourne liegt mit dem Grampians-Massiv das bekannteste australische Revier. Es besteht wie die Rocklands aus Sandstein und Quarzit und wurde durch örtliche Kletterer wie Paul Westwood und David Jones erschlossen. Die ersten Ausländer, die entscheidende Routen eröffneten, waren Klem Loskot und Tony Lamprecht, insbesondere das außergewöhnliche *Ammagama*!

Seither hat ein großer Teil der Kletterprominenz den Abstecher auf sich genommen und spektakuläre Routen durchstiegen, zum Beispiel Dai Koyamada mit *The Wheel of Life* in der Hollow Mountain Cave.

Natürlich gibt es noch andere Gebiete. Ich persönlich habe ein Faible für die Region Armidale mit ihren von Eukalyptusbäumen übersäten Hügeln im goldenen Sonnenlicht. In dieser friedlichen Landschaft sind große Graniteier versteckt. Bestimmte Routen wie *Nunjanuka*, *Icarus* oder auch *El Globo* sind mir besonders im Gedächtnis geblieben.

Es gibt eine ganze Welt zu entdecken, nicht zu vergessen Neuseeland mit Castle Hill oder auch Tasmanien ...

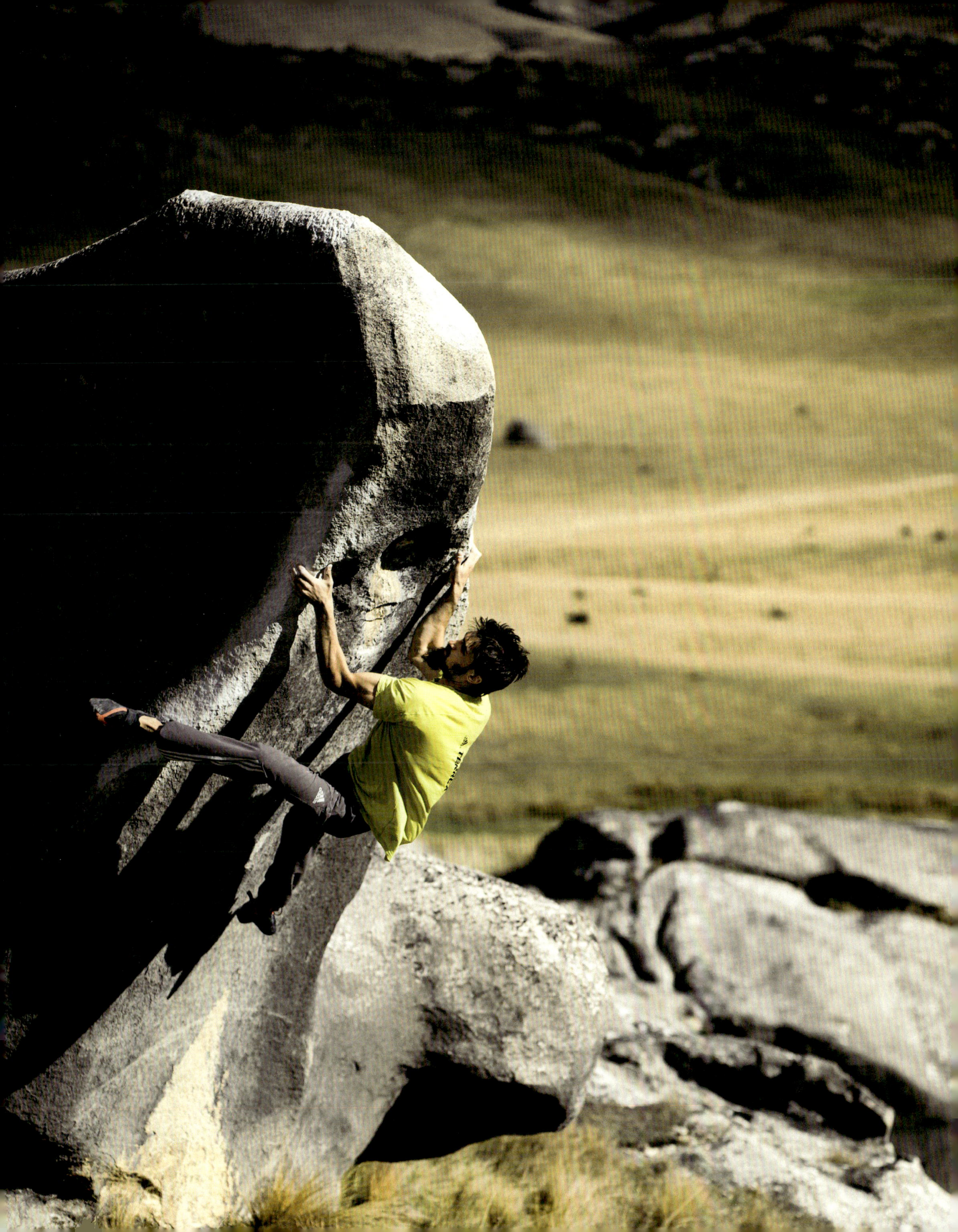

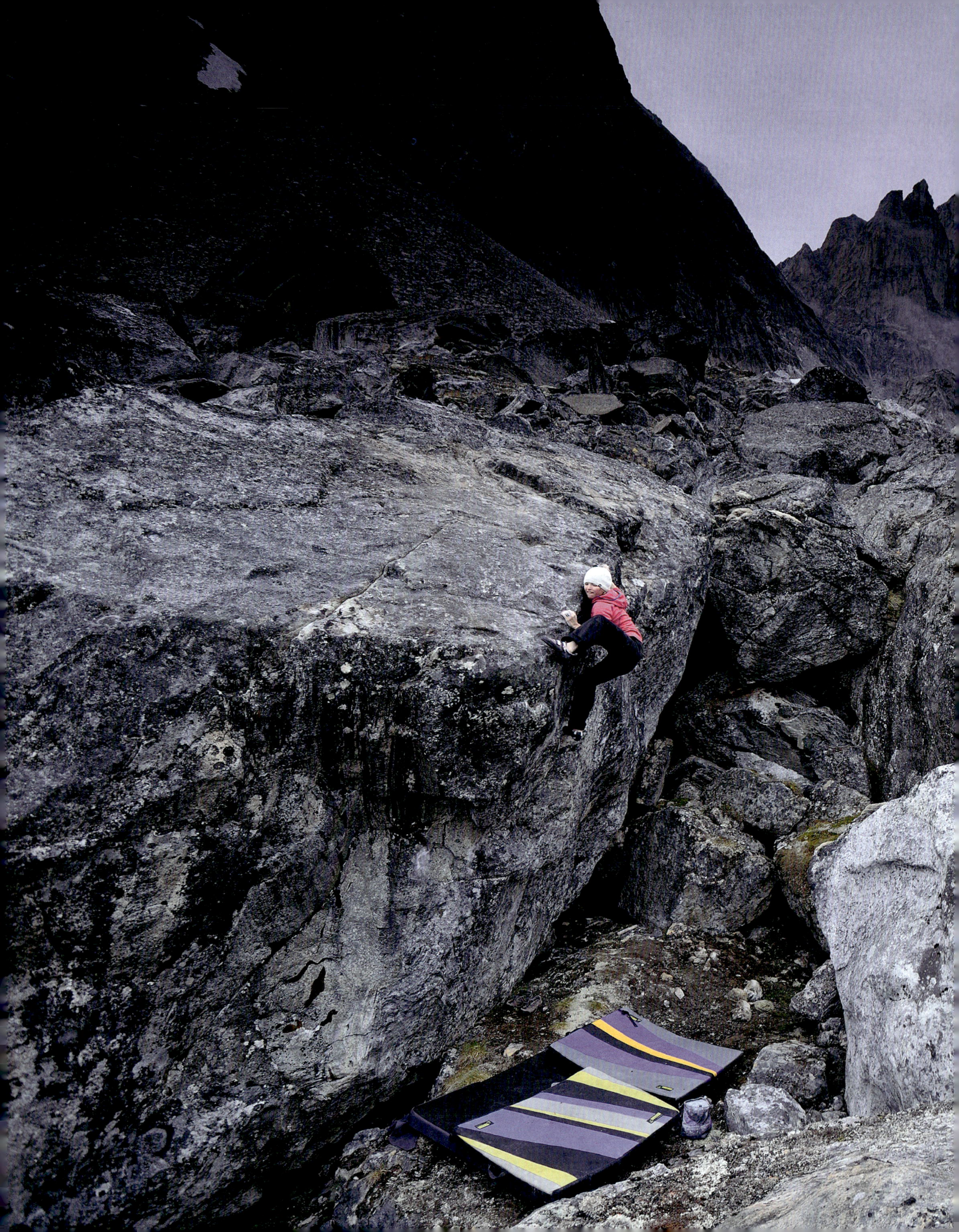

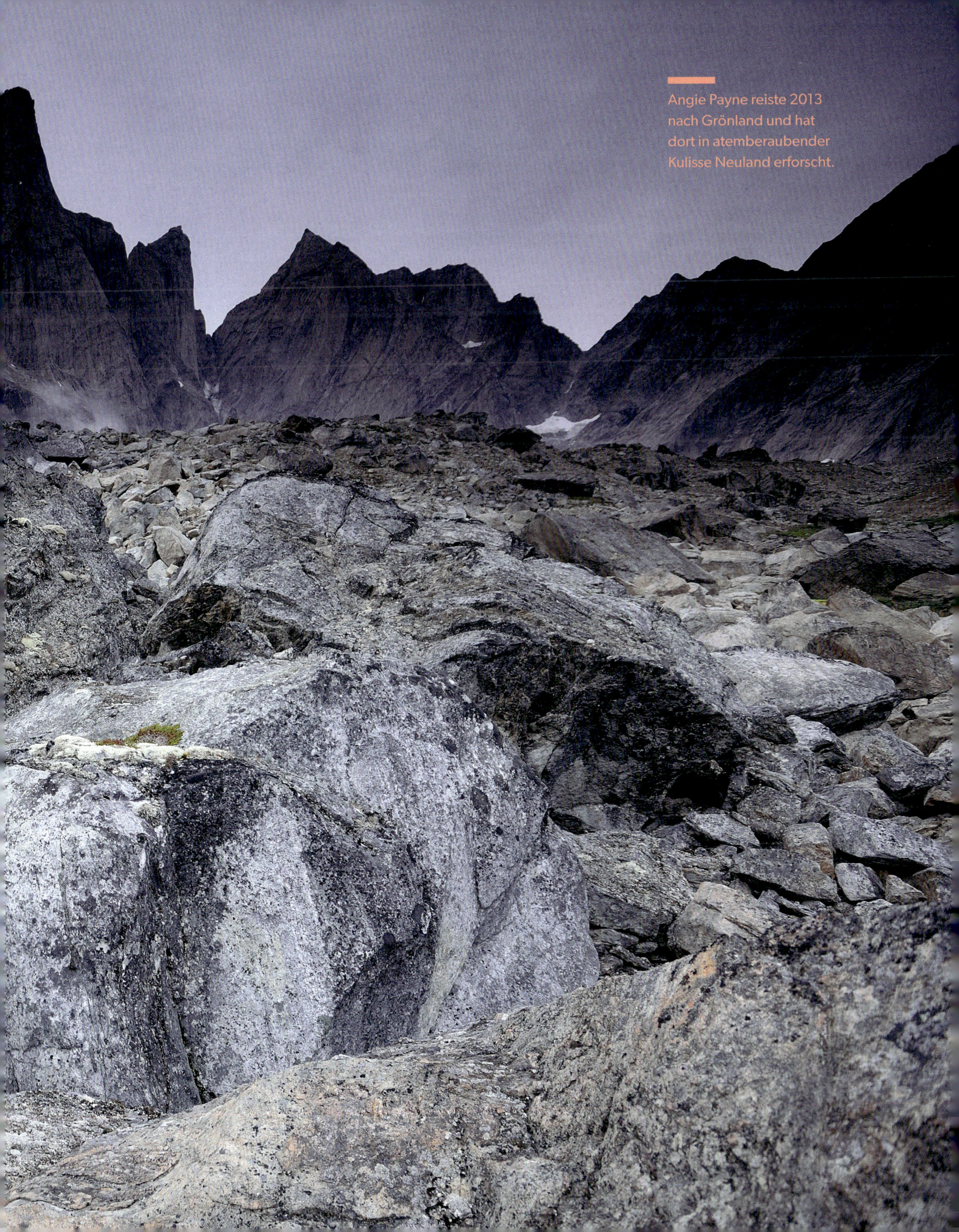

Angie Payne reiste 2013 nach Grönland und hat dort in atemberaubender Kulisse Neuland erforscht.

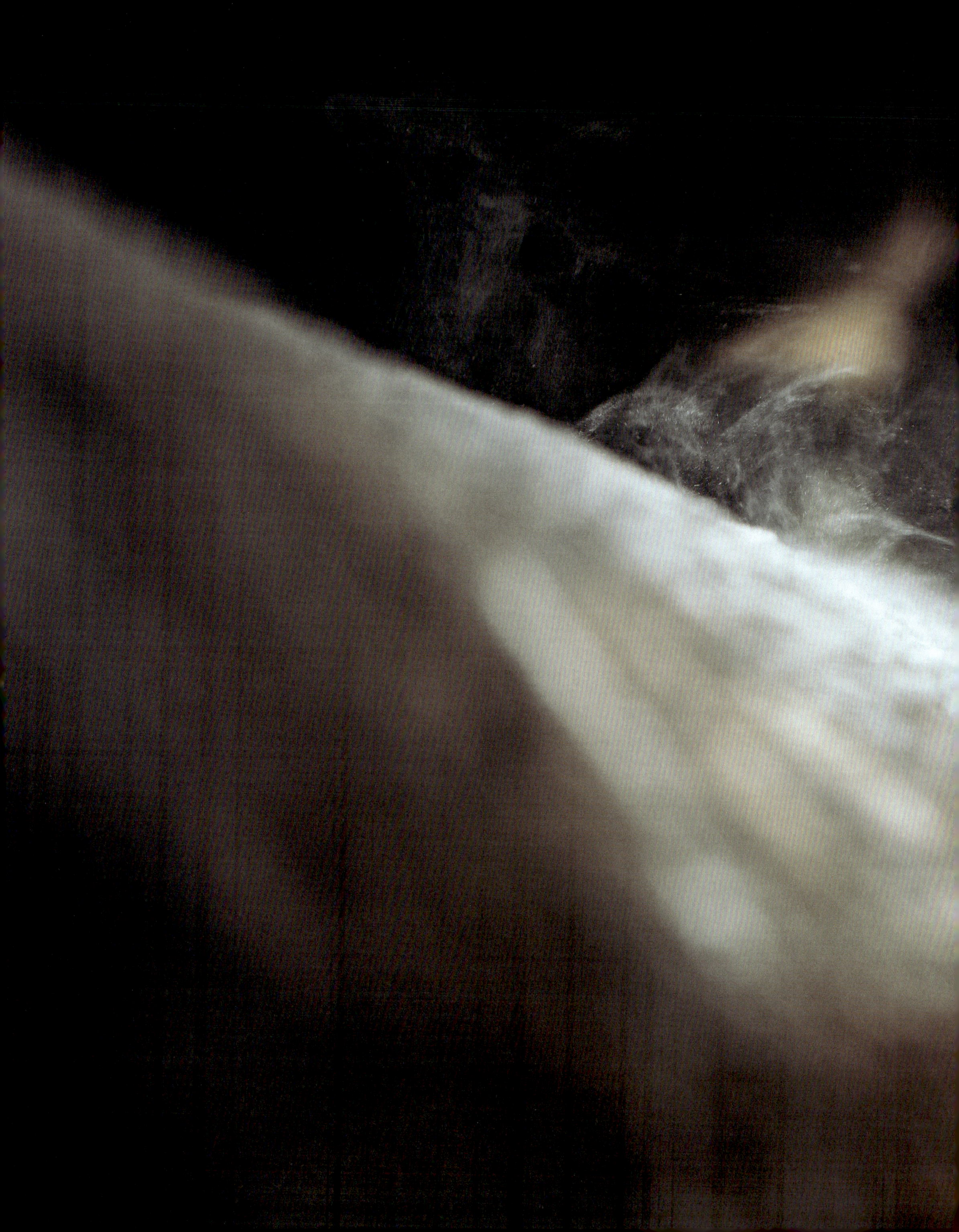

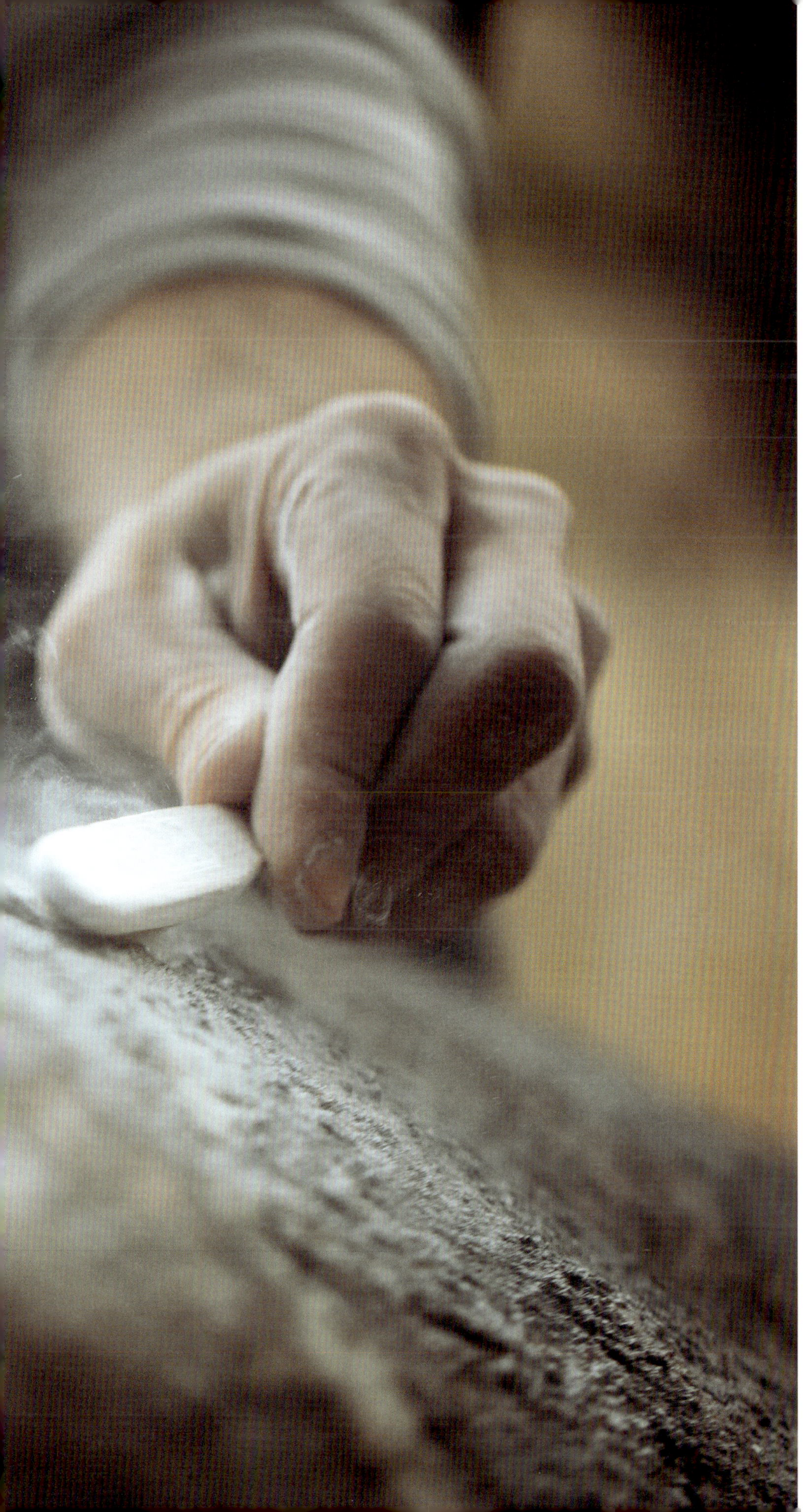

8

In einer Welt, die zunehmend aus den Fugen gerät, lohnt es sich auch, die Frage nach dem eigenen ökologischen Fußabdruck zu stellen, den man beim Bouldern hinterlässt.

WARUM BLÖCKE UNSEREN RESPEKT VERDIENEN

Klaus Haselböck

Die Gesellschaft für deutsche Sprache in Wiesbaden kürt seit einigen Jahrzehnten das Wort, aber vor allem auch das Unwort des Jahres. Ausgerechnet die Idee der »Nachhaltigkeit« hat jährlich steigende Chancen, mit diesem zweifelhaften Ehrentitel gewürdigt zu werden. Von der Politik und der Wirtschaft wurde dieser Begriff in den letzten Jahren dermaßen missbraucht und inflationär verwendet, dass wir ihn schon gar nicht mehr hören können. Das verwundert durchaus, denn das Wort steht eigentlich für positive Entwicklungen und notwendige Gedanken: nämlich wie wir als Menschen ökologisch, ökonomisch und sozial gerecht handeln. Wie wir den Planeten, den wir von den Generationen vor uns zur Obsorge bekommen haben, auch für die Generationen nach uns umsichtig hüten und somit lebenswert erhalten.

Ursprünglich kommt dieser Gedanke aus der Forstwirtschaft: Schon im 18. Jahrhundert hatte man erkannt, dass Wälder mit Bedacht, also nur in Teilabschnitten, abgeholzt werden müssen. Werden alle Bäume auf einmal geschlägert, so bedeutet dies zwar maximalen Profit für den Moment, aber damit verliert man den Wald als Einnahmequelle und als genauso wertvollen Naturraum. Greift man hingegen behutsam ein und entnimmt immer nur so viele Bäume, wie mittelfristig auch nachwachsen können, so kann sich der Wald regenerieren. Er bleibt intakt, in seinem ökologischen Gleichgewicht, und das Wirtschaften ist, ökonomisch gesehen, profitabel, also für Natur und Mensch nachhaltig.

Nachhaltigkeit findet aber nicht nur in den Wäldern statt, sondern wird heute umfassender verstanden: Im Jahr 2015 haben die Vereinten Nationen (UN) 17 Ziele für eine »nachhaltige Entwicklung« formuliert und dabei den Menschen in den Mittelpunkt gestellt. Die Bandbreite dieser *Sustainable Development Goals* reicht von der Gleichstellung der Geschlechter über menschenwürdige Arbeit für alle bis hin zum Schutz der Ökosysteme. Erreicht werden können die hochgesteckten Anliegen, die meist komplexe Lösungen brauchen, freilich nur durch globale Partnerschaften. Staatengemeinschaften müssen dafür genauso eingebunden werden wie Unternehmen. Denn der Gedanke der Nachhaltigkeit ist aktuell längst kein philosophisches Luxusgut mehr: Für ein konfliktfreies Leben und im Extrem sogar das Überleben der Menschheit als Teil einer intakten Natur tragen wir alle die Verantwortung, und dafür müssen wir auch alle unseren Beitrag leisten.

Was haben diese Überlegungen nun mit Felsblöcken zu tun? Die sind oft vor Millionen von Jahren entstanden und werden wohl noch Teil der Landschaft sein, wenn es uns Menschen gar nicht mehr gibt. Konkret: Warum müssen wir über das Thema Nachhaltigkeit nun sogar beim Bouldern nachdenken? Einem Sport, der nur minimale Ausrüstung braucht und denkbar einfachen Spielregeln folgt. Wo nichts gebohrt wird, der Fels also – abgesehen vom regelmäßigen Entfernen des Pflanzenbewuchses und der Verwendung von Chalk – weitgehend ursprünglich erhalten und unbeschädigt bleibt? Der also an sich überaus nachhaltig ist, oder?

Prinzipiell stimmt das. Fakt ist aber auch, dass in den letzten Jahren der gesamte Klettersport einen

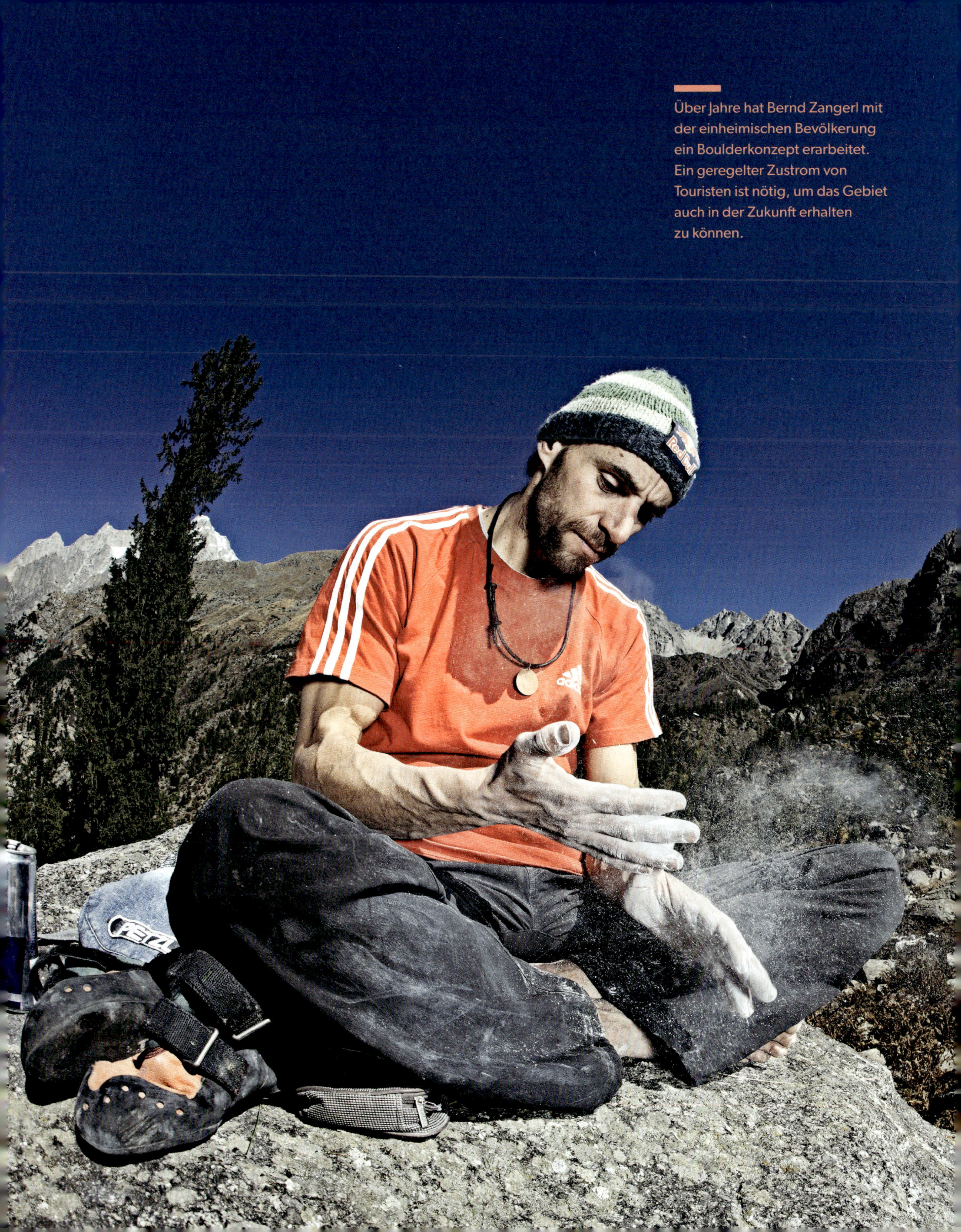

Über Jahre hat Bernd Zangerl mit der einheimischen Bevölkerung ein Boulderkonzept erarbeitet. Ein geregelter Zustrom von Touristen ist nötig, um das Gebiet auch in der Zukunft erhalten zu können.

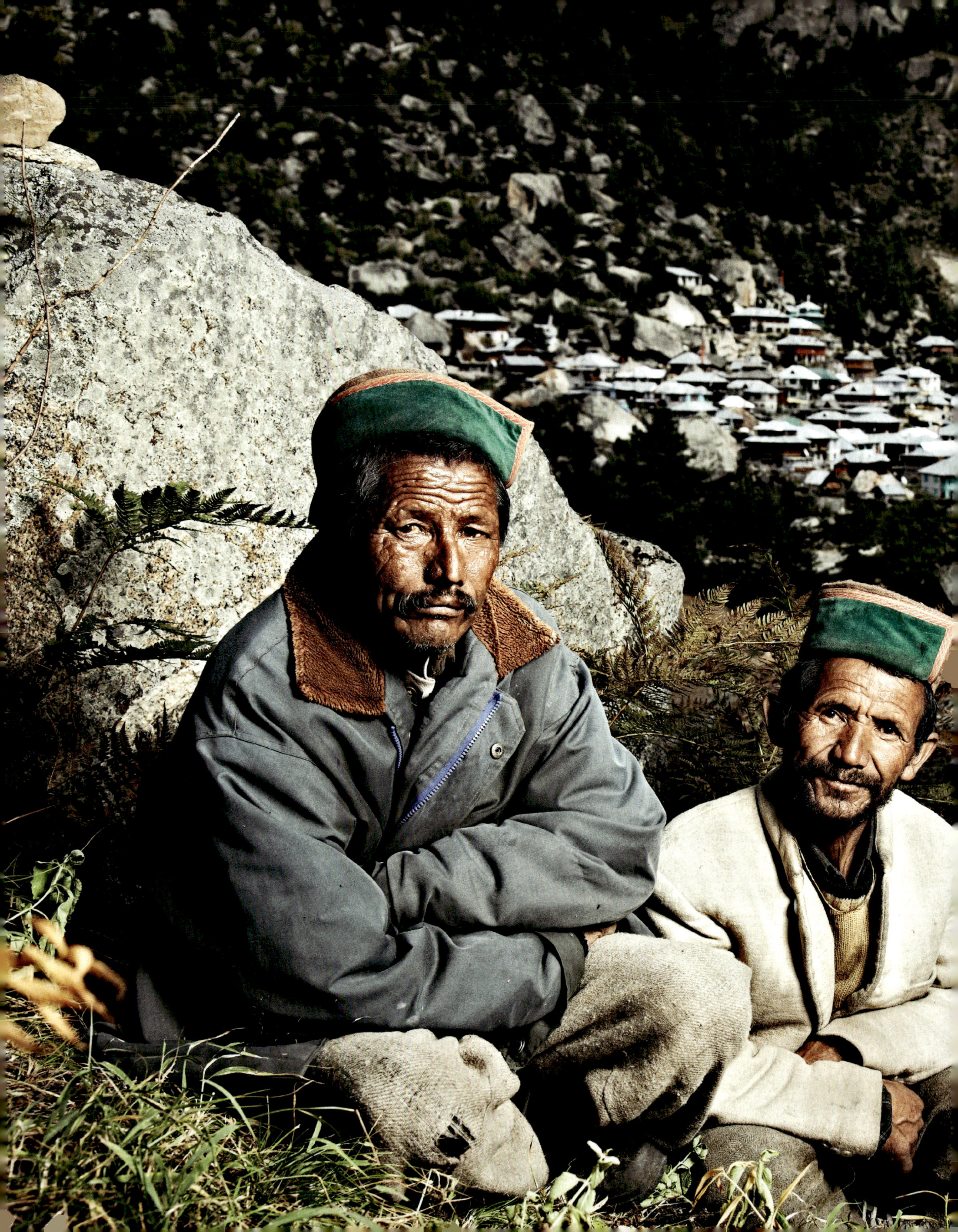

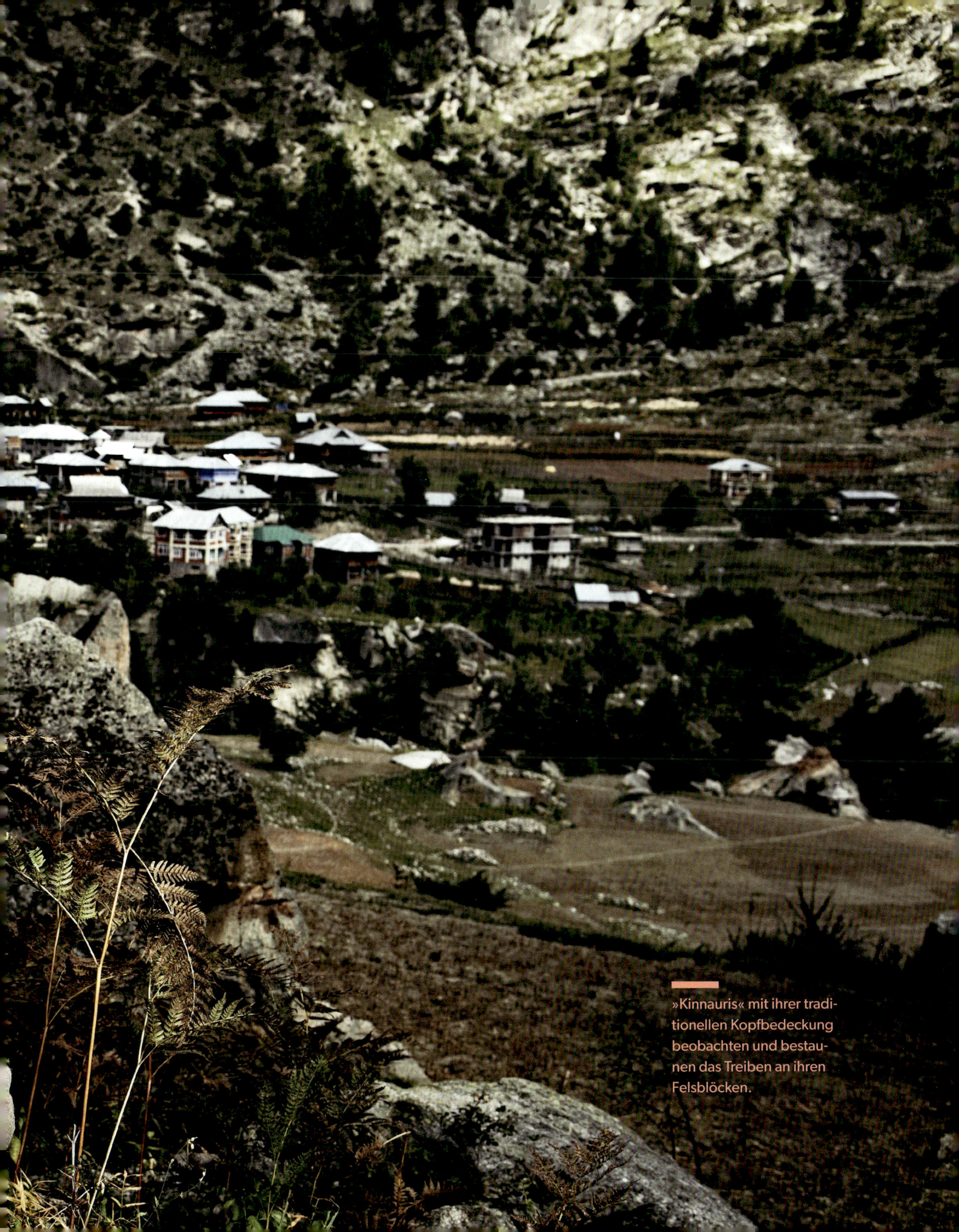

»Kinnauris« mit ihrer traditionellen Kopfbedeckung beobachten und bestaunen das Treiben an ihren Felsblöcken.

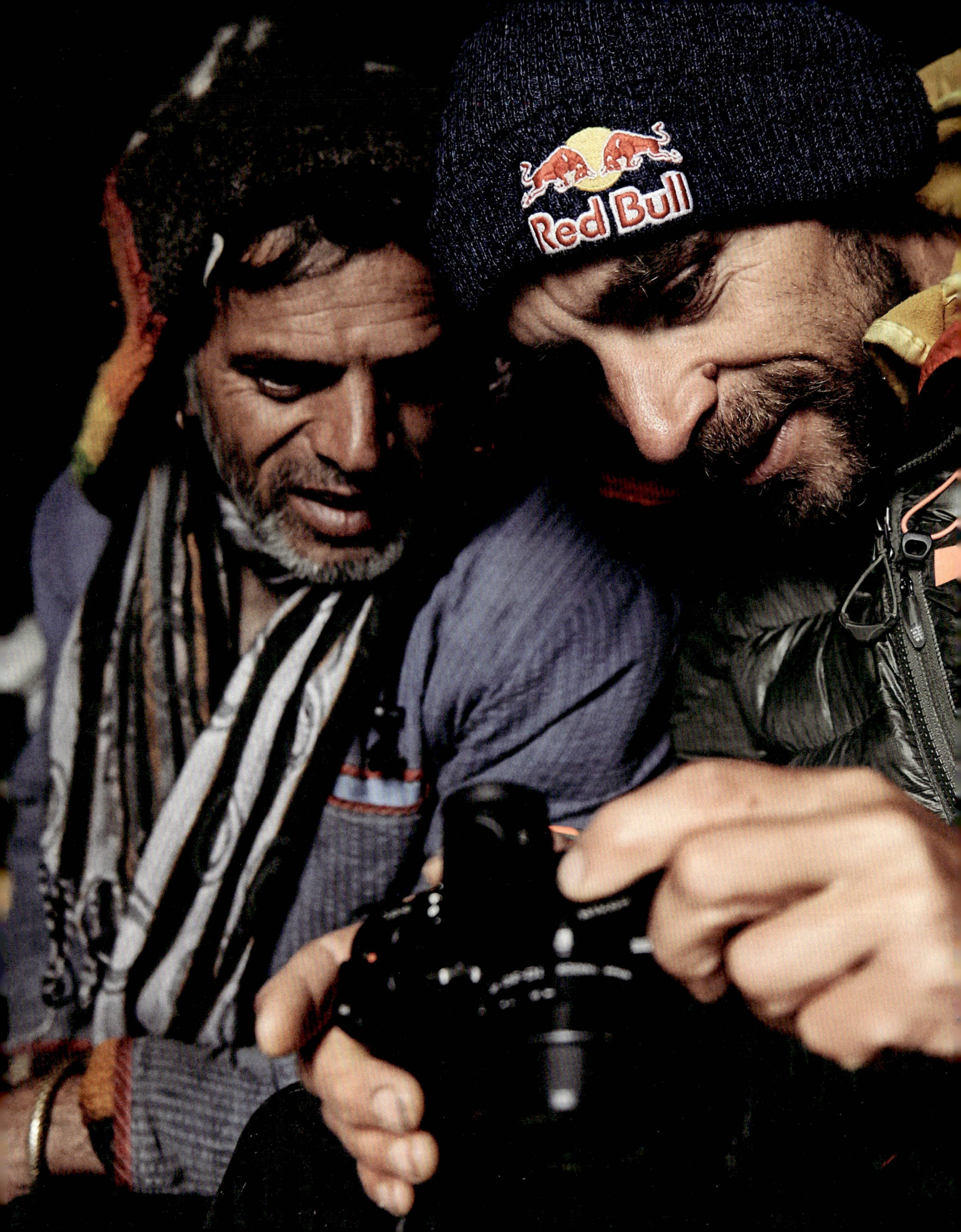
Red Bull

gewaltigen Boom erlebt hat und somit die Zahl der Boulderer, die es ins Freie zu den Blöcken zieht, rasant angestiegen ist. Die International Federation of Sport Climbing (IFSC) schätzt, dass es 35 Millionen Kletterer in mehr als 140 Ländern gibt. Allein in den USA fangen jeden Tag 1500 Menschen mit dem Klettersport an, und in Japan gibt es seit 2008 ein Wachstum von 400 Prozent in den Climbing Gyms. Diesem Trend wird auch insofern Rechnung getragen, dass Klettern bei den Olympischen Spielen in Tokio 2020 in den offiziellen Bewerb aufgenommen wurde. So viel Wachstum bringt dem Sporthandel starke wirtschaftliche Impulse und fördert das Erlebnis, die Naturverbundenheit und damit die Gesundheit der Menschen. Dieser Boom hat aber auch seine Schattenseiten: Weltweit erhöht die stark ansteigende Frequenz an Sportlern, die draußen unterwegs sind, den Druck auf die Umwelt. Zeitgleich wachsen die Städte, der Grad der Verbauung steigt genauso wie die Bevölkerungszahlen, und die Boulderer sind nicht die Einzigen, die die schrumpfende Fläche in der Natur nützen wollen: Kletterer müssen sich das freie Land oft mit Bikern, Wanderern, Fischern, Reitern, Jägern oder Vogelbeobachtern teilen. Nach dem Sport fahren sie inspiriert und glücklich nach Hause, zurück bleibt bei den Blöcken aber oft Müll in Form von achtlos weggeworfenen Lebensmitteln, vergessener Ausrüstung bis hin zu Taperesten, Zigarettenstummeln, Toilettenpapier und menschlichen Exkrementen. Zuvor hat Lärm in Form von Musik und Stimmengewirr die sensible Tierwelt beunruhigt und die menschlichen Anrainer verärgert. Dazu entstehen Wege der Boulderer oft unbedacht durch Erkundungen, Parkplätze werden durch Gewohnheit geschaffen, und unangemeldete Übernachtungsgäste können durch romantische, aber unkontrollierte Feuer mitunter ganze Landstriche gefährden. Solche Umgangsformen gehen oft nur von einigen wenigen schwarzen Schafen aus, haben in der Vergangenheit aber dazu geführt, dass attraktive Gebiete wieder geschlossen und Zugangswege teilweise oder gänzlich gesperrt wurden. Erst über Mediationsgespräche mit den Behörden und den Anrainern konnten manche Bereiche wieder zugänglich gemacht und der Wildwuchs eingedämmt werden.

So weit muss es aber auch gar nicht erst kommen: Ein Zugang zum Bouldern, der die Idee der Nachhaltigkeit miteinschließt, sollte weitgehend auch Konflikte verhindern können. Nachhaltigkeit ist dabei keine abstrakte Größe, sondern beginnt mit ganz simplen Fragen gesellschaftlich akkordierter Ethik, also der Kinderstube eines jeden kletternden Menschen: Natürlich lassen wir Boulderer keinen Müll zurück. Natürlich respektieren wir fremden Grund und Boden, genauso wie Tierschutzzonen. Wir wissen auch Bescheid (oder informieren uns), wann und welche Vögel hier brüten und welche Bewohner hier vielleicht die älteren Rechte an den Blöcken haben. Wir entsprechen auch dem Wunsch von Einheimischen, die hier dauerhaft leben, nach Ruhe. Wir verhalten uns also dezent, respektvoll und achtsam, bleiben auf den Wegen und hinterlassen in der Landschaft so wenig Spuren wie möglich (auch und gerade in Sachen Chalk!).

In einer Welt, die zunehmend aus den Fugen gerät, lohnt es sich auch, die Frage nach dem eigenen ökologischen Fußabdruck zu stellen, den man beim Bouldern hinterlässt. Dieser hat mehrere Ebenen, und je mehr wir ihn minimieren können, desto besser. Die stärkste Hebelwirkung liegt meist in der An- und Abreise: Wie weit ist das Gebiet, wo ich bouldern möchte, entfernt? Muss ich dorthin mit dem Auto fahren, gar fliegen (was der ökologische Problembär schlechthin ist), und das, weil ich dort ein Projekt verfolgen möchte, vielleicht sogar regelmäßig? Bin ich bereit, bewusst zu verzichten, oder geht der Spaß immer über alles? Gibt es vielleicht auch ein näheres Gebiet, das ich per Zug oder über Busse, vielleicht sogar mit dem Fahrrad oder zumindest in Fahrgemeinschaften, erreichen kann?

Mit dem eigenen Fußabdruck hat auch die verwendete Ausrüstung zu tun: Wie umweltbewusst, aber auch sozial verträglich sind meine Produkte hergestellt? Gab es für die Erzeuger in den Werken eine faire Bezahlung? Ist die Qualität gut genug, dass ich das Equipment über einige Jahre verwenden kann? Lässt es sich auch reparieren, wenn etwas kaputtgegangen ist? Oft ist es auch die bessere Idee, die Ausrüstung erst gebraucht zu kaufen. Vor allem, wenn man in den Sport hineinschnuppern möchte – dann reicht auch Material, das man über Tauschforen erworben hat. Denn auch, wo man kauft, hat mit Nachhaltigkeit zu tun – ist es der Laden um die Ecke oder ein anonymer, internationaler Internetversand, der die besten Preise verspricht? Genauso muss man das Essen für einen Bouldertag vielleicht nicht im Supermarkt, wo Fertiggerichte meist sehr aufwendig verpackt werden, kaufen. Es kann sich lohnen, zu Hause vorzukochen und den Proviant in der Lunchbox, die zu einem jahrelangen Begleiter werden kann, zu transportieren. Natürlich ist der Aufwand bei diesem sehr achtsamen Weg ungleich höher. Es geht um Informieren, Nachdenken und Bewerten der Alternativen. Aber es ist eben auch an der Zeit, Bouldern als etwas Größeres zu begreifen als ein körperliches Bewegungsmuster, das uns von dem Crashpad über eine möglichst knifflige Route auf den höchsten Punkt eines Blockes führt.

Diese Verantwortung wird noch einmal größer, wenn man bekannte Sektoren und Routen verlässt und ein neues Gebiet erschließt. Hat man dabei das Gefühl, dass es sich dabei nicht um irgendwelche Blöcke handelt, sondern vielleicht um das genialste Gebiet der Welt, so macht dies die Sache nicht einfacher. Genau das hat Bernd Zangerl erlebt: Der Tiroler träumte davon, im Himalaja, der Heimat der höchsten Berge der Welt, bouldern zu gehen. In einem englischen Führer aus den 1960er-Jahren sah er 2009 ein Schwarz-Weiß-Bild mit gewaltigen Blöcken. Also genau die Art von Highballs, die ihn magisch anzieht. Nur: Wo lagen die? Wo war dieses Shangri-La des Boulderns? In dem Buch fand Bernd keine näheren Angaben dazu, und Google Earth bot damals noch nicht die Dichte an Daten, die heute die Bouldersuche zu einem Kinderspiel macht. Also sprach er mit Kennern wie den beiden Schweizern Fred Nicole und Elie Chevieux. China schien es nicht zu sein, alles deutete auf Indien, obwohl selbst die einheimischen Kletterer den

Spot nicht kannten. Bernd begann seine Suche gemeinsam mit Freunden im April 2010 in Manali. Diese Gegend im Norden des Landes ist – ähnlich wie Goa – als Honeymoon-Destination beliebt, schon seit den 1970er-Jahren ein Treffpunkt der Hippies und ein touristischer Moloch. Vor dort aus fuhren sie mit einem Jeep los, weg von den Hotels und den Partys. Aber selbst nach zehn Stunden Fahrt waren keine Felsen oder zumindest Geröllfelder in Sicht. Stattdessen wurde es dunkel, es begann zu schneien. »Irgendwo müssen doch die Blöcke sein«, dachte Bernd und wollte trotz der wilden Straße nicht aufgeben. Selbst er musste aber schlussendlich einsehen, dass es sinnlos war weiterzusuchen – zumindest für diesen Tag. Als sie in einem entlegenen Dorf ein Gästehaus sahen, nahmen sie dort Quartier. Am Morgen war die Überraschung perfekt: In der Morgensonne zeigte sich den Freunden eine prächtige Bergkulisse – sie waren genau in dem Ort bei den Blöcken gelandet, die Bernd auf der Fotografie gesehen hatte. In den nächsten Tagen kletterte er erst mal an den Blöcken, die unweit des Dorfes Rakchham liegen, und erkannte das enorme Potenzial dieses von Bernd Zangerl benannten »Magic Valley«, das zwei Tage nördlich von Delhi und einen Tag entfernt von Shimla im indischen Bundestaat Himachal Pradesh liegt. Im Sommer kam er wieder und ist seitdem jährlich, teils monatelang, dort – das Gästehaus der ersten Nacht sollte sein Stammquartier werden.

Drei- bis vierhundert allerbeste Routen vom 5. Grad bis hin zu 8c an zum Teil riesigen Granitblöcken sind um das Dorf verteilt. Für Bernd ist es das »beste Bouldergebiet der Welt«. Dabei sind die Klettermöglichkeiten dort noch nicht einmal annähernd erschlossen. Der Umgang mit diesem Juwel ist gleichzeitig eine Herausforderung und eine Chance: Bernd Zangerl, als einer der Pioniere dieser Sportart, durfte Gebiete wie das Averstal und das Tessin in der Schweiz, den Silvapark im Tiroler Galtür oder die Rocklands in Südafrika noch in ihrem Urzustand kennenlernen und wurde gerade von der fantastischen Natur, die er dort erlebte, zu seinen Leistungen inspiriert. Heute tummeln sich an diesen Orten bis zu 500 Boulderer täglich, und entsprechend hoch ist der Druck auf die teils sehr empfindlichen, ariden Landschaften – Erosion, Brände, Lärm, Autos und menschliche Fäkalien machen der Landschaft zu schaffen. Entsprechend verändert haben sich die Gebiete, und so wurde aus dem »Magic Wood« in Graubünden etwa eher ein »Action Wood«. Passiert ist das auch, weil die Erschließer von einst die Führung aus der Hand gegeben haben und die Einheimischen meist gar nicht involviert waren. Andererseits konnte es sich keiner vorstellen, dass der Bouldersport so schnell wächst und die Gebiete plötzlich so beliebt und begehrt werden.

Echte Boulderabenteuer sind aber dort zu Hause, wo die Natur intakt ist und kaum Spuren früherer Begeher zu finden sind. Das »Magic Valley« in Indien bietet nun die Chance, genau diese Fehler der Vergangenheit nicht zu wiederholen – also großartiges Bouldern zu erleben, aber doch die Gäste von Anfang an behutsam zu lenken und an ihre Achtsamkeit und ihre Verantwortung zu erinnern. Die Drehscheibe für einen nachhaltigen

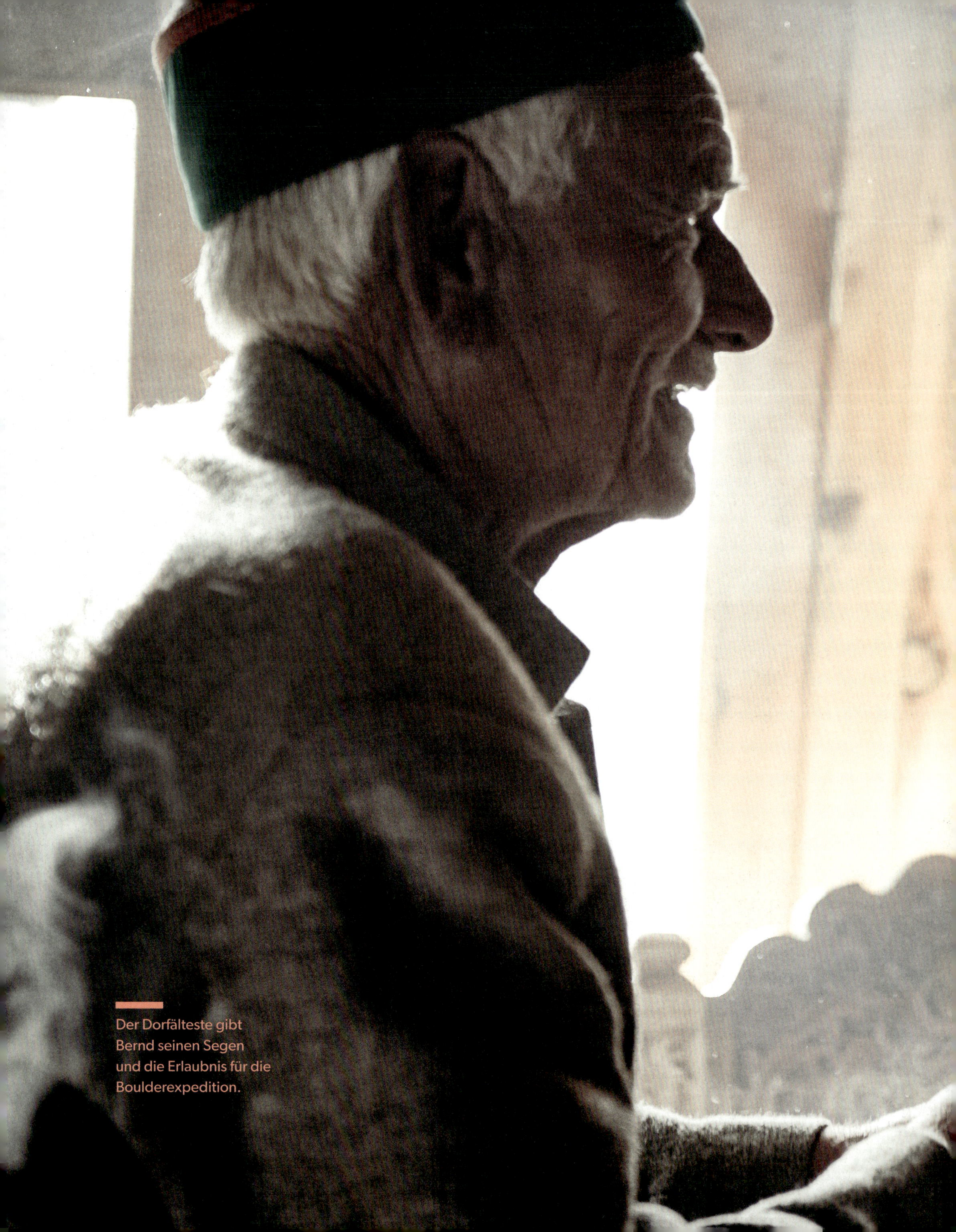

Der Dorfälteste gibt Bernd seinen Segen und die Erlaubnis für die Boulderexpedition.

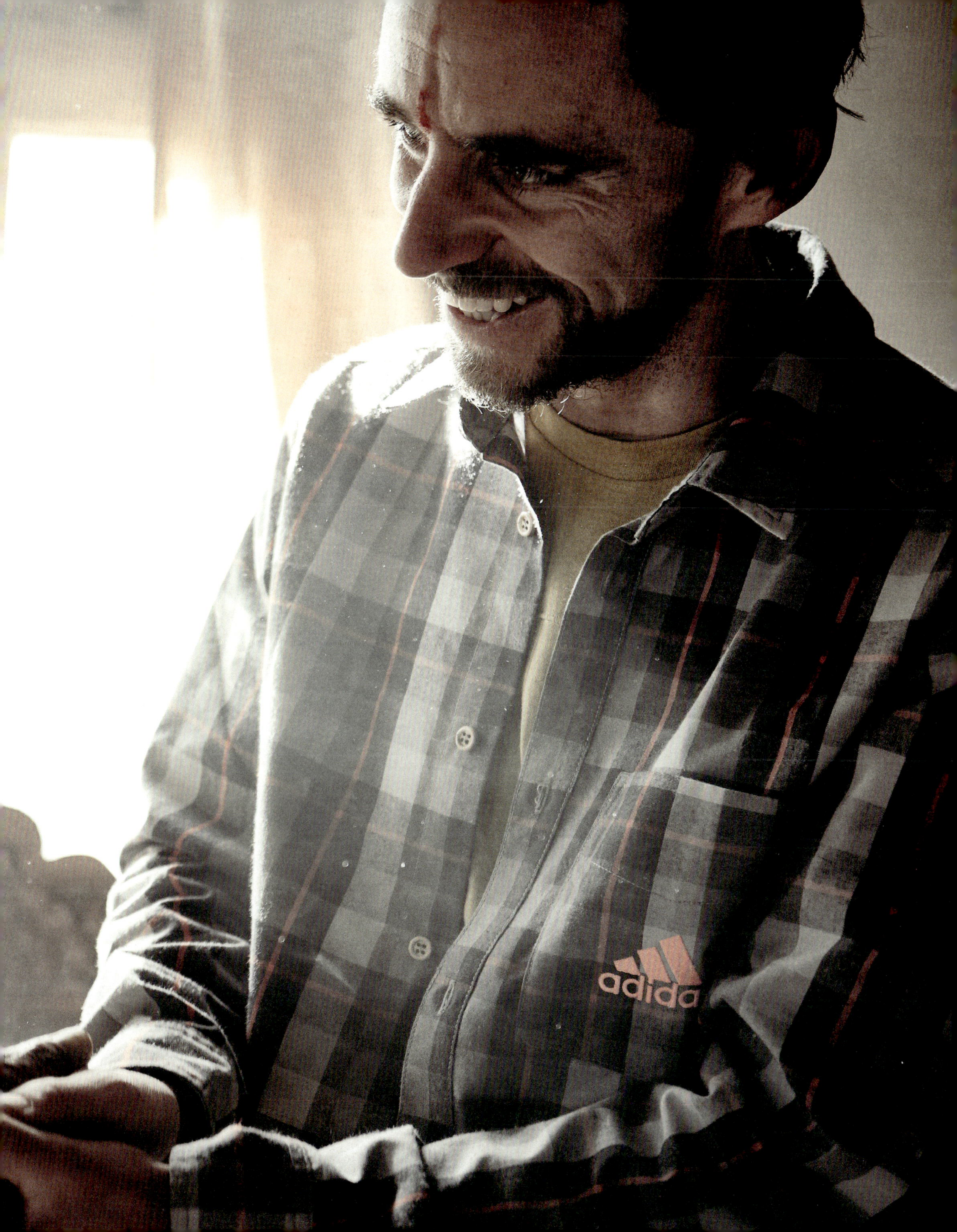
adida

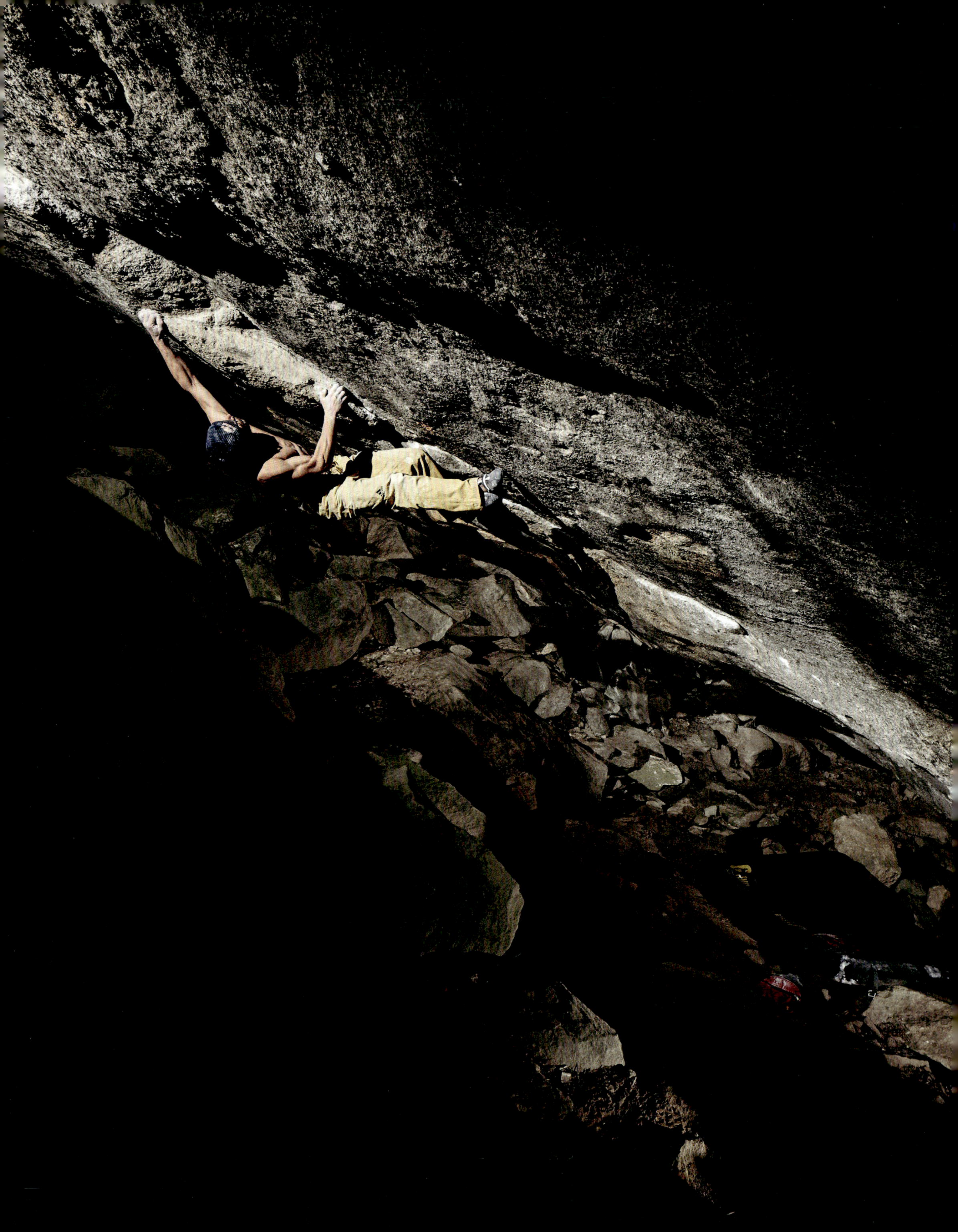

Bernd Zangerl, *Sound of the Underground*, 8A, Himalaja.

Bouldertourismus in Indien sind die Bewohner von Rakchham selber: Ihnen gehört das Land, auf dem Blöcke liegen, sie sollen von den Gästen profitieren, wobei das Geld im Ort gleich verteilt wird. Dadurch bekommt das Dorf ja auch eine zusätzliche Einnahmequelle aus dem Tourismus, die allen zugutekommen soll. Die Bewohner, die von Anfang an in das Projekt eingebunden wurden, geben vor, wie die Spielregeln sind. Beraten werden sie dabei von Bernd. So machten sie von Anfang an klar, dass Campingplätze genauso wie Musik beim Klettern in ihrem Tal unerwünscht sind. Boulderer werden direkt in Gästehäusern und bei Familien untergebracht. Da aktuell nur wenige Unterkünfte zur Verfügung stehen, ist auch der Zustrom ins Tal limitiert, und ein Wachstum kann Schritt für Schritt, also organisch und damit nachhaltig, erfolgen. Werden für die Boulderer neue Herbergen gebaut, so sollte das indische Dorf aus internationalen Erfahrungswerten von Passivtechnologie und ökologischer Bauweise profitieren. So ein Wissenstransfer wäre auch in Bezug auf Recycling und die Verwendung alternativer Energien wünschenswert.

Wer zum Klettern nach Rakchham kommt, muss sich auch einen einheimischen Guide nehmen, und ein Wegenetz stellt sicher, dass die Besucher nicht querfeldein unterwegs sind. Genauso sind Neuerschließungen und das Putzen von Blöcken mit den Guides abzustimmen. Als die besten Kenner ihres Gebietes, nicht nur was die Routen, sondern auch etwaige »Problemzonen« angeht, sind auch sie es, die die Führerliteratur verfassen. Auf dieser Basis sollte sich in Nordindien ein nachhaltiger Bouldertourismus aufbauen lassen, der Vorzeigecharakter haben könnte: Die fantastischen Ressourcen des »Magic Valleys« werden gewürdigt und Bouldertouristen aus aller Welt berücksichtigt, aus ökologischer, ökonomischer und sozialer Sicht führt der Weg aber in eine positive Zukunft.

In den bestehenden, oft sehr viel leichter erreichbaren Gebieten wird man die Zeit nicht zurückdrehen können, sehr wohl aber auf den anhaltenden Boulder-Boom reagieren müssen: Weltweit sind die Parkplätze, die Zufahrten und Wege zu den Blöcken, die Unterbringung der Kletterer, Toiletten in den Gebieten und der Müll die zentralen Herausforderungen. Die Kosten, die dadurch entstehen, werden beispielsweise in den Rocklands in Südafrika schon über Permits abgefangen. Es ist anzunehmen, dass andere Gebiete dieser Idee folgen. Populär sind auch »Cleaning Days« geworden, und es wird nachgedacht, ganze Sektoren für eine Saison zu sperren, damit sich der sensible Waldboden wieder regenerieren und die Vegetation wieder im ursprünglichen Zustand erlebt werden kann. Natürlich lässt sich ganz pragmatisch auch der Zugang limitieren – ist ein Bereich »voll«, dann dürfen eben keine Kletterer mehr hinein. Genauso wie im Kino oder bei einem Fußballmatch. Denn die Fauna und Flora eines Bereichs, erst recht in alpinen Regionen, verträgt eben nur eine bestimmte Zahl an Menschen. Für Boulderer sind Überlegungen zu Grenzziehungen und Regulierungen naturgemäß üble Nachrichten, denn die freiheitsliebenden Menschen, die sie ja sind, üben ihren Sport oft gerade deshalb aus, weil sie Grenzen überschreiten, Neuland erkunden und ihre Kreativität am Fels erleben wollen. Und sie gehen aus den Städten in die Natur, um dann dort erneut mit einem Regelwerk konfrontiert zu sein!

Diese Erkenntnis, dass dies angesichts der hohen Zahl an Aktiven in manchen Gebieten so sein muss, mag schmerzen. Wahr ist aber, dass eine Konsumhaltung, die das eigene Ego in den Mittelpunkt stellt, ohnehin der falsche Zugang zum Bouldern ist: Im Mittelpunkt unseres Zuganges sollte stets der Respekt vor den Blöcken und der Natur stehen. Und das meint nicht nur die Schwierigkeit, mit der wir in einer Route konfrontiert sind. Vielmehr geht es um das Anerkennen, dass der Fels an sich einen Wert besitzt. Denn Bouldern ist als Sport nicht von der Natur zu trennen. Diese ist oft spektakulär und bietet uns eine Unzahl an Erlebnissen und Erkenntnissen. Sie ist aber auch verletzlich und unbedingt schützenswert. Im Wald, in der Wüste oder in den Himalaja-Ausläufern sind wir, wenn wir uns einem Block nähern und auf ihn steigen wollen, nur zu Gast. Und genauso sollten wir uns auch benehmen.

10 PRINZIPIEN FÜR NACHHALTIGES BOULDERN

- ☐ Möglichst CO_2-neutral anreisen
- ☐ In vorgesehenen Bereichen parken
- ☐ Auf den Wegen bleiben
- ☐ Sperren und Tierschutzzonen beachten
- ☐ Keine Musik
- ☐ Tick-Marks wieder entfernen
- ☐ Den eigenen Müll wieder mitnehmen
- ☐ Notdurft auf der Toilette oder eingraben
- ☐ Nur auf ausgewiesenen Plätzen campieren
- ☐ Neuerschließung nur in Abstimmung mit Einheimischen

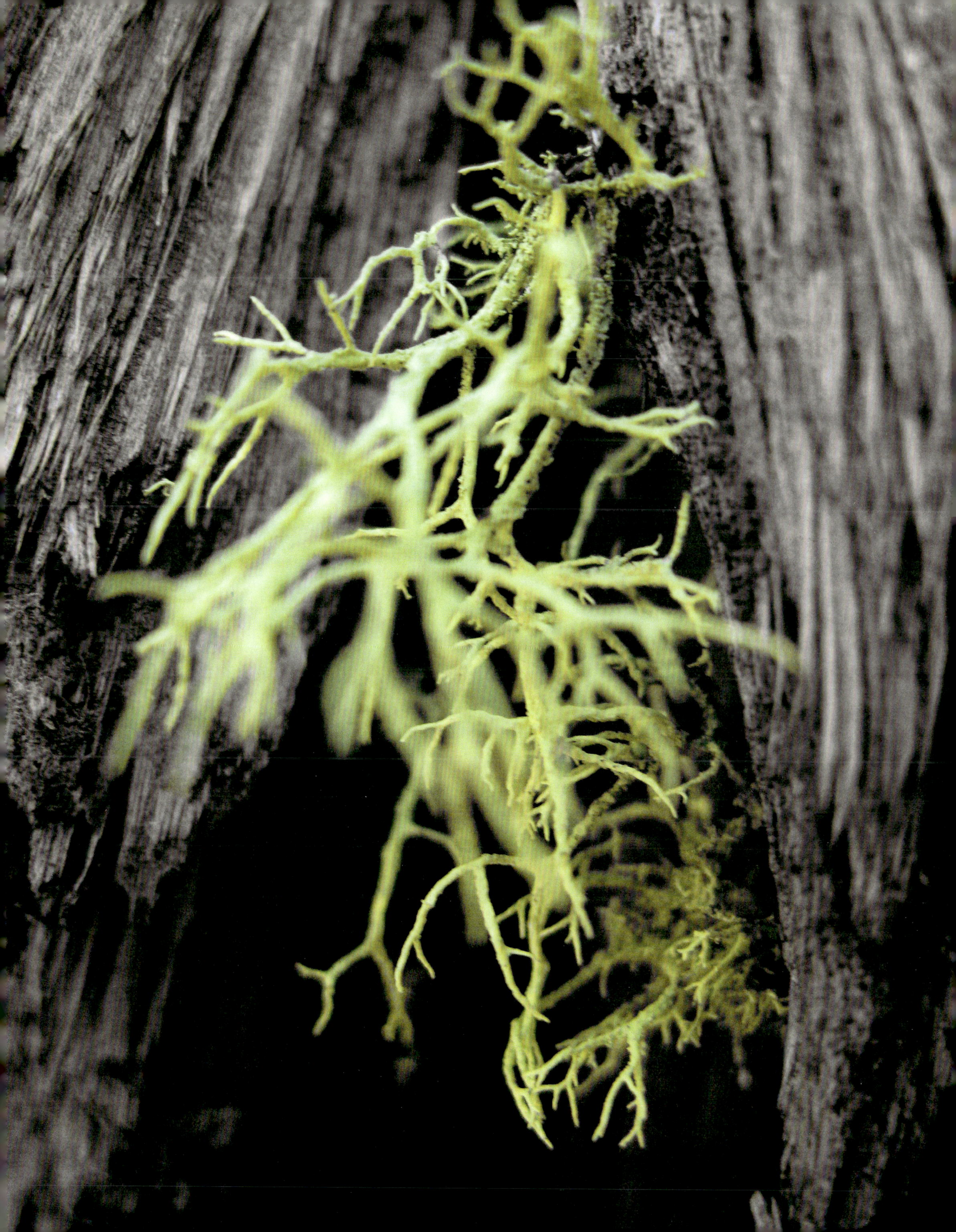

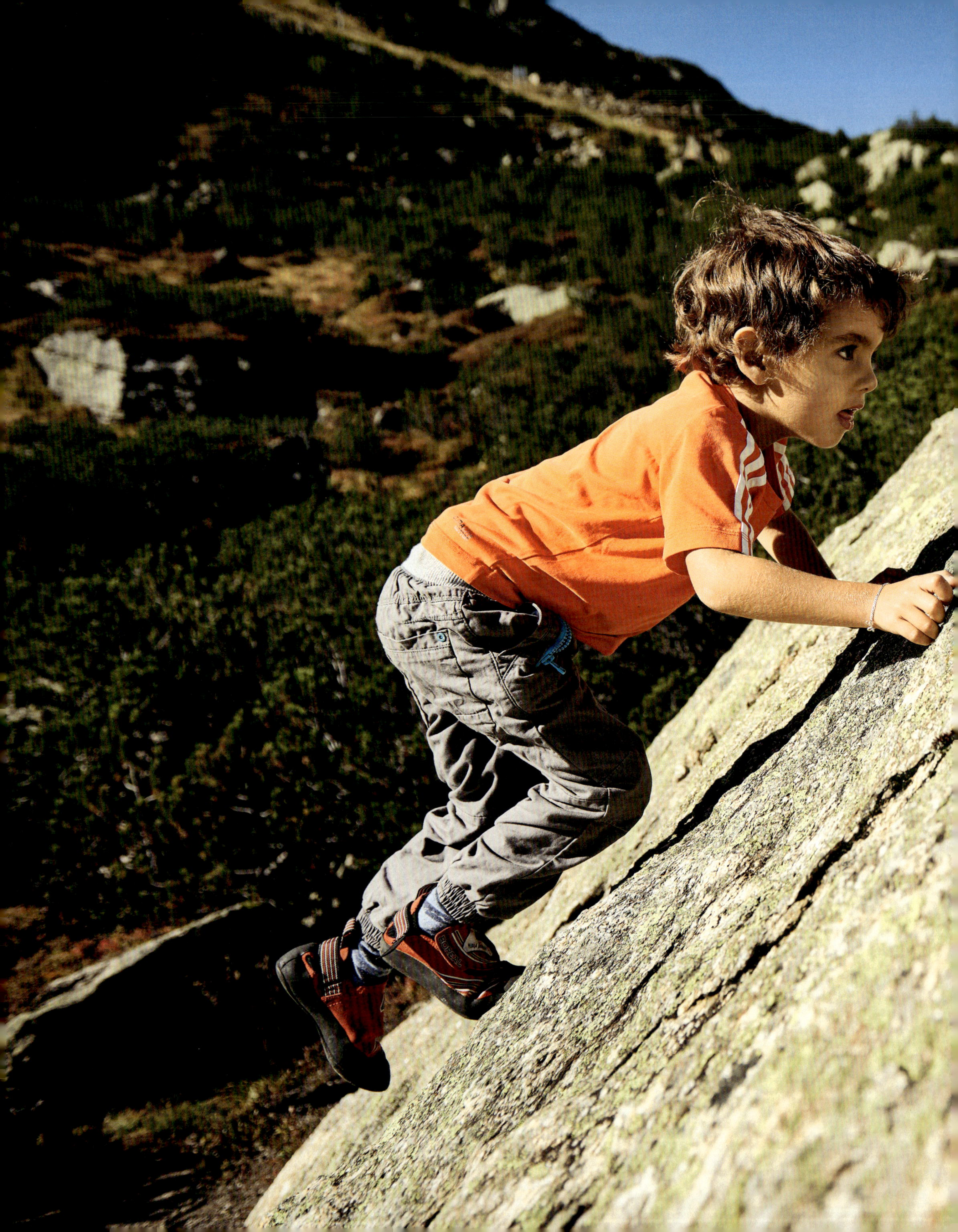

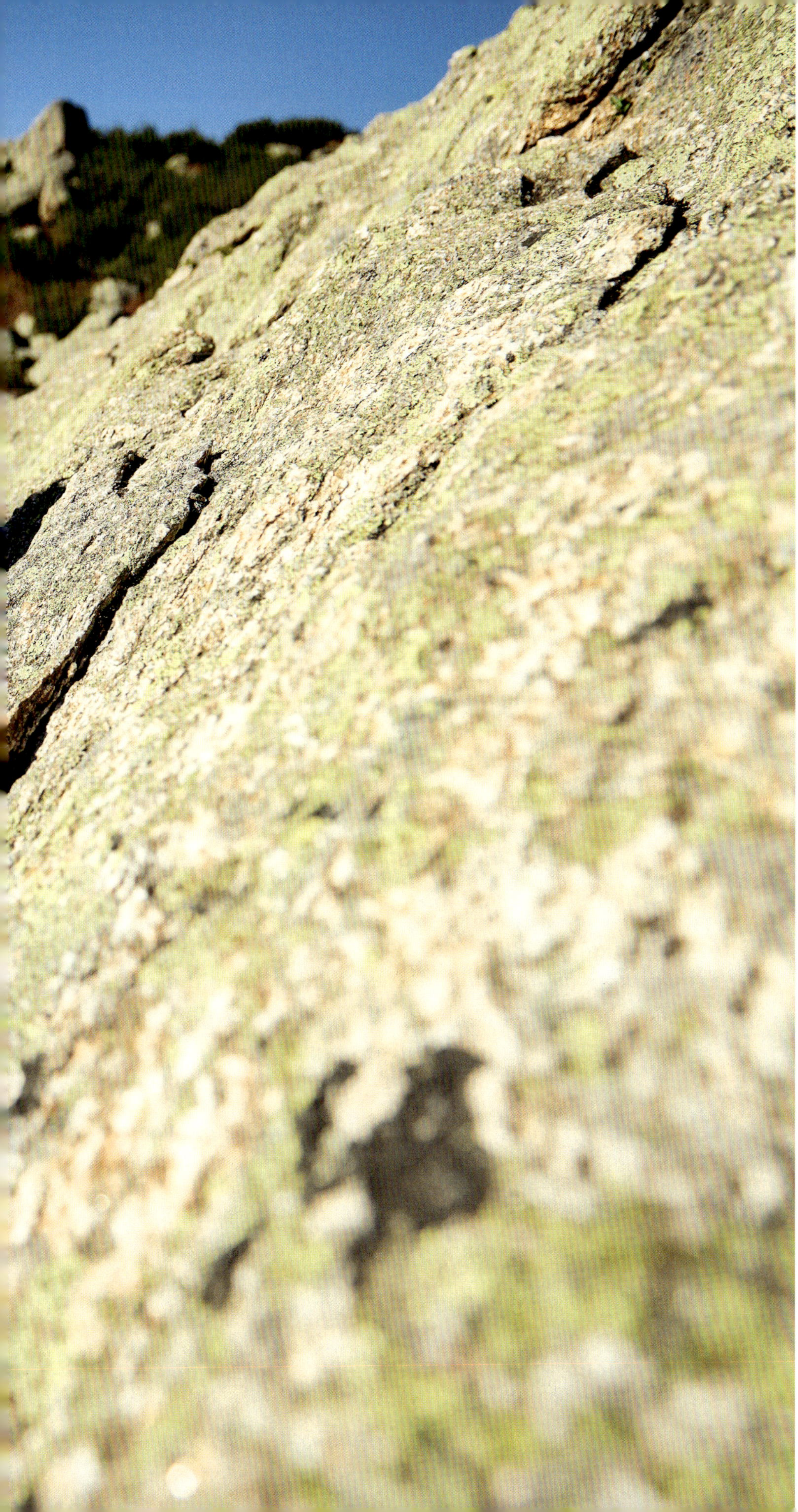

9

In Bewegung zu bleiben, ist für die Kinder ein spannender Weg, die Welt zu erkunden.

Spielerisch bekommen Kinder beim Plattenklettern schnell ein Gefühl für Fels und Reibung.

BOULDERN MIT KINDERN

Bernd Zangerl

Die heutige Lebensweise hat dazu geführt, dass Kinder und Jugendliche zum Teil enorme Bewegungsdefizite aufweisen. Ihre Freizeit verbringen sie oft stundenlang sitzend an den Spielkonsolen oder vor dem Fernseher und lassen sich unterhalten.

Diese Lebensweise unserer »Unterhaltungskultur« führt leider oft zu gesundheitlichen Problemen schon in jungen Jahren. Die Freude an der Bewegung und das Draußensein in der Natur scheint verloren gegangen zu sein. Viele Kinder wissen gar nicht mehr, was uns die Natur und die Berge alles bieten und welche Abenteuer man dort erleben kann. Die kindliche Psychologie ist ein beliebter Wissenschaftsbereich geworden, und es gibt viele Bücher, die sich mit dem Thema Kindermotivation auseinandersetzen. Ausdauer und Geduld haben die Jüngsten unter uns zum Teil nur beim Computerspielen. Im täglichen Leben fehlt oft jeglicher Ehrgeiz.

Mit welchen Motiven können Kinder am ehesten überzeugt werden, ihre Games beiseitezulegen? Der Lockruf von Abenteuer, Spiel und Spaß überzeugt früher oder später jeden. Meine Erfahrungen haben mir gezeigt, dass durch eine intensive Auseinandersetzung mit jedem einzelnen Charakter jeder das Bouldern lernen kann, auch wenn er sich zu Beginn noch so ungeschickt verhält. Und vielleicht sollten wir bei Kindern gar nicht vom Lernen reden, denn das Bouldern steckt in uns allen und ist vielleicht sogar die natürlichste Bewegungsform des Menschen. Wer ist zum Beispiel nicht zum Regal mit den Süßigkeiten in Großmutters Küche geklettert?

Der Spieltrieb ist etwas zutiefst Menschliches. Meine Intention bei der Arbeit mit den Kindern ist es, sie spielerisch an das zu erinnern, was schon in ihnen steckt. Es gilt jene Herausforderungen zu finden, die den Ehrgeiz entfachen. Kinder dabei zu beobachten, ihnen zu helfen und sie zu unterstützen, wenn sie ihren ersten Stein erklimmen, ist ein wunderbares Erlebnis. Es erfüllt mich fast noch mehr, als wenn ich mein eigenes Projekt schaffe. In den letzten zehn Jahren haben über 1000 Kinder von 5 bis 14 Jahren im Silvapark Galtür ihren ersten Boulder erklommen und waren begeistert. Viele wollten nach der dreistündigen Session am Fels gar nicht mehr aufhören. In Zusammenarbeit mit den Bergbahnen habe ich in Galtür den ersten Boulderpark Österreichs kreiert, der Kinder und Anfänger idealerweise in diesen Sport einführt. Dabei habe ich sogar auf die Allerkleinsten Rücksicht genommen, und es gibt im Gebiet markierte Felsen, an denen auch Dreijährige ihren Spieltrieb ausleben können. In diesem Park haben innerhalb von zwei Stunden auch die wenig Talentierten das Bouldern gelernt und haben stolz mit einem breiten Grinsen über das ganze Gesicht auf ihrem ersten Boulder gestanden.

Durch das Bouldern ist ein spielerischer Zugang zu den Bergen entstanden. Bei meinen Workshops oder Kursen lege ich großen Wert auf das spielerische Element. Abenteuer, Freude und Spiel stehen im Vordergrund, wenn es darum geht, ein Gefühl für die Felsen zu entwickeln. Aus der Freude entwickelt sich dann ganz selbstverständlich das Vertrauen in die neue Materie, und Kinder stellen sich den weiteren Herausforderungen

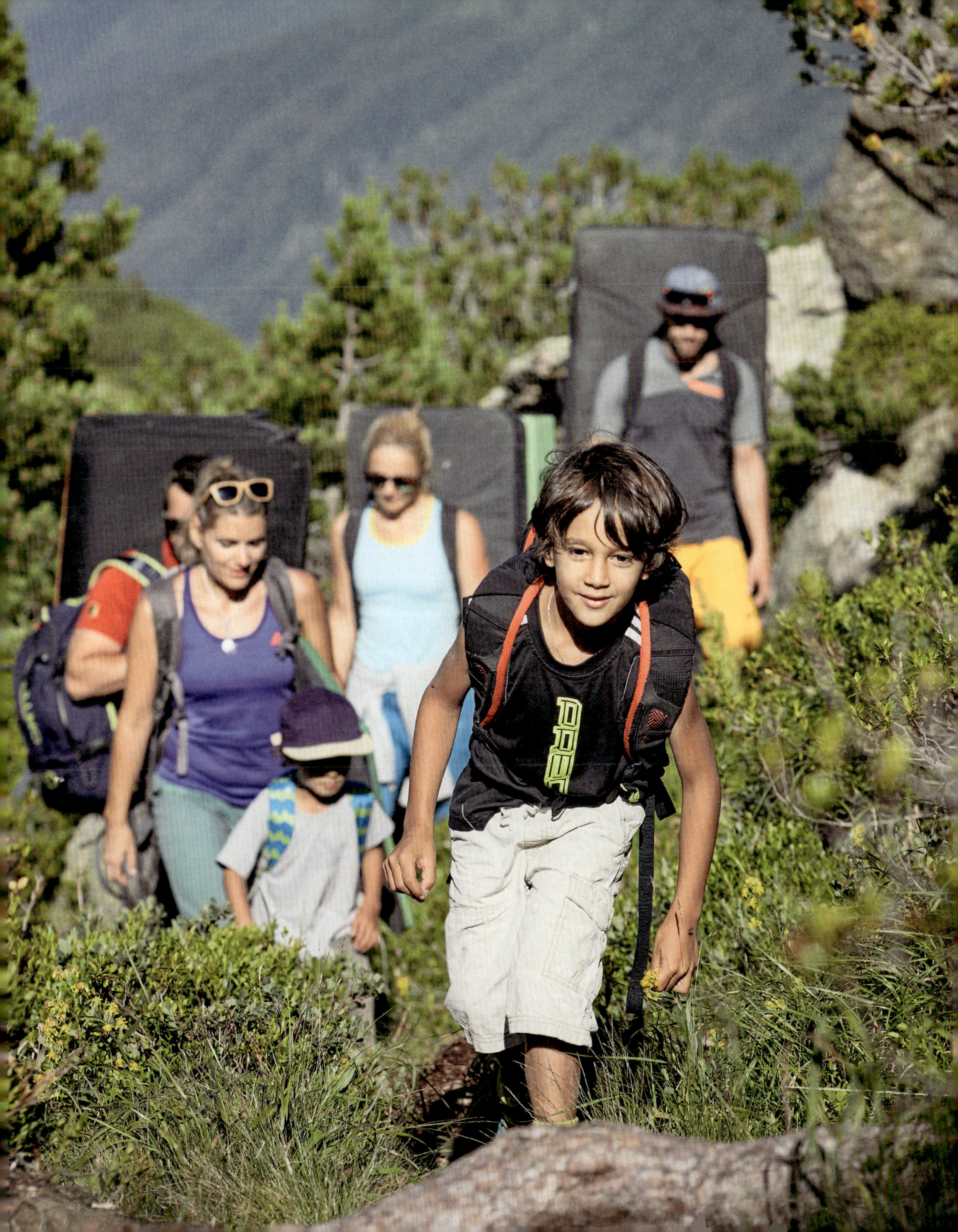

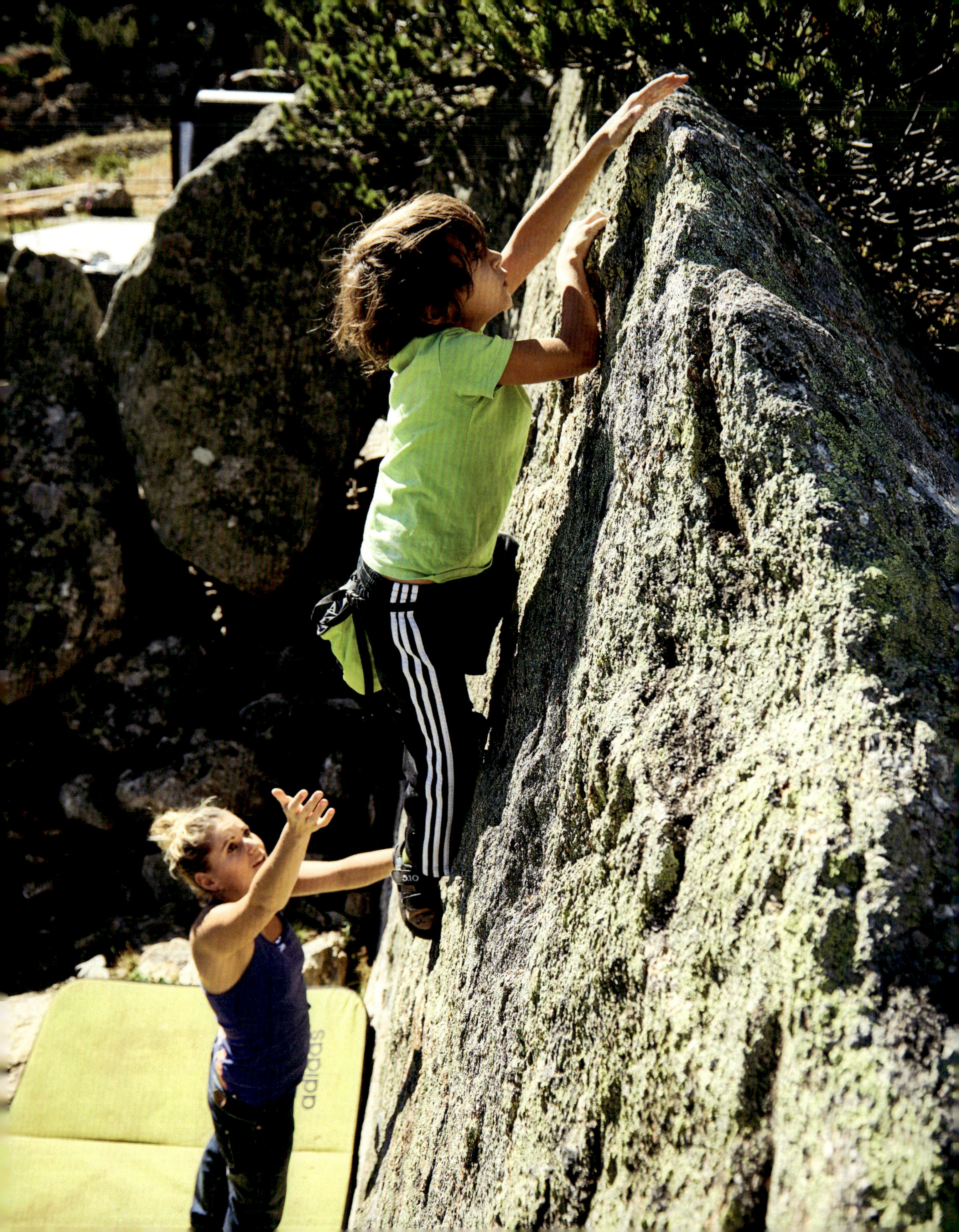
adidas

Im Silvapark Galtür findet jeder seinen Boulder. Noah am Top seines Projekts.

ganz von selbst. Es ist wichtig, ihre Eigenmotivation zu entfachen, dann kann ich versuchen, mit jedem einzelnen Kind seine persönlichen Grenzen auszuloten und dadurch das Selbstvertrauen zu stärken. In Bewegung zu bleiben, ist für die Kinder ein spannender Weg, die Welt zu erkunden.

Ich liebe meinen Sport und die Berge. Genau dies vermittle ich den Kindern. Mit der Gruppe draußen zu sein, gemeinsam etwas zu unternehmen, auszuprobieren und zu erarbeiten, stärkt zudem das Gemeinschaftsgefühl der Gruppe und das Selbstwertgefühl jedes Einzelnen. Kinder lernen beim Bouldern, Verantwortung zu übernehmen und sich gegenseitig zu unterstützen.

Auch die Betreiber von den Boulderhallen der Gegenwart sind sich dessen bewusst. In fast jeder Halle gibt es einen eigenen Bereich für Kinder. Das Kursangebot in Österreich und den Nachbarländern ist groß, Tendenz steigend.

Das Spielerische hat durch das Bouldern Einzug gehalten in die Welt der Berge und die Dimensionen gesprengt, in denen wir uns früher noch bewegten. Die Aussicht auf Abenteuer, Spiel und Spaß überzeugen jedes Kind, das Smartphone auf die Seite zu legen. Der Bouldersport bietet einen wunderbaren Zugang zu Bewegung, Sport und Natur. Bouldern ist eine ideale Tätigkeit, um Geschicklichkeit und den Gleichgewichtssinn zu trainieren. Zudem werden die koordinativen Fähigkeiten gefördert. Fazit: Bouldern bietet exzellente Möglichkeiten, um das menschliche Potenzial zu entfalten, ganz besonders bei Kindern.

KLETTERN HEISST, DIE WELT BEGREIFEN

Josef Wiesauer

Der Reibungstritt für beide Füße ist echt klein. Die Knie müssen weit auseinander, um den Schwerpunkt möglichst nahe an die Wand zu bringen. Die kleine Leiste, die ich mit der linken Hand nach rechts fixiere, gibt auch nicht wirklich viel her. Ohne die Delle, die meine rechte Hand mit zwei Fingern hält, ginge es gar nicht. Die Kraft in den Unterarmen rinnt mir davon. Ich muss rasch strategisch die richtige Entscheidung treffen und trotz steigenden Laktats einen klaren Kopf behalten. Mache ich den nächsten Zug über einen Seitgriff mit der linken Hand oder einen Dynamo, um den Henkel einen Meter oberhalb von mir mit beiden Händen zu erwischen? Dann wäre der Boulder erfolgreich abgeschlossen – zum ersten Mal! Aber noch läuft die Zeit. Es ist der siebte Zug, und die Kraft ist enden wollend.

Ein typischer Boulder verlangt dem Athleten das gesamte Arsenal an sportmotorischen und sportmentalen Fähigkeiten ab.[1] Um am kleinen Reibungstritt stehen zu können, braucht es ausgeprägten Gleichgewichtssinn und gute Koordination. Ohne Beweglichkeit bringt man den Körper nicht nahe genug an die Wand. Zum Fixieren einer kleinen Leiste oder Delle ist ein hohes Maß an lokaler Kraftausdauer nötig. Dem vorgeschaltet ist eine gute Körperspannung (intermuskuläre Koordination) notwendig, um die Haltekraft zu minimieren. Die Situation ist physiologisch und psychologisch (Willensspannkraft) nach den vorangegangenen sechs Zügen nicht mehr kuschelig. Der Puls beginnt sich gerade nochmals zu beschleunigen (Ausdauer). Die Entscheidung, ob Dynamo oder Zwischenzug gewählt werden soll, verlangt gute Antizipation, der anstehende Sprung Schnellkraft auf der körperlichen Seite, Willensstoßkraft, Entschlossenheit und Mut auf der mentalen Seite. Zum Treffen des Henkels benötigt man koordinative Fähigkeiten auf höchstem Niveau, zum Fixieren ausgeprägte Maximalkraft. Die kritischen Erfolgsfaktoren, um den Boulder erfolgreich zu lösen, gehen querbeet durch das Lehrbuch der sportmotorischen Grund- und Komplexeigenschaften sowie der sportmentalen Fähigkeiten.

Es gibt ihn also: den Sport, der einem alles, und das relativ ausgewogen, abverlangt. Lässt man in Bezug auf die Grundlagenausdauer etwas Toleranz walten und subtrahiert man das dem Mannschaftssport immanente Gruppenerlebnis, nur gemeinsam den Erfolg zu schaffen, so kommt der Klettersport der eierlegenden Wollmilchsau als sportliche Grundausbildung für Kinder sehr nahe.

Aus Sicht der Sportwissenschaft ist der Nutzen, den das Klettern physisch und psychisch auch schon bei den jungen Boulderern stiftet, denkbar groß.

KRAFT

Diese sportmotorische Grundeigenschaft kommt in all ihren Erscheinungsformen, wie Kraftausdauer, lokale Kraftausdauer, Körperspannkraft, Maximalkraft und Schnellkraft, zum Einsatz. Klettern ist ein Kraftsport auf hohem koordinativen Niveau. Die Performance beim Klettern beziehungsweise beim Bouldern ist in hohem

1 Phillips, K. C., Sassaman, J. M., Smoliga, J. M.: »Optimizing rock climbing performance through sport-specific strength and conditioning«. In: *Strength & Conditioning Journal*, 34(3)/2012, S. 1–18.

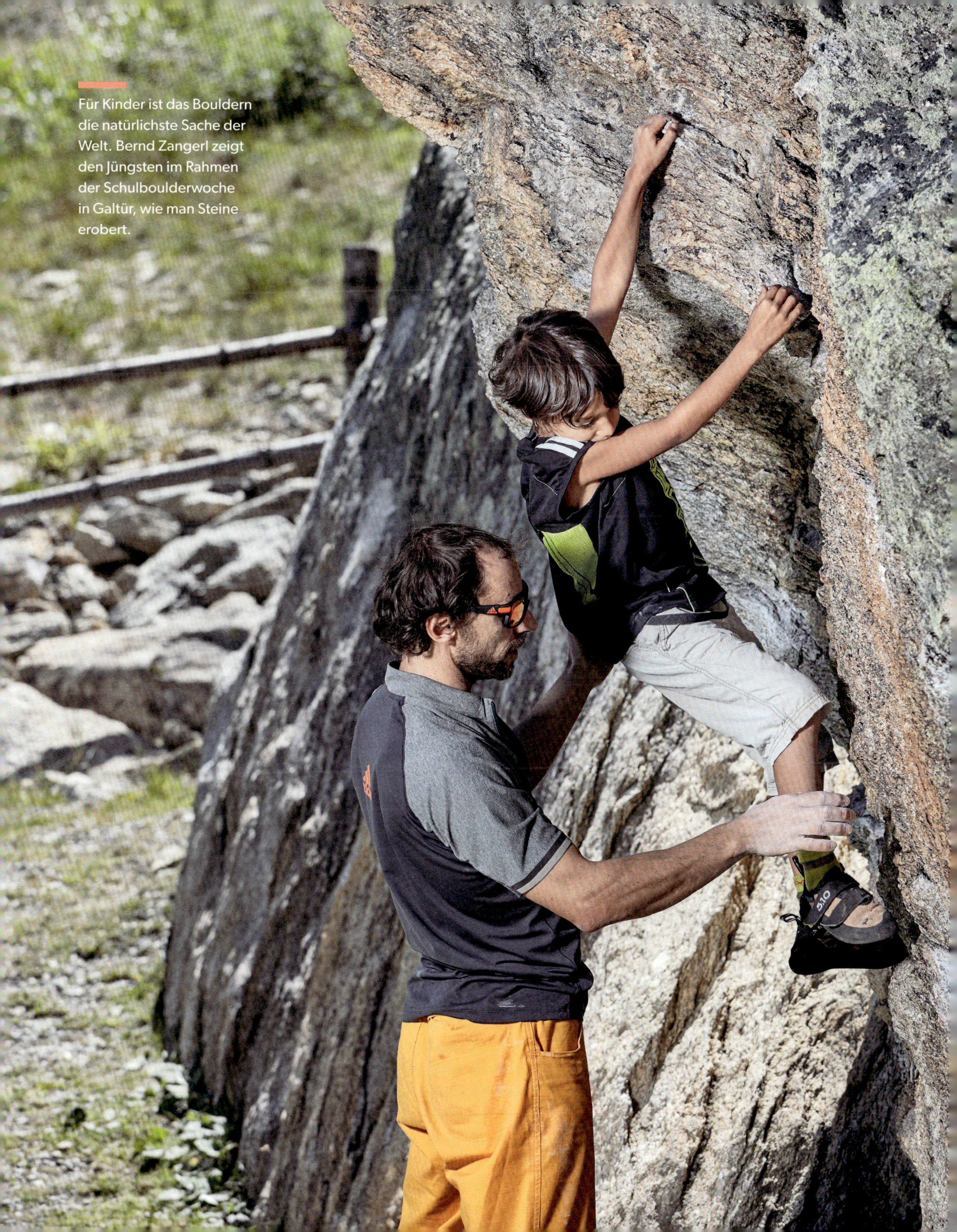

Für Kinder ist das Bouldern die natürlichste Sache der Welt. Bernd Zangerl zeigt den Jüngsten im Rahmen der Schulboulderwoche in Galtür, wie man Steine erobert.

Maß vom Kraftniveau im Allgemeinen und vom Sportartspezifischen im Besonderen abhängig. Die monumentale Erscheinungsform ist die lokale Muskelausdauer in den Unterarmen. Sie ist *der* kritische Erfolgsfaktor beim Klettern schlechthin.[2] Die Paradeform des Scheiterns ist, wenn man den Griff nicht mehr halten kann. Davon darf man sich aber nicht blenden lassen, denn die Voraussetzung, um den lokalen Krafteinsatz gering zu halten, ist ein gut ausgeprägtes, funktionelles Kraftniveau des gesamten Bewegungsapparates. Die Kraftausdauer dominiert auch hier, aber es braucht auch Maximalkraft zum Fixieren des ultimativen Griffes und Schnellkraft für Dynamos.[3] Systematisches Krafttraining an Geräten ist in der Kletterszene nicht wirklich gut beleumundet, bildet aber eine solide Grundlage für die Kletterleistung. Logischerweise steht übertriebenes Muskelaufbautraining im Sinne von Bodybuilding nicht im Fokus, denn letztlich ist das Körpergewicht ein wesentlicher Erfolgsfaktor beim Klettern. Die auftrainierte Muskulatur muss in Folge auch durchblutet werden, was physiologisch einen Engpass bedeuten kann. Wohl aber sollte inter- wie intramuskuläres Krafttraining auf dem Trainingsplan stehen.

Kinder vor der Pubertät verfügen über keinen ausreichenden Hormonspiegel, sodass ein systematisches Krafttraining physiologisch nicht lohnend wäre. Nicht zu vernachlässigen ist allerdings der kognitive Faktor, also das frühe Erlernen von Krafteinsatz und Krafttraining.

BEWEGLICHKEIT

Diese sportmotorische Fähigkeit ist ein Alles-oder-nichts-Faktor. Dehnbarkeit und Gelenkigkeit sind offensichtlich leistungslimitierende Faktoren, wenn man einen Tritt oder Griff schlichtweg nicht erreicht. Mangelnde Beweglichkeit beeinflusst sekundär aber auch das Kraft- und das Kraftausdauerniveau. Konkret sorgen bewegliche Hüftgelenke mit entsprechend dehnbarer Muskulatur dafür, dass man den Körperschwerpunkt näher zur Wand und damit mehr Gewicht auf die Beine bringt. Die Rechnung ist einfach: Jedes Kilogramm, das man »steht«, muss man nicht halten. Aber auch Beweglichkeit in den Schultern, Ellbogen, Knien und Sprunggelenken beeinflusst die Klettertechnik und -ökonomie wesentlich. Gezieltes Dehnen, um die vom Klettern verkürzten Muskeln zu lockern, ist daher beim Klettern selbst wie auch im Training für das Klettern ein wesentlicher Mosaikstein. Bouldern schult die Beweglichkeit a priori, ergänzendes Beweglichkeitstraining ist für den Athleten täglich Brot. Bei Kindern ist die nötige Beweglichkeit oft noch umfangreicher vorhanden als bei Erwachsenen. Hier geht es also in erster Linie darum, die vorhandene Beweglichkeit zu erhalten. Physiologisch sind die Voraussetzungen dafür vor der Pubertät optimal.

2 Phillips, K. C., Sassaman, J. M., Smoliga, J. M.: »Optimizing rock climbing performance through sport-specific strength and conditioning«. In: *Strength & Conditioning Journal*, 34(3)/2012, S. 1–18.

3 Ebenda.

GESCHICKLICHKEIT

»Was Hänschen nicht lernt, lernt Hans nimmermehr«, so lautet ein altes Sprichwort. Das stimmt so aber nicht ganz, denn unser Gehirn ist bis ins hohe Alter fähig, neue Verbindungen aufzubauen, also Neues zu lernen. Das trifft auch auf Bewegungsabläufe beim Bouldern zu. Im kindlichen Gehirn fallen solche Herausforderungen an die Bewegungsintelligenz auf geradezu fruchtbaren Boden, denn im jungen Alter fällt dem Menschen das Lernen trotzdem am leichtesten.

Beweglichkeit schafft Spielraum und Kraft – Ausdauer vergrößert das Zeitpolster, aber um ein Boulderproblem zu lösen, muss man grundsätzlich geschickt sein. Anspruchsvolle Moves lassen beim Klettern die Synapsen knacksen. Beim Klettern muss man kreativ sein, während zum Beispiel beim Geräteturnen, einem anderen großen Fundus für die motorische Grundausbildung, die Lösung vorgegeben ist. Hier werden vorgegebene Probleme mit vorgegebenen Lösungen bewältigt. Die Kippe oder der Felgeaufschwung sind genormte Bewegungsabläufe, mit denen man auf eine Reckstange gelangt. Während also beim Turnen der Wesenskern des Trainings darin besteht, eine vorgegebene Bewegung zu erlernen und in weiterer Folge zu optimieren, setzt Klettern kognitiv eine Ebene früher ein, denn man muss die Bewegung erst »erfinden«. Oftmals gibt es so viele Lösungen, wie es Kletterer gibt. Man muss ein »Projekt« intellektuell und kognitiv verstehen und dann in der Lage sein, den richtigen Move zu machen.[4] Klettern heißt, die Welt im wahrsten Sinne des Wortes zu begreifen. Man muss die Lösung im Kopf finden, mit realistischer Selbsteinschätzung seine Fähigkeiten abwägen und sich für eine machbare Lösung entscheiden. Nicht das Optimum zählt, sondern das, was geht. Wenn man beim Klettern von Talent spricht, dann ist es wohl diese Fähigkeit, die den Unterschied macht. Gut koordiniert zu sein, bedeutet gutes räumlich-zeitliches Orientierungsvermögen, gepaart mit einem hohen Maß an Gleichgewichtssinn, ausgeprägtem physikalischen Verständnis, in welche Richtung ein Griff oder ein Tritt zu belasten ist, und das alles im Zusammenspiel aller vier Extremitäten. Der ausgewogene Einsatz beider Arme und Beine und letztlich auch aller zehn Finger ist ein ganz unikater Anspruch des Kletterns. Das Zusammenspiel all dieser Dinge ergibt so etwas wie Kletterintelligenz, die sich Kinder schon früh aneignen können und die ihr Körperbewusstsein stärken und steigern kann.

SCHNELLIGKEIT

Klettern ist, physiologisch gesehen, eine langsame Sportart, von wenigen Ausnahmen abgesehen, wie den sogenannten Dynamos, bei denen man einen Griff anspringt. Wahrnehmung und Kognition hingegen können nicht schnell genug vonstattengehen. Aus Sicht der Trainingsgestaltung kann gesagt werden, dass ein Schnelligkeitstraining für erwachsene Kletterer wenig lohnend ist.

4 Ebenda.

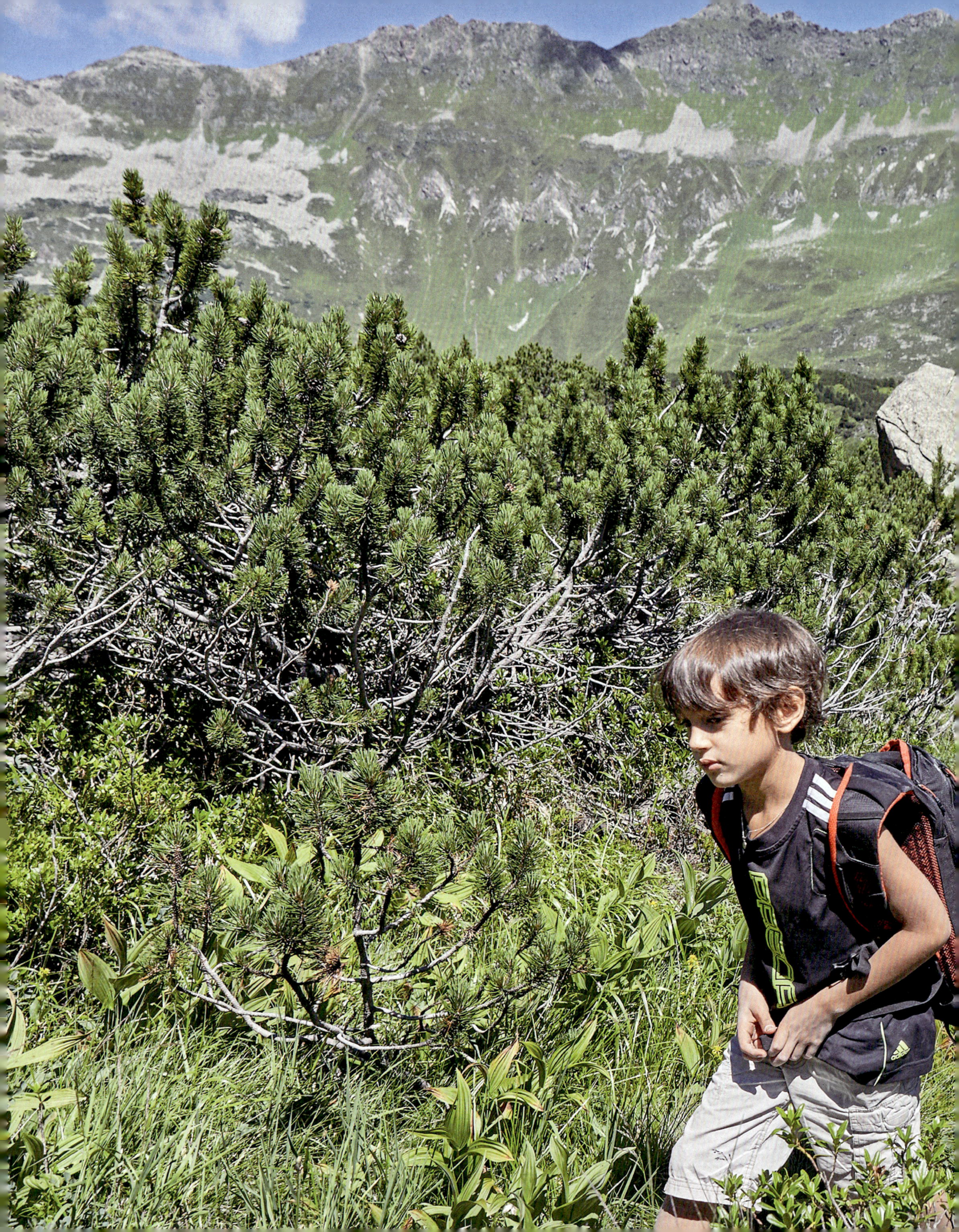

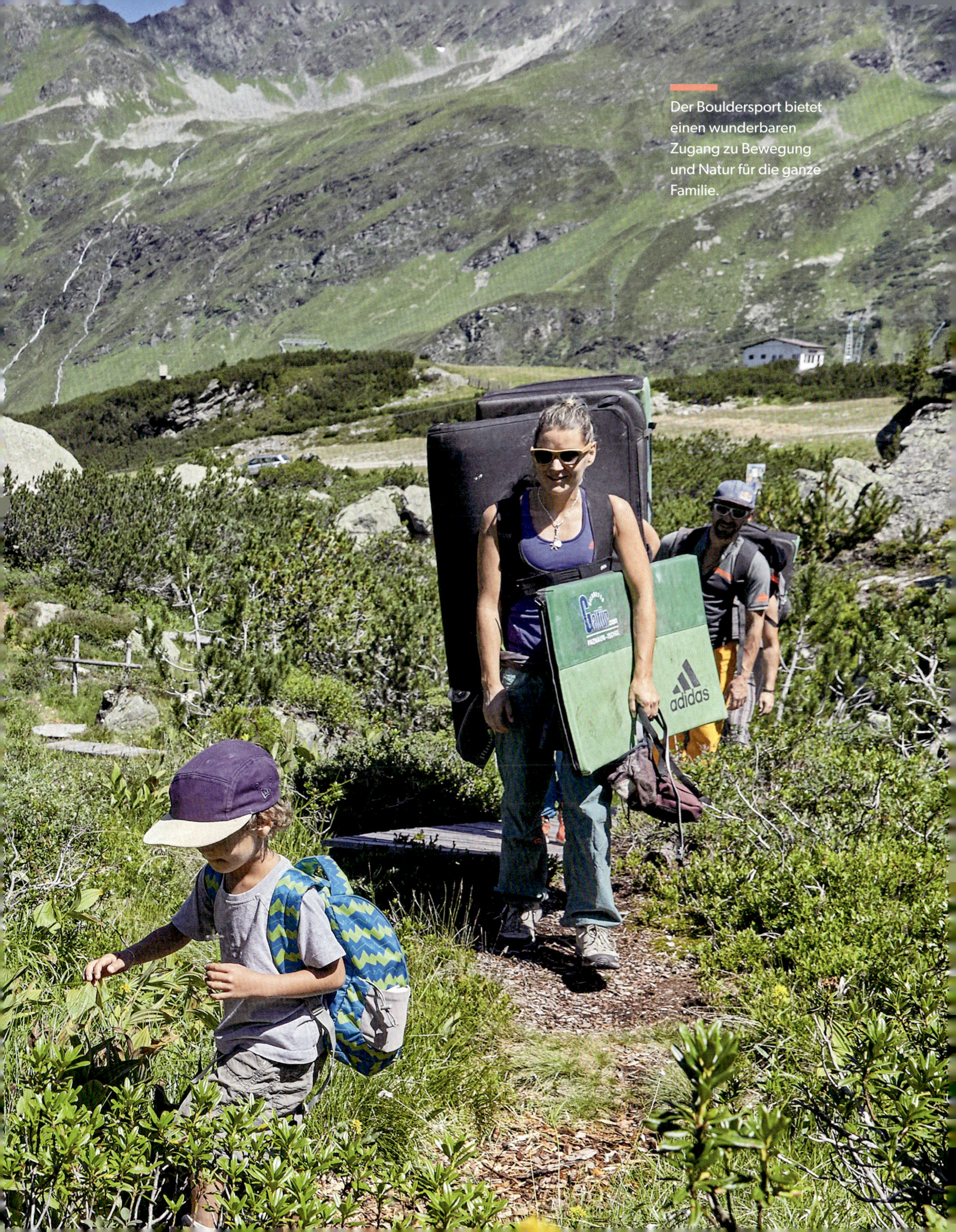

Der Bouldersport bietet einen wunderbaren Zugang zu Bewegung und Natur für die ganze Familie.

So wie die Zehnkämpfer für neun schnellkräftige Disziplinen trainieren und der Ausdauerbewerb meist nicht explizit trainiert wird, kann dem Kletterer empfohlen werden, sich auf die relevanten Faktoren wie Kraft, Geschicklichkeit und Beweglichkeit zu konzentrieren, denen die Schnelligkeit dann zu einem gewissen Grad »folgt«. Bei Kindern hingegen muss man ein Auge darauf haben, die Schnelligkeit gezielt auszubilden. Denn wenn die schnellen Muskelfasern nicht adäquat beansprucht werden, sind sie unwiederbringlich verloren.[5]

AUSDAUER

Der Klettersport verlangt diese motorische Grundeigenschaft fast immer in Form von Kraftausdauer. Nicht zu unterschätzen ist die mentale Seite, die sogenannte Willensspannkraft. Lang anhaltende Konzentration ist ein relevanter kognitiver Faktor, der über die Performance und vor allem auch über die Sicherheit entscheidet. Nichtsdestotrotz, die sogenannte Grundlagenausdauer, die Fähigkeit aller Fähigkeiten aus Sicht der Physiologie, ist eine der wenigen offenen Flanken in Bezug auf eine ganzheitliche körperliche Ausbildung durch den Klettersport. Schöffl & Schöffl weisen explizit darauf hin, dass sich Sauerstoffbedarf und Puls mit dem Schwierigkeitsgrad erhöhen.[6] Ein ergänzendes, ausgleichendes Grundlagenausdauertraining durch Laufen, Wandern und Radfahren kann man dem Kletterer guten Gewissens anraten, denn die Erholungswerte nach exzessiver Kraft-Ausdauer-Belastung werden es ihm danken. Das so lohnende Training der Grundlagenausdauer ist im Kindesalter allerdings subtil einzusetzen. Für Kinder sind solche Trainings oft langweilig, und es macht sie durchaus auch langsam.

TAKTIK

Neben den sportmotorischen Grund- und Komplexeigenschaften ist die Taktik ein weiterer relevanter Erfolgsfaktor für die Performance, und zwar nicht nur beim Wettkampfklettern, wo es gilt, den Gegner zu besiegen. Taktik ist vielmehr omnipräsent. In Anlehnung an seine individuellen Fähigkeiten muss man die richtige Lösung für ein Projekt finden und währenddessen die kritischen Erfolgsfaktoren, wie Kraft, Ausdauer oder Willensspannkraft, wägend verwalten. Das mag für Kinder mitunter eine Herausforderung sein, gleichzeitig lernen sie sich dadurch aber stetig besser kennen und lernen, mit ihren Fähigkeiten umzugehen.

TRANSFERLEISTUNGEN

Bouldern macht glücklich!

Beim Klettern wird die sogenannte Dopamin-Achse aktiviert. Körpereigene Botenstoffe, sogenannte endogene Opioide, werden ausgeschüttet. Sie stärken Ichgefühl, Lebensfreude und das Immunsystem und mindern die Schmerzempfindlichkeit. Das hormonelle

5 Bührle, M., Schmidtbleicher, D.: »Der Einfluss von Maximalkrafttraining auf die Bewegungsschnelligkeit«. In: *Leistungssport* 7/1977, S. 3–10.
6 Schöffl, Volker, Schöffl, Isabelle: »Wettkampfklettern«. In: *Sport-Orthopädie – Sport-Traumatologie – Sports Orthopaedics and Traumatology* 28(1)/2012, S. 22–28.

»Motivationssystem« wird hochgefahren. Gemeinsam mit dem Wohlfühlbotenstoff Oxytocin wird dadurch unser Handeln auf lohnende Ziele ausgerichtet.[7]

Der Klettersport hat eine geradezu grandiose Kosten-Nutzen-Rechnung in Bezug auf Gesundheit, Prävention und Persönlichkeitsbildung. Die Schnittmenge der Fähigkeiten und Kompetenzen, die man beim Klettern erwirbt, mit jenen, die uns der Alltag abverlangt, ist immens hoch und nachhaltig.

PRÄVENTION

Auf körperlicher Ebene erzielt der Klettersport aufgrund seiner ganzheitlichen, umfassenden Beanspruchung einen hohen Nutzen in Bezug auf Vorbeugung gegen beinahe alle Zivilisationskrankheiten. Er bewahrt vor Übergewicht, Diabetes, Herz-Kreislauf-Erkrankungen, Haltungsschäden und einigem mehr. Diese Prävention kann sinnvollerweise schon im Kindesalter aufgebaut werden, wobei es nie zu spät ist, damit anzufangen!

HALTUNG BEWAHREN

Es gibt wahrscheinlich keine Sportart, die die gesamte Rumpfmuskulatur und hier im Speziellen die sogenannten intrinsischen, flachen Anteile, die für unsere Haltung verantwortlich sind und die Wirbelsäule stabilisieren, so funktionell und effizient beansprucht. Nicht umsonst wird therapeutisches Klettern sowohl bei bereits bestehenden Wirbelsäulenbeschwerden als auch in der Prävention erfolgreich eingesetzt.

PERSÖNLICHKEIT UND DISZIPLIN

Klettern ist eine Mehrwertsportart im Sinne der Persönlichkeitsbildung. Kinder haben einen unbändigen Drang zur Selbstständigkeit. Sie wollen alleine und selbst etwas machen. Selbstständigkeit und die daraus folgende Unabhängigkeit sind ein Zeichen des Erwachsenwerdens. Wer selbstständig und selbstbestimmt ist, erreicht die oberste Stufe der maslowschen Bedürfnispyramide, die Selbstverwirklichung, die wiederum die Basis für ein glückliches Leben bildet. Kann man sich selbst verwirklichen, führt man ein glückliches Leben. Voraussetzung dafür ist, dass man in der Lage ist, selbstbestimmt zu handeln. Die Grundlage dafür ist Disziplin. Hier im Speziellen die sekundären Disziplinen: Ordnung, Pünktlichkeit, Verlässlichkeit. Es gibt wenige populärere Mittel, sich darin zu üben, als das Klettern.[8]

Der Faktor der Unabhängigkeit wird beim Bouldern durch das oft seilfreie Klettern unterstützt. Gleichzeitig erhöht es aber auch das Verantwortungsbewusstsein und fördert den richtigen Umgang mit den eigenen Fähigkeiten.

In weiterer Folge erreicht und erhält man nur durch regelmäßiges Üben eine Performance. Vor allem aber lernt man, dass der obsiegt, der einmal öfter aufsteht, als er niederfällt. Man muss am Problem dranbleiben. Die

7 Bauer, Joachim: *Prinzip Menschlichkeit*, Hamburg 2006.

8 Wiesauer, Josef: *Symmetric*. Wien 2005.

lustbetonte, attraktive Bewegung hält dabei die Motivation hoch. Es macht »Lust an Leistung«[9].

SELBSTEINSCHÄTZUNG

Beim Bouldern wird Erfolg oder Misserfolg schnell sichtbar. Man erhält sofort ein Feedback über das eigene Tun. Die solcherart aufgebaute Resonanzerfahrung gibt ein relevantes Bild über die eigene Selbstwirksamkeit.[10] Das unglaubliche Erlebnis, das ein gelöstes Problem in der Psyche des Kletterers auslöst, ist das beste Mittel gegen seelische Unterzuckerung, denn es gibt nichts, was das Gefühl toppt, etwas richtig gut gemacht zu haben. Beim Scheitern entwickelt man unbarmherzig, zugleich aber spielerisch-charmant und im besten Fall humorvoll, eine realistische Selbsteinschätzung und Urteilskraft. Allan Reiss zeigte in seinen Studien, dass Persönlichkeiten, die emotional ausgeglichen und gegenüber Stress besonders resistent sind, auf Humor mit einer deutlich stärkeren Aktivierung ihres Dopamin-Motivationssystems reagieren als andere.[11] Selbsteinschätzung und Urteilskraft sind der beste Nährboden für Authentizität, der Zauberkompetenz in der Arbeitswelt.

Wenn es stimmt, dass es im Leben im Wesentlichen um den Klimmzug in die nächste soziale Stufe geht, so ist Klettern eine ideale Schule.[12]

TEAMGEIST

In der Gruppe lukriert man einen hohen sozialen Mehrwert. Verantwortungsgefühl beim Sichern und das unbedingte Vertrauen, das man demjenigen entgegenbringen muss, der sichert, sind eine prägende Erfahrung. Gemeinsam ein Problem auszutüfteln, sich Mut zuzusprechen, Trost zu spenden und Feedback zu geben, erst recht das gemeinsame Abklatschen nach dem Erfolg, ist der Eintritt in die Königsklasse der sozialen Erlebnisse, dem Gruppengefühl. Physiologisch verantwortlich dafür ist das Hormon Oxytocin. Der US-Forscher Paul Zak stellte fest, dass Personen, denen Vertrauen entgegengebracht wurde, erhöhte Oxytocin-Werte aufwiesen.[13] Dieses Vertrauen und das Verantwortungsgefühl zu erlernen, ist für Kinder unerlässlich, um sich in den sozialen Strukturen der Gesellschaft zurechtzufinden und um ein Miteinander mit anderen Menschen zu ermöglichen.

9 Von Cube, Felix: *Lust an Leistung. Die Naturgesetze der Führung.* München 1998.

10 Rosa, Hartmut: *Resonanz. Eine Soziologie der Weltbeziehung.* Berlin 2018.

11 Azim, Eiman, Mobbs, Dean, Jo, Booil, Menon, Vinod, Reiss, Allan L.: »Sex differences in brain activation elicited by humor«. In: *Proceedings of National Academy of Science*, 102(45)/2005, S. 16496–16501.

12 Wiesauer, Josef: *Kraft meines Alters*. Wien 2012.

13 Zak, P. J., Kurzban, R., Matzner, W. T.: »Oxytocin is associated with human trustworthiness«. In: *Hormones and Behavior* 48(5)/2005, S. 522.

SPIELEND GESUND

Das spielerische Moment steht über allem. Klettern ist dann am schönsten, wenn es den erhabenen Charme der Nutzlosigkeit verströmt, wenn wir das freie Spiel von Fantasie und Kreativität in Verbindung mit körperlicher Aktivität um seiner selbst willen erleben und nicht als Mittel zum Zweck. Zugleich entwickeln Kinder und Jugendliche gerade im Spielmodus eine Ernsthaftigkeit, die sie sonst vielleicht vermissen lassen.

Gerade, wenn sie *very much sixteen* sind, wie Engländer Pubertierende treffend beschreiben, und nur Flausen im Kopf haben, erstaunen sie uns beim Klettern mit der an den Tag gelegten Leidenschaft, mit Teamgeist, strategischem Handeln und Verantwortungsbewusstsein. Für ihren Sport wollen sie in Kondition bleiben und verzichten auf Rauchen und Alkohol.[14] Der Mensch »ist nur da ganz Mensch, wo er spielt« (Friedrich Schiller).

Bei der Zusammenschau der gesamten physischen und psychischen Effekte des Klettersports und insbesondere des Boulderns, des extrem hohen Nutzens für Körper, Geist und Persönlichkeit, verdient der Bouldersport speziell auch bei Kindern das Prädikat: »Besonders wertvoll«!

14 Bueb, Bernhard: *Lob der Disziplin. Eine Streitschrift*. Berlin 2008.

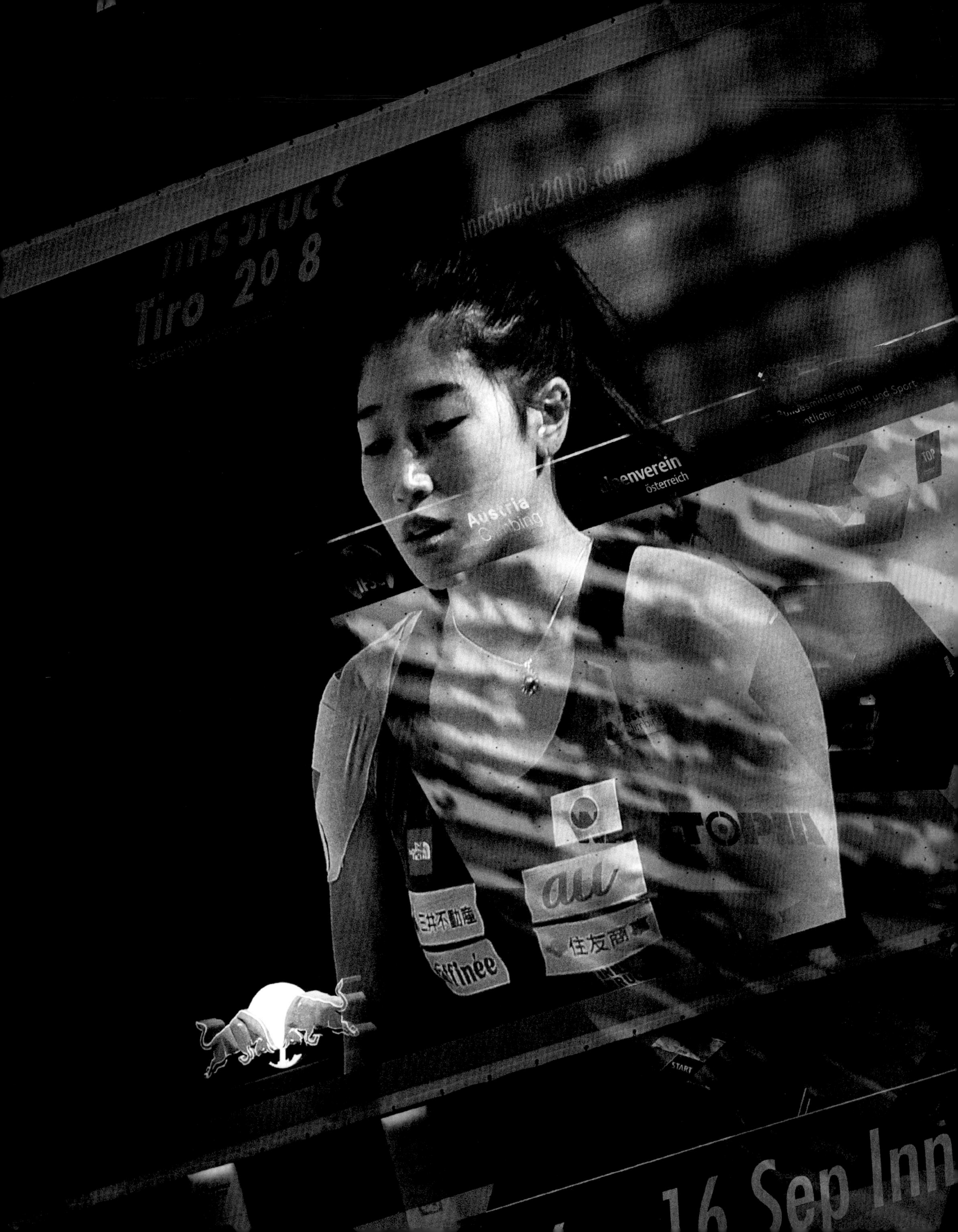
innsbruck2018.com
Austria
österreich
三井不動産
住友商
16 Sep Inn

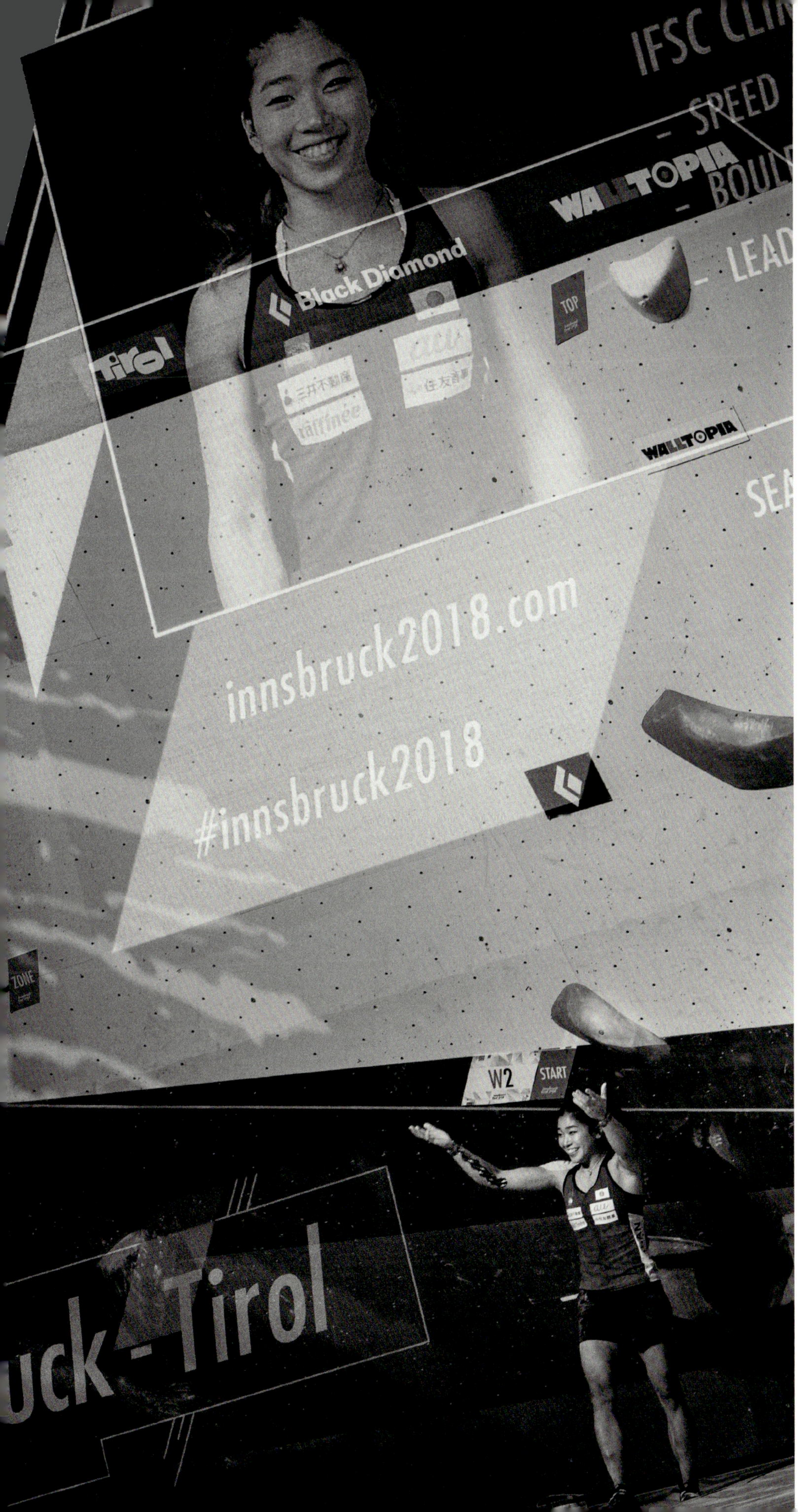

10

Der spielerische Zugang, die akrobatischen Bewegungen und die Dynamik begeistern Massen. So ist es nicht erstaunlich, dass das Jahr 2020 den Bouldersport olympisch macht.

Miho Nonaka bei der Kletterweltmeisterschaft in Innsbruck 2018.

WETTKÄMPFE

Patrick Matros

Wettkämpfe sind heutzutage nicht mehr aus dem Bouldersport wegzudenken und stehen in der Popularität aller Kletterwettkämpfe an erster Stelle. Events wie der Boulder-Weltcup im Münchner Olympiastadion ziehen alljährlich Tausende von Besuchern an, darunter auch viele interessierte Nichtkletterer.

Die Geschichte der Boulderwettkämpfe reicht nicht ganz so weit zurück wie die der Wettkämpfe im Seilklettern (*Lead*). 1994 wurden mit François Petit und Liv Sansoz (beide aus Frankreich) die ersten Weltcupsieger im Bouldern ermittelt, 2001 mit Myriam Motteau (Frankreich) und Mauro Calbani (Italien) die ersten Weltmeister.

Seit 2007 werden offizielle Wettkämpfe von der International Federation of Sportclimbing (IFSC) als Dachverband ausgetragen. Es ist ein olympischer Sportverband, und seit 2016 steht fest, dass im Sportklettern ab den Olympischen Spielen in Tokio 2020 um je einen Medaillensatz für Frauen und Männer gekämpft wird. Den Startschuss dazu gaben bereits die Olympischen Jugend-Sommerspiele 2018 in Buenos Aires. Nur ein Medaillensatz für Sportklettern bedeutet jedoch auch, dass Bouldern keine Einzeldisziplin sein wird, sondern in eine Gesamtwertung mit Speed- und Leadklettern integriert ist, die sogenannte olympische Kombination (*Olympic Combined*). Richtig zufrieden damit scheint kaum ein Kletterer zu sein, denn vor allem das Speedklettern stellt für die Vielzahl der Kletterer keine wirkliche Kerndisziplin dar. Trotzdem ist es wichtig, dass Sportklettern seine Chance nutzt, um eventuell 2024 in mehreren Disziplinen in Paris vertreten zu sein. Andererseits kann eine Gesamtwertung mehrerer Disziplinen auch neue sportliche Impulse setzen.

WIE LÄUFT EIN OFFIZIELLER BOULDERWETTKAMPF AB?

Grundsätzlich unterteilen sich die meisten offiziellen Wettkämpfe in Qualifikation, Halbfinale und Finale, wobei in der Qualifikation fünf Boulder und im Halbfinale beziehungsweise Finale vier Boulder geklettert werden müssen. Die Athleten dürfen die Boulder gemeinsam in einer klar festgelegten Zeit begutachten, aber nur die Startgriffe berühren. Sind sie dann einzeln am Start, beträgt die Zeit, um einen Boulder zu klettern, in der Qualifikation und im Halbfinale fünf Minuten, im Finale vier Minuten. Danach pausiert der Kletterer eine gewisse Zeit, bevor er das nächste Boulderproblem versuchen darf. Das Erreichen eines markierten Zwischengriffs (»Zone«) und des Ausstiegsgriffs (»Top«) wird vermerkt sowie die Anzahl der Versuche gezählt. Der »Flash«, also das Klettern (»Toppen«) des Boulders im ersten Versuch, ist die höchste zu erreichende Wertung. Es gibt auch einige interessante Sonderformate wie zum Beispiel bei den US-Meisterschaften, bei denen mehrere Zonengriffe pro Boulder markiert werden. Je höher, desto mehr Punkte gibt es.

WEITERE WETTKÄMPFE

Abseits der offiziellen Wettkämpfe haben sich in den letzten Jahren viele verschiedene Formate etabliert. Hier eine kleine Auswahl:

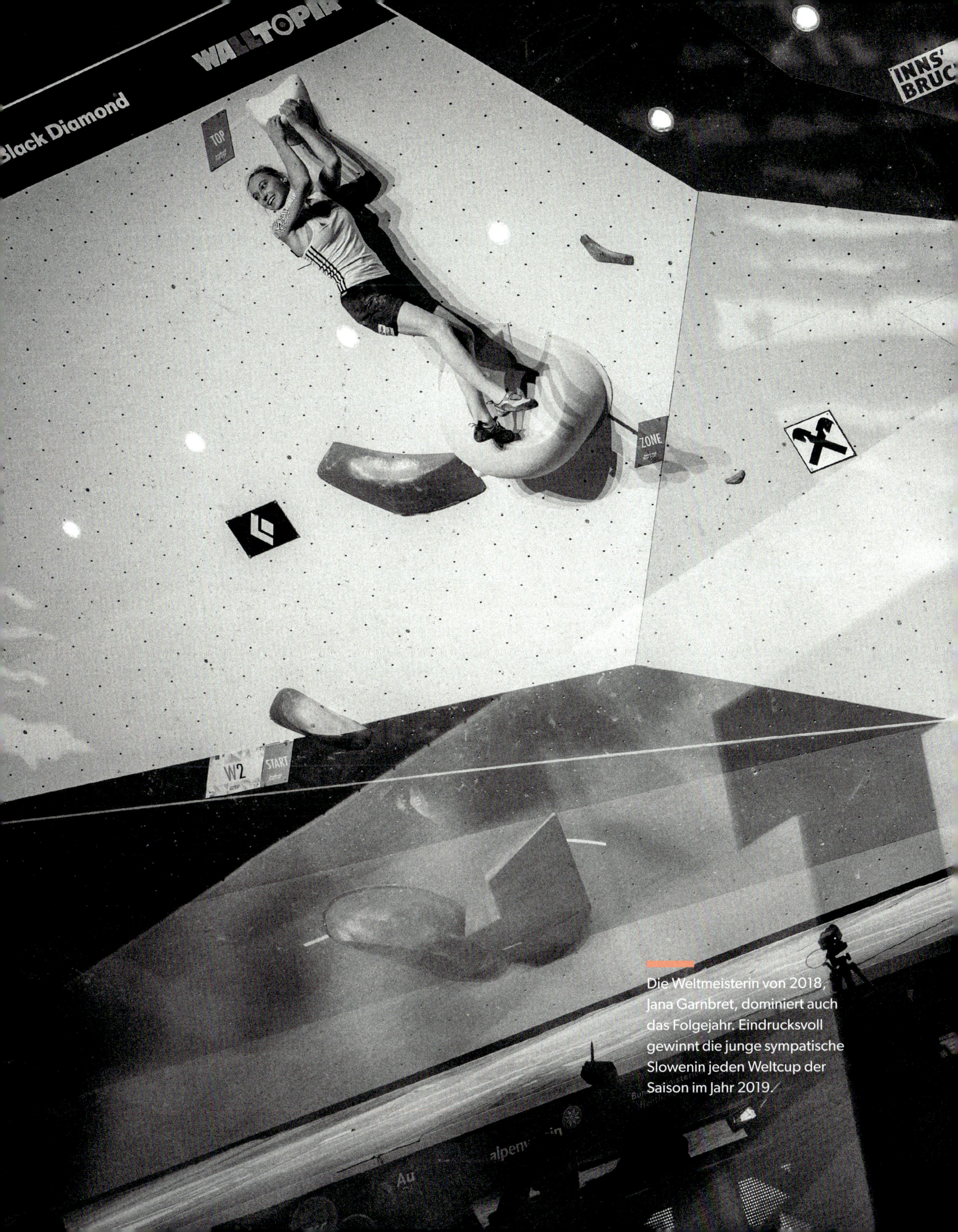

Die Weltmeisterin von 2018, Jana Garnbret, dominiert auch das Folgejahr. Eindrucksvoll gewinnt die junge sympatische Slowenin jeden Weltcup der Saison im Jahr 2019.

- Bei sogenannten »Masters«, wie etwa den Adidas Rockstars in Stuttgart, den La Sportiva Legends Only in Stockholm oder den Moonboard Masters, treten einige der besten Boulderer der Welt auf persönliche Einladung hin in mehr oder weniger stark abgewandelten Formaten gegeneinander an und kämpfen in freundschaftlicher Atmosphäre um vergleichsweise hohe Siegprämien. Eines dieser Formate nennt sich »after work« und ermöglicht es den Teilnehmern, die Boulder schon vorher (meist am Tag vor dem eigentlichen Wettkampf) zu versuchen. Der Vorteil bei dieser attraktiven Variante ist, dass höhere Schwierigkeiten geschraubt werden können.
- An mehreren Orten stattfindende, offene Veranstaltungen sind für jeden wettkampfbegeisterten Boulderer zugänglich. Hier steht eindeutig der gemeinsame Boulderspaß im Vordergrund. Das Format, bei dem jeder, zumindest in der Qualifikationsphase, seine Begehungen auf einer Liste einträgt, setzt allerdings ein gewisses Maß an Ehrlichkeit voraus. Neu sind auch Cup-Serien, die mithilfe von Apps Ergebnisse von Boulderbegehungen in verschiedenen Hallen auswerten und dann die entsprechenden Sieger ermitteln.
- Beliebt sind auch Spaßformate, die zum Beispiel die Boulderwände statt über einer Absprungmatte über ein Schwimmbecken verlegen oder schwingende Kletterelemente mit einbauen. Hier ist die Grenze zum Ninja-Warrior-Event allerdings so gut wie überschritten.

KINDERWETTKÄMPFE

Auch Kinderwettkämpfe werden immer beliebter. Bereits ab sechs oder sieben Jahren können Kinder teilnehmen. Kinderwettkämpfe werden sowohl von privaten Hallen organisiert als auch von den jeweiligen Kletterverbänden oder Alpenvereinssektionen angeboten. Ebenso gibt es Klettern als Schulsport mit den entsprechenden Schulwettkämpfen.

Gerade bei jüngeren Kindern sollte in jedem Fall der Spaß am gemeinsamen Wettkampf im Vordergrund stehen. Nach und nach müssen Eltern und Trainer dann zusammen mit dem Kind oder Jugendlichen thematisieren, was eine regelmäßige Teilnahme am Wettkampfgeschehen bedeutet und welche Ziele man eigentlich verfolgt. Das sollte keiner der Beteiligten unterschätzen. Eine reine Konzentration auf das Wettkampfklettern und -bouldern bietet nur für einen winzig kleinen Teil an EliteAthleten eine zeitlich überschaubare berufliche Perspektive als Profisportler. Wenn der Druck zu hoch und der Stress, auch in der Schule, zu groß wird, sollte man die Reißleine ziehen und akzeptieren, dass auch Bouldern ohne Wettkampf indoor und outdoor eine erfüllte und möglicherweise lebenslange Alternative bietet.

OUTDOOR-WETTKÄMPFE

Im Gegensatz zum Seilklettern, wo Wettkämpfe nur noch in der Halle stattfinden, werden im Bouldern auch heute noch jedes Jahr Outdoor-Contests abgehalten. Diese sind jedoch eher als große Treffen und Festivals für boulderbegeisterte Menschen zu verstehen. Man bouldert in der Gruppe, unterstützt sich gegenseitig und lässt abends den Tag am Lagerfeuer gemütlich ausklingen.

Die zwei bekanntesten Events finden im Val di Mello, Italien (bereits seit 2004!) und in Petrohrad in der Tschechischen Republik statt und locken jedes Jahr viele outdoorbegeisterte Boulderer aus aller Welt an.

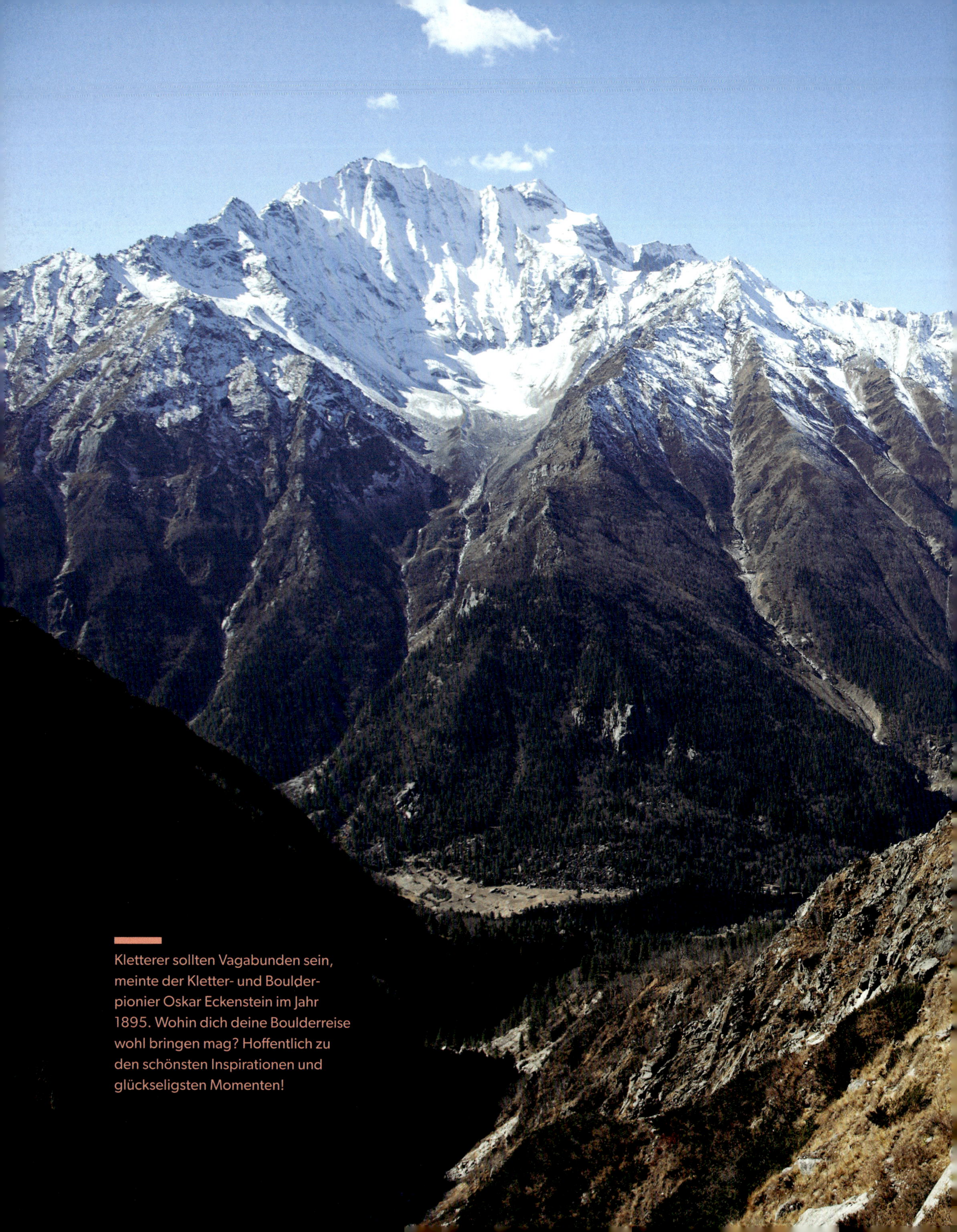

Kletterer sollten Vagabunden sein, meinte der Kletter- und Boulderpionier Oskar Eckenstein im Jahr 1895. Wohin dich deine Boulderreise wohl bringen mag? Hoffentlich zu den schönsten Inspirationen und glückseligsten Momenten!

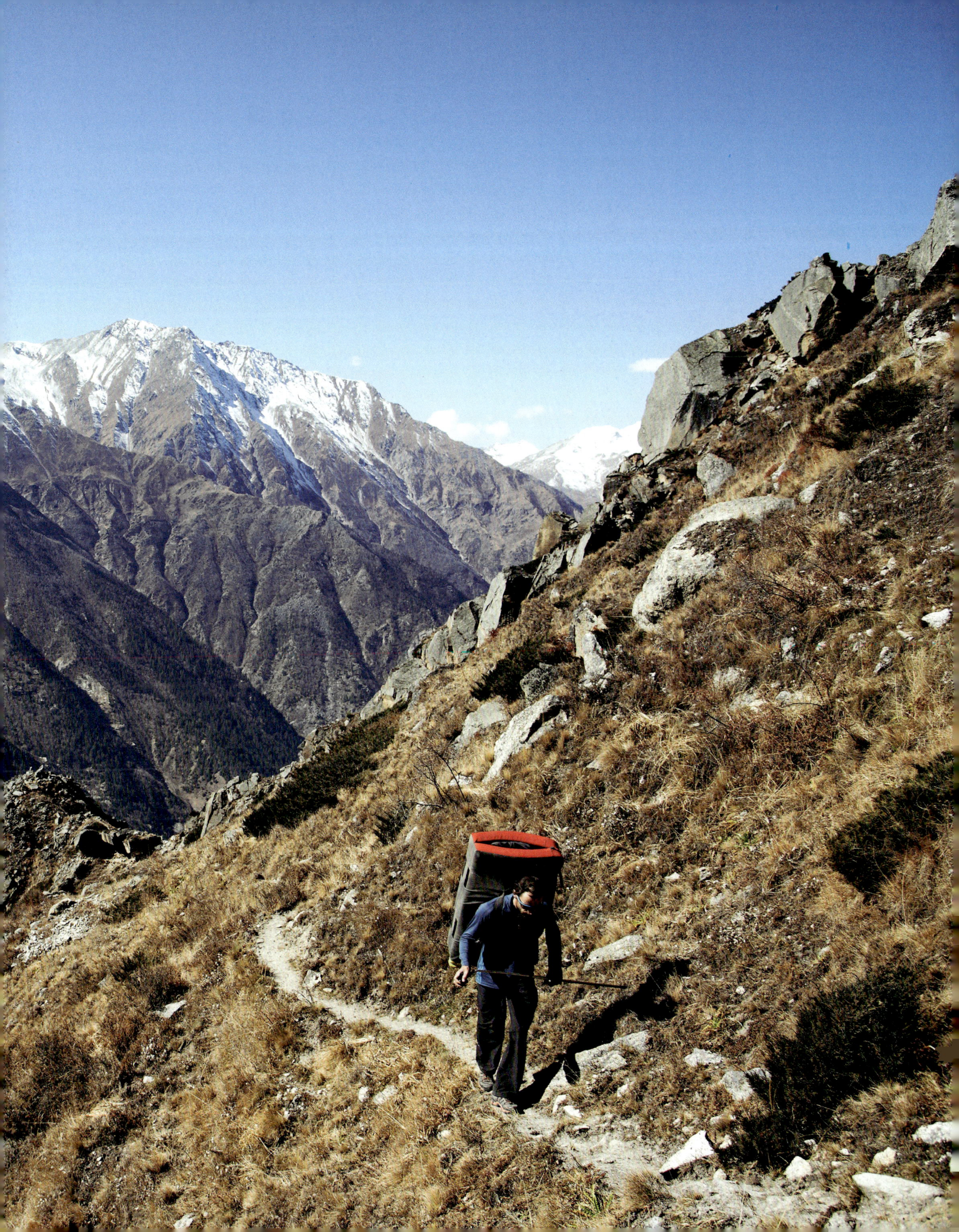

DIE AUTOREN

BERND ZANGERL

Geboren im Jahr 1978 in Flirsch am Arlberg, nennt Bernd Zangerl inzwischen »die Welt« seinen Wohnort.

Seine Jugend verbrachte der Tiroler bei seinem Großvater auf der Stieralpe Gampernun. Aus dieser frühen Zeit kommt bereits seine Faszination zur Bergwelt. In seinen ersten Jahren erkletterte er alpine Wände im Montblanc-Gebirge und den Dolomiten. Nach einer lebensbedrohlichen Situation beendete er seine Alpinkarriere und widmete sich dem Sportklettern. Innerhalb weniger Jahre durfte er sich zur heimischen Kletterelite zählen. Bei seinem Wettkampfdebüt 1998 wurde Bernd bereits österreichischer Vizemeister. 1999 entdeckte der Sportler dann seine wahre Leidenschaft, das Bouldern. In den folgenden Jahren verbrachte er jede freie Minute zwischen den Felsen, und innerhalb kurzer Zeit gehörte er auch in dieser Sportart zu den Besten. 2001 wiederholte der Tiroler den damals schwersten Boulder der Welt (*Dreamtime,* 8C) und katapultierte sich so ins internationale Rampenlicht. 2003 wurde er vom renommierten Climbing Magazine zum »Boulderer of the Year« gekürt. Seitdem zählt Bernd zu den besten der Welt.

FREDERIC NICOLE

»Ich liebe das Klettern in all seinen Facetten, seit ich 1983 damit angefangen habe. Bouldern hat sich sehr schnell zu meiner wahren Passion entwickelt, denn das kann ich alleine tun, ohne die Gefahren, die das Soloklettern mit sich bringt. Dabei kann man sich wunderbar selbst entdecken und auf seine Umgebung einlassen. Bernd habe ich 2001 kennengelernt, nach seiner Wiederholung von *Dreamtime.* Da wir die gleiche Leidenschaft teilen, ist eine Freundschaft entstanden. Wir haben zusammen etliche Reisen unternommen, nach Afrika, in die USA, nach Indien und so weiter. Und wir hoffen, dass noch weitere dazukommen werden.«

RICHARD SIGNER

Seit 1973 ist der Schweizer Richi Signer (*1958) unterwegs im Fels, anfänglich noch klassisch alpin, doch schon bald fast nur noch in den europäischen Mittelgebirgen. Er hatte Ende der 1970er-Jahre einen wesentlichen Anteil an der Entwicklung des Freiklettergedankens in der Schweiz. Ab Anfang der 1980er-Jahre wendete sich Richi Signer vollständig dem Bouldern zu, gegen den damaligen Mainstream im Sportklettern, immer auf der Suche nach neuen bouldertauglichen Gebieten. Heute sind es Traversen und Parcours, vor allem in Bleau und dem heimischen Basler Jura. »Es ist fast eine Sucht, welche Bestand hat und bis heute einen Vollzeitjob verhindert.« Richard Signer arbeitet nebenbei als Landvermesser.

PATRICK MATROS

Der Sportwissenschaftler und Lehrer, Jahrgang 1973, arbeitet als Fachdozent für Sportwissenschaft, Pädagogik und Psychologie. 2011 konnte er sich mit der Erstbegehung von *Archon* (8b) im heimatlichen Frankenjura einen Traum verwirklichen. Unter dem Label »Kraftfactory« gibt Patrick Matros weltweit Workshops und Fortbildungen zum Thema Klettertraining und betreut Athleten des

Adidas-Outdoor-Kletterteams. Er ist für den Deutschen Alpenverein als Trainer und Ausbilder aktiv. Patrick ist verheiratet und Vater von zwei Kindern.

Viele Male kletterte und arbeitete er mit Bernd Zangerl zusammen: »Sportliche Leistung bringen, aber gleichzeitig Natur und Kulturen respektieren: Uns war schnell klar, dass wir auf einer Wellenlänge sind. Bleiben wir unseren Idealen treu, denn Bernds Philosophie des Kletterns ist die Zukunft!«

FLORIAN SCHEIMPFLUG

Weil ihm statt eines Chalkbags ein Tennisschläger in die Wiege gelegt wurde, dauerte es etwas länger, bis Flo (*1977 in Wien) mit 19 Jahren auf den rechten, den vertikalen Weg kam. Aufgrund einiger alpiner »Experimente« war es nicht Liebe auf den allerersten Zug, dennoch hat sich Klettern in Fels und Eis mit über zwei Jahrzehnten nicht nur zur langfristigsten Beziehung in seinem Leben entwickelt, sondern ist auch zu seiner seelischen Heimat geworden.

Ausgedehnte Reisen von Patagonien bis Australien, Erstbegehungen von Madagaskar bis China, 2007 Mitbegründung des *CLIMAX*-Magazins, dem ersten und einzigen österreichischen Klettermagazin, bei dem er seit 2016 Chefredakteur ist.

KLAUS HASELBÖCK (IDEE)

Aufgewachsen im Granit- und Gneishochland Österreichs, dem Waldviertel, hat der Fels Klaus Haselböck schon von seiner Kindheit an fasziniert. Seinen Kletterhorizont dehnte er über die Jahre von den Ostalpen bis ins französische Bouldermekka Fontainebleau aus. Neben Routen in großen Wänden haben es dem Alpinjournalisten und Gründungs-Chefredakteur des Magazins *Bergwelten* vor allem die Blöcke angetan: »Ich liebe die Einfachheit und den Spaß, mit Freunden das Rätsel einer kniffligen Linie zu lösen. Genau das finde ich beim Bouldern.«

MAG. DR. JOSEF WIESAUER

Der Gesundheitsphilosoph, Biologe und Trainingswissenschaftler ist ehemaliger Konditionstrainer der österreichischen Skinationalmannschaft und Fitness- und Gesundheitsexperte des ORF OÖ. Er gründete und leitet das Institut für Sporttherapie in Wels und Linz und ist dem Klettern nicht nur wissenschaftlich zugetan: »Eine der besten Entscheidungen für meine sportliche Entwicklung war es, einen ›Kletterdachboden‹ einzurichten, denn während der Beitrag von Bouldern zur sportlichen Entwicklung im Kindes- und Jugendalter offensichtlich ist, wird die Alterstauglichkeit dieses Sports gemeinhin stark unterschätzt.«

THANK YOU
MERCI
DANKE

Ich habe immer davon geträumt ein eigenes Buch über das BOULDERN in meinen Händen halten zu können. Jetzt ist es vollbracht. Ich möchte mich recht herzlich bei allen Inspirationen und jenen Menschen bedanken, die an diesem Buch mitgewirkt haben. Mein besonderer Dank gilt allen Fotografen: Ohne eure Unterstützung wäre es nicht möglich gewesen ein so farbenprächtiges Buch zu realisieren.

Ray Demski, Keith Ladzinski, Radek Capek, Oliver Kruger, Stefan Kürzi, Beat Kammerlander, Gerhard Heidorn, Andrea Brunner, Alexander Megos, Pavel Blazek, Cameron Maier, Claudia Ziegler, David Mason, Frank Kretschmann, Hannes Kutza, Ikuko Serata, John Gill, Kevin T. Smith, Mary Gabrieli, Morgan Boissenot, Nico Backström, Ray Wood, Reinhard Fichtinger, Sam Bié, Simon Carter, Thomas Ballenberger, Thomas Bartl, Tom Hoyle, Shawn Raboutou, Wills Young, Zlu Haller

Ich bedanke mich mit einem herzlichen tirolerischen »Donk Schian«!

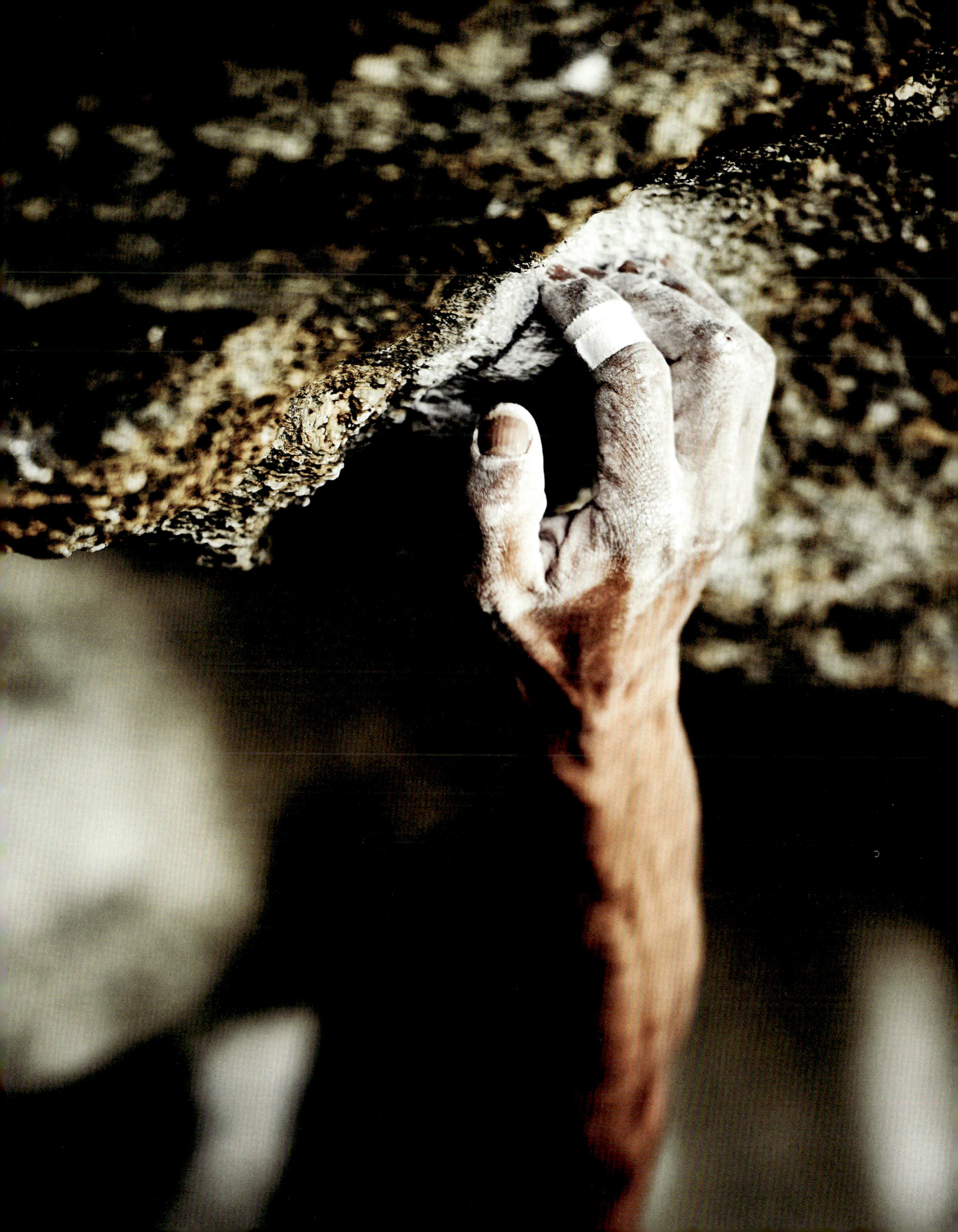

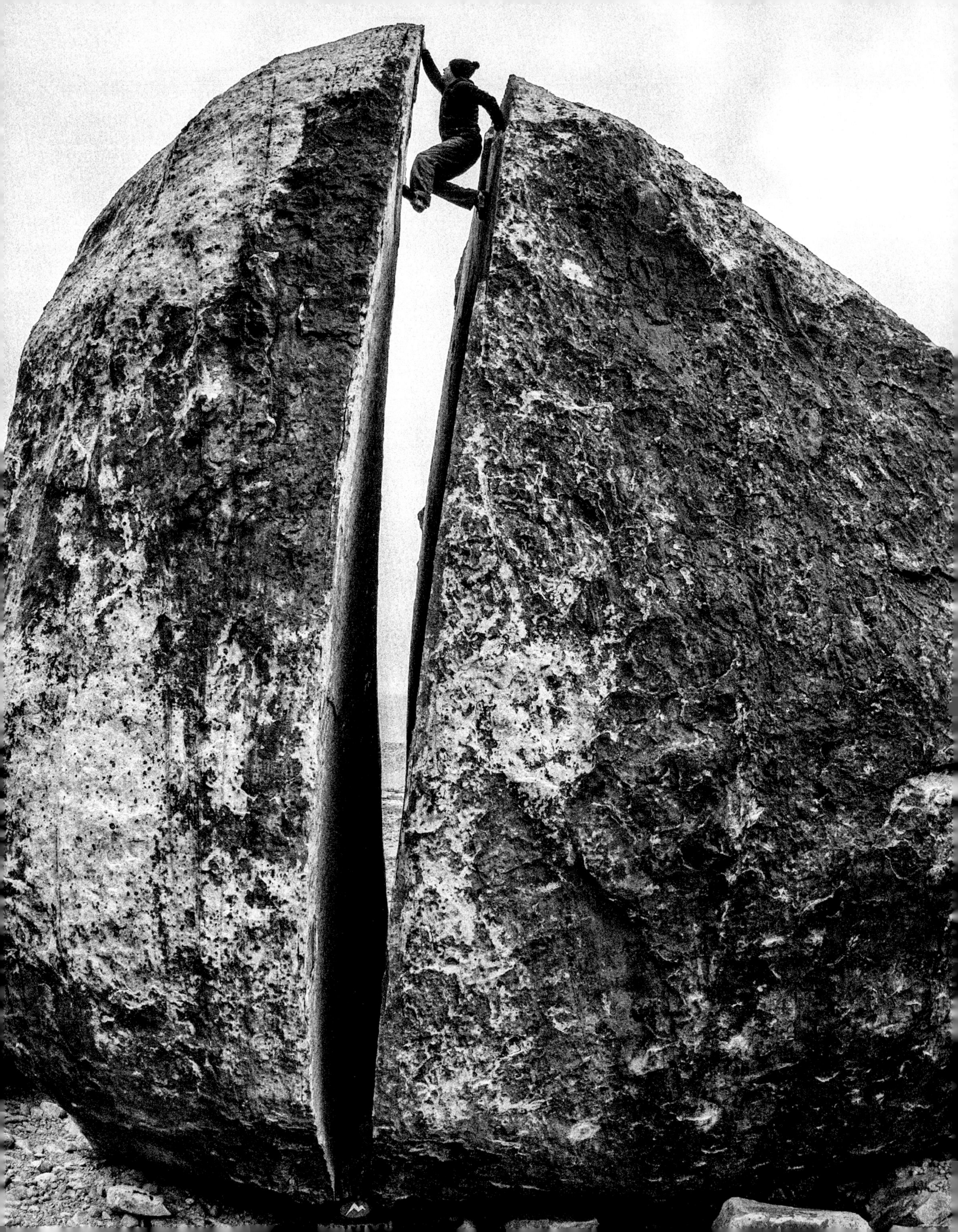

IMPRESSUM

2. Auflage, 2021

Gesetzt aus der Freight Text

Medieninhaber, Verleger und Herausgeber:
Red Bull Media House GmbH
Oberst-Lepperdinger-Straße 11–15
5071 Wals bei Salzburg, Österreich

Satz: Joe P. Wannerer – BoutiqueBrutal.com
Printed in Europe

ISBN 978-3-7112-0008-2

BILDNACHWEIS

Fotos: Cover: Ray Demski.
Innenteil: S. 6/7, 10/11, 32, 38/39, 42/43, 44, 65, 81, 99, 153, 173, 179, 184/185: Keith Ladzinski; S. 12/13, 15, 24/25, 29, 30/31, 36/37, 124/125, 127, 128/129, 141, 145, 146, 148/149, 162/163, 176/177, 189, 190/191, 192, 196/197, 198, 202/203, 206, 224/225, 229: Ray Demski; S. 16/17, 69, 170/171, 186/187: Cameron Maier; S. 20/21, 75, 79, 85, 150/151, 155: Radek Capek; S. 22, 66: Beat Kammerlander; S. 26/27, 48, 50/51, 54, 76/77, 117, 142, 156, 158/159, 161, 166/167: Stefan Kürzi; S. 41, 180/181: Sam Bié; S. 48: Kurt Keinrath & Michael Zechany; S. 56/57, 83: Thomas Ballenberger; S. 59: Archiv Signer; S. 60: John Gill; S. 60: aus Kasparek, Fritz: *Ein Leben für die Berge*; S. 62: Serge Jaccard; S. 62, 69: Mary Gabrieli; S. 66: Thomas Bartl; S. 70: Hannes Kutza; S. 87, 135: Gerhard Heidorn; S. 89: Ray Wood Photography; S. 91: Simon Carter; S. 93, 101, 107, 218/219, 221, 230: Reinhard Fichtinger; S. 95: Wills Young; S. 97: Ikuko Serata; S. 103: Nico Backström; S. 105: Kevin T. Smith; S. 109: Frank Kretschmann; S. 111: Alexander Megos; S. 113: Pavel Blazek; S. 115: Morgan Boissenot; S. 119, 123: Claudia Ziegler; S. 121: Shawn Raboutou; S. 132: David Mason; S. 138/139, 165: Andrea Brunner; S. 169: Zlu Haller; S. 174: Oliver Kruger; S. 183: Tom Hoyle; S. 201: Bernd Zangerl; S. 205, 209, 212/213: Stefan Kürzi/TVB Paznaun – Ischgl

FSC MIX Papier aus verantwortungsvollen Quellen
www.fsc.org FSC® C020353